普通高等教育农业农村部"十三五"规划教材
"十三五"江苏省高等学校重点教材（编号：2017-1-087）

汽车拖拉机学

主　编　鲁植雄

副主编　韩长杰　邓晓亭　侯占峰　饶洪辉

参　编　张海军　顾家冰　钱　进　韩　英
　　　　李　和　董远德

（视频和动画资源）

机械工业出版社

本书是普通高等教育农业农村部"十三五"规划教材,"十三五"江苏省高等学校重点教材。

本书主要内容包括汽车拖拉机总体构造与行驶原理、发动机总体组成与原理、发动机曲柄连杆机构、发动机换气系统、柴油机供油系统、汽油机供油系统、汽油机点火系统、发动机冷却系统、发动机润滑系统、发动机起动系统、传动系统、行驶系统、转向系统、制动系统、拖拉机工作装置、电气设备、电动与无人驾驶汽车拖拉机。

本书可作为高等院校农业机械化及其自动化专业的教材,也可供机械类、农业工程类和交通运输类等专业的学生使用,还可供相关行业科研与工程技术人员参考。

本书配有PPT课件以及视频、动画和拓展阅读文本等数字资源。其中,视频和动画资源可通过扫内封处二维码进行观看;PPT课件和拓展阅读文本。免费赠送给采用本书作为教材的教师,可登录 www.cmpedu.com 下载,或关注"汽车课堂"公众号,输入"汽车拖拉机学"索取,也可联系编辑(tian.lee 9913@163.com)索取。

图书在版编目(CIP)数据

汽车拖拉机学/鲁植雄主编. —北京:机械工业出版社,2020.2
(2023.1 重印)

普通高等教育农业农村部"十三五"规划教材 "十三五"江苏省高等学校重点教材

ISBN 978-7-111-64502-3

Ⅰ. ①汽… Ⅱ. ①鲁… Ⅲ. ①汽车-高等学校-教材②拖拉机-高等学校-教材 Ⅳ. ①U46②S219

中国版本图书馆 CIP 数据核字(2020)第 007762 号

机械工业出版社(北京市百万庄大街22号 邮政编码100037)
策划编辑:宋学敏 责任编辑:宋学敏 尹法欣
责任校对:王明欣 封面设计:张 静
责任印制:郜 敏
北京富资园科技发展有限公司印刷
2023 年 1 月第 1 版第 3 次印刷
184mm×260mm·23.75 印张·540 千字
标准书号:ISBN 978-7-111-64502-3
定价:64.00 元

电话服务 网络服务
客服电话:010-88361066 机 工 官 网:www.cmpbook.com
　　　　 010-88379833 机 工 官 博:weibo.com/cmp1952
　　　　 010-68326294 金 书 网:www.golden-book.com
封底无防伪标均为盗版 机工教育服务网:www.cmpedu.com

前　言

　　汽车拖拉机是高速发展的行业，新技术、新材料、新能源、新工艺的应用与日俱增。编写一本能及时体现日新月异的汽车拖拉机领域的技术水平，紧紧跟踪该领域新技术的发展方向的教材尤为必要。

　　本书是在普通高等教育农业农村部"十三五"规划教材和"十三五"江苏省高等学校重点教材立项建设下，结合"汽车拖拉机学"国家精品课程和国家精品资源共享课的研究成果编写而成的。

　　本书从发动机、底盘、车身到全车电气设备，全面而精练地讲述汽车拖拉机的结构和工作原理。本书主要内容包括汽车拖拉机总体构造与行驶原理、发动机总体组成与原理、发动机曲柄连杆机构、发动机换气系统、柴油机供油系统、汽油机供油系统、汽油机点火系统、发动机冷却系统、发动机润滑系统、发动机起动系统、传动系统、行驶系统、转向系统、制动系统、拖拉机的工作装置、电气设备、电动与无人驾驶汽车拖拉机。

　　本书由鲁植雄担任主编，韩长杰、邓晓亭、侯占峰、饶洪辉担任副主编。本书的编写分工为：鲁植雄编写第一章、第二章，韩长杰编写第三章、第四章，饶洪辉编写第五章、第六章，韩英编写第七章，张海军编写第八章、第九章，钱进编写第十章，李和编写第十一章，董远德编写第十二章，顾家冰编写第十三章，侯占峰编写第十四章、第十五章，邓晓亭编写第十六章、第十七章，全书由鲁植雄统稿。

　　本书的编写得到了许多汽车、拖拉机企业的大力支持，并参考了大量相关资料，在此向这些部门和有关资料的作者表示衷心的感谢。

　　由于编者水平有限，加之经验不足，书中难免存在疏漏之处，恳请广大读者批评指正，并请致信编者邮箱（luzx@njau.edu.cn），编者将认真对待，加以完善。

编　者

目 录

前　言
第一章　汽车拖拉机总体构造与行驶
　　　　原理 ……………………………… 1
　第一节　汽车拖拉机的发展概况 ………… 1
　第二节　汽车拖拉机的类型 ……………… 2
　第三节　汽车拖拉机的总体结构 ………… 6
　第四节　汽车拖拉机的行驶原理 ………… 8
　第五节　汽车拖拉机的性能 ……………… 10
　思考题 …………………………………… 15
第二章　发动机总体组成与原理 ………… 16
　第一节　发动机的分类与总体构造 ……… 16
　第二节　发动机的工作原理 ……………… 19
　第三节　发动机的主要性能指标 ………… 26
　思考题 …………………………………… 29
第三章　发动机曲柄连杆机构 …………… 30
　第一节　机体组 …………………………… 30
　第二节　活塞连杆组 ……………………… 38
　第三节　曲轴飞轮组 ……………………… 49
　思考题 …………………………………… 57
第四章　发动机换气系统 ………………… 59
　第一节　配气机构 ………………………… 59
　第二节　进气装置与排气装置 …………… 71
　第三节　换气过程与换气损失 …………… 78
　第四节　发动机进气增压技术 …………… 81
　思考题 …………………………………… 87
第五章　柴油机供油系统 ………………… 88
　第一节　柴油机混合气的形成与燃烧 …… 88
　第二节　机械式供油系统 ………………… 92
　第三节　电控式供油系统 ………………… 109
　思考题 …………………………………… 121
第六章　汽油机供油系统 ………………… 122
　第一节　汽油机可燃混合气的形成与
　　　　　燃烧 …………………………… 123

　第二节　化油器式供油系统 ……………… 127
　第三节　电控汽油喷射系统 ……………… 129
　第四节　缸内直喷供油系统 ……………… 145
　思考题 …………………………………… 151
第七章　汽油机点火系统 ………………… 152
　第一节　点火系统的要求与分类 ………… 152
　第二节　传统点火系统 …………………… 154
　第三节　半导体点火系统 ………………… 157
　第四节　电控点火系统 …………………… 158
　思考题 …………………………………… 170
第八章　发动机冷却系统 ………………… 171
　第一节　冷却方式与冷却液 ……………… 171
　第二节　水冷却系统 ……………………… 172
　第三节　风冷却系统 ……………………… 178
　思考题 …………………………………… 181
第九章　发动机润滑系统 ………………… 182
　第一节　机油与润滑方式 ………………… 182
　第二节　润滑系统的组成与油路 ………… 184
　第三节　润滑系统的主要零部件 ………… 188
　思考题 …………………………………… 191
第十章　发动机起动系统 ………………… 192
　第一节　发动机起动特点与方式 ………… 192
　第二节　电起动系统 ……………………… 193
　第三节　起动辅助装置 …………………… 197
　思考题 …………………………………… 200
第十一章　传动系统 ……………………… 201
　第一节　传动系统的功用和类型 ………… 201
　第二节　离合器 …………………………… 204
　第三节　手动变速器 ……………………… 211
　第四节　自动变速器 ……………………… 220
　第五节　万向传动装置 …………………… 230
　第六节　驱动桥 …………………………… 233

思考题 ·········· 242

第十二章 行驶系统 ·········· 243
第一节 行驶系统概述 ·········· 243
第二节 车架 ·········· 245
第三节 车桥 ·········· 249
第四节 车轮 ·········· 256
第五节 悬架 ·········· 262
第六节 履带拖拉机行驶系统 ·········· 272
思考题 ·········· 275

第十三章 转向系统 ·········· 277
第一节 转向系统概述 ·········· 277
第二节 机械转向系统 ·········· 280
第三节 助力转向系统 ·········· 287
第四节 履带与手扶拖拉机的转向
　　　 系统 ·········· 291
思考题 ·········· 296

第十四章 制动系统 ·········· 297
第一节 制动系统概述 ·········· 297
第二节 制动器 ·········· 299
第三节 制动传动装置 ·········· 307
思考题 ·········· 314

第十五章 拖拉机工作装置 ·········· 315
第一节 牵引装置 ·········· 315
第二节 动力输出装置 ·········· 317
第三节 液压悬挂装置 ·········· 320
思考题 ·········· 335

第十六章 电气设备 ·········· 336
第一节 电源 ·········· 336
第二节 仪表与指示灯系统 ·········· 339
第三节 照明系统 ·········· 341
第四节 信号系统 ·········· 342
第五节 空气调节系统 ·········· 344
第六节 附属电气 ·········· 345
思考题 ·········· 348

**第十七章 电动与无人驾驶汽车
　　　　　 拖拉机** ·········· 349
第一节 电动汽车 ·········· 349
第二节 电动拖拉机 ·········· 357
第三节 无人驾驶汽车 ·········· 363
第四节 无人驾驶拖拉机 ·········· 366
思考题 ·········· 370

参考文献 ·········· 371

第一章

汽车拖拉机总体构造与行驶原理

第一节　汽车拖拉机的发展概况

一、我国汽车的发展概况

我国汽车工业与共和国共命运，经过半个多世纪的努力，发生了天翻地覆的变化。从一个曾经是"只有货车没有轿车""只有公车没有私车""只有计划没有市场"的汽车工业，终于形成了一个种类齐全、生产能力不断增长、产品水平日益提高的汽车工业体系。回顾新中国汽车工业70多年来走过的路程，一步一个脚印，处处印证着各个历史时期的时代特色，经历了从无到有、从小到大，创建、成长、全面、高速发展4个历史阶段。

我国的汽车产业在1993年首次成为第5大支柱产业。2000年汽车产量突破200万辆，2002年汽车产量突破300万辆，2004年汽车产量突破500万辆，2009年汽车产量突破1000万辆，2010年汽车产量突破1500万辆，2013年汽车产量突破2000万辆，2019年我国汽车产销分别完成2572.1万辆和2576.9万辆，连续11年蝉联世界第一。

截至2019年年底，我国机动车保有量达3.48亿辆，其中汽车2.6亿辆；机动车驾驶人突破4亿人，达4.35亿人，其中汽车驾驶人3.97亿人。1955—2019年我国汽车生产量统计见表1-1。

表 1-1　1955—2019 年我国汽车生产量统计　　　　（单位：辆）

年份	生产量	年份	生产量	年份	生产量	年份	生产量	年份	生产量
2019	25721000	2006	7279726	1993	1296778	1980	222288	1967	20381
2018	27809000	2005	5707700	1992	1061721	1979	185700	1966	55861
2017	29015400	2004	5070527	1991	708820	1978	149062	1965	40542
2016	28119000	2003	4443491	1990	509242	1977	125400	1964	28062
2015	24503300	2002	3253655	1989	586936	1976	135200	1963	20579
2014	23722900	2001	2341528	1988	646951	1975	139800	1962	9740
2013	22116800	2000	2068186	1987	472538	1974	104771	1961	3589
2012	19271800	1999	1831596	1986	372753	1973	116193	1960	22574
2011	18418900	1998	1627829	1985	443377	1972	108227	1959	19601
2010	18264667	1997	1592628	1984	316367	1971	111022	1958	16000
2009	13790994	1996	1474905	1983	239886	1970	87166	1957	7904
2008	9345101	1995	1452697	1982	196304	1969	53100	1956	1654
2007	8882456	1994	1353368	1981	175645	1968	25100	1955	64

汽车保有量是指一个地区拥有汽车的数量，一般是指在当地登记的汽车。但汽车保有量不同于机动车保有量，机动车保有量包括摩托车和农用车等在内。

【拓展阅读 1-1】 我国汽车工业的发展概况（阅读方法请见内容简介，后均同）

二、我国拖拉机的发展概况

我国拖拉机行业是新中国成立以后发展起来的新兴行业。新中国成立前，不要说拖拉机生产，就连维修配件也不能制造。1949 年，我国仅拥有拖拉机 117 台，全部从国外进口。经过近 70 年的艰苦奋斗，尤其是改革开放 40 年来的快速发展，拖拉机行业从无到有，从小到大，现已形成能够成批生产大中小型拖拉机的生产能力，基本可满足农、林、牧、副、渔各业生产以及工业产品匹配的需要，发展成为国民经济中不可缺少的具有相当规模的拖拉机制造行业体系。

我国拖拉机行业的发展经历了以下 3 个主要阶段：

第一阶段：引进与仿制改进阶段（1950—1965 年）。

第二阶段：自行设计研制阶段（1965—1983 年）。

第三阶段：系列产品开始阶段（1983 年至目前）。

目前，我国生产小型拖拉机的企业 240 余家，年生产能力约 500 万台。我国生产大中型拖拉机的企业 30 余家，目前年生产能力约 80 万台。拖拉机的保有量已达到 2000 多万台，基本达到饱和状态，但技术含量较高的拖拉机相对较少。我国 2003—2019 年的拖拉机年产量见表 1-2。

表 1-2　我国 2003—2019 年的拖拉机年产量　　　　（单位：万台）

年份	2019	2018	2017	2016	2015	2014	2013	2012	2011	2010	2009	2008	2007	2006	2005	2004	2003
大中型拖拉机年产量	22.4	24.3	56.8	63.0	68.8	64.4	58.5	46.3	46.1	38.4	39.2	21.8	20.3	19.8	16.2	10.1	5.8
小型拖拉机年产量	31.0	37.3	118.6	135.5	140.0	167.8	193.6	178.6	237.6	228.2	189.2	188.0	213.8	191.5	201.0	179.4	186.4

【拓展阅读 1-2】 我国拖拉机行业的发展概况

第二节　汽车拖拉机的类型

一、汽车的类型

汽车的种类繁多，其分类方法也很多。

1. 按国家标准分类

根据 GB/T 3730.1—2001《汽车和挂车类型的术语和定义》，汽车分为乘用车和商用车两大类（图 1-1）。

（1）乘用车　乘用车是指在其设计和技术特性上主要用于载运乘客及其随身行李和/或临时物品的汽车，包括驾驶人座位在内最多不超过 9 个座位。它也可以牵引一辆

  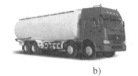

a)　　　　　　　　　　　　　　　　　　　　b)

图 1-1　乘用车和商用车

a）乘用车　b）商用车

挂车。乘用车共分为 11 种。

（2）**商用车**　商用车是指在设计和技术特性上用于运送人员和货物的汽车，并且可以牵引挂车，分为客车、货车和半挂牵引汽车 3 类。

1）客车是指在设计和技术特性上用于载运乘客及其随身行李的商用车辆，包括驾驶人座位在内座位数超过 9 座。客车分为小型客车、城市客车、长途客车、旅游客车、铰接客车、无轨电车、越野客车和专用客车 8 大类。

2）货车是指一种主要为载运货物而设计和装备的商用车辆，它能否牵引一辆挂车均可。货车分为普通货车、多用途货车、全挂牵引车、越野货车、专用作业车、专用货车、低速货车和三轮汽车 8 种类型。

3）半挂牵引汽车是指装备有特殊装置用于牵引半挂车的商用车辆。

📖【拓展阅读 1-3】　机动车的类型与定义

2. 按动力装置类型分类

汽车按动力装置类型可分为汽油机汽车、柴油机汽车、电动汽车、混合动力汽车和燃料电池汽车等（图 1-2）。

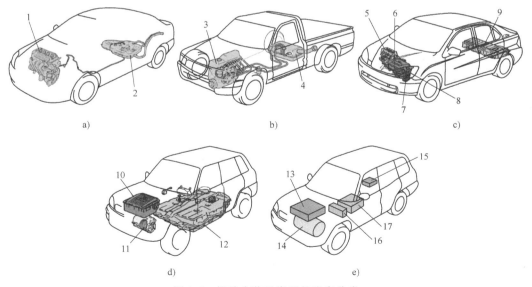

图 1-2　按动力装置类型的汽车分类

a）汽油机汽车　b）柴油机汽车　c）电动汽车　d）混合动力汽车　e）燃料电池汽车

1、3、5—发动机　2—油箱（汽油）　4—油箱（柴油）　6—变换器　7—传动桥　8—变矩器

9、12、15—蓄电池　10、13—动力控制装置　11、14—电动机　16—燃料电池架　17—氢气存储系统

（1）**汽油机汽车** 以汽油为内燃机燃料的汽车称为汽油机汽车。车用汽油是从石油中提炼出来的，由碳、氢元素组成的烃类化合物。汽油的挥发性好，但抗爆性差，发动机压缩比小，一般用于轻型汽车上。

（2）**柴油机汽车** 以柴油为内燃机燃料的汽车称为柴油机汽车。柴油和汽油一样，是从石油中提炼出来的，也是由碳、氢元素组成的烃类化合物，在石油蒸馏过程中，温度在 200～350℃ 范围内的馏分即为柴油。柴油具有良好的抗爆性能，因此，发动机的压缩比大，产生的驱动力矩大，所以被广泛用在越野汽车、大型客车、大型货车、农用汽车和工程机械上。

（3）**电动汽车** 电动汽车是指由电动机驱动并且自身装备供电能源（不包括供电架线）的汽车。包括蓄电池式电动汽车、插电式电动汽车和燃料电池式电动汽车等。

（4）**混合动力汽车** 混合动力汽车是指装备两套动力源的汽车，这种汽车通常装有内燃机-发电机组以及蓄电池。可分为普通混合动力汽车和插电式混合动力汽车两大类。

3. 按公安机关管理分类

为了便于机动车辆技术检验、核发牌证以及进行专门管理，公安机关根据目前中国汽车工业标准和公安机关管理的需要，将汽车分为大型汽车和小型汽车两种。

4. 按发动机布置分类

汽车按发动机布置可分为前置发动机汽车、后置发动机汽车、中置发动机汽车、下置发动机汽车和双发动机汽车等。

5. 按驱动方式进行分类

汽车按驱动方式可分为前轮驱动汽车、后轮驱动汽车和全轮驱动汽车等。

6. 按发动机位置和驱动方式进行分类

汽车按发动机位置和驱动方式可分为前置前驱动汽车、前置后驱动汽车、后置后驱动汽车和中置后驱动汽车等。

7. 按行驶道路条件分类

汽车按行驶道路条件可分为公路用车和非公路用车。

8. 按行驶机构的特征分类

汽车按行驶机构的特征可分为轮式汽车、履带式汽车和半履带式汽车等。

【拓展阅读1-4】 汽车的类型

二、拖拉机的类型

1. 按结构特点分类

拖拉机按结构特点可分为轮式、履带式（或称为链轨式）、手扶式和船式4种。

（1）**轮式拖拉机** 轮式拖拉机应用最为广泛，按驱动型式可分为两轮驱动与四轮驱动，两轮驱动的驱动型式代号用 4×2 来表示（分别表示车轮总数和驱动轮数），主要用于一般农田作业及运输作业；四轮驱动的驱动型式代号用 4×4 表示，主要用于土质黏重、负荷较大的农田作业及泥泞道路运输作业等，具有较高的牵引效率。

（2）**履带式拖拉机** 履带式拖拉机主要用于土质黏重、潮湿地块田间作业和农田水利、土方工程及农田基本建设。

（3）**手扶式拖拉机** 手扶式拖拉机是指只有一根行走轮轴，有一个驱动轮或两个驱动轮的轮式拖拉机。在农田作业时操作者多为步行，用手扶持操纵，习惯上称为手扶式拖拉机。有些手扶式拖拉机安装有用于支承及辅助转向的尾轮。

（4）**船式拖拉机** 船式拖拉机主要用于沤田作业，船式底盘提供支承，桨式叶轮驱动。

2. 按用途分类

拖拉机按用途可分为普通型拖拉机、园艺型拖拉机、中耕型拖拉机和特殊用途拖拉机。

（1）**普通型拖拉机** 普通型拖拉机具有常规结构特点，应用范围广泛，适于一般条件下的各种农田移动作业、固定作业和运输作业等，如东方 ME500/ME550、雷沃欧豹 M554、上海纽荷兰 SH504 和东风 1004 等。

（2）**园艺型拖拉机** 园艺型拖拉机主要用于果园、菜地和茶林等各项作业，它的特点是体积小、底盘低、功率小和机动灵活。

（3）**中耕型拖拉机** 中耕型拖拉机主要用于中耕作业，也兼用于其他作业，具有较高的地隙和较窄的行走装置，可用于玉米、高粱和棉花等高秆作物的中耕。

（4）**特殊用途拖拉机** 特殊用途拖拉机是适用于在特殊工作环境下作业或适用于某种特殊需要的拖拉机，如山地拖拉机、沤田拖拉机（船式）、水田拖拉机和葡萄园拖拉机等。

3. 按功率大小分类

（1）**大型拖拉机** 大型拖拉机的功率在 73.6kW（100 马力）以上。

（2）**中型拖拉机** 中型拖拉机的功率为 14.7~73.6kW（20~100 马力）。

（3）**小型拖拉机** 小型拖拉机的功率在 14.7kW（20 马力）以下。

几种常见拖拉机的类型如图 1-3 所示。

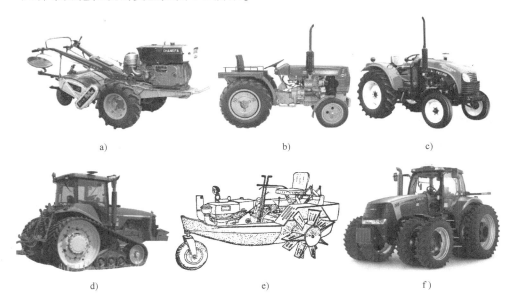

图 1-3 几种常见拖拉机的类型

a）手扶式拖拉机 b）小四轮拖拉机 c）中型拖拉机 d）履带式拖拉机
e）船式拖拉机 f）大型拖拉机

 【拓展阅读 1-5】 拖拉机的类型

第三节　汽车拖拉机的总体结构

一、汽车的总体结构

汽车通常由发动机、底盘、车身和电气设备 4 个部分组成（图 1-4）。

图 1-4　汽车的结构组成

a）发动机　b）底盘　c）车身　d）电气设备

1. 发动机

汽车发动机是将汽车燃料的化学能转变成机械能的一个机器。大多数汽车都采用往复活塞式内燃机，一般由曲柄连杆机构、换气系统、燃料供给系统、冷却系统、润滑系统、点火系统（仅汽油发动机）和起动系统等部分组成。

2. 底盘

汽车底盘接受发动机的动力，将发动机的旋转运动转变成汽车的水平运动，并保证汽车按照驾驶人的操纵正常行驶。底盘由传动系统、行驶系统、转向系统和制动系统 4 部分组成。

1）传动系统是指将发动机的动力传递到车轮上的全部动力传动装置，并能实现动力的接通与切断，以及汽车的起步、变速和倒车等功能。由离合器、变速器、传动轴和驱动桥等部件组成。

2）行驶系统将汽车各总成、部件连接成一个整体，用来支承整车，并将旋转运动的动力转变成汽车的直线运动，实现汽车的平顺行驶。它由车架、车桥、车轮和悬架等部件组成。

3）转向系统是用来控制汽车的行驶方向的。它由转向盘、转向器和转向传动机构组成。

4）制动系统用来使行驶中的汽车按照需要降低速度，停止行驶和在坡道上驻车。它由制动控制部分、制动传动部分和制动器等部件组成，一般汽车制动系统至少有两套各自独立的制动装置，即行车制动装置和驻车制动装置。

3. 车身

汽车的车身是驾驶人工作的场所，也是装载乘客和货物的场所。车身应为驾驶人提供方便的操作条件，以及为乘客提供舒适安全的环境或保证货物完好无损。

4. 电气设备

汽车电气设备用于汽车发动机的起动、点火、照明、灯光信号及仪表等监控装置。汽车电气系统的电压均采用 12V 或 24V，负极搭铁。汽车的电气设备包括电源系统、起动系统、点火系统、照明装置、信号装置、仪表以及各种电子设备，这些电气设备大大地提高了汽车的各种性能。

【拓展阅读1-6】 汽车的总体结构

【拓展阅读1-7】 大学生方程式赛车

二、拖拉机的总体结构

拖拉机与汽车的总体结构基本相似，一般由发动机、底盘、工作装置和电气设备组成（图1-5）。

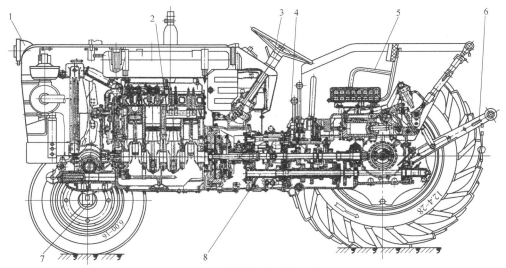

图1-5 拖拉机的基本组成

1—电气系统（照明系统） 2—发动机（柴油机） 3—底盘（转向系统） 4—底盘（制动系统）
5—底盘（驾驶座） 6—底盘（工作装置） 7—底盘（行走系统） 8—底盘（传动系统）

1. 发动机

发动机是拖拉机行驶和工作的动力源，一般采用柴油机。主要由曲柄连杆机构、换气系统、燃油供给系统、润滑系统、冷却系统、起动系统以及预热装置等组成。

拖拉机柴油机的结构与汽车柴油机基本相同，但拖拉机柴油机采用低速（≤2300r/min）大转矩柴油机，汽车柴油机采用高速柴油机。

2. 底盘

拖拉机的底盘是指发动机和电气设备以外的所有系统和装置。底盘将发动机和各个系统、部件连接成一个整体，并将发动机的动力转变为拖拉机行驶的驱动力和牵引力。拖拉机底盘由传动系统、转向系统、制动系统和行走系统等4个部分组成。拖拉机底盘各系统的布置示意图如图1-6所示。

3. 工作装置

拖拉机工作装置通常类属于底盘部分，主要用于牵引、悬挂和驱动农具，进行各种农机作业，如图1-7所示。

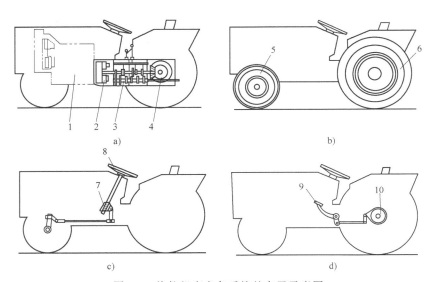

图1-6 拖拉机底盘各系统的布置示意图

a）传动系统 b）行走系统 c）转向系统 d）制动系统

1—发动机 2—离合器 3—变速器 4—后桥 5—前轮 6—后轮 7—转向器

8—转向盘 9—制动踏板 10—制动器

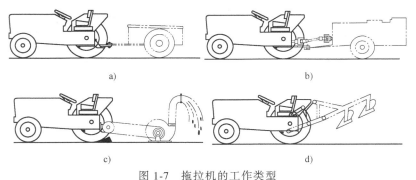

图1-7 拖拉机的工作类型

a）牵引作业 b）牵引及动力输出作业 c）固定作业 d）悬挂农具作业

拖拉机的工作装置包括通过它们带动的农机具工作的牵引装置、动力输出装置和液压悬挂装置等。

4. 电气设备

拖拉机的电气设备主要由发电机、蓄电池、灯光系统、仪表系统、空调系统和导航系统等构成，各电气设备的原理和结构特点与汽车上的基本相同。

【拓展阅读1-8】 拖拉机的总体结构

第四节 汽车拖拉机的行驶原理

汽车和拖拉机的构造有所不同，但均是依靠发动机的动力，经过传动系统降低转速和增大转矩后，传递到驱动轮上，再通过驱动轮与地面间的相互作用而实现行驶的。要确定汽车拖拉机沿行驶方向的运动状况，必须掌握沿汽车拖拉机行驶方向作用于汽车拖拉机的各种外力，即驱动力与行驶阻力。

一、驱动力

驱动力是由发动机的转矩经传动系统传到驱动轮上得到的。发动机输出的转矩，经传动系统传到驱动轮上。此时作用于驱动轮上的转矩产生对地面的圆周力 F_0，而地面对驱动轮的反作用力（方向与 F_0 相反）即是驱动汽车拖拉机的外力（图1-8），此外力称为汽车拖拉机的驱动力 F_t。

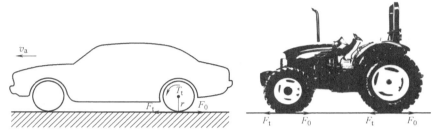

图 1-8　汽车拖拉机的驱动力

驱动力 F_t 的产生需要依靠两个作用：

第一，依靠发动机提供转矩，经过传动系统改变大小和方向后，传递给驱动轮一定的驱动力矩，进而提供引发驱动力的沿轮胎切向的作用力，这是产生驱动力的内部条件。

第二，依靠驱动轮与地面的相互作用，把驱动轮对地面的作用力，转化为地面对驱动轮切向的反作用力，这是产生驱动力的外部条件。

汽车拖拉机每得到一个具体的驱动力，均是上述两个方面共同作用、协调一致的结果。

二、行驶阻力

汽车拖拉机在水平道路上直线等速行驶时，必须克服来自地面与轮胎相互作用而产生的滚动阻力 F_f 和来自车身与空气相互作用而产生的空气阻力 F_w。

当汽车拖拉机在坡道上直线上坡行驶时，还必须克服其重力沿坡道的分力，称为坡度阻力 F_i；当汽车拖拉机直线加速行驶时，还需克服加速阻力 F_j。

当汽车拖拉机牵引挂车，或拖拉机牵引农机具作业时，还要考虑牵引阻力 F_D。

因此，汽车拖拉机直线行驶时其总阻力 $\sum F$ 为

$$\sum F = F_f + F_w + F_i + F_j + F_D$$

在汽车拖拉机各种行驶阻力中，滚动阻力 F_f 和空气阻力 F_w 是在任何行驶条件下都存在的，坡度阻力 F_i 和加速阻力 F_j 仅在一定行驶条件下存在。汽车拖拉机下坡时，F_i 为负值，此时汽车拖拉机重力沿坡道的分力已不是汽车拖拉机的行驶阻力，而是动力了。同样，汽车拖拉机减速行驶时，惯性作用是使汽车拖拉机前进的，F_j 也为负值，也不是阻力了。汽车拖拉机在水平道路上等速直线行驶时，就没有坡度阻力和加速阻力。

三、汽车拖拉机行驶的驱动-附着条件

1. 汽车拖拉机行驶的驱动条件

若驱动力小于滚动阻力、坡度阻力、加速阻力、空气阻力和牵引阻力之和，则汽车拖拉机无法开动，或正在行驶的汽车拖拉机将减速直至停车。所以汽车拖拉机行驶的驱动条件为

$$\sum F \geq F_f + F_w + F_i + F_j + F_D$$

汽车拖拉机行驶的驱动条件不是汽车拖拉机行驶的充分条件，只反映了汽车拖拉机本身的行驶能力。可以采用增加发动机转矩、加大传动比等措施来增大汽车拖拉机驱动力。但这些措施只有在驱动轮与路面不发生滑转现象时才有效。如果驱动轮在路面滑转，则增大驱动力只会使驱动轮加速旋转，地面切向反作用力并不会增加。这种现象表明，汽车拖拉机行驶除受驱动条件制约外，还受轮胎与地面附着条件的限制。

2. 汽车拖拉机行驶的附着条件

地面之所以产生切向反作用力，主要是依靠地面与驱动轮接地表面之间的摩擦作用（对轮式拖拉机或履带式拖拉机而言，还有土壤与压入土壤中的驱动轮刺或履带行走器履刺之间的剪切作用），这种作用称为附着作用。附着作用所能提供的地面反作用力的极限值，称为附着力 F_φ。附着力是一种潜力，当它被利用而表现出来的时候就成了驱动力。很显然，驱动力的发挥受到附着力的限制，实际发出的驱动力只能小于或等于附着力，而不能大于附着力 F_φ，否则将发生驱动轮滑转现象，即

$$F \leq F_\varphi$$

这就是汽车拖拉机行驶的附着条件，也是汽车拖拉机行驶的充分条件。

汽车拖拉机行驶的充分与必要条件为

$$F_\varphi \geq F_t \geq \sum F = F_f + F_w + F_i + F_j + F_D$$

上式称为汽车拖拉机行驶的驱动-附着条件。

一般情况下，当附着力足够大时，驱动力的最大允许值由最低工作档位上发动机标定转矩来决定，若行驶总阻力超过驱动力，则汽车拖拉机将由于发动机经常超载或频繁熄火无法正常工作。当发动机转矩足以满足（即驱动力足够大）而附着力不足时，驱动力的最大允许值由附着力决定。若此时行驶总阻力超过附着力，则汽车拖拉机将由于驱动轮产生严重滑转而不能正常工作。

由此可见，发动机的转矩并不是任何情况下都能充分发挥出来的，有时因受到汽车拖拉机驱动轮与路面之间附着性能的限制而不能完全被利用。所以要充分发挥汽车拖拉机的工作潜力，应提高汽车拖拉机的附着性能，同时减小行驶阻力。

 【拓展阅读1-9】 汽车拖拉机行驶过程的受力分析

第五节　汽车拖拉机的性能

汽车拖拉机的性能主要有动力性、燃料经济性、制动性、行驶平顺性、通过性、安

全性、操纵稳定性和环保性等。

一、动力性

动力性是指汽车拖拉机在良好路面上直线行驶时由汽车受到的纵向外力决定的、所能达到的平均行驶速度。它表示了车辆以最大可能的平均行驶速度运送货物或乘客的能力。

动力性是汽车拖拉机各种使用性能中最重要、最基本的性能。从获得尽可能高的平均行驶速度的观点出发，动力性主要指标如下：

1）最高车速，单位为 km/h。

2）加速时间，单位为 s。

3）能爬上的最大坡度，简称为最大爬坡度，单位为%或（°）。

最高车速是指在水平良好的路面（混凝土或沥青路）上能达到的最高行驶车速。

加速时间表示车辆的加速能力。常用原地起步加速时间和超车加速时间来表示加速能力。

爬坡能力是用满载时汽车拖拉机在良好路面上的最大爬坡度来表示的。显然，最大爬坡度是指 I 档最大爬坡度。对于乘用车，一般不强调它的爬坡能力；对货车一般在 30%，即 16.5°左右；越野汽车可达 60%，即 30°左右或更高。

二、燃料经济性

燃料经济性是指汽车拖拉机以最少的燃料消耗量完成单位运输或作业的能力。燃料经济性通常用百公里燃油消耗量和单位作业耗油量来衡量。

1. 百公里燃油消耗量

百公里燃油消耗量主要用于评价汽车燃料经济性，是指汽车在一定运行工况下行驶 100km 的燃油消耗量。一般情况下，燃油消耗量采用容积（L）计算，百公里燃油消耗量是最常采用的燃料经济性评价指标。

由于等速油耗与实际行驶情况有很大差别，实际上不能全面地评定汽车的燃油经济性。现在一般都采用循环油耗来评定汽车的燃油经济性。循环油耗是指在一段指定的典型路段内汽车以设定的不同工况行驶时的油耗，起码要规定等速、加速和减速 3 种工况，复杂的还要计入起动和怠速停驶等多种工况，然后折算成百公里燃油消耗量，如我国有 15 工况循环燃油消耗量（乘用车）、6 工况循环燃油消耗量（货车）和城市 4 工况循环燃油消耗量（客车）。

2. 单位作业耗油量

单位作业耗油量是评价拖拉机作业机组燃料经济性的指标。其计算单位因作业种类的不同而异，如田间作业用公斤/亩，运输作业用公斤/吨公里等。也可以用公斤/标准亩作为统一的计量单位来反映[⊖]。

三、制动性

制动性是指行驶中的汽车拖拉机能在短距离内停车且维持行驶方向稳定，以及在下

―――――――――

⊖　1 亩 = 666.6m², 1 吨公里 = 1t·km, 1 公斤 = 1000g。

长坡时能控制行驶速度的能力。

制动性是汽车拖拉机安全行驶的保证，直接关系到生命财产安全。汽车拖拉机具有良好的制动性能，才能充分发挥动力性，提高汽车拖拉机的平均行驶速度，从而获得较高的工作效率。

汽车拖拉机制动性主要有制动效能、制动效能的恒定性和制动时方向稳定性3方面评价。

1）制动效能是指汽车拖拉机迅速降低行驶速度直至停车的能力，是制动性最基本的评价指标。它是用制动力、制动减速度、制动距离和制动时间等指标来评定的。

2）制动效能的恒定性主要指制动效能的抗热衰退能力，反映了高速制动或下长坡连续制动时制动效能的稳定程度。

3）制动时的方向稳定性指制动时汽车拖拉机不发生跑偏、侧滑及失去转向控制的能力。制动时方向稳定性较好的汽车拖拉机，能够按驾驶人给定轨迹行驶，即能够维持直线行驶或能按预定弯道行驶。

四、行驶平顺性

行驶平顺性是指保持汽车拖拉机在行驶过程中乘员所处的振动和冲击环境在一定舒适度范围内的性能。因此，平顺性主要根据驾乘人员主观感觉的舒适性来评价。对于货车还包括保持货物完好的性能。

汽车拖拉机行驶时路面或田间地面激起的振动不仅会缩短有关零部件的疲劳寿命，还会引起车轮与路面之间的载荷波动，影响到路面对车轮的附着效果，并关联到操纵稳定性的状况，因此行驶平顺性是汽车拖拉机的一项主要使用性能。

行驶平顺性的评价指标目前在国际上尚无一致结论。GB/T 4970—2009《汽车平顺性试验方法》规定了轿车、客车用降低舒适性界限，货车用疲劳-降低工作效率界限与车速的关系曲线加以评价。

五、通过性

1. 汽车通过性

汽车通过性是指汽车在一定载质量条件下能以足够高的平均车速通过各种坏路及无路地带和克服各种障碍的能力。坏路及无路地带是指松软土壤、沙漠、雪地、沼泽等松软地面及坎坷不平地段，各种障碍是指陡坡、侧坡、台阶和壕沟等。

汽车通过性可分为轮廓通过性和牵引支承通过性。前者是表征汽车通过坎坷不平路段和障碍（如陡坡、侧坡、台阶、壕沟等）的能力，后者是指汽车能顺利地通过松软土壤、沙漠、雪地、冰面和沼泽等地面的能力。

当汽车在松软地面上行驶时，驱动轮对地面施加向后的水平力，地面随之发生剪切变形，相应的剪切力便构成土壤对汽车的推力，该力比在一般硬路面上的附着力要小得多；而汽车遇到的土壤阻力（指轮胎对土壤的压实作用和推移作用产生的压实阻力、推土阻力及充气轮胎变形引起的弹性迟滞损耗阻力）要比在硬路面上的滚动阻力大得多。因此，常不能满足汽车行驶的附着力条件的要求。这是松软路面限制汽车行驶的主要原因。

2. 拖拉机通过性

拖拉机通过性包括田间通过性和地面通过性。

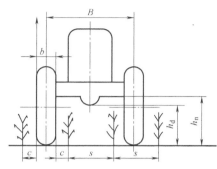

田间通过性是指拖拉机适应耕作方式，在田间作业时不伤害农作物、不破坏垄形的通过能力。中耕时，为了保证拖拉机机体的下部不致碰坏农作物的枝叶，要求有足够的最小离地间隙 h_n（图 1-9）；当拖拉机行走机构恰好走在两行作物之间时，则其轮距 B 必为作物行距 s 的整倍数，这样可使左右两侧保护区 c 相等，对作物损害最小。有些拖拉机还可以调整农艺离地间隙 h_n，以提高田间作业时的通过能力。

图 1-9　拖拉机的农艺离地间隙与最小离地间隙
B—轮距　b—胎宽　h_n—农艺离地间隙
h_d—最小（道路）离地间隙
s—作物行距　c—左右两侧保护区

拖拉机地面通过性与汽车通过性基本相同。

六、安全性

安全性一般分为主动安全性、被动安全性、事故后安全性和生态安全性。

1）主动安全性是指汽车本身防止或减少事故发生的性能，主要取决于汽车拖拉机的总体尺寸、制动性、行驶稳定性、操纵性、信息性以及驾驶人工作条件（操作元件人机特性、座椅舒适性、噪声、温度和通风、操纵轻便性等）。此外，动力性（特别是超车的时间和距离）也是很重要的影响因素。

2）被动安全性是指事故发生后，汽车拖拉机本身减轻人员伤害和货物损失的能力，又可分为内部被动安全性（减轻车内乘员受伤和货物受损）以及外部被动安全性（减轻对事故所涉及的其他人员和汽车的损害）。

3）事故后安全性是指汽车拖拉机能减轻事故后果的性能。这是指能否迅速消除事故后果，并避免新的事故发生。

4）生态安全性是指发动机排气污染、行驶噪声和电磁波对环境的影响。

七、操纵稳定性

1. 汽车的操纵稳定性

汽车的操纵稳定性包括相互联系的两个部分，一是操纵性，二是稳定性。操纵性是指汽车能够确切地响应驾驶人转向指令的能力；稳定性是指汽车在行驶过程中，具有抵抗改变其行驶方向的各种干扰，并保持稳定行驶而不致失去控制甚至翻车或侧滑的能力。实际上两者很难截然分开，稳定性的优劣直接影响操纵性，常统称为汽车操纵稳定性。

汽车的操纵稳定性不仅影响汽车驾驶的操纵方便程度，而且也是决定高速汽车安全行驶的一个主要性能。随着汽车保有量的增加和车速的提高，汽车的操纵稳定性显得越来越重要，被人们称为"高速行车的生命线"。

汽车的操纵稳定性涉及的问题较为广泛，需要采用较多的物理参量从多方面来进行评价。可以通过考察下列关系来评价操纵稳定性的好坏：

1）在一定车速下，汽车质心轨迹曲线与转向盘转角的关系。

2）以一定角速度转动转向盘后，汽车转向角速度随时间的关系。

3）汽车在圆周行驶时，其转向盘上的作用力与汽车侧向加速度的关系。

4）为保证额定车速行驶的汽车其轨迹曲率半径能按额定要求变化，而必须在转向盘上施加的作用力。

2. 拖拉机的操纵稳定性

拖拉机的操纵性是指拖拉机能否按驾驶人的意图沿给定方向行驶的性能。评价指标主要有：直线行驶性和转向半径。直线行驶性可用不加操作情况下直线行驶一定距离后车辆偏离原定方向的偏移量来衡量。转向半径用最小转向半径或转向圆半径来表示。

拖拉机的稳定性是指拖拉机行驶时不致产生翻倾和滑移的性能。当拖拉机在坡道上行驶和作业时，易失去稳定性，因此拖拉机的稳定性是表征拖拉机能否在坡道上很好地工作以及能否安全行驶的一个重要指标。

八、环保性

随着汽车拖拉机工业的迅速发展，汽车拖拉机保有量急剧增加，汽车拖拉机排放对大气的污染、噪声对环境的危害和电磁干扰对环境的影响已构成汽车拖拉机的三大公害。目前，世界许多国家都制定了汽车拖拉机排放、噪声和电磁干扰标准，这对汽车生产和使用维修部门都提出了新的要求。

有害气体主要通过汽车拖拉机尾气排放、曲轴箱窜气和燃油蒸气等 3 个途径进入大气中，造成对大气的污染。汽车拖拉机排放的污染物主要有 CO、HC、NO_x 和细微颗粒物等。

噪声是汽车拖拉机的第二公害。按照噪声产生的过程，汽车拖拉机噪声大致来源于与发动机转速、车速有关的声源。图 1-10 说明了这些基本噪声源。

与发动机转速有关的噪声源主要有进气噪声、排气噪声、冷却系统风扇噪声和发动

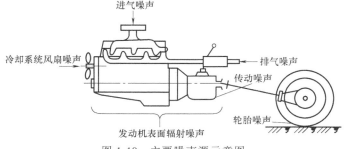

图 1-10　主要噪声源示意图

机表面辐射噪声。由发动机带动旋转的各种发动机附件（如空气压缩机、发电机等）的噪声，也属此类。

与车速有关的噪声源包括传动噪声（变速器、传动轴等）、轮胎噪声和车体产生的空气动力噪声。

电磁噪声分为汽车拖拉机内部的电磁噪声和汽车拖拉机外部的电磁噪声。汽车拖拉机内部的电磁噪声是指车用发电机、继电器和开关等部件工作时及开关触点断开瞬间所产生的噪声；外部噪声是指人为的各种电气设备，如高压输电线、铁轨、广播电台设备所辐射出来的对汽车拖拉机引起干扰的电磁辐射和雷电、静电等自然现象引起的噪声。

思　考　题

1. 何谓机动车、汽车、拖拉机、汽车保有量、拖拉机保有量？
2. 汽油车与柴油车的主要区别有哪些？
3. 汽车的总体结构包括哪些部分？各部分的作用是什么？
4. 我国大型汽车企业有哪些？各自的年产量、年产值是多少？
5. 我国自主汽车品牌有哪些？
6. 你认为我国达到美国、欧洲等发达国家和地区的汽车千人保有量的水平会实现吗？会有什么问题？
7. 你对中国汽车工业发展的前景有什么看法？
8. 试展望 2030 年后世界汽车的发展和汽车工业的状况。
9. 汽车驱动力与附着力有何关系？
10. 拖拉机为何只采用柴油机为动力，而不用汽油机？
11. 简述我国拖拉机的发展现状。
12. 拖拉机是如何分类的？
13. 拖拉机主要由哪些部分组成？
14. 分析我国拖拉机技术落后的原因。
15. 为何要重视拖拉机高新技术的发展？

第二章

发动机总体组成与原理

第一节　发动机的分类与总体构造

一、发动机的分类

发动机是汽车、拖拉机的动力源。凡是能使某种形式的能量转变成机械能的机器都可称为发动机，如热力发动机、水力发动机和风力发动机等，车辆上主要采用热力发动机。

热力发动机是指将燃料燃烧所产生的热能转变成机械能的机器。根据燃料燃烧所处位置的不同，热力发动机又分为外燃机和内燃机两大类。

燃料在发动机外部燃烧的热力发动机称为外燃机，如蒸汽机、汽轮机等。反之，燃料直接在发动机内部燃烧的热力发动机称为内燃机，如柴油机、汽油机和煤气机等。

内燃机广泛应用于工业、农业、交通和国防等各个领域。至今，汽车、拖拉机的发动机全部采用内燃机，因为与外燃机比较，内燃机具有热效率高、输出功率范围广、结构紧凑、自重轻、体积小、使用操作方便及运行安全等优点。尽管如此，减轻排放污染，减小噪声振动，提高零部件的耐磨性、可靠性、互换性、修复性和整机动力性及经济性仍是内燃机科学技术的重要研究内容。

内燃机广泛应用于飞机、船舰，以及汽车、拖拉机、坦克等各种车辆上。但是，内燃机一般要求使用石油燃料，同时排出的废气中所含有害气体成分较高。为解决能源与大气污染的问题，目前国内、外正致力于内燃机排气净化以及新能源发动机的研究工作。

内燃机根据其将热能转化为机械能主要构件的型式，可分为活塞式内燃机和燃气轮机两大类。前者又可按活塞运动方式分为往复活塞式和旋转活塞式两种。

活塞式内燃机在汽车拖拉机上应用最广泛，装配在汽车拖拉机上的内燃机，一般称为发动机，是本书的主要讨论对象。

发动机种类繁多，根据不同特点有不同分类，见表2-1。

表2-1　发动机的分类

分类方法	类别	含　义
按冲程数分	二冲程发动机	活塞经过两个行程完成一个工作循环的发动机
	四冲程发动机	活塞经过4个行程完成一个工作循环的发动机

（续）

分类方法	类别	含　义
按着火方式分	点燃式发动机	压缩气缸内的可燃混合气,并用外源点火燃烧的发动机
	压燃式发动机	压缩气缸内的空气或可燃混合气,产生高温,引起燃料着火的发动机
按使用燃料种类分	液体燃料发动机	燃烧液体燃料(汽油、柴油、醇类等)的发动机
	气体燃料发动机	燃烧气体燃料(液化石油气、天然气等)的发动机
	多种燃料发动机	能够使用着火性能差异较大的两种或两种以上燃料的发动机
按进气状态分	非增压发动机	进入气缸前的空气或可燃混合气未经压缩的发动机。对于四冲程发动机也称为自吸式发动机
	增压发动机	进入气缸前的空气或可燃混合气先经过压气机压缩,借以增大充量密度的发动机
按冷却方式分	液冷式发动机	用冷却液冷却气缸和气缸盖等零件的发动机
	风冷式发动机	用空气冷却气缸和气缸盖等零件的发动机
按气缸数及布置分	单缸发动机	只有一个气缸的发动机
	多缸发动机	具有两个或两个以上气缸的发动机
	立式发动机	气缸布置于曲轴上方且气缸中心线垂直于水平面的发动机
	卧式发动机	气缸中心线平行于水平面的发动机
	直列式发动机	具有两个或两个以上直立气缸,并呈一列布置的发动机
	V型发动机	具有两个或两列气缸,其中心线夹角呈V形,并共用一根曲轴输出功率的发动机
	对置气缸式发动机	两个或两列气缸分别排列在同一曲轴的两边呈180°夹角的发动机
	斜置式发动机	气缸中心线与水平面呈一定角度(不是直角)的发动机
按用途分	有汽车用、机车用、拖拉机用、船用、坦克用、摩托车用、发电用、农用、工程机械用等发动机	

二、发动机的总体构造

虽然发动机类型和结构型式不同，具体构造多种多样，并由许多机构和零部件构成，但其基本构造相同。为保证发动机连续进行工作循环、实现能量转换，并使其能持续地正常工作，根据各组成部分的作用不同，发动机总体构造包括机体组件与曲柄连杆机构、换气系统、燃料供给系统、润滑系统、冷却系统、起动系统和点火系统（仅汽油机）。

1. 机体组件与曲柄连杆机构

机体组件包括机体、气缸盖、气缸套和油底壳等。机体组件是发动机的骨架，所有运动部件和系统都支承和安装在它上面。曲柄连杆机构主要由活塞、连杆、曲轴及飞轮等组成，其功用是将活塞的往复运动转变为曲轴的旋转运动，并将作用在活塞顶部的燃气压力转变为曲轴的转矩输出。

2．换气系统

换气系统由空气滤清器、进排气管道、配气机构、消声灭火器等组成。其功用是定时开关进、排气门，实现气缸的换气；过滤空气中的杂质，保证进气清洁；降低排气噪声。

3．燃料供给系统

根据发动机所用燃料的不同，燃料供给系统分为柴油机供油系统和汽油机供油系统。

1）柴油机供油系统由燃油箱、燃油滤清器、输油泵、燃油泵和喷油器等组成。其功用是定时、定量、定压地向燃烧室内喷入雾化柴油，并创造良好的燃烧条件，满足燃烧过程的需要。

2）汽油机供油系统由燃油箱、电动汽油泵、滤清器、输油管、回油管、分配油管、油压调节器、电控喷油器、传感器和电控单元（ECU）等组成。其功用是将汽油与空气按一定比例混合成各种浓度的可燃混合气供入燃烧室，以满足汽油机各种工况下的要求。

4．润滑系统

润滑系统由集滤器、机油泵、机油滤清器、机油散热器、油道和机油压力表等组成。其功用是将机油压送到发动机各运动件的摩擦表面，以减少运动件的摩擦和磨损，带走摩擦热量，清洗表面磨屑，加强密封和防止零件锈蚀。

5．冷却系统

冷却系统由散热器、水泵、风扇、水套、节温器和机体散热片等组成。冷却系统的功用是冷却受热机件，保证发动机在适宜的温度下正常工作。

6．起动系统

起动系统由蓄电池、起动机和起动开关等组成。其功用是起动发动机，使发动机由静止状态转入稳定运转状态。

7．点火系统

汽油机设有点火系统，它由蓄电池、发电机、点火线圈、点火控制器、高压线和火花塞等组成。点火系统的功用是定时产生电火花，点燃混合气。柴油机没有点火系统。

汽油机的总体构造如图2-1所示，柴油机的总体构造如图2-2所示。

图 2-1　汽油机的总体构造

图 2-2　柴油机的总体构造

第二节　发动机的工作原理

一、发动机的基本术语

发动机的基本结构如图 2-3 所示。

（1）**上止点**　活塞在气缸中运动，当活塞离曲轴中心最远时，活塞顶部所处的位置为上止点。

（2）**下止点**　活塞在气缸中运动，当活塞离曲轴中心最近时，活塞顶部所处的位置为下止点。

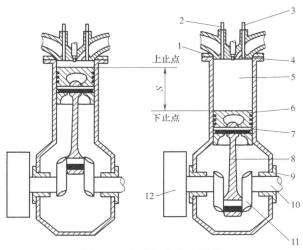

图 2-3　发动机的基本结构

1—气缸盖　2—排气门　3—进气门　4—喷油器　5—气缸　6—活塞　7—活塞销
8—连杆　9—主轴承　10—曲轴　11—曲柄　12—飞轮

（3）**活塞行程**　活塞行程是指活塞从一个止点运动到另一个止点所经过的距离。常用字母 S 表示，即曲轴每转半圈（180°），活塞运动一个行程。

（4）**曲柄半径**　曲轴与连杆大头连接中心至曲轴中心的距离 r 称为曲柄半径。

（5）**燃烧室容积**　燃烧室容积是指活塞位于上止点时，活塞顶部与气缸盖之间的封闭容积。常用 V_c 表示。

（6）**气缸工作容积**　气缸工作容积是指活塞从上止点运动到下止点时，它所扫过的空间容积。常用 V_h（单位：L）表示，即

$$V_h = \frac{\pi D^2}{4} S \times 10^{-3} \tag{2-1}$$

式中　D——气缸直径（cm）；

　　　S——活塞行程（cm）。

（7）**气缸总容积**　气缸总容积是指活塞位于下止点时，活塞顶部与气缸盖之间的封闭容积。常用 V_a 表示，即

$$V_a = V_c + V_h \qquad (2\text{-}2)$$

（8）**压缩比** 压缩比是指气缸总容积与燃烧室容积之比值，常用 ε 表示，即

$$\varepsilon = \frac{V_a}{V_c} = \frac{V_c + V_h}{V_c} = 1 + \frac{V_h}{V_c} \qquad (2\text{-}3)$$

压缩比表示活塞从下止点运动到上止点时，气体在气缸内被压缩的程度。不同类型的发动机对压缩比的要求不同，柴油机较高（ $\varepsilon = 15 \sim 22$ ），汽油机较低（ $\varepsilon = 6 \sim 10$ ）。

（9）**活塞总排量** 活塞总排量是指多缸发动机所有气缸工作容积之和，用 V_Z 表示，即

$$V_Z = V_h i \qquad (2\text{-}4)$$

式中 i——气缸数。

（10）**发动机工况** 发动机在某一时刻的运行状况称为发动机工况，用发动机此时输出的转速和有效功率表示。

（11）**工作循环** 在气缸内进行的每一次将热能转化为机械能的一系列连续过程（进气、压缩、做功和排气）称为发动机的工作循环。

二、单缸四冲程发动机的工作原理

活塞在上、下止点间往复移动四个行程（相当于曲轴旋转了两周），完成进气、压缩、做功、排气一个工作循环的发动机就称为四冲程发动机。四冲程发动机工作时，利用气缸中可燃混合气燃烧后产生的高压燃气推动活塞向下运动，并通过连杆带动曲轴旋转对外做功，将燃料燃烧的热能转换为曲轴转动的机械能。这一能量转换过程必须历经进气、压缩、做功、排气四个行程，活塞在气缸中往复两次完成一个工作循环。

1. 单缸四冲程汽油机的工作原理

单缸四冲程汽油机基本工作原理图如图 2-4 所示。

通常利用发动机循环示功图表示气缸内容积和压力[⊖]的变化关系（图 2-5）。示功图中曲线所围成的面积表示发动机整个工作循环中气体在单个气缸内所做的功。

（1）**进气行程**（如图 2-5a 所示，以自然吸气为例） 在进气过程中，排气门关闭，进气门开启，活塞从上止点向下止点移动一个行程，在气缸内形成真空，新鲜可燃混合气被吸入气缸；曲轴由 0° 沿顺时针方向转到 180°。

当活塞从上止点向下止点移动时，进气系统有阻力，故进气终了时气缸内的气体压力略低于大气压力，为 0.075～0.090MPa。流进气缸内的可燃混合气，因与气缸壁、活塞顶等高温机件接触并与前一行程（排气行程）留下的高温残余废气混合，所以它的温度上升到 370～403K。

在示功图上，进气行程用曲线 r-a 表示。曲线 r-a 位于大气压力线以下，它与大气压力线纵坐标之差即表示气缸内的真空度。

自然吸气发动机动力输出平顺，不会因发动机转速的变化而出现骤然加速。而且发动机使用寿命长，维修简单。

⊖ 惯称，实为压强，下文不再赘述。

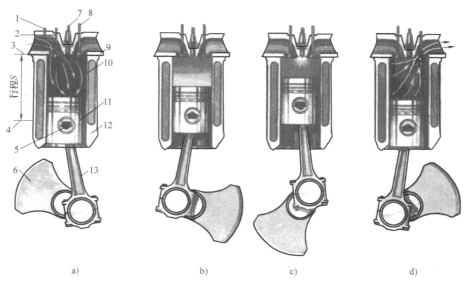

a)   b)   c)   d)

图 2-4 单缸四冲程汽油机基本工作原理图

a）进气行程 b）压缩行程 c）做功行程 d）排气行程

1—喷油器 2—进气门 3—上止点 4—下止点 5—活塞销 6—曲轴 7—火花塞 8—排气门

9—气缸盖 10—气缸 11—活塞 12—机体 13—连杆

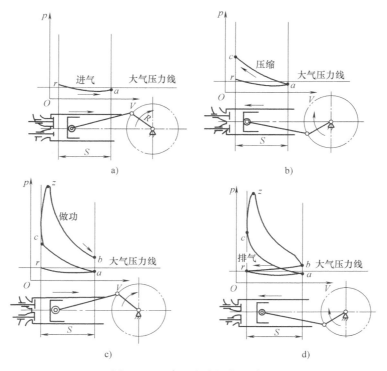

a)   b)

c)   d)

图 2-5 四冲程汽油机的示功图

a）进气行程 b）压缩行程 c）做功行程（膨胀行程） d）排气行程

（2）**压缩行程**（图 2-5b）　为了使吸入的可燃混合气能迅速燃烧，以产生较大的气体压力，使发动机做功，燃烧前必须将可燃混合气压缩，即压缩行程。

在进气行程终了时，活塞自下止点向上止点移动，曲轴由 180°转到 360°，此时，进、排气门均关闭。随着气缸的容积不断缩小，可燃混合气受到压缩，其温度和压力不断升高。压缩行程一直继续到活塞到达上止点时为止。压缩终了时，可燃混合气的温度为 600～750K，可燃混合气压力为 0.8～2.0MPa。在示功图上，压缩行程用曲线 a-c 表示。

压缩终了时可燃混合气的压力和温度取决于压缩比，压缩比越大，燃烧速度越快，因而发动机发出的功率便越大，经济性越好。但压缩比过大时，不仅不能进一步改善燃烧状况，反而会出现爆燃和表面点火等不正常燃烧现象。

（3）**做功行程**（图 2-5c）　在做功行程中，进、排气门仍关闭。当活塞在压缩行程接近上止点时，装在气缸盖上的火花塞在高压电作用下产生电火花，点燃被压缩的可燃混合气。可燃混合气燃烧后，放出大量的热能，使燃气的压力和温度急剧升高，如曲线 c-Z 所示。最高压力 p_Z 为 3.0～6.5MPa，相应的温度为 2200～2800K，且体积迅速膨胀。此时活塞被高压气体推动从上止点下行，带动曲轴从 360°旋转到 540°，并输出机械能，除了用以维持发动机本身继续运转外，其余大部分都用于对外做功。在示功图上，曲线 Z-b 表示活塞向下移动时气缸内容积增加，气体压力和温度都在降低。在做功行程终了的 b 点，压力降到 0.3～0.5MPa，温度则降为 1300～1600K。

（4）**排气行程**（图 2-5d）　可燃混合气体燃烧后生成的废气必须从气缸中排除，以便进行下一个进气行程。

当做功接近终了时，进气门关闭，排气门开启，曲轴通过连杆推动活塞从下止点向上止点运动，曲轴由 540°旋转到 720°。废气在自身残余压力和活塞的推力作用下从气缸中排出，进入大气中。活塞到达上止点附近时，排气行程结束。这一行程在示功图上用曲线 b-r 表示。由于排气系统存在排气阻力，所以在排气终了时，气缸内压力稍高于大气压力，为 0.105～0.120MPa，废气温度为 900～1100K。

因燃烧室占有一定容积，故排气终了时，不可能将废气排尽，留下的这一部分废气称为残余废气。

排气结束后，又重新进行进气、压缩、做功、排气行程，循环往复。四冲程汽油机的工作过程见表 2-2。

表 2-2　四冲程汽油机的工作过程

行程名称	曲轴转角/(°)	活塞行程	进气门	排气门
进气	0～180	↓	开	关
压缩	180～360	↑	关	关
做功	360～540	↓	关	关
排气	540～720	↑	关	开

2. 单缸四冲程柴油机的工作原理

柴油机使用的燃料是柴油，与汽油相比，柴油黏度大，不易蒸发，但其自燃温度较低，因此可燃混合气的形成及其在缸内点燃方式各有特点。四冲程柴油机的工作原理与四冲程汽油机基本相似，每个工作循环包括进气行程、压缩行程、做功行程和排气行程。每个工作循环曲轴旋转两周。

单缸四冲程柴油机的工作原理示意图如图 2-6 所示。

（1）**进气行程**　进气门开启，排气门关闭，活塞在曲轴的带动下从上止点向下止点移动，活塞上方的气缸容积增大，气缸内的压力逐渐降低至大气压以下，即在气缸内产生真空度，这样新鲜的纯空气经进气管道、进气门被吸入气缸。

为了分析工作循环中气体压力 p 和相应于活塞不同位置的气缸容积 V 之间的变化关系，经常利用发动机循环的示功图来表示活塞在不同位置时气缸内压力的变化情况。示功图中曲线所围成的面积表示柴油机整个工作循环中气体在单个气缸内所做的功。四冲程柴油机示功图如图 2-7 所示，进气行程压力线为 r-a，进气始点 r 的压力略大于大气压

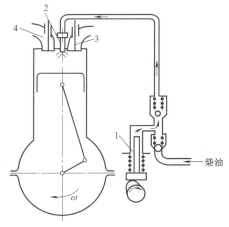

图 2-6　单缸四冲程柴油机的工作原理示意图
1—喷油泵　2—喷油器　3—排气门　4—进气门

力 p_0，是因为此时活塞上方仍残存少量前一个工作循环未排净的废气（简称为残余废气）。r 点压力 p_r 为 0.104~0.117MPa，进气行程终点 a 的压力 p_a 受到空气滤清器及进气管道阻力的影响，低于 p_0，p_a 为 0.08~0.095MPa。进气终点介质（新鲜空气加残余废气）的温度 T_a 可达 300~400K，主要是高温零件加热与高温废气混合的结果。

（2）**压缩行程**　活塞由下止点向上止点移动，进、排气门均关闭，缸内气体被压缩，使其压力和温度不断上升，如图 2-7 中 a-c 线。由于柴油机采用高压缩比（$\varepsilon = 16~22$），压缩终点压力 p_c 为 3~5MPa，温度 T_c 为 750~950K，比该状态下柴油的自燃温度高出 200~300K，足以保证喷入缸内的柴油自燃。

为了充分利用燃料燃烧产生的热能，提高热效率，要求燃烧过程在活塞上止点稍后即迅速完成，使燃烧后的气体充分膨胀做功。考虑燃料喷入气缸后，需经过一段着火准备时间，因此，实际柴油机工作时，在压缩上止点前 $10° ~ 35°\text{CA}$（即图 2-7 中 c' 点）将燃油喷入气缸。c' 点为喷油始点，它距上止点所对应的曲轴转角称为喷油提前角。a-c'-c 线为压缩行程气缸容积与缸内气体压力变化曲线。

（3）**做功行程**　活塞在燃气压力推动

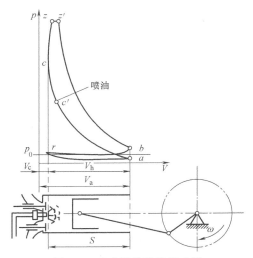

图 2-7　四冲程柴油机示功图

下，由上止点向下止点移动，进、排气门仍处于关闭状态。

由于压缩行程末期部分喷入燃油已开始着火燃烧，进入本行程后燃烧速率急剧增加，导致压力迅速升高，如图 2-7 中 c-z 段，相当陡，即压力升高率（$dp/d\psi$，ψ 为曲轴转角）大，造成柴油机工作较粗暴。此后出现了近似等压膨胀 z-z' 线，这是由于柴油喷射过程及与空气混合燃烧均需延续一段时间，此时虽然活塞下行，气缸容积有所增加，但缸内压力并不立即下降，直到 z' 点。其间最高压力 p_z 为 6～9MPa，最高温度 T_z 可达 1800～2200K。随着活塞被推动下移做功，缸内压力、温度逐渐下降，当活塞到达下止点时，做功行程结束，其终点压力 p_b 为 0.2～0.4MPa，温度 T_b 为 1000～1400K。

（4）**排气行程**　气缸内的混合气燃烧后成为废气。为使柴油机能够继续不断工作，就必须把废气排出机外。排气行程活塞由下止点向上止点移动，排气门打开，废气被强制排出。排气过程中缸内压力与气缸容积变化如图 2-7 中 b-r 线。由于排气系统产生的流动阻力使排气终点 r 的压力 p_r 为 0.104～0.117MPa，略高于外界环境压力 p_0，其温度 T_r 为 700～900K。排气行程结束时，活塞回到上止点。至此单缸柴油机活塞移动四个行程，完成了一个工作循环。此后曲轴继续转动，上述各过程重复进行。

3. 四冲程柴油机与四冲程汽油机的区别

（1）**着火方式不同**　柴油机进气过程吸入气缸的是空气，压缩接近终了将柴油喷入气缸，利用气缸内的高温气体自行着火燃烧，称为压燃式；汽油机则吸入汽油和空气的可燃混合气，压缩接近终了则采用电火花点燃混合气，称为点燃式。

（2）**压缩比不同**　柴油机的压缩比较高，燃气膨胀较充分，膨胀终了的温度较低，热量利用程度较好，耗油率较低；汽油机则相反。所以，柴油机的经济性比汽油机好。

（3）**柴油机平均压力高**　柴油机最大压力较高，机件受力大，刚度和强度要求较高，与同等功率的汽油机相比，体积和质量大。柴油机的喷油泵和喷油精密度高，加工较困难，制造成本较高。柴油机的工作噪声也较大。

（4）**燃烧类型不同**　柴油机的燃烧过程既有等容加热（燃烧）阶段又有等压加热（燃烧）阶段，属混合加热循环；而汽油机只有等容加热阶段，属等容加热循环。柴油机和汽油机工作过程中各点的压力和温度都不同（表 2-3）。

表 2-3　发动机工作过程中各点的状态参数

发动机类型	状态参数									
	p_a/kPa	T_a/K	p_c/kPa	T_c/K	p_z/kPa	T_z/K	p_b/kPa	T_b/K	p_r/kPa	T_r/K
汽油机	73.6～88.3	350～400	830～1960	500～700	2900～4900	2200～2800	290～490	1300～1600	103～123	900～1100
柴油机	78.5～93.2	300～400	2900～4900	750～950	5900～8800	1800～2200	290～580	1000～1300	100～120	500～800

三、多缸四冲程发动机的工作原理

单缸四冲程发动机曲轴转两圈完成一个工作循环，而两圈中只有半圈做功，故其曲轴旋转不均匀，工作稳定性差，功率小。随着时代的发展，要求发动机的功率越来越大、稳定性越来越高，因而诞生了多缸四冲程发动机。

由两个或两个以上气缸所组成的发动机称为多缸发动机。多缸发动机各缸的活塞连杆组件都连接在同一根曲轴上，用一根曲轴输出功率。多缸发动机的曲轴每转180°，各缸都完成自己的一个行程；曲轴转720°每个缸都完成一个工作循环，做功一次。为了提高整机的平稳性，应尽量将各缸发火做功相对曲轴的转角均匀分布。把一个缸发火做功后到另一个缸发火做功时的曲轴转角称为发火间隔角，用 α 表示，即

$$\alpha = \frac{720°}{i} \tag{2-5}$$

式中 i——气缸数。

两缸发动机因受曲轴结构限制，其做功行程不可能均布，一般最小发火间隔角为180°；三缸发动机的发火间隔角为240°。

四缸发动机的发火间隔角为180°，四个曲柄布置在同一平面内。1、4缸与2、3缸互相错开180°，其工作顺序有两种，即1—3—4—2或1—2—4—3（表2-4）。

表 2-4 四缸四冲程发动机的工作原理

工作顺序	1—3—4—2				1—2—4—3			
曲轴转角	各缸工作过程				各缸工作过程			
	一缸	二缸	三缸	四缸	一缸	二缸	三缸	四缸
0°~180°	做功	排气	压缩	进气	做功	压缩	排气	进气
180°~360°	排气	进气	做功	压缩	排气	做功	进气	压缩
360°~540°	进气	压缩	排气	做功	进气	排气	压缩	做功
540°~720°	压缩	做功	进气	排气	压缩	进气	做功	排气

六缸直列发动机的发火间隔角为120°，六个曲柄分别布置在3个平面内。六缸发动机工作顺序有两种，即1—5—3—6—2—4和1—4—2—6—3—5，国产汽车一般采用前一种。

八缸V型发动机的发火间隔角为90°，发动机左右两列对应的一对连杆共用一个曲柄，所以八缸V型发动机只有4个曲柄。曲柄布置可以与四缸发动机相同，4个曲柄布置在同一平面内，也可以布置在两个互相错开90°的平面内，使发动机得到更好的平衡。八缸发动机工作顺序为1—8—4—3—6—5—7—2。

多缸发动机采用同一缸径、不同缸数的方法获得不同功率，并成为系列产品。其具有工作平稳，制造、维修、使用方便，功率大等特点，故在拖拉机、汽车上得到广泛应用。

四、二冲程发动机的工作原理

二冲程发动机是指活塞走两个行程，曲轴转一周完成一个工作循环的发动机。目前汽车已不采用二冲程的汽油机和柴油机，只有少数农用小动力机械采用二冲程发动机，一些低速大型轮船上采用二冲程柴油机。

1. 二冲程发动机的结构特点

二冲程发动机的结构特点是没有专设的配气机构，而在气缸壁不同高度上设有进气孔、排气孔和换气孔。二冲程汽油机的进气孔与喷油器相连接，二冲程柴油机的进气孔与空气滤清器相连接。排气孔与排气管相连接，换气孔与密封的曲轴箱相通。二冲程汽油机的缸盖上安装火花塞，二冲程柴油机的缸盖上安装喷油器。

2. 二冲程发动机的性能特点

二冲程发动机曲轴转一圈，即360°CA，完成一个工作循环，做功一次；而四冲程发动机曲轴转两圈，720°CA，完成一个工作循环，做功一次。在排量、压缩比和转速相同的条件下，理论上二冲程发动机比四冲程发动机的功率大一倍。但因排气和换气占去了总行程的1/3，做功有效行程短，能量利用不充分。所以，实际上二冲程发动机比四冲程发动机的输出功率只大0.5~0.7倍；利用压差和扫气进行排气，排气不彻底，进气不充分。在换气过程中，有少量新鲜气体随废气排出，新鲜气体减少，混合气过浓，经济性差。

由于二冲程发动机做功时间间隔短，发动机工作较平稳，可采用尺寸较小的飞轮；同时，二冲程发动机没有专设的配气机构，结构简单，体积小，重量轻，单位比重功率大。所以，二冲程多用于小功率的汽油机和大功率的柴油机上。

【拓展阅读2-1】 二冲程发动机的工作原理

第三节 发动机的主要性能指标

一、动力性指标

发动机的动力性指标主要有有效转矩、有效功率、升功率、比质量、标定功率和标定转速等。

1. 有效转矩

发动机通过飞轮对外输出的转矩称为发动机的有效转矩，用 T_{tq} 表示，单位为 N·m。

2. 有效功率

发动机通过飞轮对外输出的功率称为发动机的有效功率，用 P_e 表示，单位为 kW。它等于有效转矩与曲轴转速的乘积，即

$$P_e = \frac{T_{tq}n}{9550} \tag{2-6}$$

式中 T_{tq}——有效转矩（N·m）；

n——曲轴转速（r/min）。

3. 升功率 P_L

升功率是指发动机每升工作容积产生的有效功率（单位：kW/L），即

$$P_L = \frac{P_e}{iV_h} = \frac{P_e V_h in}{30iV_h\tau} \times 10^{-3} = \frac{P_e n}{30\tau} \times 10^{-3} \tag{2-7}$$

式中　　V_h——每缸工作容积（L）；

　　　　P_e——发动机的有效功率（kW）；

　　　　i——气缸数；

　　　　τ——发动机冲程数。

升功率反映了发动机排量的利用程度，继续提高升功率是发动机技术的发展方向之一。

4. 比质量 G_e

比质量 G_e（单位：kg/kW）指发动机的结构质量 G（净质量）与它所发出的有效功率 P_e（额定功率）的比值。它反映了发动机结构质量的利用程度和结构紧凑性。

$$G_e = \frac{G}{P_e} \tag{2-8}$$

5. 标定功率和标定转速

发动机产品铭牌上标出的为标定工况下的有效功率及相应转速，称为标定功率和标定转速。目前按国家标准规定，发动机标定功率分为以下 4 级：

（1）**15min 功率**　在标准环境条件下，发动机连续运转 15min 的最大有效功率。

（2）**1h 功率**　在标准环境条件下，发动机连续运转 1h 的最大有效功率。

（3）**12h 功率**　在标准环境条件下，发动机连续运转 12h 的最大有效功率。

（4）**持续功率**　在标准环境条件下，发动机以标定转速允许长期连续运转的最大有效功率。

一般来说，15min 功率适用于汽车、摩托车和摩托艇等的功率标定，1h 功率适用于工业拖拉机、工程机械和发动机车等的功率标定，12h 功率适用于农用拖拉机、农业排灌动力和内河船舶等的功率标定，持续功率适用于电站、船舶及农业排灌动力等的功率标定。

二、经济性指标

一般燃油消耗率表示发动机的经济性指标。燃油消耗率是指发动机每发出 1kW 有效功率，在 1h 内所消耗的燃油质量（以 g 为单位），用 b_e 表示。很明显，燃油消耗率越低，燃油经济性越好。

燃油消耗率［单位：g/（kW·h）］按下式计算，即

$$b_e = \frac{G_f}{P_e} \times 10^3 \tag{2-9}$$

式中　　G_f——发动机单位时间的耗油量（kg/h），可由试验测定；

　　　　P_e——发动机的有效功率（kW）。

三、运转性能指标

发动机的运转性能指标主要指排放指标、噪声和起动性能等。

1. 排放指标

发动机的排气中含有多种对人体有害的物质，主要有 CO、HC、NO_x、SO_2、醛类

和微粒（含碳烟）等，其主要危害见表 2-5。

表 2-5　发动机主要有害排放及危害

有害排放	有害物特征	危害
CO	无色、无臭、有毒气体	使人出现恶心、头晕和疲劳等缺氧症状，严重时窒息死亡
NO_x	赤褐色带刺激性的气体	伤害心、肝、肾。与光化学反应生成臭氧和醛等
HC	刺激性的气体	破坏造血机能，造成贫血、神经衰弱，降低肺对传染病的抵抗力。与光化学反应生成臭氧和醛等
光化学烟雾	HC 与 NO_x 在阳光作用下所形成的烟雾，有刺激性	降低大气能见度，伤害眼睛、咽喉，影响植物生长
醛类	较强的刺激性臭味	伤害眼睛、上呼吸道、中枢神经
微粒	碳烟等	伤害肺组织
SO_2	无色、刺激性气体	刺激鼻喉，引起咳嗽、胸闷、支气管炎等

欧洲 1992 年实行欧 I 排放标准，2008 年实行欧 V 排放标准，2013 年 1 月开始实行欧 VI 排放标准，具体的排放污染物要求见表 2-6。

表 2-6　欧洲货车和公共汽车排放标准　　　　〔单位：g/（kW·h）〕

标准等级	开始实施日期	CO	HC	NO_x	PM	烟雾
欧洲 I 号	1992 年，<85kW	4.5	1.1	8.0	0.612	无标准
	1992 年，>85kW	4.5	1.1	8.0	0.36	无标准
欧洲 II 号	1996 年 10 月	4.0	1.1	7.0	0.25	无标准
	1998 年 10 月	4.0	1.1	7.0	0.15	无标准
欧洲 III 号	1999 年 10 月（EEV）	1.0	0.25	2.0	0.02	0.15
	2000 年 10 月	2.1	0.66	5.0	0.1	0.8
欧洲 IV 号	2005 年 10 月	1.5	0.46	3.5	0.02	0.5
欧洲 V 号	2008 年 10 月	1.5	0.46	2.0	0.02	0.5
欧洲 VI 号	2013 年 1 月	1.5	0.13	0.5	0.01	0.5

注：EEV（Enhanced Environmentally Friendly Vehicles and Engines）强化的欧洲环境友好车辆和发动机。

我国排放标准参照欧洲法规体系，2001 年 7 月 1 日全面实施国 I 标准，2004 年 7 月 1 日全面实施国 II 标准，2007 年 7 月 1 日全面实施国 III 标准，2010 年 7 月 1 日全面实施国 IV 标准，2018 年 1 月 1 日全面实施国 V 标准，2019 年 7 月 1 日实施国 VI 标准。

2. 噪声

噪声是对环境的又一污染。发动机工作时产生的噪声主要由气体噪声、燃烧噪声和机械噪声 3 部分组成，如进排气门、风扇和增压器等的气体动力噪声，气缸内的燃烧噪声，机体内的机械噪声（如活塞敲击、配气机构运行、齿轮运转）等。发动机工作时产生的噪声刺激神经，使人心情烦躁、反应迟钝，甚至导致耳聋、高血压和神经系统疾病。国际标准组织（ISO）提出了保护环境和保护听力的噪声标准，现代发动机噪声已大大超过了允许的值。对此，我国制定了机动车辆允许噪声、中小功率柴油机噪声限值和噪声测试方法方面的标准，同时从结构机理等方面正在采取诸多措施对噪声加以控制。我国的噪声标准（GB/T 18697—2002）中规定：轿车的噪声不大于 79dB（A）。

3. 起动性能

发动机在一定温度下能可靠起动，且起动迅速，起动功率消耗小，起动磨损少是其起动性能的重要标志。起动性能的好坏直接影响车辆机动性、操作者的安全和劳动强度。我国标准规定，不采用特殊的低温起动措施，汽油在−10℃、柴油机在−5℃以下的环境条件下，15s 内应能顺利起动并自行运转。

 【拓展阅读 2-2】 发动机的热平衡

思 考 题

1. 发动机有哪些类型？

2. 简述柴油发动机的总体构造及各部分的功用。

3. 简述汽油发动机的总体构造及各部分的功用。

4. 解释下列基本名词术语：上止点、下止点、活塞行程、燃烧室容积、气缸工作容积、气缸总容积、压缩比、发动机排量。

5. 压缩比大小对发动机动力性和经济性有何影响？

6. 发动机的主要性能指标有哪几类？各类指标主要包括哪些？简述其物理意义。

7. 四冲程柴油机和四冲程汽油机的主要结构和工作原理有何异同？

8. 简述单缸四冲程发动机的工作过程。

9. 简述四冲程柴油机与四冲程汽油机的区别。

10. 二冲程发动机与四冲程发动机相比有哪些优点和不足？

11. 提高发动机的动力性、经济性有哪些途径？

第三章

发动机曲柄连杆机构

曲柄连杆机构的功用是：将燃料燃烧时产生的热能转变为活塞往复运动的机械能，再通过连杆将活塞的往复运动变为曲轴的旋转运动而对外输出动力。曲柄连杆机构由机体组、活塞连杆组和曲轴飞轮组 3 部分组成。

第一节　机　体　组

机体组是发动机的骨架和基础，发动机上其他零件均直接或间接固定在机体上，主要包括机体、气缸盖、气缸垫、气缸盖罩、油底壳和衬垫等不动件（图 3-1）。

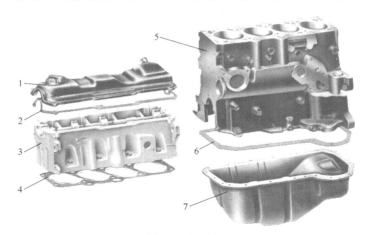

图 3-1　机体组

1—气缸盖罩　2、6—衬垫　3—气缸盖　4—气缸垫　5—气缸体　7—油底壳

一、机体

1. 机体的组成

气缸为活塞在其中运动、为其导向的圆柱形空间。支承和固定气缸的整体称为气缸体。形成曲轴及连杆大头运动空腔的实体称为曲轴箱。曲轴箱一般分为上、下曲轴箱两部分。

发动机机体如图 3-2 所示。

水冷式内燃机的上曲轴箱常与气缸体为一体，以提高刚度，简化工艺，气缸体与曲轴箱的组合体称为机体。

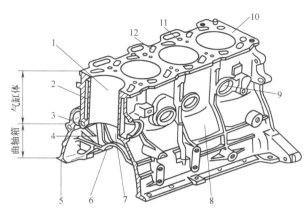

图 3-2　发动机机体

1—气缸　2—水套　3—主油道　4—加强肋　5—机体底面　6—主轴承座
7—缸间隔板　8—机体侧壁　9—水堵　10—机体顶面　11—螺孔　12—水道孔

2. 机体的结构型式

根据机体主要零件结构和受力的不同，机体常分为 3 种型式，即组合式机体、独立气缸体式机体和机座式机体，如图 3-3 所示。

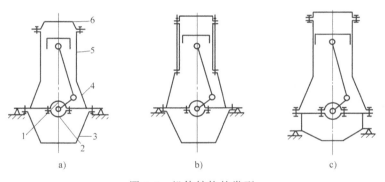

图 3-3　机体结构的类型

a）组合式机体　b）独立气缸体式机体　c）机座式机体

1—轴承座　2—主轴瓦盖　3—下曲轴箱　4—上曲轴箱　5—气缸体　6—气缸盖

3. 气缸

活塞在其中往复运动的圆柱形空腔称为气缸。气缸工作表面因常与高温高压燃气接触，且活塞在其中高速往复运动，所以要求气缸耐高温、耐磨损和耐腐蚀。为此，缸体材料一般采用优质灰铸铁或在铸铁中加入少量镍、钼、铬、磷等元素的优质合金铸铁。气缸内壁需珩磨加工，使其表面粗糙度、形状和尺寸精度均达到较高要求。同时，气缸外壁周围还设置了水套或铸有许多散热片，借助冷却介质水或风，保证气缸体散热充分。

但是，除了与活塞配合的气缸壁外，其他各部分的耐磨性要求不高，若气缸体全部采用上述优质材料是不经济的。因此，除某些负荷较小、缸径不大的小型内燃机常将气缸与机体铸造加工成一体外，绝大多数内燃机采用了气缸与机体可拆装的组合式结构，即在机体的气缸体中镶入优质材料精制而成的气缸套，并保证其具有足够的强度、刚

度、耐磨性和耐蚀性。

气缸有直接加工和镶入气缸套两种。为了节省贵金属材料，降低成本，方便维修，现代汽车广泛采用镶入气缸套的方法。为了提高气缸表面的耐磨性，目前已经有采用等离子或激光表面处理的缸套。

汽车发动机气缸的排列方式基本有直列式、V形式和对置式3种型式（图3-4），其中常用的是直列式和V形式两种。

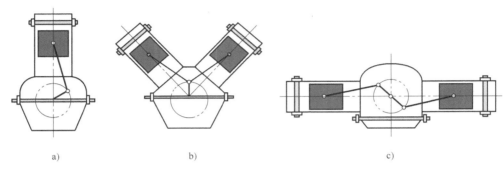

图3-4 气缸的排列形式

a）直列式 b）V形式 c）对置式

（1）直列式（图3-4a） 通常3、4缸发动机都采用直列式，少数的5、6缸发动机也有采用的。直列式发动机结构简单，使用一个气缸盖。其制造成本低，尺寸紧凑，稳定性高；但发动机长度有所增加。

（2）V形式（图3-4b） 发动机排量>2.5L的多采用V形式。V形式发动机的高度低，长度尺寸小，布置方便；但结构复杂，成本高。德国大众汽车公司将V形式发动机每侧气缸再进行小角度错开，即两个小V形组成一个大W形。W形发动机比V形发动机更节省空间，重量更轻些；但发动机宽度更大，发动机舱更满。

（3）对置式（图3-4c） 对置式发动机的重心降低了，车头又扁又低，增强了其稳定性，运转平顺性比V形发动机更好，功率损失小。其缺点是两排气缸对置，造成发动机很宽。发动机内部结构排列复杂。

4. 气缸套

气缸套按是否与冷却液接触分为干式气缸套和湿式气缸套（图3-5）两种。

（1）干式气缸套 干式气缸套外壁不直接与冷却液接触。冷却液在缸体密封水套内流动。缸套壁厚一般为1~3mm。它结构紧凑，不需要特殊密封装置，装配后机体强度、刚度高。但缸套外圆和缸体内孔必须精加工，以保证良好配合，且散热性较差，拆装要求较高。汽油发动机一般装用干式气缸套。

（2）湿式气缸套 湿式气缸套外壁直接与冷却液接触，具有散热性好、冷却均匀、加工容易和拆装方便等优点。其壁厚一般为5~9mm，磨损后经适当镗磨，并换用加大尺寸的活塞，可延长缸套使用期限。

缸套外壁加工有保证径向定位的上下圆环带，也称为上支承定位带和下支承密封带。上支承定位带与缸体内孔配合较紧；下支承密封带与缸体内孔配合较松，在间隔槽

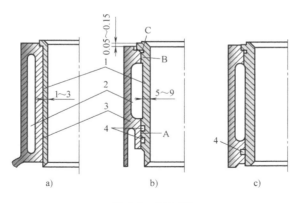

图 3-5 气缸套

a）干式 b）湿式Ⅰ c）湿式Ⅱ

1—气缸套 2—水套 3—机体 4—橡胶密封圈 A—下支承密封带 B—上支承定位带 C—缸套凸缘平面

内通常装 1~3 道橡胶密封圈，以防止冷却液漏入曲轴箱和油底壳。

缸套的轴向定位依靠其上端的凸肩，凸肩端面以及与缸体配合的相应部位都应精加工。为了密封气体和冷却液，有的缸套凸肩下面还垫有纯铜片。缸套装入缸体后，其顶面略高出缸体顶面 0.05~0.15mm，有利于紧固气缸盖螺栓时，将气缸垫压紧、压实，以保证气缸中的高压气体和冷却液不泄漏。柴油发动机一般装用湿式气缸套。

5. 曲轴箱

曲轴箱是指部分围住曲轴回转空间，有主轴承、供安装曲轴用的箱形部件。曲轴箱有通气口与大气相通，其下部与油底壳相连。

机体除了气缸和曲轴箱外，内部有许多水道和油道，外部还铸有发动机号和生产商标记，可作为维修、配件选配和管理的依据。

6. 强制式曲轴箱通风系统

强制式曲轴箱通风系统又称为 PCV 系统。在发动机工作时，会有部分可燃混合气和燃烧产物经活塞环由气缸窜入曲轴箱内。当发动机在低温下运行时，还可能有液态燃油漏入曲轴箱。这些物质如不及时清除，将加速机油变质并使机件受到腐蚀或锈蚀。又因为窜入曲轴箱内的气体中含有 HC 及其他污染物，所以不准许把这种气体排放到大气中。现代汽车发动机所采用的强制式曲轴箱通风系统，就是防止曲轴箱气体排放到大气中的净化装置。

【拓展阅读3-1】 强制式曲轴箱通风系统的工作原理

二、气缸盖

1. 气缸盖的功用

气缸盖的主要功用是密封气缸上部，并与活塞顶部和气缸壁一起构成燃烧室。气缸盖内部也有冷却水套，其端面上的冷却水孔与气缸体的冷却水孔相通，以便利用冷却液来冷却燃烧室等高温部分。

2. 气缸盖的类型

气缸盖分为单体式、块状式和整体式3种。在多缸发动机的一列中，只覆盖一个气缸的气缸盖，称为单体式气缸盖；能覆盖部分（两个以上）气缸的，称为块状式气缸盖；能覆盖全部气缸的气缸盖，则称为整体式气缸盖。

3. 气缸盖的结构特点

气缸盖由于与高温燃气接触而承受很高的热负荷，同时还由于承受气体压力和紧固气缸盖螺栓所造成的机械负荷，且温度和压力很不均匀。为了保证气缸的良好密封，气缸盖既不能损坏，也不能变形。因此，气缸盖应具有足够的强度和刚度。为了使气缸盖的温度分布尽可能均匀，避免进、排气门座发生热裂纹，应对气缸盖进行良好的冷却。

气缸盖一般都由优质灰铸铁或合金铸铁铸造。轿车用的气缸盖多采用铝合金气缸盖。铝合金导热性好，有利于提高内燃机的压缩比；合金铸铁的铸造性能优异，适于浇注结构复杂的零件。但必须注意，铝合金气缸盖的冷却应控制底平面的温度在300℃以下，否则底平面一旦过热将产生塑性变形而翘曲。

有的发动机对气缸盖与气缸体之间的冷却液流量进行控制，以实现气缸盖温度控制。气缸盖上设有安装喷油器或火花塞、进排气门座、气门导管的孔和进排气通道、润滑油道及安装其他零部件的一些平面等，有的气缸盖还设有预燃室或涡流室。

气缸盖用螺栓紧固在气缸体上，其间装有气缸垫。

4. 燃烧室

（1）汽油机燃烧室　汽油机的燃烧室是由活塞顶部及缸盖上相应的凹部空间组成的。燃烧室形状对发动机的工作影响很大，所以对燃烧室有两点基本要求：一是结构尽可能紧凑，表面面积要小，以减少热量损失及缩短火焰行程；二是使混合气在压缩终了时具有一定的涡流运动，以提高混合气燃烧速度，保证混合气得到及时和充分燃烧。汽油机常用燃烧室的形状有楔形、盆形、半球形，以及由半球形演变发展而来的双球形和多气门篷形等几种（图3-6）。

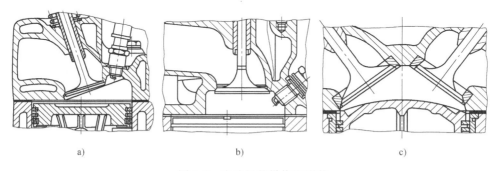

a)　　　　　　　　　　b)　　　　　　　　　　c)

图3-6　汽油机的燃烧室形状
a）楔形　b）盆形　c）半球形

1）楔形燃烧室（图3-6a）。结构较简单、紧凑，在压缩终了时能形成挤气涡流，但存在较大的激冷面积，对HC排放不利。

2）盆形燃烧室（图3-6b）。结构较简单，但不够紧凑。

3）半球形燃烧室（图 3-6c）。结构较前两种紧凑，但因进、排气门分别置于缸盖两侧，故使配气机构比较复杂。由于其散热面积小，有利于促进燃料的完全燃烧和减少排气中的有害气体，现代发动机上用得较多。

4）双球形燃烧室。这种燃烧室是在半球形燃烧室的基础上演变而来的，由两个球形构成。这种燃烧室可布置较大的气门或多气门，获得压缩涡流；但其结构复杂，散热面积大，热效率较低。

5）多气门篷形燃烧室。这种燃烧室的断面呈篷形，由半球形发展而来。它具有结构紧凑、充气效率较高、火焰传播距离短等优点。

（2）**柴油机燃烧室** 柴油机燃烧室的形状不胜枚举，一般均按其结构型式分为直喷式燃烧室和分开式燃烧室两大类。直喷式燃烧室的容积集中于气缸中，且其大部分集中于活塞顶上的燃烧室凹坑内（图 3-7）。燃烧室凹坑的形状多种多样，极具创造性，其中有的为回转体（图 3-7a），有的则是非回转体（图 3-7b、c、d）。

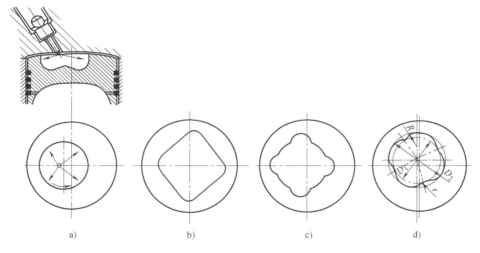

图 3-7 直喷式燃烧室

a）回转体燃烧室凹坑 b）四角形燃烧室凹坑 c）四角圆弧形燃烧室凹坑 d）花瓣形燃烧室凹坑

分开式燃烧室的容积则一分为二，一部分位于气缸盖中，另一部分则在气缸内（图 3-8）。在气缸内的那部分称为主燃烧室，位于气缸盖中的那部分称为副燃烧室。主、副燃烧室之间用通道连通。分开式燃烧室又有涡流燃烧室（图 3-8a）和预燃燃烧室（图 3-8b）之分。涡流燃烧室的副燃烧室又称为涡流室，预燃燃烧室的副燃烧室则称为预燃室。

5. 气缸盖螺栓

气缸盖螺栓是保证缸盖与缸体密封的重要连接件。螺栓连接时总预紧力应为缸盖所受最大燃气压力的 3~4 倍。在结构允许的前提下，缸盖螺栓数应尽可能多一些，螺栓直径适当小一些，以使缸盖受力更均匀，密封效果更好。同时，为了保证缸盖与缸体结合面能均匀压紧，在拧紧缸盖螺栓时，应由中间对称地向四周多次交叉进行，直至每个螺栓最终达到规定的预紧力矩，如图 3-9 所示。

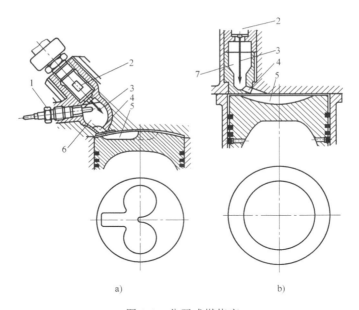

图 3-8　分开式燃烧室

a）涡流燃烧室　b）预燃燃烧室

1—电热塞　2—喷油器　3—燃油喷注　4—通道　5—主燃烧室　6—涡流室　7—预燃室

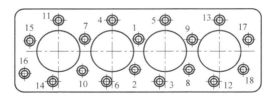

图 3-9　气缸盖螺栓拧紧顺序

三、气缸垫

1. 气缸垫的功用

位于气缸盖与气缸体之间的气缸垫，用以保证缸盖和缸体结合面的密封，防止燃气泄漏。

2. 气缸垫的结构

（1）**金属-石棉垫**（图 3-10）　石棉纤维中间夹有金属丝或金属屑，外裹铜皮或钢皮。燃烧室孔、水孔和油孔等周围通过金属镶边予以加强，以防被高温燃气烧损。气缸垫压紧厚度一般为 1.2～2.0mm。气缸垫有很好的弹性和柔性，能重复使用，但厚度和质量分布的均匀性较差。安装气缸垫时应注意把光滑的一面朝向气缸体，否则容易被高温高压气体冲坏。

另一种金属-石棉垫用金属网或带孔的钢板作为骨架，外覆石棉及橡胶黏结剂压制而成，表面涂以石墨粉等光滑剂，只在燃烧室孔、水孔和油孔等处用金属包边。此种缸

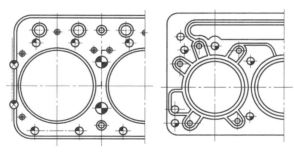

图 3-10 气缸垫的结构

垫弹性更好，但一般只能使用一次。

（2）**纯金属垫** 由单层或多层金属片（铜、铝或低碳钢）制成，在燃烧室孔、水孔和油孔等处冲有弹性凸筋，以使密封可靠，通常被一些强化发动机采用。

近年来，出现了一些新型气缸垫，主要如下：

1）钢板-软材料气缸垫。软材料由非石棉材料，如纤维、填料、黏结介质和疏水的掺和剂等制成。这种气缸垫高温稳定性好，匹配能力优良，回弹能力好。

2）金属-涂层气缸垫。该气缸垫为多层特殊金属涂层的组合。钢板一般采用奥氏体弹簧钢制造，中间层和密封部位采用不锈钢或耐腐蚀的镍铬钢，涂层为弹性的，气缸垫安装后，可保持微观的密封性。

3）金属-弹性体气缸垫。其特点是采用弹性体作为密封媒介，密封接触面压力小，弹性体与接触面匹配性良好，可应用在密封间隙变化的部位。轻型发动机采用这种气缸垫比较理想。

四、油底壳

油底壳的主要功用是储存机油（润滑油）并封闭曲轴箱。油底壳受力较小，一般用薄钢板冲压而成（图 3-11）。其形状取决于发动机的总体布置和机油容量的大小。有的发动机为达到良好的散热效果，采用带有散热筋片的铝合金铸造而成的轻金属油底壳。

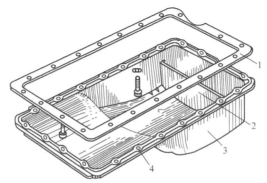

图 3-11 油底壳

1—衬垫 2—挡油板 3—油池 4—螺孔

为了保证发动机纵向倾斜时机油泵仍能吸到机油，机油泵所在部位的油底壳中部或后部做得较深。在油底壳中设有挡油板，以减轻油面的波动。底部装有磁性的放油螺塞，用来吸附机油中的铁屑，减少发动机的磨损。有的发动机采用双层油底壳。

第二节 活塞连杆组

活塞连杆组主要由活塞、活塞环、活塞销和连杆组等组成，如图3-12所示。

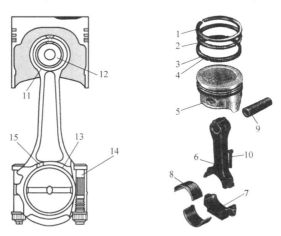

图 3-12 活塞连杆组

1—第一道气环 2—第二道气环 3—油环衬簧 4—油环 5—活塞 6—连杆 7—连杆盖 8—连杆轴瓦
9、12—活塞销 10、14—连杆螺栓 11—连杆小头 13—连杆大头 15—机油喷孔

一、活塞

1. 活塞的功用

活塞承受气缸中的气体压力，并通过活塞销将此力传给连杆驱动曲轴旋转，活塞顶部还与气缸盖、气缸壁一起构成燃烧室。

2. 活塞的工作特点

活塞直接与高温气体接触，散热条件差，工作时顶部温度高达 $600 \sim 700K$，且温度分布很不均匀，容易破坏活塞与其相关零件的配合。温度过高，间隙过小，容易造成活塞拉缸；间隙过大，又会导致压缩不良，功率下降，油耗上升。

活塞顶部承受的气体压力很大，在做功行程中汽油机的活塞瞬时承受的最大压力值达 $3 \sim 5kPa$，柴油机高达 $6 \sim 9kPa$，增压发动机可达 $14 \sim 16kPa$，并承受侧压力的作用，加速了活塞表面的磨损，也容易引起活塞变形。

活塞在气缸内以很高的速度 （$10 \sim 14m/s$） 往复变速运动，产生很大的惯性力，使活塞受到周期性交变的拉伸、压缩和弯曲载荷。

鉴于活塞的上述工作特点，要求活塞要有足够的刚度和强度，传力可靠，导热性能好，耐高压、高温，耐磨损，自重轻，尽可能地减小往复惯性力。因此，汽车发动机的活塞目前一般都采用高强度铝合金，只在一些低速柴油机上采用高级铸铁或耐热钢。活塞的结构也做了精巧设计。

3. 活塞的结构

活塞由顶部、头部、槽部和裙部4部分组成（图3-13）。

（1）**活塞顶部** 活塞顶部是燃烧室的组成部分，其形状、位置和大小都是为了满足可燃混合气形成和燃烧的要求，其顶部有平顶、凸顶、凹顶和凹坑4种。

汽油机活塞顶部多采用平顶（图3-14a），其优点是吸热面积小，制造工艺简单。有些汽油机为了改善混合气的形成和燃烧而采用凹顶活塞（图3-14b）。凹坑的大小还可以用来调节发动机的压缩比。二冲程汽油机常采用凸顶活塞（图3-14c）。柴油机的活塞顶部设有各种各样的凹坑（图3-14d、e、f），其具体形状、位置和大小都必须与柴油机混合气的形成或与燃烧要求相适应。

图3-13 活塞的结构

1—顶部 2—头部 3—槽部 4—裙部

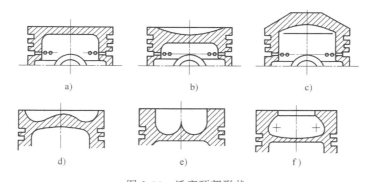

图3-14 活塞顶部形状

a）平顶 b）凹顶 c）凸顶 d）凹坑1 e）凹坑2 f）凹坑3

有些活塞顶打有各种记号，用以显示活塞及活塞销的安装和选配要求，应严格按要求进行。

活塞顶常进行硬膜阳极氧化处理，以形成高硬度的耐热层，增大热阻，减少活塞顶部的吸热量。

（2）**活塞头部** 活塞第一道气环槽以上的部分称为活塞头部，用来承受气体压力和传递热量。有的活塞在头部还加工有隔热槽（图3-15），起隔热作用。将活塞顶的热量分流，把原来由第一活塞环承担的热量传给第二、第三活塞环。为了加强活塞头部的强度，有的铝合金活塞头部铸入了纤维增强合金环。

（3）**活塞槽部** 活塞槽部也称为防漏部，是指活塞环槽部分。其主要功用是与活塞环配合实现气缸密封，并将活塞顶部所吸收的热量通过活塞环传递给气缸壁。柴油机压缩比较高，一般四道环槽中的上面三道是气

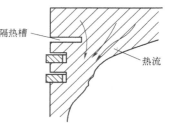

隔热槽

热流

图3-15 活塞隔热槽

环，下面一道是油环；汽油机一般三道环槽中的上面两道是气环，下面一道是油环。油环槽底面上的若干小孔，使油环从缸壁刮下的多余机油经此流回油底壳。

活塞环槽的磨损是影响活塞使用寿命的重要因素。特别是在热负荷较高的内燃机中，第一道环槽因温度最高，材质硬度下降；活塞环与槽的高速往复相对运动加剧了环槽磨损。对此，可在槽内铸入耐热合金钢护圈。

（4）**活塞裙部**　活塞裙部是自油环槽下沿起至活塞底面的部分。其功用是为活塞在气缸内的往复运动导向并承受侧压力。为了使裙部承受均匀压力，并与缸壁保持较小而安全的间隙，要求活塞在工作时呈理想的圆柱形。但由于活塞的厚度不可能很均匀，同时受到气体压力及热负荷的作用，沿活塞销座的轴向变形量较垂直活塞销座大。为了使活塞与气缸圆周间隙大致相等，防止活塞在气缸内卡滞，常将裙部横截面做成椭圆形，椭圆的长轴方向与销座垂直，促使活塞工作时趋近理想圆柱。有的则在销座处除去部分金属，以减少活塞销座热膨胀变形。

有的活塞裙部做成变椭圆桶形，即椭圆度由下而上逐渐增大，故也称为抛物线形裙部。它不仅适应活塞温度分布，而且裙部与承受侧压力一边的缸壁之间容易形成双向"油楔"，保证裙部有良好的润滑及较高的承载能力。

有些高速汽油机还把活塞裙部负荷不大的部分去掉，提高裙部弹性，使裙部与气缸壁的配合间隙很小而不卡死，并使活塞质量减小15%左右。有的活塞具有记忆功能。

4. 活塞冷却

为了减轻活塞顶部和头部的热负荷，常采取机油冷却，常见的方法如下：

（1）**喷射冷却**　从连杆小头上的喷油孔或从安装在机体上的喷油器喷射机油到活塞内表面，如图3-16a所示。

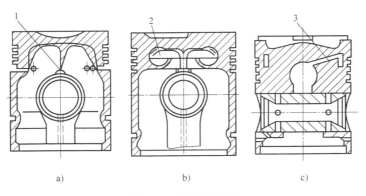

图 3-16　活塞的冷却

a）喷射冷却　b）振荡冷却　c）强制冷却

1—喷油孔　2—环形油槽　3—冷却油道

（2）**振荡冷却**　从连杆小头上的喷油孔将机油喷入活塞内壁的环形油槽中，由于活塞的运动使机油在油槽中产生振荡而冷却活塞，如图3-16b所示。

（3）**强制冷却**　在活塞头部铸出冷却油道或铸入冷却油管，使机油在其中强制流动，以冷却活塞，如图3-16c所示。强制冷却法被增压发动机广泛采用。

5. 活塞销孔偏置

有些高速汽油机的活塞销孔中心线偏离活塞中心线平面向做功行程中受侧压力的一方偏移了 $e=1\sim2mm$ （图3-17）。这种结构可使活塞在压缩行程到做功行程中较为柔和地从压向气缸的一面过渡到压向气缸的另一面，以减小敲缸的声音。在安装时要注意，活塞销偏置的方向不能装反，否则换向敲击力会增大，使裙部受损。

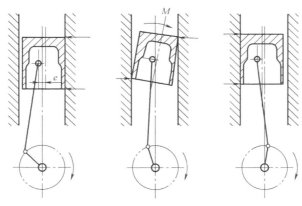

图3-17 活塞销孔偏置的结构
e—偏移量 M—力矩

二、活塞环

活塞环分为气环和油环。气环与活塞一起保证气缸壁与活塞间的密封，防止高温、高压燃气大量漏出曲轴箱。油环将机油均布在气缸壁上，将多余的机油刮下来，流回曲轴箱，以减少机油消耗，并达到减少活塞组与缸壁间摩擦的目的。

活塞环在高温、高压和高速条件下工作，且润滑条件差，因而要求具有良好的弹性和耐磨性，并且对缸壁的磨损小。为此活塞环多采用合金铸铁材料，并对第一道气环多采取镀铬或喷钼处理。

1. 气环

（1）**气环的作用** 气环的作用是保证气缸与活塞间的密封性，防止漏气，并且把活塞顶部吸收的大部分热量传给气缸壁，由冷却液带走。

（2）**气环的结构** 气环是一种具有适度弹力的开口弹性环（图3-18）。

（3）**气环的密封原理** 气环开有切口，具有弹性，在自由状态下外径大于气缸直径，它与活塞一起装入气缸后，外表面紧贴在气缸壁上，形成第一密封面（图3-19）；被封闭的气体不能通过环周与气缸之间，便进入了环与环槽的空隙，一方面把环压到环槽端面形成第二密封面；另一方面，作用在环背的气体压力又

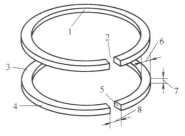

图3-18 气环的基本结构
1—内圆面 2—开口 3—侧面 4—外圆面
5—开口端面 6—径向厚度 7—环高 8—端隙

大大加强了第一密封面的密封作用。气体的密封效果一般与气环数量有关，汽油机一般采用 2 道气环，柴油机一般采用 3 道气环。

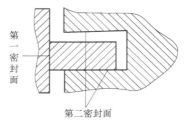

图 3-19　气环密封原理

（4）**气环的类型**　根据气环的不同断面形状，气环分为矩形环、锥面环、扭曲环、梯形环和桶面环等多种，如图 3-20 所示。

1）矩形环（图 3-20a）。其结构简单，工艺性和导热性好，应用较多。但随活塞往复运动，易将缸壁上的机油泵入气缸中，如图 3-21 所示，即活塞下行时，因环与缸壁之间摩擦阻力和

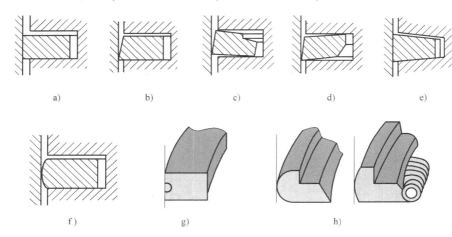

图 3-20　气环的断面形状

a）矩形环　b）锥面环　c）正扭曲内切环　d）反扭曲锥形环
e）梯形环　f）桶面环　g）开槽环　h）顶岸环

环的惯性，使环压靠环槽上端面，缸壁上的机油被刮入下边隙和背隙内。活塞上行时，环压靠环槽下端面，原进入第一道环背隙内的机油就进入了气缸乃至燃烧室。它不仅增加了机油消耗，而且可能在燃烧室和环槽中形成积炭，使环被卡死而失去密封作用，甚至划伤缸壁或使环折断。对此，在矩形环的下面装有油环。

2）锥面环（图 3-20b）。其外圆工作面锥度为 $0.5° \sim 1.5°$，减少了环与缸壁的接触面，提高了环端面接触压力，有利于磨合与密封。随活塞下行时刮油；活塞上行时，因锥角的"油楔"作用，可在油膜上"漂浮"而过，减少磨损。但该环在高压气体作用下，有被推离缸壁缩向环槽的趋势，不宜作为第一道环。安装时不能反装。

3）扭曲环（图 3-20c、d）。其类似将矩形环内圆的上边缘或外网的下边缘切去一部分。它装

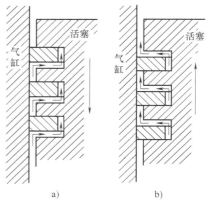

图 3-21　矩形环的泵油作用

a）活塞下行　b）活塞上行

入活塞及气缸后，由于其断面非对称，弹性内力也不对称，致使环平面发生扭曲变形。环外侧下边缘紧贴缸壁，环外径呈上小下大，具有锥面环的效果。同时，使环的边缘与环槽上下端面紧贴，防止因环上下窜动的"泵油作用"，提高了密封性。目前扭曲环已在内燃机上广泛应用。

4）梯形环（图3-20e）。其主要性能是当活塞在方向变化的侧向力作用下横向摆动时，环与环槽的侧隙会发生变化，从而将结焦沉积物从环槽中挤出，并使间隙中的机油得以更新，防止环被黏结而折断。同时，高压燃气作用在环上的径向分力，提高了环的密封作用。因此，它常用在热负荷较高的柴油机上，只是制造工艺较复杂。

5）桶面环（图3-20f）。其随活塞上下运动时，外凸圆弧状均能与缸壁构成楔形空间，有利于机油进入摩擦面，显著减少磨损。同时，对气缸表面和活塞的偏摆适应性均较好，有利于密封。它是近年来出现的一种新结构，目前较广泛用作强化柴油机的第一环，只是桶形表面加工较复杂。

6）开槽环（图3-20g）。在外圆面上加工出环形槽，在槽内填充能吸附机油的多孔性氧化铁，有利于润滑、磨合和密封。

7）顶岸环（图3-20h）。断面为"L"形，因为顶岸环距活塞顶面近，做功行程时，燃气压力能迅速作用于环的上侧面和内侧面，使环的下面与环槽的下面、外侧面与气缸壁面贴紧，有利于密封，还可以减少汽车尾气中HC的排放量。

顶岸环主要有直开口、斜开口和阶梯形开口等。直开口加工容易，但密封性差；阶梯形开口密封性好，工艺性差；斜开口的密封性和工艺性介于前两种开口之间，斜角一般为30°或45°。

2. 油环

（1）油环的作用 油环起布油和刮油的作用。下行时，刮除气缸壁上多余的机油，上行时在气缸壁上铺涂一层均匀的油膜。这样既可以防止机油窜入气缸燃烧，又可以减小活塞、活塞环与气缸壁的摩擦阻力，还能起到封气的辅助作用。

（2）油环的类型 油环分为普通油环和组合油环两种。

1）普通油环。其外圆柱面的中间加工有一道凹槽，且在凹槽底部加工有许多回油孔或狭缝，上唇的上端面外缘通常倒角，如图3-22a所示。其材质一般为合金铸铁。该油环随活塞下行时，从缸壁上刮下的多余机油通过回油孔或狭缝流回曲轴箱，活塞上行时，环上倒角不仅有利于润滑油膜形成，而且使刮下的多余机油仍能通过回油孔流回曲轴箱，如图3-22所示。

普通油环因结构简单，成本低，在早期发动机上应用较多。但其比压低，尤其是磨损后其比压下降更快，刮油效果差，寿命较短。因此，目前在轿车发动机上应用较少。

2）组合油环。它由互相独立的上、下刮油钢片1、3和产生径向、轴向弹力作用的衬环2组成（图3-23）。其优点是质量小，刮油能力强，对缸套变形的适应性好，回油通路大，因此，组合油环应用日益增多；其缺点是制造成本高。轿车发动机上均采用了组合油环。

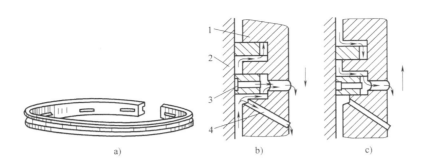

图 3-22　普通油环的工作过程

a）普通油环的外形　b）活塞下行　c）活塞上行

1—活塞　2—气缸壁　3—油环凹槽　4—回油孔

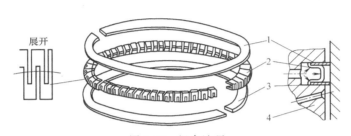

图 3-23　组合油环

1—上刮油钢片　2—衬环　3—下刮油钢片　4—活塞

三、活塞销

1. 活塞销的作用

活塞销的功用是连接活塞和连杆小头，将活塞所承受的气体压力传给连杆。

2. 活塞销的结构特点

活塞销在高温下承受很大的周期性冲击载荷，润滑条件很差（一般靠飞溅润滑），因而要求有足够的刚度和强度，表面耐磨，质量尽可能小。为此，活塞销通常做成空心圆柱体。

活塞销一般用低碳钢或低碳合金钢制造，先经表面渗碳处理，以提高表面硬度，并保证中心部位有一定的冲击韧度，然后进行精磨和抛光。

活塞销的内孔形状有圆柱形（图 3-24a）、两段截锥形（图 3-24c）以及两段截锥与一段圆柱的组合形（图 3-24b）等。圆柱孔容易加工，但活塞销的质量较大。两段锥形孔的活塞销质量较小，又接近于等强度梁的要求（因活塞销所承受的弯矩在中部最大，距中部越远越小），但孔的加工较复杂。组合孔的结构则介于两者之间。

3. 活塞销的连接方式

活塞销与活塞销座孔及连杆小头衬套孔的连接方式有全浮式和半浮式两种。

（1）全浮式　全浮式是指当发动机工作时，活塞销、连杆小头和活塞销座都有相对运动，使磨损均匀（图 3-25）。为了防止活塞销轴向窜动刮伤气缸壁，在活塞销两端

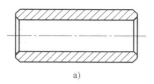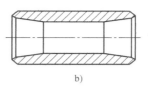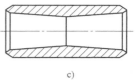

a) b) c)

图 3-24 活塞销的内孔形状

a) 圆柱形 b) 组合形 c) 两段截锥形

装有卡环,进行轴向定位。由于铝活塞热膨胀系数比钢大,为了保证在高温工作时活塞销与活塞销座孔有正常的间隙 0.01~0.02mm,在冷态时为过渡配合,装配时,应先把铝活塞加热到一定程度,再装入活塞销。

(2) **半浮式** 半浮式的特点是活塞销中部与连杆小头采用紧固螺栓连接,活塞销只能在两端销座内做自由摆动,而和连杆小头没有相对运动,所以不需要连杆衬套。活塞销不会做轴向窜动,不需要卡环。此种型式在小轿车上应用较多,半浮式活塞销如图3-26 所示。

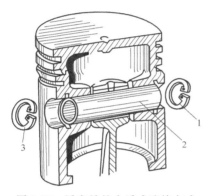

图 3-25 活塞销的全浮式连接方式

1、3—卡环 2—活塞销

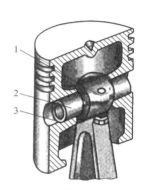

图 3-26 半浮式活塞销

1—连杆小头 2—活塞销 3—活塞销座

四、连杆组

连杆组包括连杆、连杆轴瓦、连杆盖、连杆螺栓和连杆小头衬套等零件,如图3-27 所示。连杆组是连接活塞和曲轴,并将活塞往复运动变成曲轴旋转运动及传递动力的重要组件。

1. 连杆

(1) **连杆的功用** 连杆的功用是将活塞承受的力传给曲轴,从而使活塞的往复运动转变为曲轴的旋转运动。

(2) **连杆的组成** 连杆由连杆小头、杆身和连杆大头 3 部分构成。

1) 连杆小头。连杆小头与活塞销相连并应能相对转动。为此,小头孔内一般压入减摩青铜衬套且经精铰加工,也有的采用铁基或铜基粉末冶金衬套。连杆小头衬套与活塞销摩擦表面一般靠曲轴箱内飞溅的机油润滑,故在连杆小头与衬套上设有集油孔,衬

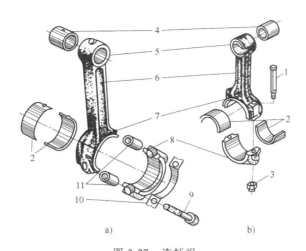

图 3-27　连杆组

a）斜切口式　b）平切口式

1、9—连杆螺栓　2—连杆轴瓦　3—连杆螺母　4—衬套　5—连杆小头　6—杆身
7—连杆大头　8—连杆盖　10—锁片　11—定位套

套内表面设有布油槽。有的采用压力润滑，则在连杆杆身内钻有纵向机油通道，将连杆大头的液压油经此通道引入小头衬套内。为避免连杆小头两端面与活塞销座卡滞，其相互之间留有一定的配合间隙。

2）连杆杆身。为了在保证连杆杆身具有足够的强度和刚度的前提下尽可能减小其质量，连杆杆身横截面一般为"工"字形。有的杆身长度可以控制，使压缩比可变。

3）连杆大头。连杆大头（包括连杆盖）与曲轴的曲柄销（连杆轴颈）相连并应能相对转动。它要求具有足够的强度和刚度，否则会影响连杆轴瓦的工作性能和连杆螺栓的可靠性。

（3）**连杆大头的剖分面**　连杆大头与曲轴的连杆轴颈相连，大头有整体式和分开式两种。一般都采用分开式，分开式又分为平分和斜分两种（图 3-28）。

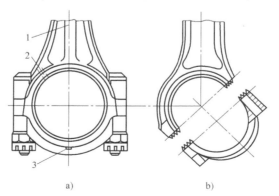

图 3-28　连杆大头

a）平分式　b）斜分式

1—连杆装配标志　2—机油喷孔　3—连杆盖装配标志

1）平分式。剖分面与连杆杆身轴线垂直（图3-28a），汽油机多采用这种连杆。因为一般汽油机连杆大头的横向尺寸都小于气缸直径，可以方便地通过气缸进行拆装。

2）斜分式。剖分面与连杆杆身轴线成30°~60°夹角（图3-28b）。柴油机多采用这种连杆。因为柴油机压缩比大，受力较大，曲轴的连杆轴颈较粗，相应的连杆大头尺寸往往超过了气缸直径。为了使连杆大头能通过气缸，便于拆装，一般都采用斜切口。安装斜切口的连杆盖时应注意方向。

（4）连杆盖与连杆的定位方式　平切口的连杆盖与连杆的定位，是利用连杆螺栓上精加工的圆柱凸台或光圆柱部分，与经过精加工的螺孔来保证的。

斜切口式连杆承受惯性力拉伸时，在切口方向受到较大的横向分力，致使连杆螺栓承受剪切作用，故一般采用以下定位措施，如图3-29所示。

1）止口定位（图3-29a）。其工艺简单，但只是单向定位，故定位不可靠，且结构不紧凑，对连杆大头止口向内变形和连杆盖止口向外变形均无法控制。

2）销套定位（图3-29b）。在连杆盖的螺孔内压配刚度大且剪切强度高的套筒，为了使连杆盖拆装方便，其与连杆大头保持很高精度的配合间隙。但这种定位方式工艺复杂，要求高。

3）锯齿定位（图3-29c）。其定位可靠，结构紧凑。但对齿距精度要求严格，维修不便。

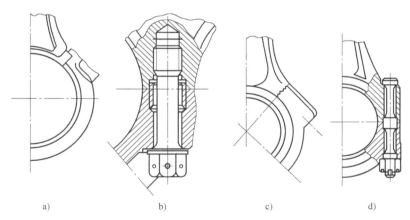

a)　　　　　b)　　　　　c)　　　　　d)

图3-29　连杆大头切口定位的形式

a）止口定位　b）销套定位　c）锯齿定位　d）平切口连杆的定位

（5）V型发动机的连杆　V型发动机连杆的结构通常有以下3种：

1）并列式连杆（图3-30a）。相对应左右两个气缸的连杆，沿曲轴的长度方向一前一后装配在一个曲柄销（曲轴上的连杆轴颈）上。连杆可以通用，两列气缸的活塞连杆组的运动规律相同，但曲轴的长度增加。

2）主副连杆（图3-30b）。一列气缸的连杆为主连杆，连杆大头直接装配在曲柄销的全长上。另一列气缸的连杆为副连杆，副连杆分别与对应的主连杆铰接传动。不增加发动机的轴向长度；但主副连杆不能互换，两列气缸活塞连杆组的运动规律不同。

3）叉形连杆（图3-30c）。在左、右两列对应气缸的两个连杆中，一个连杆的大头

制成叉形，跨于另一个连杆厚度较小的片形大头两端。两列气缸中的活塞连杆组的运动规律相同；但叉形连杆的制造工艺复杂，且连杆大头的刚度较低。

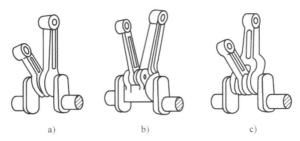

图 3-30　V 型发动机的连杆

a）并列式连杆　b）主副连杆　c）叉形连杆

2. 连杆轴瓦（滑动轴承）

位于连杆大头孔中的连杆轴瓦（滑动轴承）通常为剖分式结构，如图 3-31 所示。它是在厚 1~3mm 钢背的内圆面上浇注厚 0.3~0.7mm 的减摩合金而成的。减摩合金有巴氏合金、铜铅合金和高锡铝合金等多种，其中巴氏合金轴瓦因疲劳强度较低，只能用于负荷不大的汽油机，高锡铝合金轴瓦因具有较高承载能力和耐疲劳性，故广泛用于汽油机和柴油机。

为了使轴瓦具有较高的承载和导热能力，轴瓦自由状态下近似圆形，当它装入连杆大头孔内时，通过组装压力变形而均匀紧贴于孔壁上。

为了防止轴瓦工作时发生相对孔壁的轴向移动和转动，特在两半轴瓦剖分面上设置了高于钢背外圆面的定位凸键，装配时分别嵌入连杆大头和连杆盖上的对应凹槽中。为了保证可靠润滑，在轴瓦内网表面上加工有环形储油槽。

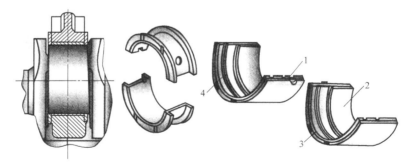

图 3-31　连杆轴瓦

1—定位凸键　2—减摩合金层　3—钢背　4—油槽

3. 连杆螺栓

连杆螺栓用于连接连杆和连杆盖。它承受交变载荷，很容易因疲劳破坏而发生断裂，故通常采用优质碳素钢或优质合金钢制成并经热处理。

连杆螺栓装配时，为了使其具有足够的预紧力，以保证轴瓦与大头孔良好贴合和连杆与连杆盖之间具有足够的压紧力，应按规定达到的拧紧力矩，用扭力扳手将两个螺栓分 2~3 次交替均匀地拧紧。为防止螺栓连接自行松脱，应设置放松装置，如开口锁、锁片和自锁螺母等。

第三节 曲轴飞轮组

曲轴飞轮组主要由曲轴、飞轮、带轮和正时齿轮（或正时链轮）等组成（图 3-32）。

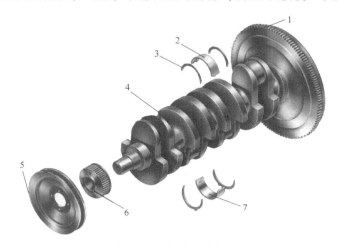

图 3-32 曲轴飞轮组

1—飞轮 2、7—主轴承轴瓦 3—止动环 4—曲轴 5—带轮 6—曲轴正时齿轮

一、曲轴

1. 曲轴的功用

曲轴是发动机最重要的机件之一。它与连杆配合将作用在活塞上的气体压力变为旋转的动力，传给底盘的传动机构。同时，驱动配气机构和其他辅助装置，如风扇、水泵和发电机等。

2. 曲轴的类型

曲轴可分为整体式（图 3-33）和组合式（图 3-34）两种。除连杆大头为整体式的某些小型汽油机或采用滚动轴承作为曲轴主轴承的发动机（隧道式气缸体）采用组合式曲轴外，发动机多采用整体式曲轴。

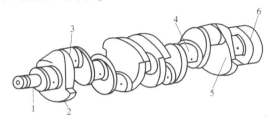

图 3-33 整体式曲轴

1—前端轴 2—平衡重 3—连杆轴颈 4—主轴颈 5—曲柄 6—后凸缘

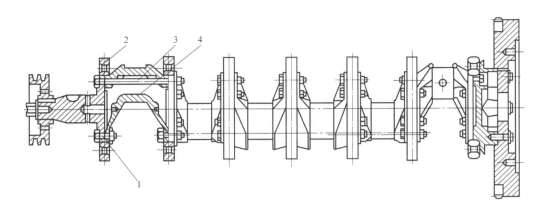

图 3-34　组合式曲轴

1—定位螺栓　2—滚子轴承　3—连接螺栓　4—曲柄

曲轴按其主轴颈的数目分为全支承曲轴及非全支承曲轴。在相邻两曲拐间都设置一个主轴颈的曲轴，称为全支承曲轴（图 3-35a），否则称为非全支承曲轴（图 3-35b）。全支承曲轴刚度较好且主轴颈的负荷相对较小，多用于柴油机和负荷较大的汽油机。非全支承曲轴长度短，结构和制造工艺简单，多用于中小负荷的汽油机。

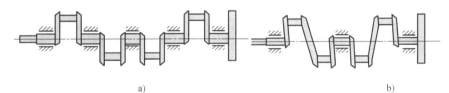

a)　　　　　　　　　　　　　　　　　　　b)

图 3-35　曲轴的结构型式

a）全支承曲轴（主轴颈>气缸数）　b）非全支承曲轴（主轴颈≤气缸数）

【拓展阅读 3-2】　发动机支承

3. 曲轴的组成

曲轴由主轴颈、曲柄销（连杆轴颈）、曲柄、前端和后端等部分组成。

（1）**主轴颈**　主轴颈支承在主轴承上。主轴颈数既要保证曲轴足够的强度和刚度，又要尽量减小曲轴的长度。若采用全支承轴承，则主轴颈数比曲柄销多一个；若采用非全支承曲轴，则主轴颈数等于或少于曲柄销数。主轴颈表面的机油来自机体主油道。

（2）**曲柄销**　曲柄销与连杆大头相连，并在连杆轴承中转动。曲柄销数与气缸数相等，为了使曲轴尽可能平衡，曲柄销应对称布置。

曲柄销通常做成空腔，以便尽可能减小质量和离心力。同时，空腔储存来自主轴颈润滑油道的机油，并保证连杆轴颈摩擦面间的可靠润滑。

（3）**曲柄**　曲柄用以连接主轴颈和曲柄销。由于其连接处应力集中严重，容易引起曲轴裂缝或断裂。对此，在保证轴颈轴承承压能力的条件下，其连接处应采用尽可能大的过渡圆角。同时，为了平衡曲轴旋转运动惯性力及力矩，可在曲柄上设置与曲柄销方向相反的平衡重。

（4）**曲轴前端** 如图 3-36 所示，曲轴前端装有三角带轮和正时齿轮，分别驱动配气机构、喷油泵、机油泵和水泵、风扇、发电机等工作。为了防止机油沿曲轴颈外漏，前端还装有随曲轴旋转的甩油盘，被齿轮挤出和甩出的机油落到该盘后，再由该盘甩到正时齿轮室盖内壁上，并沿壁流回油底壳中。同时，压配在正时齿轮室盖上的油封也可进一步阻挡机油外漏。

在中、小型内燃机曲轴前端还设有起动爪，便于必要时用人力起动发动机。

（5）**曲轴后端** 曲轴后端设有安装飞轮的接盘。为了防止机油外漏而引起离合器打滑，除在后端设置挡油盘和油封装置外，还专制有回油螺纹，其旋向与曲轴旋转方向一致，以引导曲轴上的机油流回曲轴箱内。

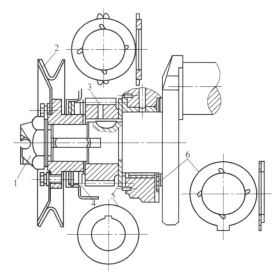

图 3-36 曲轴前端的结构
1—起动爪 2—带轮 3—正时齿轮
4—甩油盘 5—止动垫片 6—滑动推力轴承

（6）**平衡重** 平衡重用来平衡曲轴的离心力及其力矩，有时也平衡一部分活塞连杆组的往复惯性力及其力矩，以使发动机运转平稳，并可减小曲轴主轴承的负荷。对四缸、六缸等直列多缸发动机，因曲拐对称布置，就整机而言其惯性力、离心力及其所产生的力矩是平衡的。

平衡重有的与曲轴制成一体，有的单独制成后再用螺栓固定在曲轴上，称为装配式平衡重。

4．曲轴曲拐的布置

曲轴曲拐的布置不但影响发动机的平衡，还影响发动机的工作顺序。

多缸发动机的点火顺序应均匀分布在 720°CA 内，并且使连续做功的两缸相距尽可能远，以减轻主轴瓦的载荷，避免可能发生的进气重叠现象。

常见多缸发动机的曲拐布置如下：

（1）**直列四缸四冲程发动机** 点火间隔角为 720°/4 = 180°。采用全支承曲轴时（图 3-37），其中四个曲拐布置在同一平面内，具有良好的平衡性。点火顺序有两种方式，即 1-2-4-3 或 1-3-4-2。

（2）**直列六缸四冲程发动机** 点火间隔角为 720°/6 = 120°，曲拐均匀布置在互成 120°的三个平面内。国产汽车的六缸发动机常用的点火顺序为 1-5-3-6-2-4，其

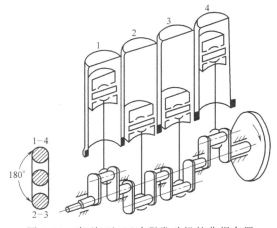

图 3-37 直列四缸四冲程发动机的曲拐布置

曲拐布置如图 3-38a 所示，这时发动机的前半部气缸与后半部气缸的做功行程是交替进行的。图 3-38b 所示曲轴的曲拐布置，其点火顺序为 1-4-2-6-3-5，其性能与前一种直列六缸四冲程发动机没有差别。

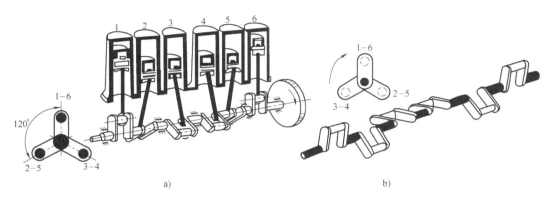

图 3-38　直列六缸四冲程发动机的曲拐布置

a）1-5-3-6-2-4　b）1-4-2-6-3-5

（3）直列五缸四冲程发动机　点火间隔角为 720°/5 = 144°，常用的点火顺序为 1-2-4-5-3，其曲拐布置如图 3-39 所示。

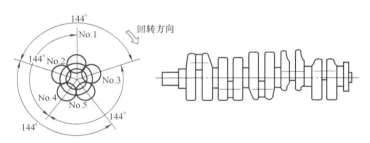

图 3-39　直列五缸四冲程发动机的曲拐布置

5. 曲轴的受力与平衡

曲柄连杆机构的运动惯性力如图 3-40 所示。当活塞上下变速运动时，要产生往复惯性力 F_j（方向与大小随运动位置而变化）；同时，由于曲柄、曲柄销和连杆大头绕曲轴轴线旋转，产生旋转惯性力，即离心力 F_c，其方向沿曲柄半径向外，其大小与曲柄半径、旋转部分的质量及曲轴转速有关。往复惯性力和旋转惯性力的作用，导致发动机振动引起零部件的变形和磨损，必须采取平衡措施。

对于四缸、六缸等多缸发动机，由于曲柄对称布置，往复惯性力和离心力及其产生的力矩，从整体上看相互平衡。图 3-41a 所示为四缸发动机曲轴的受力与平衡，第一和第四连杆轴颈的离心力 F_1 和 F_4，与第二和第三连杆轴颈的离心力 F_2 和 F_3 大小相等、方向相反而互相平衡；F_1 和 F_2 形成

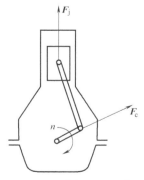

图 3-40　曲柄连杆机构的运动惯性力

的力偶矩 M_{1-2} 与 F_3 和 F_4 形成的力偶矩 M_{3-4} 也能互相平衡。但两个力偶矩都给曲轴造成了弯曲载荷，曲轴若刚度不够就会产生弯曲变形，引起主轴颈和轴瓦偏磨。为了减轻主轴瓦负荷，一般都在曲柄的相反方向设置平衡重（图3-41b）。

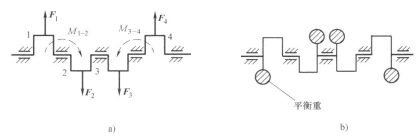

图 3-41 四缸发动机曲轴的受力与平衡

a）受力 b）惯性力平衡

在一些发动机上，还采用加装平衡轴的方法进行惯性力的平衡，使发动机运转更加平稳。曲轴曲柄的布置，不但影响发动机的平衡，还影响发动机的工作顺序。

多缸发动机的点火顺序应均匀分布在 720°CA 内，并且使连续做功的两缸相距尽可能远，以减轻主轴瓦的载荷，避免可能发生的进气重叠现象。

6. 曲轴的转向定位

由于曲轴经常受到离合器施加于飞轮的轴向力作用，有的曲轴前端采用斜齿传动，使曲轴产生前后窜动，影响了曲柄连杆机构各零件的正确位置，增大了发动机磨损、异响和振动，故必须进行曲轴轴向定位。另外，曲轴工作时会受热膨胀，还必须留有膨胀的余地。

曲轴定位一般采用滑动推力轴承，安装在曲轴前端或中后部主轴瓦上。

推力轴承有两种型式：翻边主轴瓦的翻边部分或具有减摩合金层的半圆环止动片（图3-42），磨损后可更换。

7. 曲轴的润滑

为了润滑曲轴主轴颈和曲柄销（连杆轴颈），在轴颈上钻有油道，并由斜油道相通（图3-43），再与机体的主油道连通。

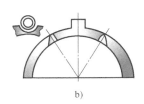

图 3-42 曲轴推力轴承

a）翻边主轴瓦 b）半圆环止动片

图 3-43 曲轴润滑

1—主轴颈 2—曲柄销

3—油道

二、飞轮

1. 飞轮的作用

飞轮是一个转动惯量很大的金属圆盘，其主要作用是储存做功过程的一部分能量，保证发动机运转平稳；此外，飞轮又是传动系统中摩擦离合器的主动盘，或自动变速器中液力变矩器的驱动盘。

2. 飞轮的结构

飞轮外缘压有齿圈与起动电动机的驱动齿轮啮合，供起动发动机用；汽车离合器也装在飞轮上，利用飞轮后端面作为驱动件的摩擦面，用来对外传递动力。

在飞轮轮缘上做有标记（刻线或销孔）供找上止点用。当飞轮上的记号与外壳上的记号对正时，正好是上止点（图3-44）。有的还有进排气相位记号、供油（柴油机）或点火（汽油机）记号，供安装和修理用。

飞轮与曲轴在制造时一起进行过动平衡试验，在拆装时应严格按相对位置安装。飞轮紧固螺钉承受作用力大，应按规定力矩和正确方法拧紧。

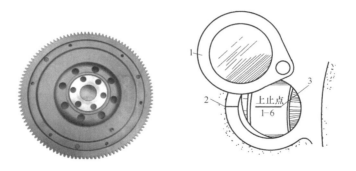

图 3-44　飞轮与记号

1—观察孔盖　2—飞轮壳上刻线　3—飞轮上止点记号

3. 双质量飞轮

为了减少发动机的振动，一些发动机上安装了钟摆式双质量飞轮。双质量飞轮将原来的一个飞轮分成两个部分，一部分保留在原来发动机一侧的位置上，起到原来飞轮的作用，用于起动和传递发动机的转动转矩，这一部分称为第一质量（初级质量），另一部分则放置在传动系统变速器的一侧，用于提高变速器的转动惯量，这一部分称为第二质量（次级质量）。两部分飞轮之间有一个环形的油腔，在腔内装有弹簧减振器，由弹簧减振器将两部分飞轮连接为一个整体，构成了无声平衡系统。

【拓展阅读3-3】　双质量飞轮

三、曲轴轴承

曲轴轴承（瓦）按其承载方向可分为径向轴承和轴向（推力）轴承两种。

1. 曲轴径向轴承

径向轴承用于支承曲轴，通常是剖分式的滑动轴承（图3-45）。轴承底座是在气缸体的曲轴箱部分直接加工出来的，再由轴承盖、螺栓共同将滑动轴承进行径向定位、紧固。

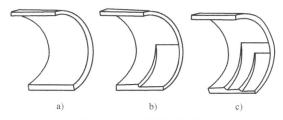

图 3-45 曲轴滑动轴承

a）单层合金轴承　b）双层合金轴承　c）三层合金轴承

2. 曲轴轴向轴承

轴向轴承承受离合器传来的轴向力，用来限制曲轴的轴向窜动，保证曲柄连杆机构各零件正确的相对位置。在曲轴受热膨胀时，应允许其能自由伸缩，因此曲轴只能有一处设置轴向定位装置。曲轴轴承还可将径向轴承与轴向轴承合二为一制成翻边轴承（图3-46）。

曲轴轴向定位除了采用翻边轴承外，还可用半圆环止动片、轴向轴承轴向定位。

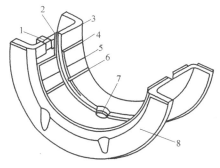

图 3-46 翻边轴承

1—凸肩　2—油槽　3—钢质薄壁　4—基层　5—镍涂层　6—磨耗层　7—油孔　8—翻边

四、曲轴轴向减振器

1. 曲轴轴向减振器的功用

在发动机的工作过程中，经连杆传给连杆轴颈的作用力大小和方向都是周期性变化的，所以曲轴各个曲柄的旋转速度也是忽快忽慢呈周期性变化，导致各曲柄之间产生周期性相对扭转的现象称为曲轴的扭转振动，简称为扭振。曲轴扭振会造成发动机磨损加剧、功率下降。当振动强烈时甚至会扭断曲轴。扭转减振器的功用就是吸收曲轴扭转振动的能量，消减扭转振动。

2. 曲轴轴向减振器的类型

发动机多采用橡胶扭转减振器、硅油扭转减振器和硅油-橡胶扭转减振器。随着发

动机的轻量化和大功率化，已经采用了多级的橡胶阻尼式扭转减振器。

（1）**橡胶扭转减振器** 如图3-47a所示，减振器壳体与曲轴连接，并通过橡胶层与减振环连接在一起。

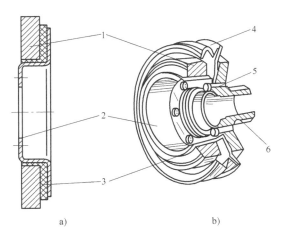

图3-47 橡胶扭转减振器

a）无带轮 b）有带轮

1—减振环 2—减振器壳体 3—减振橡胶 4—带轮 5—螺钉 6—带轮毂

当发动机工作时，减振器壳体与曲轴一起振动，由于减振环惯性滞后于减振器壳体，因而在两者之间产生相对运动，使橡胶层来回揉搓，振动能量被橡胶的内摩擦阻尼吸收，从而使曲轴的扭振得以消减。

图3-47b所示为带轮-橡胶扭转减振器，它的工作原理与前面相似。

橡胶扭转减振器结构简单，工作可靠，制造容易，在汽车上应用广泛。但其阻尼作用小，橡胶容易老化，故在大功率发动机上应用较少。

（2）**硅油扭转减振器** 如图3-48a所示，减振器壳体与曲轴连接。侧盖与减振器壳体组成封闭腔，其中滑套着减振环。减振环与封闭腔之间留有一定的间隙，里面充满高黏度硅油。

当发动机工作时，减振器壳体与曲轴一起旋转，减振环则被硅油的黏性摩擦阻尼和衬套的摩擦力所带动。由于减振环相当大，因此它近似做匀速运动，于是在减振环与减振器壳体间产生相对运动。曲轴的振动能量被硅油的内摩擦阻尼吸收，使扭振消除或减轻。

硅油扭转减振器减振效果好，性能稳定，工作可靠，结构简单，维修方便，但它需要良好的密封和较大的减振环，致使减振器尺寸较大。

（3）**硅油-橡胶扭转减振器** 如图3-48b所示，扭转减振器中的橡胶环主要用作弹性体，并用来密封硅油和支承减振环。在封闭腔内注满高黏度硅油。硅油-橡胶扭转减振器集中体现了硅油减振器和橡胶减振器的优点，即体积小、重量轻和减振性能稳定等。

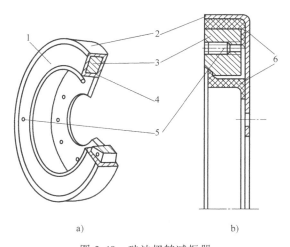

图 3-48 硅油扭转减振器

a）无橡胶环 b）有橡胶环

1—侧盖 2—减振器壳体 3—减振环 4—衬套 5—注油螺塞 6—橡胶环

思 考 题

1. 曲柄连杆机构的功用是什么？其组成包括什么？

2. 气缸体有哪几种结构型式？各自的特点是什么？

3. 活塞的主要作用和组成有哪些？

4. 气环的主要作用是什么？

5. 扭曲环为什么能起密封作用？

6. 气环常见断面有哪几种？

7. 活塞销和连杆的功用分别是什么？

8. 曲轴的组成和作用分别是什么？

9. 什么是全支承曲轴和非全支承曲轴？

10. 画出直列四缸四冲程发动机和直列六缸四冲程发动机工作循环表。

11. 橡胶扭转减振器的结构和工作原理是怎样的？

12. 装有双质量飞轮有哪些优点？

13. 油底壳为何局部较深？

14. 活塞冷态为什么不做成圆柱形？

15. 何谓活塞的"泵油作用"？它有何不良后果？应如何防止？

16. 何谓活塞环的"泵油作用"？它有何不良后果？应如何防止？

17. 何谓活塞环的端间隙、边间隙？为什么要有这些间隙？活塞环装入气缸时应注意些什么问题？为什么？

18. 组合式油环的构造如何？它有哪些主要优点？

19. 活塞销与销座及连杆小头的连接方式有几种？全浮式活塞销在装配和工作时，

有何特点？为什么要有轴向限位？

20. 连杆组的功用是什么？由哪些零件组成？连杆大头为什么要剖分成两半？为什么有的连杆剖分面采用斜切口式？如何保证连杆大头与盖的正确装配位置？

21. 试举例说明曲轴的构造和轴向定位方法。为什么要轴向定位？

22. 发动机的连杆大、小头孔以及机体主轴承座为什么要装衬套或轴承？常用什么轴承？轴瓦安装时如何定位？

23. 飞轮起什么作用？为什么飞轮与曲轴的装配位置必须确定不变？

24. 什么是干式缸套？什么是湿式缸套？它们在结构上有什么不同点？

25. 气缸盖有何功用？如何拧紧缸盖螺栓？为什么？

26. 试分析发动机工作时曲柄连杆机构的受力。

27. 试分析单缸发动机工作时比多缸发动机工作时振动大的原因。有哪些解决方法？

第四章

发动机换气系统

换气系统的作用是根据发动机各缸的工作循环和着火顺序适时地开启和关闭各缸的进、排气门，使足量的纯净空气或空气与燃油的混合气及时地进入气缸，并及时地将废气排出。

换气系统主要由配气机构、进气装置和排气装置等组成，如图 4-1 所示。

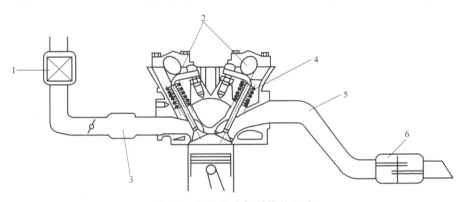

图 4-1　发动机换气系统的组成

1—空气滤清器　2、4—配气机构　3—进气管系　5—排气管系　6—消声器

第一节　配气机构

一、配气机构的作用

配气机构的作用是按照发动机各缸的工作过程和着火顺序的要求，定时开启和关闭各缸进、排气门，准时地供给清洁、足量的新鲜工作介质（空气或可燃混合气），及时并尽可能彻底地排出废气，以保证发动机燃烧过程的有效进行。配气机构工作得好坏，对发动机的工作性能影响很大，同时配气机构又是发动机噪声的主要来源之一。

二、配气机构的类型

1. 按气门的布置位置分

按气门的布置位置不同，配气机构可以分为侧置式气门和顶置式气门。

侧置式的气门布置在气缸的一侧，使燃烧室结构不紧凑，热量损失大，气道比较曲

折，进气流通阻力大，从而使发动机的经济性和动力性变差。目前，这种布置型式已被淘汰。

现代汽车发动机均采用气门布置在气缸盖上的顶置式配气结构（图4-2）。

拖拉机柴油机一般采用摇臂推杆顶置式配气机构（图4-3）。

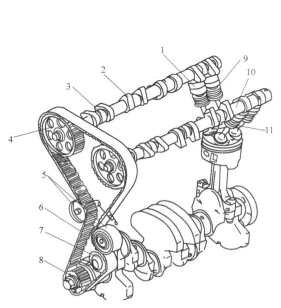

图4-2　顶置式配气机构

1—液压挺柱　2—凸轮　3—进气凸轮轴
4—凸轮轴传动带轮　5—张紧轮　6—同步带
7—中间轴正时带轮　8—曲轴正时带轮
9—进气门组件　10—排气凸轮轴　11—排气门组件

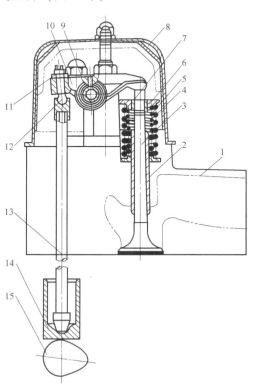

图4-3　摇臂推杆顶置式配气机构

1—气缸盖　2—气门导管　3—气门　4—气门主弹簧
5—气门副弹簧　6—气门弹簧座　7—锁片
8—气门室罩　9—摇臂轴　10—摇臂　11—锁紧螺母
12—调整螺钉　13—推杆　14—挺柱　15—凸轮轴

2. 按凸轮轴布置位置分

按凸轮轴布置位置的不同，配气机构分为上置凸轮轴配气机构、中置凸轮轴配气机构和下置凸轮轴配气机构3种。

（1）**下置凸轮轴配气机构**　将凸轮轴布置在曲轴箱上，由曲轴正时齿轮带动凸轮轴旋转（图4-4）。这种结构布置的主要优点是凸轮轴离曲轴较近，可用齿轮驱动，传动简单。但存在零件较多、传动链长、系统弹性变形大和影响配气准确性等缺点。在轿车高速发动机中已趋于淘汰，在轻、中型汽车上还有应用。

（2）**中置凸轮轴配气机构**　将凸轮轴布置在曲轴箱上（图4-5）。与下置凸轮轴相比，省去了推杆，由凸轮轴经过挺柱直接驱动摇臂，减小了气门传动机构的往复运动质量，适应更高速的发动机。

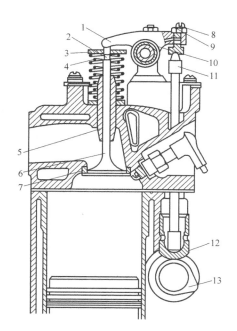

图 4-4　下置凸轮轴配气机构

1—摇臂　2—气门锁夹　3—气门弹簧座　4—气门弹簧

5—气门导管　6—气门　7—气门座　8—调整螺钉

9—锁紧螺母　10—摇臂轴　11—推杆

12—挺柱　13—凸轮轴

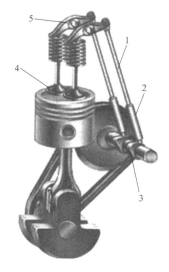

图 4-5　中置凸轮轴配气机构

1—推杆　2—挺柱　3—凸轮轴

4—气门　5—摇臂

（3）**上置凸轮轴配气机构**　将凸轮轴直接布置在气缸盖上，直接通过摇臂或凸轮来推动气门的开启和关闭。这种传动机构没有推杆等运动件，系统往复运动质量大大减小，非常适合现代高速发动机，尤其是轿车发动机。

根据顶置气门凸轮轴的个数不同，上置凸轮轴配气机构又分为单顶置凸轮轴（SOHC）和双顶置凸轮轴（DOHC）两种。

1）单顶置凸轮轴。仅用一根凸轮轴同时驱动进、排气门（图 4-6），结构简单，布置紧凑。

2）双顶置凸轮轴。由两个凸轮轴分别驱动进、排气门。其有两种布置型式，一种是凸轮通过摇臂驱动气门（图 4-7），另一种是凸轮直接驱动气门，有利于增加气门数目，提高进、排气效率，提高发动机转速，是现代高速发动机配气机构的主要型式。

3. 按曲轴和配气凸轮轴的传动方式分

根据曲轴和配气凸轮轴的传动方式不同，配气机构可分为齿轮传动、链传动和同步带传动 3 种。

（1）**齿轮传动**　凸轮轴下置、中置的配气机构大多采用齿轮传动。一般从曲轴到凸轮轴间的传动只需一对正时齿轮，必要时可加装中间齿轮（图 4-8）。为了啮合平稳，减小噪声，正时齿轮多用斜齿轮，也有的采用夹布胶木制造，以减小噪声。

为了装配时保证配气相位正确，齿轮上都有正时标记，装配时必须按要求对齐。

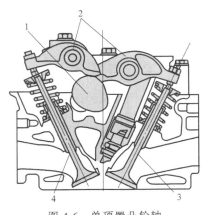

图 4-6　单顶置凸轮轴

1—凸轮轴　2—摇臂　3—进气门　4—排气门

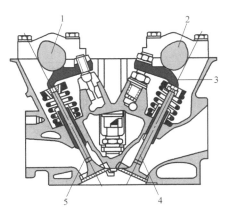

图 4-7　双顶置凸轮轴

1—排气凸轮轴　2—进气凸轮轴　3—摇臂

4—进气门　5—排气门

（2）**链传动**　链传动多用在凸轮轴顶置的配气机构中。为了使传动链在工作时具有一定的张力而不至于脱落，一般装有导链板和张紧轮等（图 4-9）。这种传动的优点是布置容易，若传动距离较远，还可用两级链传动；其缺点是结构质量及噪声较大，链的可靠性和耐久性不易得到保证。

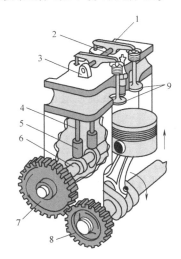

图 4-8　凸轮轴的齿轮传动

1—摇臂　2—摇臂轴　3—摇臂座　4—推杆

5—挺柱　6—凸轮轴　7—凸轮轴正时齿轮

8—曲轴正时齿轮　9—气门

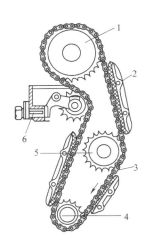

图 4-9　凸轮轴的链传动

1—凸轮轴链轮　2—导链板　3—传动链

4—曲轴链轮　5—油泵驱动链轮

6—液力张紧装置

（3）**同步带传动**　现代高速发动机广泛采用同步带传动（图 4-2）。同步带用氯丁橡胶制成，中间夹有玻璃纤维和尼龙织物，以增加强度。同步带的张力可以由张紧轮进行调整。这种传动方式可以减小噪声、减小结构质量和降低成本。

4. 按每缸气门的数目分

根据每缸气门的数目不同，配气机构有 2 气门、3 气门、4 气门和 5 气门。

传统发动机都采用每缸 2 气门（一个进气门，一个排气门）。为了改善发动机的充气性能，应尽量加大气门的直径，但由于气缸的限制，气门的直径不能超过气缸直径的一半。因此，现代汽车发动机中，普遍采用多气门（3~5 气门）结构，使发动机的进、排气流通截面面积增大，提高了充气效率，改善了发动机的动力性能、经济性能和排放性能。

当每缸采用 4 气门时，气门的排列方式有两种：一种是同名气门排成两列（图 4-10a），由一根凸轮轴通过 T 形驱动杆同时驱动，由于两同名气门在气道中的位置不同，可能使二者的工作条件和工作效果不一致，故不常用；另一种是同名气门排成一列（图 4-10b），这种结构在组织进气涡流、保证排气门及缸盖热负荷均匀等方面都具有优越性，但一般需要两根凸轮轴，结构较复杂。

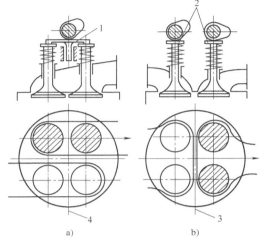

图 4-10 4 气门机构的布置

a）同名气门排成两列 b）同名气门排成一列

1—T 形驱动杆 2—气门杆端 3、4—曲轴轴线

三、配气机构的主要部件

配气机构的主要部件有气门组和气门传动组。

1. 气门组

气门组主要由气门、气门座、气门导管、气门弹簧和气门锁夹等零件组成（图 4-11）。

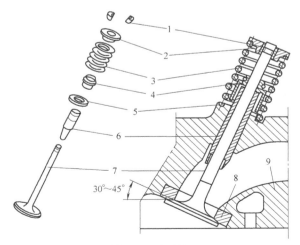

30°~45°

图 4-11 气门组

1—气门锁夹 2—气门弹簧座 3—气门弹簧 4—气门油封 5—气门弹簧垫圈

6—气门导管 7—气门 8—气门座 9—气缸盖

（1）**气门**　气门的作用是控制进、排气道的开启和关闭，在压缩和做功行程保证气缸密封良好，因此对发动机的动力性、经济性、可靠性、耐久性和起动性能等均有很大影响，是发动机重要零件之一。

气门分为进气门和排气门。进气门一般用中碳合金钢（铬钢、铬钼钢和镍铬钢等）制造，排气门则用耐热合金钢（硅铝钢、硅铬钼钢和硅铬锰钢等）制成。高强化发动机可用奥氏体钢或铬镍钨钼钢制作气门。

气门由头部和杆部两部分组成。

1）气门头部。头部用来封闭气缸的进、排气通道。气门头部的形状有平顶、喇叭形顶和球面顶，如图 4-12 所示。

目前使用最多的是平顶气门，其结构简单，制造容易，吸热面积较小，质量小，进、排气门均可采用。喇叭形顶头部与杆部的过渡部分具有一定的流线型，气流流通较便利，可减小进气阻力，但其顶部受热面积较大，

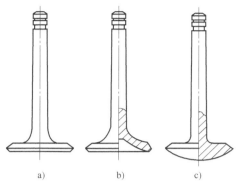

图 4-12　气门头部的结构型式
a）平顶　b）喇叭形顶　c）球面顶

故多用于进气门。球面顶气门头部强度高，排气阻力小，废气清除效果好，适用于排气门，但球面顶气门头部的受热面积大，质量和惯性力也大，加工较困难。

气门头部与气门座圈接触的工作面是与杆部同心的锥面，通常将这一锥面与气门顶部平面的夹角称为气门锥角，如图 4-13 所示，一般做成 45°，少数为 30°。

采用锥形工作面的目的：像锥形塞子可以塞紧瓶口一样，能获得较大的气门座闭合压力，提高密封性和导热性；气门落座时有定位作用；避免气流拐弯过大而降低流速。

为了保证良好密合，装配前应将气门头与气门座二者的密封锥面互相研磨，研磨好的零件不能互换。

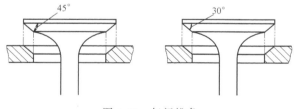

图 4-13　气门锥角

气门头部直径越大，气门口通道截面就越大，进、排气阻力就越小。为了尽量减小进气阻力，进气门直径比排气门大 15%～30%。但在排气门数目少于进气门数目的发动机中（如 3 个进气门，2 个排气门），排气门头部直径大于进气门。

2）气门杆部。杆部的功用是为气门的运动进行导向。气门杆有较高的加工精度和表面粗糙度要求，应与气门导管有良好配合。气门杆尾部结构取决于气门弹簧座的固定方式，常用的结构是用剖分成两半的锥形锁片来固定气门弹簧座。

这时气门杆的尾部可切出环形槽来安装锁片；也可以用锁销来固定气门弹簧座，对应的气门杆尾部应有一个用来安装锁销的径向孔。

（2）**气门座**　气门座的作用是靠其内锥面与气门锥面的紧密贴合密封气缸，并接

受气门传来的热量。气门座可直接在气缸盖上加工出来，也可用合金铸铁或奥氏体钢制成单独的气门座圈，再镶嵌到气缸盖相应的座孔中，构成镶嵌式气门座。镶嵌式气门座可使铝合金和铸铁气缸盖的使用寿命得以延长。气门座也有相应的锥面与气门头部锥面相配合。

（3）**气门导管**　气门导管的主要作用是保证气门做稳定的往复直线运动，保证气门与气门座正确配合，对气门起导向作用。此外，还担负部分传热作用。气门导管通常为圆柱形管（图4-14）。外圆与内孔均需精加工，为了外圆表面磨削方便，一般不设台肩。外圆柱面以一定的过盈量压入缸盖。其材料要求耐磨性好，以减少内孔磨损，常用合金铸块或铁基粉末冶金。当采用铝合金缸盖时，考虑铝合金热膨胀系数较大，工作时气门导管可能松脱，因而有必要采用安全措施，如加卡圈等。

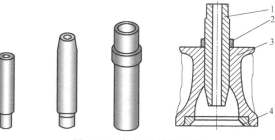

图 4-14　气门导管及安装

1—气门导管　2—卡环　3—气缸盖　4—气门座

气门导管内圆柱面与气门杆配合。为了保证气门杆在导管内自由运动，气门杆与气门导管之间一般留有 0.05~0.12mm 的间隙，有些发动机排气门导管间隙略大于进气门导管间隙。气门导管与气门配合间隙过小会影响气门正常运动，杆体受热膨胀时还可能卡死；间隙过大，则影响导向作用，令气门工作时摆动，使气门座磨损不均匀，同时机油也容易从间隙中漏入气缸，使机油消耗和气门上的沉积物增加。

气门导管内、外圆柱面经加工后压入气缸盖或气缸体的气门导管孔后，为防止变形，要对导管内孔精铰，必要时对导管内孔和气门座圆锥面同时进行精铰，以保证两者同心。

（4）**气门弹簧**　气门弹簧借其张力克服气门关闭过程中气门及传动件因惯性力而产生的间隙，保证气门及时落座并紧密贴合，同时也可防止气门在发动机振动时因跳动而破坏密封。

气门弹簧通常采用高碳锰钢、铬钒钢等优质冷拔弹簧钢丝，并经热处理制成（图4-15）。为了提高其疲劳强度，弹簧钢丝表面经抛光或喷丸处理。

a)　　　　　　　　　　b)　　　　　　　　　　c)

图 4-15　气门弹簧

a）等螺距圆柱气门弹簧　b）变螺距气门弹簧　c）锥形气门弹簧

为了防止弹簧发生共振，可采用变螺距的圆柱形弹簧（图4-15b）。大多数高速发动机是一个气门装有同心安装的内、外两根气门弹簧（图4-15c），这样不但可以防止共振，而且当一根弹簧折断时，另一根仍可维持工作。此外，还能减小气门弹簧的高度。当装用两根气门弹簧时，气门弹簧的螺旋方向和螺距应不同，这样可以防止折断的弹簧圈卡入另一个弹簧圈内。

（5）气门锁夹　气门弹簧座的固定方式有两种。一种是锁夹式（图4-16a），在气门杆端部的沟槽上装有两个半圆形的锥形锁夹，弹簧座紧压锁夹，使其紧箍在气门杆端部，从而使弹簧座、锁夹与气门连接成一整体，与气门一起运动。

另一种是以锁销代替锁夹（图4-16b），在气门杆端有一个用来安装锁销的径向孔，通过锁销进行连接。

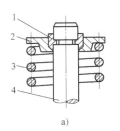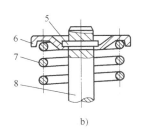

图4-16　气门弹簧座的固定方式
a）锁夹固定　b）锁销固定
1—锥形锁夹　2、6—弹簧座　3、7—气门弹簧
4、8—气门杆　5—锁销

【拓展阅读4-1】　气门旋转机构

2. 气门传动组

气门传动组的作用是使气门按发动机配气相位规定的时刻及时开、闭，并保证规定的开启持续时间和开启高度。

（1）凸轮轴　凸轮轴主要由凸轮（图4-17）和凸轮轴轴颈等组成。对于下置凸轮轴的汽油机还具有用以驱动分电器等的螺旋齿轮和用以驱动汽油泵的偏心轮。凸轮受到气门间歇性开启的周期性冲击载荷，因此要求凸轮表面要耐磨，凸轮轴要有足够的韧性和刚度。凸轮轴一般用优质钢模锻制成，或用球墨铸铁、合金铸铁铸造制成。凸轮和轴颈的工作表面经热处理后精磨，以提高耐磨性。

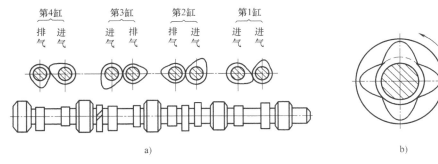

图4-17　四缸四冲程汽油机凸轮轴
a）各凸轮轴的相对角位置　b）进（排）气凸轮投影

由图4-17可以看出，同一气缸的进、排气凸轮的相对角位置是与既定的配气相位相适应的。发动机各个气缸的进、排气凸轮的相对角位置应符合发动机各缸的点火顺序和点火间隔时间的要求。因此，根据凸轮轴的旋转方向以及各缸进、排气和凸轮的工作顺序，就可以判定发动机的点火次序。从图中可以看出，四缸四冲程发动机每完成一个

工作循环，曲轴需旋转两周而凸轮轴只旋转一周，在这期间内，每个气缸都要进行一次进气或排气，且各缸进气与排气的时间间隔相等，即各缸进气或排气凸轮彼此间的夹角均为 360°/4＝90°。发动机的凸轮轴旋转方向（从前端向后看）为逆时针方向，则该发动机的点火次序为 1-2-4-3。若六缸四冲程发动机的凸轮轴沿逆时针方向旋转，其点火次序为 1-5-3-6-2-4，任何两个相继点火的气缸进气或排气凸轮间的夹角均为 360°/6＝60°，如图 4-18 所示。

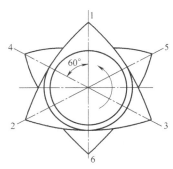

图 4-18　六缸四冲程发动机进（排）气凸轮投影

（2）**挺柱**　挺柱的作用是将凸轮的推力传给推杆或气门，承受凸轮旋转时传来的侧向力并传给发动机机体。

常用的有菌形挺柱、平面挺柱和桶形挺柱 3 种（图 4-19）。挺柱工作时，由于受凸轮侧向推力的作用会引起挺柱与导管间的单面摩擦。为了减小这种单面摩擦及磨损，一般采取以下方法：

1）将挺柱工作面制成球面（图 4-19a），这样可使挺柱在工作时绕其中心线稍有转动，达到磨损均匀的目的。

2）挺柱相对凸轮偏心安置（图 4-19b），工作时，挺柱绕其中心线稍作转动。

3）挺柱外表面制成两端小、中间大的桶形（图 4-19c），当挺柱在座孔中歪斜时，由于它的定位作用仍可保证凸轮型面全宽与挺柱表面相接触，从而减小接触应力，并使磨损均匀。

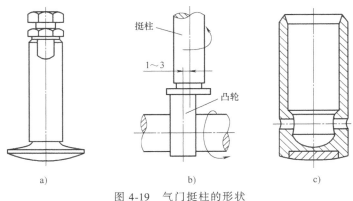

图 4-19　气门挺柱的形状
a）菌形挺柱　b）平面挺柱　c）桶形挺柱

热膨胀造成气门关闭不严的问题用预留气门间隙的方法来解决；但由于气门间隙的存在，配气机构在工作时将产生冲击而发出响声。为了解决这一矛盾，有的发动机上采用了液力挺柱。

【拓展阅读 4-2】　**液力挺柱**

（3）**推杆**　气门推杆用于下置凸轮轴顶置气门的配气机构。它的功用是将挺柱、凸轮传来的运动传给摇臂。对推杆的要求是刚度强、重量轻。

推杆多为细长杆，用无缝钢管或空心钢管制成，其两端焊有不同形状的钢头。上端头部是凹球形，与摇臂调节螺钉球头接触，下端头部为圆球形，放置在挺柱的凹球形支承座内。两端头部都经过热处理，以改善耐磨性能。

（4）**摇臂** 摇臂是一个双臂杠杆（图4-20），其功用是改变推杆传来的运动方向，并将运动传给气门杆尾端，以推开气门。

摇臂两边臂长的比值称为摇臂比。摇臂比一般为1.2～1.8。短臂端装有调节螺钉与推杆接触，长臂端用以推动气门杆端。因此，在一定的气门开度下，可减小凸轮的最大升程。工作时，摇臂承受较大的弯曲应力，摇臂长端头部沿气门杆端滑移易磨损，所以要求它具有足够的强度、刚度和耐磨性。摇臂多用钢模锻压而成，近年

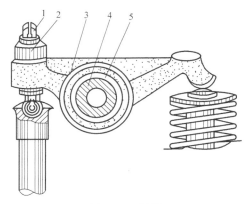

图4-20 摇臂
1—调整螺钉 2—锁紧螺母
3—摇臂 4—摇臂轴 5—衬套

也有用球墨铸铁制造而成的，断面呈"工"字形或"T"字形。长臂端与气门杆端接触部位制成圆柱形，并经淬火处理，以提高表面硬度和耐磨性。

摇臂通过摇臂轴支承在摇臂支座上。摇臂轴为中空形，摇臂内钻有油孔，机油从支座的油道经摇臂轴通向摇臂的两端进行润滑。为了防止摇臂在轴上产生轴向移动，相邻两摇臂间装有弹簧。

（5）**正时齿轮** 正时齿轮的功用是将曲轴的旋转运动传给各辅助机构，如凸轮轴、喷油泵等。凸轮轴、喷油泵与曲轴的旋转必须保持着严格的相对位置关系，一般都采用斜齿轮传动，并在齿轮端面上打上装配标记。小齿轮和大齿轮分别用键装在曲轴和凸轮轴的前端，其传动比为2∶1。安装时各齿轮上的标记必须对准（图4-21），以保证正确的配气相位和点火时刻。

正时斜齿轮副在传动过程中会产生轴向力，导致凸轮轴产生轴向窜动，因此凸轮轴必须采用轴向限位装置，常见的轴向限位装置如图4-22所示。在凸轮轴前轴颈与正时齿

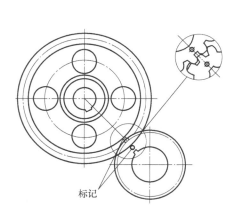

图4-21 正时齿轮安装记号

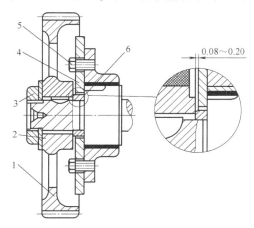

图4-22 常见的轴向限位装置
1—正时齿轮 2—正时齿轮轮毂 3—锁紧螺母
4—止动板 5—止动板固定螺钉 6—调节隔圈

轮之间，压装一个调节隔圈，在调节隔圈外再套上止动板，止动板用螺钉固定在机体前端面上。调节隔圈、凸轮轴正时齿轮轮毂与第一凸轮轴轴颈端面紧紧靠在一起。由于调节隔圈比止动板厚 0.08~0.20mm，因此在止动板和凸轮轴正时齿轮轮毂或止动板与第一凸轮轴轴颈断面之间形成 0.08~0.20mm 的间隙，此间隙即为凸轮轴最大轴向移动量。可通过改变调节隔圈的厚度来调整凸轮轴产生轴向移动量。

四、配气相位

1. 配气相位的定义

进、排气门开启和关闭时刻所对应的曲轴转角称为配气相位，简称为配气相。表示配气相位的环形图称为配气相位图（图4-23）。发动机的配气相位对其性能，特别是对发动机的动力性和经济性有很大影响。

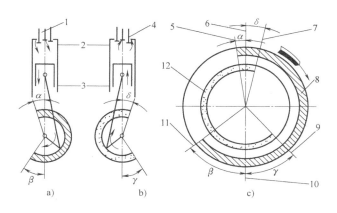

图 4-23 配气相位图
a）进气相位 b）排气相位 c）进、排气配气相位
1—进气门 2、6—上止点 3、10—下止点 4—排气门 5—进气门开 7—排气门关
8—进气过程 9—排气门开 11—进气门关 12—排气过程

从理论上讲，四冲程发动机配气相位与活塞行程的开始和结束相对应，即进气门应在上止点时开启，在下止点时关闭，排气门应在下止点时开启，在上止点时关闭，进气过程和排气过程各对应 $180°CA$。但实际上发动机曲轴转速很高，活塞每一行程历时都很短，而且气门在凸轮轴作用下逐渐开启和关闭。

为了保证气缸进气充足和排气彻底，实际上进、排气门应提前打开和延迟关闭，即进气门在活塞到达上止点前开启并在下止点后关闭；排气门则在活塞到达下止点前开启，而在上止点后关闭。

2. 进气门配气相位

（1）**进气提前角 α** 在排气行程接近终了、活塞到达上止点之前，进气门便开始开启。从进气门开始开启到活塞移到上止点所对应的曲轴转角称为进气提前角 α。进气门提前开启的目的是保证进气行程开始时进气门已经开大，以减小进气阻力，使新鲜气体能顺利地充入气缸。

（2）**进气迟后角β** 在进气行程活塞到达下止点后，活塞又上行一段时间，进气门才关闭。从活塞到达下止点到进气门关闭所对应的曲轴转角称为进气迟后角β。进气门迟后关闭的目的是由于活塞到达下止点时，气缸内压力仍低于大气压力，气流还有相当大的惯性，仍可以利用气流惯性和压力差继续进气。由此可见，进气门开启持续时间内的曲轴转角，即进气持续角度为α+180°+β。α角一般为10°～30°，β角一般为30°～80°。

3. 排气门配气相位

（1）**排气提前角γ** 在做功行程接近终了，活塞到达下止点之前，排气门便开始开启。从排气门开始开启到活塞移至下止点所对应的曲轴转角γ称为排气提前角。排气门提前开启的目的是，当做功行程活塞接近下止点时，气缸内的气体还有0.30～0.50MPa的压力，此压力对做功的作用已经不大，但仍比大气压力高，因此在此压力作用下，气缸内的废气能迅速地自由排出；待活塞到达下止点时，气缸内只剩约0.115MPa的压力，此时进一步加大排气门开度，可减小活塞上行的排气阻力，使排气行程所消耗的功率大为减小；此外，高温废气迅速地排出，还可以防止发动机过热，保持在正常的工作状态。

（2）**排气迟后角δ** 在排气行程接近终了，活塞越过上止点后，排气门才关闭。从上止点到排气门关闭所对应的曲轴转角称为排气迟后角δ。排气门迟后关闭的目的是由于活塞到达上止点时，气缸内的残余废气压力仍高于大气压力，加之排气时气流有一定的惯性，可以继续利用气流惯性和压力差把废气排放得较充分。由此可见，排气门开启持续时间内的曲轴转角，即排气持续角度为γ+180°+δ。γ角一般为40°～80°，δ角一般为10°～30°。

4. **气门重叠**

由于进气门在上止点前开启，而排气门在上止点后才关闭，这就出现了在一段时间内进、排气门同时开启的现象，这种现象称为气门重叠，同时开启的曲轴转角（α+δ）称为气门重叠角。在这一重叠时间内，由于进气歧管内的新鲜气流和排气歧管内的废气流的流动惯性都比较大，致使气缸内的气体在短时间内是不会改变流向的。所以只要气门重叠角选择适当，就不会有废气倒流入进气歧管和新鲜气体随同废气排出的可能性。相反，由于废气气流周围有一定的真空度，对排气速度有一定影响，从进气门进入的少量新鲜气体可对此真空度加以填补，还有助于废气的排出。

增压柴油机气门重叠角可选择大一些。因为增压柴油机进气压力较高，废气不可能进入进气歧管，并且可利用新鲜气体将废气扫除干净。

不同发动机，由于其结构型式、转速不同，因而配气相位也不同。同一台发动机转速不同也应有不同的配气相位，转速越高，提前角和迟后角也应越大，但这在发动机结构上很难做到。通常根据发动机性能要求，通过试验确定该种发动机在某一常用转速范围内较为合适的配气相位。

5. **可变配气正时**

为了获得发动机的高转速、大功率，要求配气机构有较大的进、排气持续角度，特别是进气迟后角要大，以充分利用气体流动惯性，多进气；为了获得发动机的低转速、大转矩，进气迟后角要小，以防止低速倒流；为了获得中小负荷较好的燃油经济性，气门重叠角应小。若能同时满足上述要求,配气机构应装用可变配气正时系统。

【拓展阅读4-3】 可变配气机构

五、气门间隙

1. 气门间隙的定义

气门间隙是指发动机冷态、气门关闭时,气门与摇臂之间的间隙(图4-24)。其作用是为气门及驱动组件工作时留有受热膨胀的余地。

气门间隙的大小由发动机制造厂根据试验确定。一般在冷态时,进气门的间隙为 $0.25 \sim 0.3$ mm,排气门的间隙为 $0.30 \sim 0.35$ mm。如果气门间隙过小,发动机在热态下可能关闭不严而发生漏气,导致功率下降,甚至烧坏气门;如果气门间隙过大,则传动零件之间以及气门与气门座之间撞击声增大,并加速磨损。同时,也会使气门开启的延续角度变小,气缸的充气及排气情况变坏。在发动机工作中,由于气门、驱动机构及传动机构

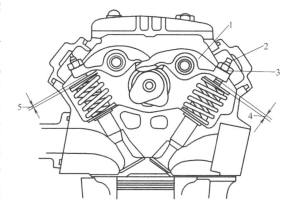

图 4-24 气门间隙

1—摇臂 2—气门间隙调整螺钉 3—锁紧螺母 4—排气门间隙 5—进气门间隙

零件磨损,会导致气门间隙发生变化,应注意检查调整。

2. 气门间隙的调整

(1)人工调整 气门间隙的调整可以通过摇臂一端的气门间隙调整螺钉进行(图4-24),螺钉旋入间隙变小,旋出间隙变大,人工调整主要用于拖拉机发动机上。

当调整气门间隙时,必须使活塞处于压缩行程上止点附近,此时进、排气门都处于关闭状态。对于多缸发动机,一般首先确定第一缸的上止点,调整好第一缸的气门间隙后,再根据该机的工作顺序和着火间隔角,依次对其他各缸的气门间隙进行调整。

(2)自动调整 采用液压挺柱的发动机不预留气门间隙,利用液压油使挺柱的顶面与凸轮始终紧贴,即自动调节了气门间隙,其主要用在汽车发动机上。

第二节 进气装置与排气装置

发动机进、排气装置的功用是供给发动机工作时所需要的新鲜、清洁的可燃混合气或空气,并将发动机燃烧后的废气排至大气。

一、进气装置

发动机进气装置主要由空气滤清器、进气总管和进气歧管等组成(图4-25)。进气

装置上一般安装空气流量传感器，用于测量空气的流量，是供油控制的主要传感器之一。

1. 空气滤清器

（1）空气滤清器的功用　空气滤清器的功用是滤清空气中所含的尘土和杂质，让洁净的空气进入气缸，以减少气缸、活塞和活塞环等有关零件的磨损，延长发动机的使用寿命。

（2）空气滤清器的类型　空气滤清器应具有较强的除尘能力，流动阻力小，并能较长时间使用而不降低其工作性能。根据工作原理的不同，空气滤清器可分为惯性式、过滤式和黏附式；根据空气通过介质状态的不同可分为干式和湿式两种，汽油机一般采用干式空气滤清器，柴油机一般采用湿式空气滤清器。

（3）湿式空气滤清器　图4-26所示为柴油机的湿式空气滤清器。它包含了惯性式、过滤式和黏附式3种过滤原理。当柴油机工作时，在进气行程的气缸真空吸力作用下，空气经导流板产生高速旋转运动，较大的尘粒在离心力的作用下被甩向集尘罩，然后再落入集尘杯内。经过一级惯性过滤的空气，沿吸气管向下流动，冲击油碗中的机油油面，并急剧改变方向向上流动，一部分尘土因为惯性的作用而黏附在油面上，这是第二级黏附式过滤。空气再向上通过溅有机油的金属丝滤芯，细小的尘粒被阻挡在滤芯外并黏附在滤芯上。经过这三级过滤后，清洁的空气才由进气管被吸入气缸。

（4）干式空气滤清器　纸质空气滤清器为常用的干式空气滤清器，与湿式空气滤清器相比，纸质空气滤清器具有重量轻、体积小和成本低等优点，其缺点是使用寿命较短，需定期更换滤芯。

纸质空气滤清器的构造如图4-27所示，其滤芯由树脂处理的微孔滤纸制成（图4-28），滤芯的上下两端有塑料密封圈。工作时空气首先从上盖及壳体之间的空隙进入滤芯外腔，经过滤后再进入滤芯内腔

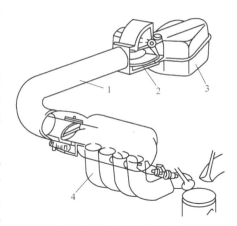

图4-25　进气装置的组成

1—进气总管　2—空气流量传感器
3—空气滤清器　4—进气歧管

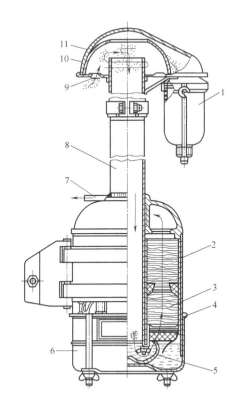

图4-26　柴油机的湿式空气滤清器

1—集尘杯　2—上滤芯　3—下滤芯　4—托盘总成
5—油碗　6—底壳　7—清洁空气出口
8—吸气管　9—导流板　10—外壳　11—集尘罩

而流向进气管。

为了延长纸质滤芯的使用寿命，一般汽车每行驶一定里程就进行一次保养，即取出滤芯，采用轻拍或用压缩空气法去除沉积在滤芯外表面的灰尘。使用一定时间后需要更换。

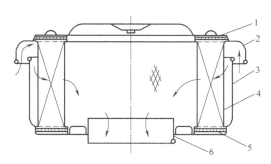

图 4-27　纸质空气滤清器的构造

1、6—滤清器盖　2—外壳　3—纸
质滤芯　4—连接管　5—密封圈

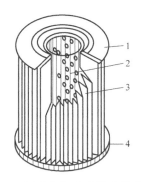

图 4-28　纸质空气滤清器滤芯的结构

1—上压盖　2—圆筒支架
3—折叠过滤纸　4—下压板

2. 进气总管

进气总管是指空气滤清器到进气歧管之间的管道，其中在进气总管与进气歧管连接处通常有一个气室，用来减少因节气门频繁变化而产生的进气脉冲。

3. 进气歧管

进气歧管的作用是将可燃混合气较均匀地分送到各个气缸的进气门。

（1）汽车的进气歧管　轿车发动机进气歧管多用铝合金制造，铝合金进气歧管重量轻，导热性好。近年来电控汽油喷射式发动机越来越多地采用复合塑料进气歧管（图 4-29），此种进气歧管重量轻，内壁光滑，且无须加工。

进气歧管可以是干式的，也可以是湿式的。湿式进气歧管中的冷却液通道是在进气歧管内部直接铸造出来的。

为了改善发动机暖机时的燃油雾化，可利用废气的热量加热进气道的可燃混合气，故在一些发动机的进气歧管上连接有一根排气通道。

（2）拖拉机的进气歧管　拖拉机的进气歧管一般用铸铁制成，也有用铝合金铸造的。进气总管与进气歧管可以铸成一体，也可以分别铸造。都用螺栓固定在气缸盖（顶置式气门）

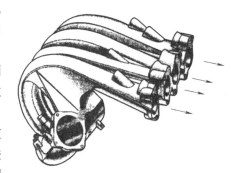

图 4-29　进气歧管

或气缸体（侧置式气门）上，在结合面上装有石棉衬垫，以防止漏气。

在柴油机中，进气歧管与排气管一般分置机体两侧，以避免进气受到高温排气管的加热而降低充气密度。

在一些设有起动汽油机的柴油机（图 4-30），起动汽油机的排气管从柴油机的进气总管中穿过，以便利用起动汽油机排气管的热量来预热进入气缸的空气，使柴油机更容易起动。

图 4-30 中柴油机相邻两缸的进气道合并为一个，进气歧管为上置式，气道口朝上，因而使进气总管及进气歧管的通道截面面积增大，拐弯少，减小了进气阻力。

4. 谐振进气系统

由于进气过程具有间歇性和周期性，致使进气歧管内会产生一定幅度的压力波。此压力波以当地声速在进气系统内传播和往复反射。如果利用一定长度和直径的进气歧管或进气导流管与一定容积的谐振室组成谐振进气系统，并使其自振频率与气门的进气周期调谐，那么在特定的转速下，就会在进气

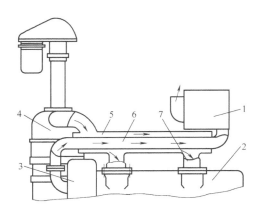

图 4-30 柴油机的进气总管与进气歧管
1—起动汽油机消声灭火器 2—气缸盖 3—起动机 4—空气滤清器 5—进气总管 6—起动机排气管 7—进气歧管

门关闭之前，在进气歧管内产生大幅度的压力波，使进气歧管内的压力增高，从而增加进气量，这种效应称作进气波动效应。

谐振进气系统的优点是没有运动件，工作可靠，成本低。但只能增大特定转速下的进气量和发动机转矩。

5. 可变进气歧管

为了充分利用进气波动效应和尽量缩小发动机在高、低速运转时进气速度的差别，从而达到改善发动机经济性及动力性，特别是改善中、低速和中、小负荷时的经济性和动力性的目的，要求发动机在高转速、大负荷时装备粗而短的进气歧管，而在中、低转速和中、小负荷时配用细而长的进气歧管。可变进气歧管就是为了适应这种要求而设计的。

【拓展阅读4-4】 可变进气管长度

二、排气装置

发动机排气装置主要由排气歧管、排气消声器和三元催化转化器等组成（图 4-31）。排气装置上一般安装有氧传感器，用于监测发动机燃烧效果，进行空燃比闭合控制。

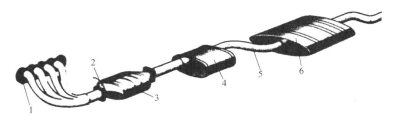

图 4-31 发动机排气装置
1—排气歧管 2—氧传感器 3—三元催化转化器 4—中间排气消声器 5—排气管 6—后排气消声器

1. 排气歧管

排气歧管与发动机气缸盖相连，高温废气直接从排气门进入排气歧管。为了减小排气阻力，排气歧管长度应长些。排气歧管一般用铸铁制成，有的发动机排气歧管用不锈钢制造，可以承受温度快速升高。

2. 排气消声器

排气消声器的作用是减小排气噪声，消除废气中的火焰及火星，使废气安全地排入大气。当发动机排气开始时，气缸内废气的压力和温度仍比环境的压力和温度高得多，此时气缸内的压力为 0.3～0.5MPa，温度为 900～1100℃，而且呈脉动形式。如果让废气直接排入大气，会产生强烈、刺耳的排气噪声。为了消除上述问题，发动机必须装有消声器来消耗废气流的能量，并平衡气流压力波。

图 4-32 所示为典型排气消声器的构造。它由外壳、多孔管以及隔板等组成。外壳用薄钢板制成圆筒，两端密封，内腔用两道隔板分隔成三个消声室。废气经多孔管进入消声室，得到膨胀和冷却，并多次与管壁碰撞消耗能量，结果压力减小，振动减轻，最后从多孔管排入大气中，消除了火星并使噪声显著减小。

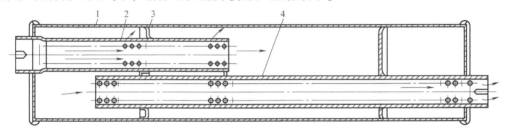

图 4-32 典型排气消声器的构造
1—外壳 2、4—多孔管 3—隔板

3. 三元催化转化器

汽车排出的废气中含有一氧化碳、碳氢化合物（HC）、氮氧化物（NO_x）及微粒等有害物质。因此，许多轿车发动机排气管中装有三元催化转化器。

三元催化转化器串接在排气歧管和排气消声器之间、氧传感器之后。三元催化转化器的内部结构是蜂窝状管道设计。在蜂窝管道壁上有铂、铑和钯等贵金属元素的涂层作为催化反应媒，可将一氧化碳和碳氢化合物通过氧化反应变成二氧化碳和水，将氮氧化物还原成氮气和氧气。

【拓展阅读4-5】 三元催化装置

三、排气再循环装置

排气再循环（EGR，Exhaust Gas Recirculation）是净化排气中 NO_x 的主要方法。排气再循环是指把发动机的部分排气回送到进气歧管，并与新鲜混合气一起再次进入气缸（图 4-33）。由于排气中含有大量的二氧化碳，可以使气缸中混合气的燃烧温度降低，从而减少了 NO_x 的排放，为了保持发动机的动力性，必须根据发动机的工况对再循环的排气量加以控制。NO_x 的生成量随发动机负荷的增大而增多，因此，再循环的排气量也随负荷增多而增加。在暖机期间或怠速时，NO$_x$生成物不多，为了保持发动机运转的稳定性，不进行排气再循环。在全负荷或高转速下工作时，为了使发动机有足够的动力性，也不进行排气再循环。

再循环的排气量由排气再循环阀自动控制。

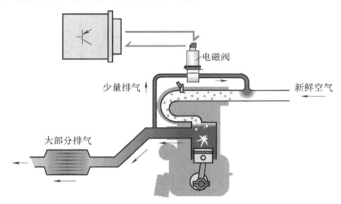

图 4-33　排气再循环装置

 【拓展阅读4-6】　排气再循环系统的工作原理

四、曲轴箱通风

在发动机工作时，气缸内的气体，如可燃混合气和废气不可避免地有少量经活塞环间隙泄漏到曲轴箱，如果没有通风装置及时排出，将会引起以下不良后果：

1）漏到曲轴箱内的气体有两条路线，一是经机油加油口散发至大气，造成污染；二是气体冷凝后混合在机油中，使机油变稀，性能变坏。

2）废气内含有水蒸气和二氧化硫。水蒸气凝结在机油中形成泡沫，破坏机油的供给。二氧化硫遇水生成亚硫酸，亚硫酸遇到空气中的氧生成硫酸。机油中渗入酸性物质，将会造成零件腐蚀。

3）曲轴箱内混入废气和可燃混合气，使之压力升高，造成曲轴箱油封、衬垫处渗漏机油。

为了延长机油使用期限，减少零件的磨损和磨蚀，防止机油渗漏，必须把漏入的废气和可燃混合气抽出来。为了减少 HC 的污染，需采取特殊结构措施把它引回到气缸内，参与燃烧。

曲轴箱通风的方式有自然通风和强制通风两种。将曲轴箱内气体直接导入大气中的方式为自然通风；将曲轴箱内的气体引入空气滤清器或进气管中，然后进入气缸燃烧的方式为强制通风。

自然通风装置又称为呼吸器，它一般装在缸盖罩上或装在机油加油口兼作加油口盖，呼吸器内装有过滤元件，防止外界尘土进入曲轴箱，并挡住机油雾逸出。图 4-34 所示为装于缸盖罩上的呼吸器。

图 4-35 所示为柴油机强制式曲轴箱通风装置示意图。曲轴箱的混合气体经油气分离器后，气态物进入进气系统参与燃烧，减少对大气的污染。

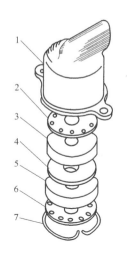

图 4-34　装于缸盖罩上的呼吸器
1—呼吸器外壳　2、6—孔板　3、5—填料
4—隔板　7—卡环

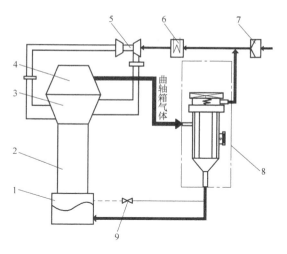

图 4-35　柴油机强制式曲轴箱通风装置示意图
1—曲轴箱　2—缸体　3—缸盖　4—缸盖罩　5—增压器
6—中冷器　7—空气滤清器　8—油气分离器　9—单向阀

　　汽油机的强制式曲轴箱通风系统如图 4-36 所示。在强制式曲轴箱通风系统中最重要的控制原件是强制式曲轴箱通风阀，其功用是根据发动机工况的变化自动调节进入气缸曲轴箱气体的数量。

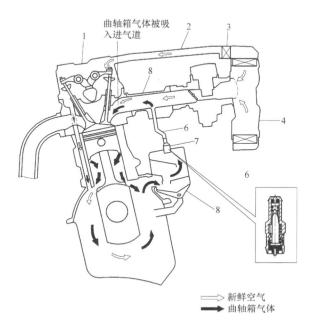

　　　⇨ 新鲜空气
　　　➡ 曲轴箱气体

图 4-36　汽油机的强制式曲轴箱通风系统
1—气缸盖罩　2—空气软管　3—滤网　4—空气滤清器　5—进气管
6—曲轴箱气体软管　7—强制式曲轴箱通风阀　8—气-液分离器

第三节　换气过程与换气损失

一、换气过程

发动机换气过程的任务是：将气缸内的废气排除干净，并设法在一定的进气状态下，在有限的气缸容积内，充入更多的新鲜充量，同时功耗要少。

发动机的换气过程是指发动机排除本循环的已燃气体和为下一次循环吸入新鲜充量（空气或可燃混合气）的排气和进气过程。

四冲程发动机的换气过程包括从排气门开启直到进气门关闭的整个时期，占 410°~480° 曲轴转角 （CA）。

换气过程分为排气过程和进气过程，典型四冲程发动机的换气过程如图 4-37 所示。

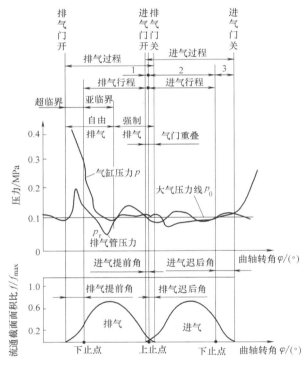

图 4-37　典型四冲程发动机的换气过程

1—准备进气阶段　2—正常进气阶段　3—惯性进气阶段

1. 排气过程

排气过程是指排气门打开至排气门关闭这一时期。在排气过程中，曲轴转角为 $\Delta\varphi = 240° \sim 260°$ CA。根据气体的流动特点，可将排气过程分为自由排气和强制排气两个阶段。

（1）自由排气阶段　自由排气阶段是指从排气门打开到气缸压力 p 接近排气管压

力 p_r 的这一时期（$p=p_r$）。其特点是利用缸内和排气管内的压差自由排除燃烧做功后的废气，而无须借助外力。由于配气机构惯性力的限制，若在活塞到达下止点时才打开排气门，则在气门开启的初期，开度极小，废气不能通畅流出，缸内压力来不及下降，在活塞向上回行时形成较大的反压力，增加排气行程消耗的功，所以有必要在活塞到达下止点前打开排气门。从排气门开始打开到下止点这段曲轴转角称为排气提前角。一般排气提前角为 $30° \sim 80°CA$。

排气门打开后，气体的自由流动状态经历了超临界流动和亚临界流动两个阶段的变化。

当气缸内压力和排气管内压力相等时，大约到下止点后 $10° \sim 30°CA$，自由排气阶段结束。自由排气阶段虽然只占总排气时间的 1/3 左右，但排出废气可达总量的 60%以上。

（2）**强制排气阶段**　强制排气阶段是指从自由排气阶段结束到活塞上行强制推出废气至排气门关闭这一时期。

在该阶段里，气缸内废气被上行活塞强制推出，气缸内平均压力要比排气管内平均压力略高一些，一般高出 10kPa 左右，此压力差主要是排气门通道处节流的结果。流速越高，此差值就越大，耗功也越多。强制排气时间占总排气时间的 2/3，排出废气约为总量的 40%。

在强制排气阶段接近终了时，由于排气门开始关闭，产生较大的节流作用，在上止点附近，气缸内压力再次上升。随着活塞接近上止点和气门通流面积的缩小，气缸内压力增大，其结果是排气消耗功和残余废气量都增加了。因此，排气门的完全关闭不能恰好在活塞到达上止点之时，而应在活塞越过上止点之后，这就是所谓的排气门迟闭。活塞从上止点到排气门完全关闭这段时间对应的曲轴转角称为排气迟后角，一般为 $10° \sim 35°CA$。此外，排气门的延迟关闭，能利用排气管中气体的流动惯性，继续把气缸内的废气排出，以减少残余废气量和增加新鲜气体的充入量。排气门在气缸内废气停止外流时关闭应是最理想的。

2. 进气过程

进气过程是指进气门打开至进气门关闭这一时期。根据进气门开启与活塞运行的特点，进气过程可分为准备进气、正常进气和惯性进气 3 个阶段。

（1）**准备进气阶段**　准备进气阶段是指进气门开始打开至活塞运行到上止点这一时期，即进气门提前开启时期。

为了保证活塞下行时进气门开启面积足够大，使新鲜充量顺利流入气缸，进气门在上止点前就开始打开。进气提前角一般为上止点前 $0° \sim 40°CA$。

（2）**正常进气阶段**　正常进气阶段是指活塞由上止点运行到下止点这一时期，即 $180°CA$。

随着活塞从上止点向下止点移动，活塞上方的气缸容积增大，从而气缸内的压力降低到大气压以下，即在气缸内造成真空吸力，这样可燃混合气（或纯空气）便经进气管和进气门被吸入气缸。

（3）**惯性进气阶段**　惯性进气阶段是指活塞运行到下止点至进气门关闭这一时期，

即进气门推迟关闭时期。为了充分利用高速气流的动能，进气门也必须在下止点后关闭，从而实现在下止点后继续充气，增加进气量。进气迟后角一般为下止点后 40° ~ 70°CA。

二、换气损失

理论循环与实际循环的换气功之差称为换气损失。换气损失由排气损失和进气损失两部分组成。

1. 排气损失

从排气门提前打开，直到进气行程开始，气缸内压力降到大气压力前循环功的损失称为排气损失（图 4-38 中面积 $W+Y$）。它可分为自由排气损失和强制排气损失。自由排气损失（图 4-38 中面积 W）是因排气门提前打开，排气压力线从 b 点开始偏离理论循环膨胀线，引起膨胀功的减少造成的。强制排气损失（图 4-38 中面积 Y）是活塞将废气推出所消耗的功。

随着排气提前角的增大，自由排气损失面积 W 增加，而此时强制排气损失面积 Y 减小，因而最有利的排气提前角应使面积之和 $W+Y$ 为最小。当排气门截面小、发动机转速高时，按曲轴转角计算的实际超临界排气时期延长，为减少排气损失，应适当加大排气提前角。

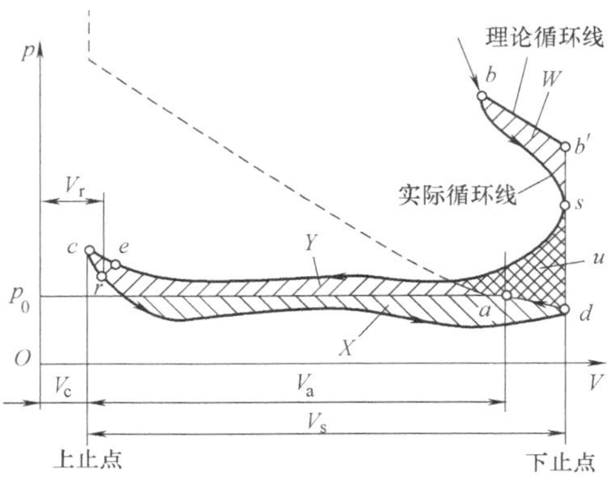

2. 进气损失

由于进气系统的阻力，进气过程的气缸压力低于进气管压力（非增压发动机中一般设为大气压力），损失的功相当于

图 4-38　四冲程发动机的换气损失

W—自由排气损失　X—进气损失　Y—强制排气损失

$Y+X-u$—泵气损失　$W+X+Y$—换气损失

u—自由排气损失（W 与强制排气损失 Y 的重叠区）

V_r—排气门关闭时气缸内容积　V_c—燃烧室容积

（或余隙容积）　V_s—气缸工作容积　V_a—进气门关

闭时气缸内工作容积　b—排气门打开时刻

r—排气门关闭时刻　a—进气门关闭时刻

$bsecr$—排气过程　$ecrda$—进气过程　ecr—气门叠开

图 4-38 中面积 X，称为进气损失，它与排气损失相比相对较小。合理地调整配气正时，加大进气门的流通截面面积，正确设计进气管流道以及降低活塞平均速度可以减小进气损失。

排气损失与进气损失之和称为换气损失，如图 4-38 中面积 $W+X+Y$。而实际示功图中将面积 $Y+X-u$ 表示的损耗称为泵气损失。

三、充量系数

充量系数又称为充量效率，或容积效率，或充气效率，用 Φ_c 表示。

充量系数是指每循环实际吸入气缸的新鲜充量 m_1 与进气状态下充满气缸工作容积的新鲜充量 m_s 之比，其计算公式为

$$\Phi_c = \frac{m_1}{m_s} = \frac{V_1}{V_s} \qquad (4-1)$$

式中　m_1、V_1——实际进入气缸新鲜充量的质量（kg）和体积（L）；

m_s、V_s——在进气状态下充满气缸工作容积新鲜充量的质量（kg）和气缸工作容积（L）。

影响充量系数 Φ_c 的主要因素有进气终了压力、进气终了温度、残余废气系数、配气正时、压缩比和进气（或大气）状态等。

提高充量系数的主要措施有减小进气系统的阻力，合理选择配气相位，减小排气系统的阻力，减少对新鲜充量的热传导，以及采用可变进气技术等。

第四节　发动机进气增压技术

一、进气增压的目的与方式

1. 进气增压的目的

利用某一种装置对进入气缸的新鲜空气进行预先压缩的过程称为增压。安装有增压装备的发动机称为增压发动机。进气增压系统的功用是增加进入发动机气缸的充量密度和充气量，在燃料供给系统良好的配合下，可以使更多的燃料得到充分燃烧，从而达到提高发动机的平均有效压力、增大功率和改善经济性的目的。柴油机采用增压技术以后一般可以提高功率 30%~50%，高增压可提高 100% 以上。

2. 进气增压的评价指标

进气增压的程度常用增压度和增压比两个参数来衡量。

（1）**增压度**　增压度 π_a 是指发动机增压后增长的功率与增压前的功率之比，其计算公式为

$$\pi_a = \frac{P_{ek} - P_{eo}}{P_{eo}} = \frac{P_{ek}}{P_{eo}} - 1 \qquad (4-2)$$

式中　P_{ek}——发动机增压后的有效功率；

P_{eo}——发动机增压前的有效功率。

多数车用发动机的增压度 π_a 为 0.1~0.6，而高增压柴油机的增压度可达 3 以上。

（2）**增压比**　增压比 π_b 是指增压后空气压力 p_b 与增压前的空气压力 p_o 之比，即

$$\pi_b = \frac{p_b}{p_o} \qquad (4-3)$$

增压发动机按增压比的大小可分为低增压（$\pi_b < 1.5$）、中增压（$1.5 \leqslant \pi_b \leqslant 2.5$）、高增压（$2.5 < \pi_b \leqslant 3.5$）和超高增压（$\pi_b > 3.5$）。

进气增压的方法有废气涡轮增压、机械增压和气波增压等，其中以废气涡轮增压技术最为成熟，效率高，应用最广。

3. 进气增压的方式

根据所用能量的来源不同，发动机的增压系统一般可分为机械增压系统、废气涡轮增压系统和气波增压系统等。

机械增压系统由柴油机通过齿轮、传动带和链条等装置驱动，将空气压缩后送入气缸。增压机采用离心式或罗茨式压气机。机械增压由于要在发动机上装一套传动机构，不但使发动机结构复杂，体积增大，而且还要消耗一定的功率，使发动机经济性下降。增压的压力提高时，消耗于驱动增压器的功率将大于发动机由于增压所提高的功率，得不偿失，失去了增压的意义，逐渐被淘汰。

气波增压器中发动机排出的废气直接与空气接触，利用排气压力波使空气受到压缩，以提高进气压力。气波增压器结构简单，加工方便，工作温度不高，不需要耐热材料，也无须冷却。与涡轮增压相比，其低速转矩特性好，但体积和噪声大，安装位置受到一定限制。目前，这种增压器还只是在低速发动机范围内使用。由于柴油机的最高转速比较低，因此多用于柴油机上。

废气涡轮增压就是利用发动机排气驱动的涡轮机来驱动压气机，以提高进气压力，增加进气量。目前，在发动机中应用最普遍、最有效的是废气涡轮增压系统。

二、废气涡轮增压

1. 增压原理

废气涡轮增压是利用发动机排气时的能量，冲击涡轮机（图4-39），使它高速旋转。通过传动轴，带动压气机也高速旋转，将空气增压，再经进气管进入气缸。

2. 增压器

涡轮机与压气机通过中间体组装在一起，称为增压器。按废气在涡轮机中的流动方向不同，增压器可分为径流式和轴流式两大类，车用发动机多采用径流式涡轮增压器。

径流式涡轮增压器（图4-40）由离心式压气机（动力涡轮）、径流式涡轮机（增压涡轮）和中间体3部分组成。增压器轴通过两个浮动轴承支承在中间体内。

3. 增压空气冷却器

为了降低增压空气的温度，以进一步增加进气管内空气的密度，从而提高发动机功率输出，在一些废气增压发动机上设有增压空气冷却器（又称中冷器，图4-41）。

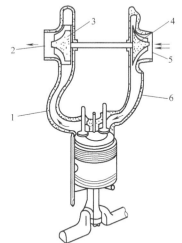

图4-39　废气涡轮增压示意图
1—排气管　2—排气口　3—涡轮机
4—压气机　5—进气口　6—进气管

中间冷却是提高废气涡轮增压柴油机功率的一种有效措施。在不增加热负荷的情况下，可以提高功率 $15\% \sim 20\%$。采用中间冷却也可以减少有害气体 NO_x 的排放。

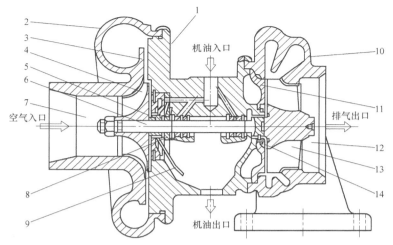

图 4-40 径流式涡轮增压器

1—中间体 2—压气机蜗壳 3—无叶式扩压管 4—压气机叶轮 5—密封套 6—增压器轴 7—进气道 8—推力轴承 9—挡油板 10—涡轮机蜗壳 11—隔热板 12—出气道 13—涡轮机叶轮 14—浮动轴承

图 4-41 增压空气冷却器的外形

如图 4-42 所示，将压气机输出的部分高压空气从抽气管道 5 引出，以推动与风扇制成一体且位于风扇外周上的空气涡轮。风扇将周围的空气吹向增压空气冷却器的芯子，以冷却进入空气管的压缩空气。

驱动空气涡轮的能量与压气机出口压力和空气的温度有关系，即与柴油机的负荷有关。在低负荷时，增压空气冷却器不起作用。在低负荷时，增压器的压力升高很小，没有足够的能量供给空气涡轮，因而风扇不动。只有当柴油机负荷较大时，增压空气冷却器才起作用。负荷越大，中间冷却作用越强。

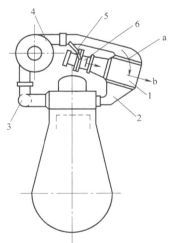

图 4-42 带有增压空气冷却器的废气增压装置

1—增压空气冷却器 2—进气管 3—排气管 4—涡轮增压器 5—抽气管道 6—空气涡流风扇 a—吸入空气 b—冷却空气

三、机械增压

机械增压不是利用排气管排出的废气来压

缩空气，而是由发动机曲轴带动压气机旋转来工作的，因此增压器的工作会消耗发动机一部分动力。

压气机通过两个压气机转子的相对旋转来压缩新鲜空气，增压后的空气经进气门进入气缸，使气缸里的空气密度增加，可燃混合气数量增多（图4-43）。

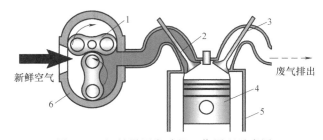

图 4-43　机械增压发动机工作原理示意图
1—压气机转子　2—进气门　3—排气门　4—活塞　5—气缸　6—机械增压器壳体

由于机械增压器由曲轴带动，所以只要曲轴旋转，增压器就一直"增压"，因此发动机在低转速运转时，其输出转矩的增加也较明显。

一些机械增压装置也设有增压空气冷却器，以降低增压空气的温度。

四、进气谐振增压系统

进气谐振增压系统是利用进气流惯性产生的压力波来提高充气效率的。

当气体高速流向进气门时，如果进气门突然关闭，进气门附近的气体流动突然停止，由于惯性作用，进气管中气体仍继续流动，将使进气门附近的气体被压缩，压力上升，随即被压缩的气体又开始膨胀，向与进气气流相反的方向流动，压力下降。膨胀气体波传到进气管口又被反射回来，如此反复就形成压力波。

如果使进气压力脉动波与进气门的配气相位很好配合，即可使进气管内的空气产生谐振，利用谐振效果在进气门打开时就会形成增压进气效果，有利于提高发动机性能。

一般而言，谐振压力波的波长与进气管的长度成正比。波长较长的谐振压力波有利于发动机中低转速区转矩增加，波长较短的谐振压力波有利于发动机高速范围内输出功率的增加。但进气管长度是不能改变的，因此早期惯性增压一般都是按最大转矩所对应的转速区域来进行设计的。

一些发动机采用了波长可变的谐波进气增压控制系统（ACIS）。该发动机进气管长度虽不能变化，但由于在进气管中部增设了一个大容量的空气室和电控真空阀，即可实现压力波传播有效长度的改变，从而同时兼顾了发动机低速和高速的谐波增压效应。

当发动机转速较低时，大容量空气室出口的控制阀关闭，进气管内的脉动压力波传动长度为由空气滤清器到进气门的距离，这一距离较长，是按发动机中、低速进气增压效果要求设计的。当发动机转速较高时，则空气室出口的控制阀打开，由于大容量空气室的参与，在进气道控制阀处形成气帘，使进气压力脉动波只能在空气室出口和进气门之间传播，这样便等效缩短了压力波传播距离，使发动机在高速区也能得到较好的气体动力增压效果。

ACIS 的工作原理图如图 4-44 所示，其控制原理图如图 4-45 所示。

ECU 根据发动机转速信号控制电磁真空阀的动作，低速时电磁真空阀由于不通电而关闭，真空罐无法与真空泵的管路连通，真空泵不动作，进气增压控制阀关闭，此时进气压力波传播距离较长，以适应低速区形成气体动力增压效果；高速时，ECU 接通电磁真空阀的电路，真空阀打开，真空罐与真空泵连通，真空泵动作，将进气增压控制阀打开，缩短了进气压力波传播距离，使发动机在高速区也能得到较好的气体动力增压效果。

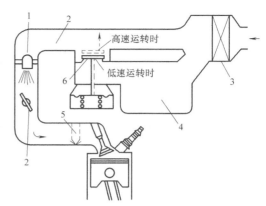

图 4-44　ACIS 的工作原理图

1—喷油器　2—进气道　3—空气滤清器　4—大容量空气室　5—涡流控制气门　6—控制阀　7—节气门

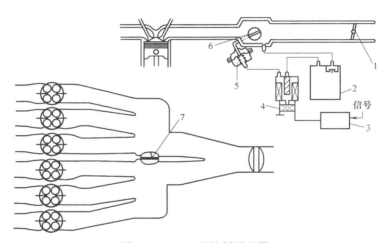

图 4-45　ACIS 的控制原理图

1—节气门　2—真空罐　3—发动机 ECU　4—电磁真空阀
5—真空泵　6、7—进气增压控制阀（IACV）

五、气波增压系统

气波增压系统的工作原理基于一种气体动力现象：当压缩波在管道内传播时，在管道的开口端反射为膨胀波，而在管道的封闭端反射为压缩波。反之亦然，即当膨胀波在管道内传播时，在管道的开口端反射为压缩波，而在管道的封闭端反射为膨胀波。

在气波增压系统中，空气增压所需要的能量来自柴油机的排气。空气的压缩过程和排气的膨胀过程均在转子中的气体流道内进行，其工作过程可用图 4-46 所示的转子周向展开图来说明。

首先从图 4-46 的底部开始。在 A 点，转子的流道中充满来自大气的低压空气，图中的竖直线表示气体处于静止状态。柴油机的排气先流入排气箱中，然后从排气箱以定压流入高压排气管。当转子旋转到充满低压空气的气体流道与高压排气管相通时，排气的压缩波立即以当地声速传入流道，并压缩其中的空气，使其向高压空气管加速流动，排气则随压缩波之后流入流道。由于转子沿着方向 U 不停地转动，因此每个流道中压缩波波峰的连线相对转子的转动方向是一条斜线。在流道中被压缩的空气经高压空气管流入空气箱，然后进入柴油机气缸。

当流道的左端转过高压排气管时，排气不再流入转子，但流道中原有的压缩波继续在传播。当压缩波抵达转子的右端时，转子流道已转过高压空气管，这时排气约充满流道长度的 2/3，前面是排气与空

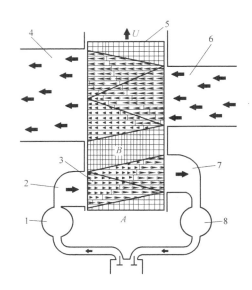

图 4-46　气波增压系统的增压原理图
1—排气箱　2—高压排气管　3—气体流道　4—低压排气管
5—转子　6—低压空气管　7—高压空气管　8—空气箱

气的混合区，再前面是残留的高压空气。原压缩波的反射波仍为压缩波，在压缩波传播和反射过程中有所衰减，致使封闭流道内的静压力略低于高压排气管内的静压力，但其总压力仍略高于高压空气管内的总压力。在转子继续转动过程中，流道中的排气在区域 B 内处于静止状态。当转子流道的左端与低压排气管相通时，压缩波反射为膨胀波传入流道，并向流道的右端推进，致使流道内的压力下降。当流道右端与低压空气管相通时，大气中的低压空气从右端流入流道，流道内的排气则加速倒流进低压排气管。当排气及排气与空气的混合气完全从流道中清除出去后，整个工作循环又从 A 点开始。

气波增压系统的工作原理很简单，但在实际运用中却有许多困难，其中最大的难题便是如何在较宽的转速范围内都获得高的增压压力。由于转子和柴油机之间的速比是固定的，当柴油机转速降低时，转子的转速也随之降低。但是，压力波在转子流道中的传播速度只取决于排气或空气的温度，而排气温度取决于柴油机负荷，与转速关系不大。由此可知，只能按柴油机某一转速来确定最佳转子尺寸和转子转速。当转子转速偏离设计转速时，增压效果将明显变差。经过长期研究改进之后，气波增压系统更适用于转速和转矩在较宽范围内变化的汽车用柴油机。

六、双增压系统

双增压系统是指一个涡轮增压器和一个机械增压器，或两个涡轮增压器组成的增压系统。

【拓展阅读4-7】　双增压系统

思 考 题

1. 配气机构的功用是什么？何谓顶置式气门配气机构？顶置式气门配气机构和侧置式气门配气机构分别由哪些零件组成？

2. 正时齿轮有什么作用？正时齿轮上的装配记号有什么作用？

3. 气门弹簧起什么作用？为什么在装配气门弹簧时要预先压缩？对于顶置式气门如何防止气门弹簧断裂时气门落入气缸中？

4. 如何从一根凸轮轴上找出各缸的进、排气凸轮和该内燃发动机的工作顺序？

5. 何谓发动机的配气相位？其进、排气门提前开启和延迟关闭有什么意义？

6. 何谓气门间隙？为什么一般在发动机的配气机构中要留气门间隙？气门间隙过大或过小有什么危害？

7. 汽油机的进气管为什么要用排气预热？发动机的进、排气管为什么一般分置于机体的两侧？

8. 发动机上为什么要装空气滤清器？空气滤清器有哪几种结构型式？

9. 换气损失是怎样造成的？哪些方面会使换气损失加大？

10. 什么是充量系数？影响充量系数的主要因素有哪些？

11. 发动机为什么要采取增压技术？有什么优点？

12. 废气涡轮增压有什么特点？

13. 气门组和气门传动组的组成如何？

14. 为什么有的发动机采用多气门结构型式？

15. 为什么有的发动机配气机构采用液力挺柱？液力挺柱的组成包括什么？

16. 凸轮轴的功用有哪些？

17. 为什么有的发动机采用 VTEC（可变气门正时和升程电子控制系统）技术？

18. 为什么有的发动机采用进气管长度及面积可变进气系统？

第五章

柴油机供油系统

柴油机供油系统可分为机械控制供油和电控供油两大类。

机械控制供油主要有直列泵、分配泵、泵喷嘴和单体泵等多种供给方式，其中直列泵应用历史悠久，目前在拖拉机上还大量采用。机械控制供油方式在汽车上已淘汰。

电控供油主要有电控直列泵、电控分配泵、电控泵喷嘴、电控单体泵和电控高压共轨等方式。其中，电控高压共轨是一种新型柴油喷射机构，在汽车和拖拉机上得到广泛应用，其他几种电控供油方式是在原来的机械控制喷射机构上，加上电控执行机构而形成的，在汽车和拖拉机上应用较少。

第一节 柴油机混合气的形成与燃烧

柴油机具有热效率高、可靠性好、排气污染少和适用功率范围大等优点。与汽油机相比，柴油机所用燃料的理化特性决定了其燃料供给、着火与燃烧方式的不同。柴油机采用压燃着火，即在压缩行程接近终了时，把柴油喷入气缸，使之与空气混合形成可燃混合气，并利用缸内空气压缩所形成的高温、高压使其自行发火燃烧。燃烧过程及燃烧特性对柴油机的动力性、燃油经济性、排放特性和噪声振动特性等都有重要影响。

一、柴油

柴油和汽油一样都是石油制品。在石油蒸馏过程中，温度在200~350℃范围内的馏分即为柴油。柴油分为轻柴油和重柴油。轻柴油用于高速柴油机，重柴油用于中、低速柴油机。汽车、拖拉机柴油机均为高速柴油机，所以使用轻柴油，习惯上称为柴油。

1. 柴油的牌号

根据 GB 19147—2016《车用柴油》，按照低温流动性车用柴油分为 5 号、0 号、-10 号、-20 号、-35 号和-50 号等 6 个牌号，其规格与质量指标可参阅 GB 19147。

2. 柴油的使用性能

柴油的使用性能指标主要是燃烧性、蒸发性和凝点。

（1）**燃烧性** 燃烧性是指燃油的抗粗暴能力。当柴油机工作时，柴油被喷入燃烧室后，并非立即着火燃烧，而要经过一段时间的物理和化学准备，这个准备时间称为备燃期。若备燃期过长，在燃烧开始前，燃烧室内积聚的柴油会过多，致使大量柴油同时燃烧，气缸内压力急剧升高，从而导致柴油机工作粗暴；反之，若备燃期短，会使发动机工作柔和，而且可在较低温度下发火，有利于起动。柴油燃烧性的评定指标是十六烷值，十六烷值高的柴油，自燃点低。但十六烷值过高的柴油喷入燃烧室后，还来不及与空气充分混合就着火，使柴油在高温下裂解分离出大量的游离碳，造成油耗、烟度上升。一般汽车用柴油的十六烷值应在 40～50 范围内。

（2）**蒸发性**　蒸发性是指柴油汽化的能力，用蒸馏表示，柴油的馏程采用 50%、90% 及 95% 的回收温度。50% 回收温度（GB 19147—2016 规定为 300℃）较低，说明柴油中的轻质馏分较多，发动机容易起动，但同时也会使柴油机工作粗暴。90% 和 95% 回收温度较高，GB 19147—2016 规定为 355～365℃，即柴油中重质馏分较多，对发动机的功率、油耗及排放都有一定的影响。

（3）**凝点**　凝点是表示柴油冷却到液面不能移动的最高温度，柴油的凝点应比柴油机最低工作温度低 3℃ 以上。凝点过高将造成油路堵塞。

二、可燃混合气的形成

柴油机所用燃料，即柴油不易蒸发，因此柴油机是采用缸内混合的方式形成可燃混合气。其燃料借助喷油系统在压缩行程接近上止点时高压喷射进入气缸后，在极短的时间（一般为 0.0007～0.003s）内经历破碎雾化、吸热蒸发、扩散与空气混合等过程，形成可燃混合气并自行着火燃烧。由于柴油机混合气形成的时间比汽油机短得多，而且柴油的蒸发性和流动性都较汽油差，使得柴油难以在燃烧前彻底雾化蒸发并与空气均匀混合，因而柴油机可燃混合气的品质较汽油机差。因此，柴油机不得不采用较大的过量空气系数（$\Phi_a > 1$），且需组织各种形式的气流运动，并依靠燃油喷射、气流运动以及燃烧室形状三者的合理匹配，以改善混合气的形成，使喷入燃烧室内的柴油能够燃烧得比较完全。混合气的形成过程是控制和决定柴油机燃烧过程的关键因素。

柴油机混合气形成方式从原理上来分，有空间雾化混合和壁面油膜蒸发混合两种。

1. 空间雾化混合

将燃油喷射到燃烧室空间进行雾化，通过燃油与空气之间的相互运动和扩散，在空间形成可燃混合气的方式称为空间雾化混合。这时燃油与空气的相对运动速度是起主要作用的因素。相对运动速度越高，油粒与空气的摩擦和碰撞越激烈，分散后的油粒也越细小，混合气也越均匀。混合气在这一过程中混有尚未蒸发汽化的液态油粒，不完全是气相的。

直喷式柴油机（除球形燃烧室）采用空间雾化混合方式，主要方法如图 5-1 所示。一种方法是采用多孔喷油器（6～12 孔）以高压将燃油喷入燃烧室中的静止空气中（更确切地说是有湍流无涡流），通过多个喷油射束均匀覆盖大部分燃烧室以及高压喷油形成的高度雾化，形成可燃混合气，如图 5-1a 所示。混合所需能量主要来源于油束，空气是被动参与混合的，因而是一种"油找气"的混合方式。由于无进气涡流，充量系数较高，但混合气浓度分布不均匀。在早期的柴

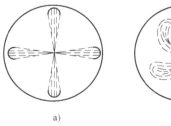

图 5-1　直喷式柴油机中的混合气形成方式
a）空气静止　b）空气做旋转运动

油机和目前的大型低速柴油机中，一般过量空气系数较大，燃烧时间较长，采用这种混合方式尚能达到满意的指标。而在车用高速柴油机中，由于转速高，燃烧时间短，过量空气系数又较小，这种混合方式不能保证迅速和完全燃烧。

图5-1b则表示油和气相互运动的混合气形成方法。在有旋流的气流场中，用喷孔较少（3~5孔）的喷油器将燃油喷到燃烧室空间中，在喷油能量和空气旋流的同时作用下，油束的扩散范围迅速扩大，能在短时间内形成大量可燃混合气。这时，涡流强度与喷油射束的匹配是十分重要的，在理想的涡流强度下，相邻油束几乎相接，以使油雾尽可能充满燃烧室。涡流太弱，油束扩散范围不够；涡流过强，如图5-2所示，上游油束的已燃气体（废气）会混入下游油束的未燃混合气区域，反而妨碍燃烧，这种现象也称为过强涡流。

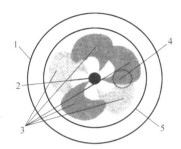

图5-2 过强涡流的现象

1—活塞 2—喷油器 3—油束
4—油束重叠区 5—活塞凹坑

在非直喷式燃烧室中，尽管也是空间混合方式，但采用的是两阶段混合方法。第一阶段混合时，利用压缩涡流和较低压力喷油射束双方的能量，在副燃烧室中并不十分均匀的混合状态下进行着火燃烧。然后利用高温高压燃烧气体的射流和强扰动作用，在主燃烧室内进行第二阶段的混合与燃烧。因此，这种两段混合方法降低了对气流运动和喷雾特性的要求。

撞击喷射（将燃油高速喷向壁面产生撞击），基本也是一种空间混合方式，通过油束对不同形状壁面的撞击和反弹，使油束的分布范围扩大，在涡流的作用下，快速形成混合气。

2. 壁面油膜蒸发混合

以球形燃烧室为代表的壁面油膜蒸发混合方式如图5-3所示。燃油沿壁面顺气流喷射，在强烈的涡流作用下，在燃烧室壁面上形成一层很薄的油膜。在较低的燃烧室壁温控制下，表层油膜开始时以较低的速度蒸发，加上喷油射束在空间的少量蒸发，形成少量的可燃混合气。着火后，随着燃烧的进行，油膜受热逐渐加速蒸发，使混合气形成速度和燃烧速度加快。这一混合方式中起主要作用的因素是燃烧室壁面温度、空气相对运动速度和油膜厚度。混合气在这一过程中完全是气相的。

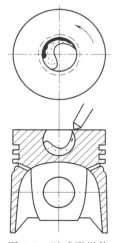

图5-3 以球形燃烧室为代表的壁面油膜蒸发混合方式

混合气形成方式在实际柴油机中并不是单一存在的，是多种方式并存，且需配合各种形式的气流运动。以中、小型车用直喷式柴油机为例，在以空间雾化混合为主的同时，到达壁面的燃油又存在撞击和油膜蒸发混合方式；气流运动则在以进气涡流为主的同时，还有挤流、微涡流乃至多气门时专门组织的滚流等方式。这充分反映了实际柴油机中混合气形成和燃烧的复杂性与多样性。

三、燃烧过程

燃烧过程是柴油机工作的核心部分，为了便于分析，可按曲轴转角划分为4个阶段，即备燃期、速燃期、缓燃期、后燃期，如图5-4所示。

1. 备燃期 I

备燃期 I 指喷油器喷油始点 A 到燃烧始点 B 之间的曲轴转角。这一期间进行着燃烧前的物理和化学准备过程。

2. 速燃期 II

速燃期 II 指从燃烧始点 B 到气缸内压力达最高的 C 点之间的曲轴转角。火焰自火源迅速向四周推进，上一时期积存的柴油以及在此期间陆续喷入的柴油，在已燃气体的高温作用下，迅速蒸发、混合和燃烧，使气缸内压力和温度急剧上升，非增压柴油机此时最高压力可达 6~9MPa，该压力一般出现在上止点后 6°~15° CA 处。这一时期的放热量占每循环放热量的30%左右。

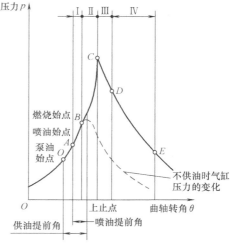

图5-4 气缸压力与曲轴转角的关系
I—备燃期　II—速燃期
III—缓燃期　IV—后燃期

3. 缓燃期 III

缓燃期 III 是指从最高压力点 C 到最高温度点 D 之间的曲轴转角。在此期间，燃烧以很快的速度继续进行，后期由于氧气减少，废气增加，燃烧速度越来越慢。此期间的压力逐渐下降，但燃气温度在继续升高，最高温度可达 1973~2273K，一般出现在上止点后 20°~35°CA 处。喷油是在 D 点以前结束的，缓燃期内的放热量占每循环放热量的70%左右。

4. 后燃期 IV

后燃期 IV 是指从最高温度点 D 到柴油已基本完全燃烧的 E 点之间的曲轴转角。燃烧是在逐渐恶化的条件下缓慢进行直到停止。在此期间，压力和温度均下降。为了防止柴油机过热，应尽量缩短后燃期。加强燃烧室内气体的运动，改善混合气的形成条件，是缩短后燃期的有效措施。

综上所述，柴油机的工作特点是工作粗暴，排气冒烟，噪声大。从喷油开始到燃烧结束，仅占 50°~60°CA，可燃混合气形成的时间极短、空间极小。因此，在这段时间里，提高燃料的雾化程度，加强气流的运动强度，改善燃烧后期的燃烧条件，是提高柴油机动力性和经济性的有效途径。

四、燃烧室

柴油机可燃混合气的形成与燃烧主要是在燃烧室内进行的，所以燃烧室的形状对可

燃混合气的形成和燃烧有着直接的影响。

柴油机燃烧室按结构型式分为统一式燃烧室和分隔式燃烧室两大类。

【拓展阅读 5-1】 柴油机燃烧室的结构形式

第二节　机械式供油系统

机械式供油系统主要用于国产拖拉机上，在早期的汽车上也广泛采用，但现已被共轨式供油系统所取代。

一、机械式供油系统的组成与工作原理

机械式柴油机供油系统主要有直列式和分配式两种，其结构主要包括喷油泵、喷油器和调速器等主要部件及燃油箱、输油泵、油水分离器、燃油滤清器、喷油提前器和高低压油管等辅助装置。

1. 直列式供油系统

直列式供油系统的核心部分是由柱塞式直列喷油泵、喷油器（喷油嘴）和连接其间的高压油管组成的高压油路，因此又称为"泵-管-嘴"喷油系统。由于有高压油管的存在，使喷油系统在柴油机上的布置比较灵活，但也降低了整个供油系统高压部分的液力刚性，并难以实现高压喷射与理想的喷油规律。直列式供油系统仍在拖拉机上得到应用。

图 5-5 所示为装有柱塞式直列喷油泵的柴油机供油系统示意图。柱塞式直列喷油泵一般由柴油机曲轴的定时齿轮驱动。固定在喷油泵体上的活塞式输油泵由喷油泵的凸轮

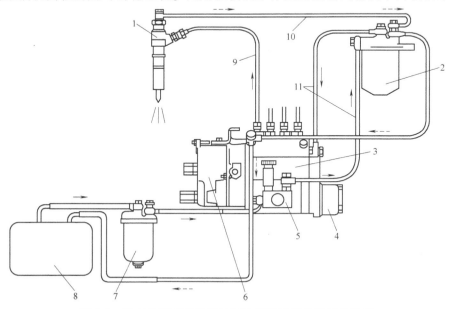

图 5-5　装有柱塞式直列喷油泵的柴油机供油系统示意图

1—喷油器　2—燃油滤清器　3—柱塞式直列喷油泵　4—喷油提前器　5—输油泵　6—调速器

7—油水分离器　8—燃油箱　9—高压油管　10—回油管　11—低压油管

轴驱动。当柴油机工作时，输油泵从燃油箱吸出柴油，经油水分离器除去柴油中的水分，再经燃油滤清器滤除柴油中的杂质，然后送入喷油泵。在喷油泵内，柴油经过增压和计量后，经高压油管供入喷油器，最后通过喷油器将柴油喷入燃烧室。喷油泵前端装有喷油提前器，后端与调速器组成一体。输油泵供给的多余柴油及喷油器顶部的回油均经回油管返回燃油箱。

2. 分配式供油系统

图 5-6 所示为装有分配式喷油泵的柴油机供油系统示意图。当柴油机工作时，一级输油泵将柴油从燃油箱吸出，经油水分离器及燃油滤清器，将其送入二级输油泵，柴油在二级输油泵中加压后充入密闭的分配式喷油泵体内，再经分配式喷油泵增压计量后进入喷油器。

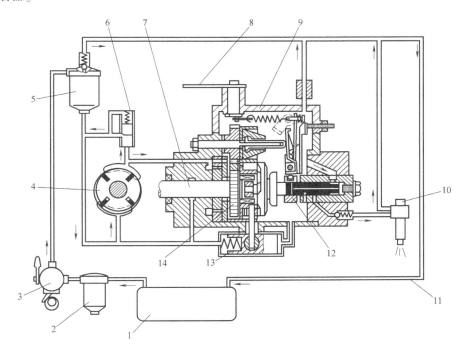

图 5-6　装有分配式喷油泵的柴油机供油系统示意图

1—燃油箱　2—油水分离器　3—一级输油泵　4—二级输油泵　5—燃油滤清器　6—回油阀
7—分配式喷油泵传动轴　8—调速手柄　9—分配式喷油泵体　10—喷油器　11—回油管
12—分配式喷油泵　13—喷油提前器　14—调速器传动齿轮

一级输油泵为膜片式泵，由配气机构的凸轮轴驱动。二级输油泵为滑片式泵，装在分配式喷油泵体内，并由分配式喷油泵的传动轴驱动。滑片式输油泵出口油压随其转速而增加，为控制喷油泵体内腔油压保持稳定，在二级输油泵出口设有回油阀。当喷油泵体内腔油压超过规定值时，将有部分柴油经回油阀返回输油泵入口。喷油泵体内腔油压一般为 0.3~0.7MPa。

在分配式喷油泵体内还装有调速器和喷油提前器。

二、喷油泵

对于机械式供油系统，喷油泵的主要作用是定时、定量地经高压油管向各缸喷油器周期性地供给高压燃油。常见的柴油机喷油泵可以分为柱塞式直列喷油泵和转子分配泵两大类。

1. 柱塞式直列喷油泵

柱塞式直列喷油泵一般以柱塞行程、泵缸中心距和结构特征为基础分成 A、B、P、Z 几个系列，每个系列可以改变柱塞直径和缸数，以适应不同功率柴油机的需要。

（1）柱塞式直列喷油泵的类型

1）按总体状况分类。柱塞式直列喷油泵有单体式喷油泵和多缸合成式喷油泵两种。

2）按泵体结构分类。柱塞式直列喷油泵有分体式和整体式、开式和闭式两类。

3）按油量调节机构分类。柱塞式直列喷油泵有拉杆-拨叉式和齿杆-齿圈式两种。

（2）柱塞式直列喷油泵的工作原理 柱塞式直列喷油泵的工作原理图如图 5-7 所示。

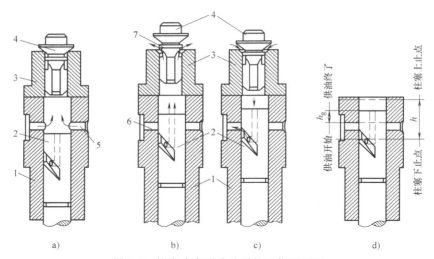

图 5-7　柱塞式直列喷油泵的工作原理图

a）进油　b）供油　c）停止供油　d）柱塞行程 h 和供油行程 h_g

1—柱塞　2—柱塞套　3—出油阀座　4—出油阀　5—进油孔　6—回油孔　7—减压环带

1）进油。当凸轮轴旋转时，柱塞在柱塞弹簧的作用下向下运行并直到最下端（图 5-7a）的位置时，柴油在输油泵的压力和柱塞下行的吸力共同作用下从低压油道经进、回油道孔流入柱塞上方柱塞套内，并充满上部空间。

2）供油。当凸轮轴继续旋转到升程逐渐增大时，凸轮通过滚轮-挺柱体压缩弹簧推动柱塞上行时，开始有一部分柴油通过柱塞套上的进、回油孔被挤回低压油腔，直至柱塞上端面封住两个油孔时，柱塞上方便形成了一个密封腔。柱塞从开始上升到该位置的升程称为预升程。柱塞继续上行，封闭腔内的柴油受到压缩，压力迅速上升。当油压增大到足以克服出油阀弹簧压力和高压油管内的剩余压力时，出油阀上行。当出油阀中部的圆柱形环带（称为减压环带）离开出油阀座上端面时，高压柴油从出油阀流出经高压油管开始向喷油器供油（图5-7b）。供油随着柱塞上行一直持续到柱塞的斜油槽（或螺旋油槽）与柱塞套上的回油孔相通为止。

3）停止供油。随后柱塞上部的柴油经轴向油道和径向油道流回低压油道（图5-7c），高压油路的压力急剧下降。出油阀在弹簧的作用下关闭，供油迅速停止。从柱塞上端面封闭进油孔到柱塞斜油槽与回油孔相通的升程称为供油有效升程。此后随着凸轮旋转至最大升程而使柱塞继续上行到达上止点所走过的升程称为剩余升程。在剩余升程里，喷油泵不向高压油管供油。

由喷油泵的工作原理可知，柱塞的总升程 h 不变，其大小取决于凸轮升程；喷油泵柱塞的供油量及供油的持续时间（循环供油量）取决于供油有效行程 h_g（图5-7d）。喷油泵若需根据发动机工况的变化而改变供油量，只需改变柱塞供油的有效行程。一般借助改变斜油槽与柱塞套油孔的相对位置来实现。

（3）柱塞式直列喷油泵的构造 柱塞式直列喷油泵由分泵、油量调节机构、传动机构和喷油泵体组成（图5-8）。

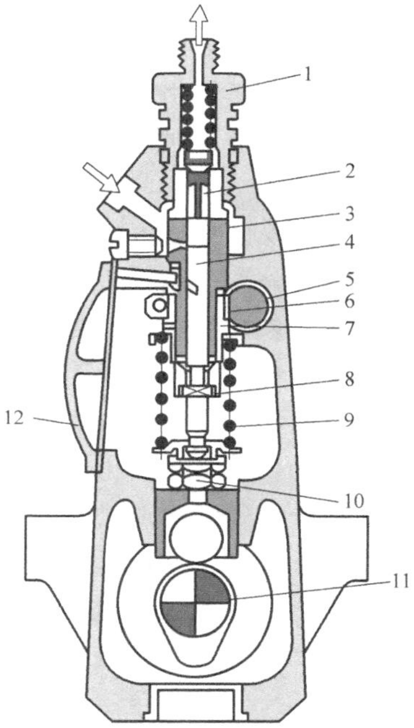

1）分泵。分泵是喷油泵的泵油机构，多缸发动机中分泵的数量与柴油机气缸数相等。其主要由柱塞偶件、柱塞弹簧、弹簧下座、出油阀偶件、出油阀弹簧和出油阀压紧座等组成。

柱塞偶件由柱塞和柱塞套组成。其功用是提高柴油压力，以满足喷油器喷射压力的要求，控制供油量和供油时间。

出油阀偶件包括出油阀和出油阀座，它的功用是出油、断油和断油后迅速降低高压油管的剩余压力，使喷油器迅速停止供油而不出现滴漏现象。

图5-8 柱塞式直列喷油泵的构造
1—出油阀座 2—出油阀 3—柱塞套 4—喷油泵柱塞 5—齿圈 6—油量控制齿杆 7—控制套筒 8—柱塞控制臂 9—柱塞回位弹簧 10—调节螺钉 11—凸轮轴 12—侧盖

2）油量调节机构。油量调节机构的功用是根据柴油机工况的变化来改变喷油泵的供油量且保证各缸的供油量一致。

从喷油泵的工作原理可知，柱塞每循环的供油量取决于供油有效行程 h_g 的大小，由于斜槽的存在，只要转动柱塞就可以改变柱塞的供油有效行程，从而达到调节供油量的目的。常用的油量调节机构有齿杆式、拨叉式和球销式3种。

图5-9所示为齿杆式油量调节机构，油量调节套筒4松套在柱塞套1上。在油量调节套筒4的下端开有两个纵向切槽，柱塞下端的两个凸耳5就嵌在切槽中。调节齿圈6用螺钉锁紧在油量调节套筒上并与调节齿杆3啮合。当齿杆做往复运动时，柱塞2被带着转动而改变循环供油量。当松开齿圈的锁紧螺钉，将油量调节套筒及柱塞相对于柱塞

套转动一个角度时，可调整各缸油量的大小和均匀性。这种调节机构传动平稳，工作比较可靠，寿命长，但结构尺寸较大。

3）传动机构。多缸合成式喷油泵的传动机构由凸轮轴和滚轮-挺柱总成组成。

凸轮轴的功用是使喷油泵按照柴油机的工作顺序和喷油规律向各缸供油。凸轮轴两端支承在圆锥滚子轴承上，前端装有联轴节及机械离心式供油提前角自动调整装置，后端与调速器相连。凸轮轴上加工出凸轮的数量与分泵的数目相等，通常在凸轮轴中部设有驱动输油泵的偏心轮。

凸轮的外形应根据不同燃烧室对喷油规律要求的不同来选择。按外形不同，凸轮有凸面凸轮、切线凸轮和凹面凸轮3种基本型式，如图5-10所示。其中，凸面凸轮升程的变化比较缓慢，适用于低、中速柴油机；凹面凸轮的升程曲线较陡，但加工不便；切线凸轮则介于二者之间，其凸轮升程的变化比凸面凸轮快，但其轮廓比较简单，加工比较方便。目前，高速柴油机上一般选用切线凸轮。

滚轮-挺柱总成的功用是将凸轮的运动传给柱塞。滚轮-挺柱总成常见的型式有垫片调整式和螺钉调整式两种，如图5-11所示。垫片调整式的滚轮体总成由滚轮体、滚轮轴、滚轮衬套、滚轮、调整垫片和导向销等组成。带有衬套的滚轮松套在滚轮轴上，轴两端支承在滚轮架的座孔中，滚轮体的一侧或两侧装有导向销，泵体上相应开有轴向长槽，导向销插在该槽中，保证了滚轮体

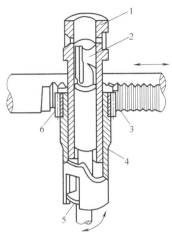

图 5-9　齿杆式油量调节机构

1—柱塞套　2—柱塞　3—调节齿杆
4—油量调节套筒　5—凸耳
6—调节齿圈

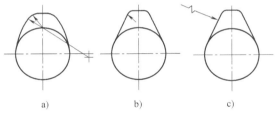

图 5-10　喷油泵凸轮的型式

a）凸面凸轮　b）切线凸轮　c）凹面凸轮

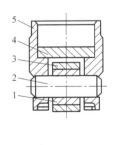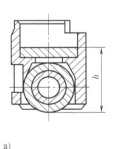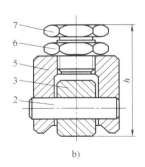

a）　　　　　　　　　　b）

图 5-11　滚轮-挺柱总成

a）垫片调整式　b）螺钉调整式

1—滚轮衬套　2—滚轮轴　3—滚轮　4—滚轮体　5—调整垫片　6—锁紧螺母　7—调整螺钉

总成只做上下运动而不会转动。滚轮体的工作高度对喷油泵的供油时刻产生影响。为了保证各分泵的供油开始角和供油间隔角一致，要求各滚轮体的工作高度一致，存在差异时必须调整。调整的方法是增减垫片或拧进、拧出调整螺钉。

4）喷油泵体。喷油泵体是基础零件，喷油泵的其他零件均装在喷油泵体中。国产的Ⅰ、Ⅱ、Ⅲ系列的喷油泵为上体和下体的分体式结构，而A、B、P等系列喷油泵为整体式结构。

拖拉机主要装备P型喷油泵，与一般柱塞式直列喷油泵相比，在安装尺寸不变的情况下，P型喷油泵可以获得较大的供油压力和较大的喷油量。因此，它适应了柴油机不断强化和向高速发展的需要。

（4）喷油泵供油提前角的调整 为了保证在气缸内形成良好的混合气，改善燃烧条件，喷油器必须有一个合适的喷油提前角。最佳的喷油提前角是在标定转速和额定负荷的条件下确定的，其值还会随着燃料性质和内燃机工况的变化而变化，同时由于凸轮、滚轮等传动部件的磨损，喷油提前角也会变化。因此，喷油器的喷油提前角必须能够进行调整。而喷油提前角调整只有通过调整喷油泵的供油提前角才能得以实现。

喷油泵供油提前角调整的方法有两种，一种是改变滚轮-挺柱体总成的工作高度。如前所述，通过增减垫片或调节调整螺钉可使滚轮体的高度发生变化。当滚轮体高度增大时，喷油泵柱塞提前封闭了柱塞套上的进回油孔，供油提前角增大；反之，供油提前角减小。这种调节只是用来补偿加工和装配误差，调节的幅度很小，一般用于调整单个分泵。

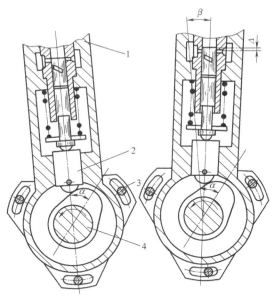

图5-12 供油提前角的调整
1—喷油泵体 2—滚轮-挺柱体 3—螺钉 4—凸轮轴

喷油泵供油提前角调整的另一种方法是改变凸轮轴与滚轮-挺柱体总成的相对位置。通常在喷油泵固定板上开弧形孔进行调整，如图5-12所示。在喷油泵固定板上开有3个弧形螺钉孔，喷油泵用螺钉3固定在正时齿轮室上。调整时，松开连接螺钉，转动喷油泵体，即可改变供油提前角。若将喷油泵体逆着凸轮轴旋转的方向转动一个角度β，则柱塞的上端面便提早一些封闭进、回油孔，供油提前角减小（$\alpha-\beta$）；反之，则增大。

2. 转子分配泵

转子分配泵系统有端面凸轮驱动的VE型分配泵系统（图5-13）和内凸轮驱动的径向对置柱塞系统，多用于轿车和轻型车用柴油机。与直列泵相比，分配泵具有结构紧凑、体积小、重量轻、能在高转速下工作的优点，但难以达到较高的喷油压力。

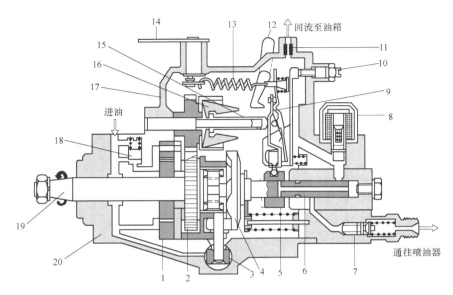

图 5-13　VE 型分配泵的结构

1—滑片式输油泵　2—调速器驱动齿轮　3—供油提前器　4—端面凸轮　5—油量控制套环　6—轴向柱塞　7—出油阀　8—电磁阀停车装置　9—调节杠杆组　10—最大油量调整螺钉　11—溢流量孔　12—手动停车装置　13—调速弹簧　14—转速调节手柄　15—调速器滑套　16—离心飞块　17—泵盖　18—回油阀　19—驱动轴　20—泵体

（1）**分配泵的特点**　分配泵与柱塞式直列喷油泵相比，有以下特点：

1）分配泵结构简单，零件少，体积小，重量轻，使用中故障少，容易维修。

2）分配泵用一个柱塞向柴油机各缸供油，精密偶件加工精度高，可以使各缸之间供油量差别很小，保证各缸供油的均匀性和供油时间的一致性。分配泵单缸供油量和供油提前角不需调整。

3）分配泵的运动件靠喷油泵体内的柴油润滑和冷却，因此，对柴油的清洁度要求很高。

4）分配泵凸轮的升程小，有利于提高柴油机转速。

（2）**分配泵的构造**　VE 型分配泵由驱动机构、二级滑片式输油泵、高压分配泵头和电磁式断油阀等部分组成。此外，机械式调速器和液压式喷油提前器也安装在分配泵体内。

驱动轴由柴油机曲轴定时齿轮驱动。驱动轴带动二级滑片式输油泵工作，并通过调速器驱动齿轮带动调速器轴旋转。在驱动轴的右端通过联轴器与平面凸轮盘连接，利用平面凸轮盘上的传动销带动分配柱塞。柱塞弹簧将分配柱塞压紧在平面凸轮盘上，并使平面凸轮盘压紧滚轮。滚轮轴嵌入静止不动的滚轮架上。当驱动轴旋转时，平面凸轮盘与分配柱塞同步旋转，而且在滚轮、平面凸轮和柱塞弹簧的共同作用下，凸轮盘还带动分配柱塞在柱塞套内做往复运动。往复运动使柴油增压，旋转运动进行柴油分配。

凸轮盘上平面凸轮的数目与柴油机气缸数相同。分配柱塞的结构如图 5-14 所示，在分配柱塞 1 的中心加工有中心油孔 3，其右端与柱塞腔相通，而左端与泄油孔 2 相通。分配柱塞上还加工有燃油分配孔 5、压力平衡槽 4 和数目与气缸数相同的进油槽 6。

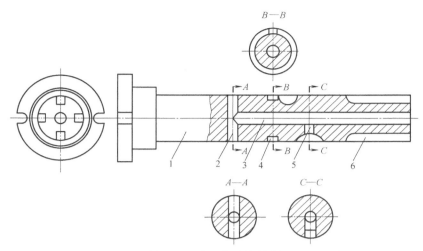

图 5-14 分配柱塞的结构

1—分配柱塞 2—泄油孔 3—中心油孔 4—压力平衡槽 5—燃油分配孔 6—进油槽

柱塞套上有一个进油孔和数目与气缸数相同的分配油道，每个分配油道都连接一个出油阀和一个喷油器。

（3）分配泵的工作过程 VE 型分配泵的工作过程可分成进油、泵油、停油和压力平衡 4 个过程，如图 5-15 所示。

1）进油过程（图 5-15a）。当平面凸轮盘 12 的凹下部分转至与滚轮 13 接触时，柱塞弹簧将分配柱塞 14 由右向左推移至柱塞下止点位置，这时分配柱塞上的进油槽 3 与柱塞套 20 上的进油孔 2 连通，柴油自喷油泵体 19 的内腔经进油道 17 进入柱塞腔 4 和中心油孔 10 内。

2）泵油过程（图 5-15b）。当平面凸轮盘由凹下部分转至凸起部分与滚轮接触时，分配柱塞在凸轮盘的推动下由左向右移动。在进油槽转过进油孔的同时，分配柱塞将进油孔封闭，这时柱塞腔 4 内的柴油开始增压。与此同时，分配柱塞上的燃油分配孔 18 转至与柱塞套上的一个出油孔 8 相通，高压柴油从柱塞腔经中心油孔、燃油分配孔、出油孔进入分配油道 7，再经出油阀 6 和喷油器 5 喷入燃烧室。

平面凸轮盘每转一周，分配柱塞上的燃油分配孔依次与各缸分配油道接通一次，即向柴油机各缸喷油器供油一次。

3）停油过程（图 5-15c）。分配柱塞在平面凸轮盘的推动下继续右移，当柱塞上的泄油孔 11 移出油量调节套筒 15 并与喷油泵体内腔相通时，高压柴油从柱塞腔经中心油孔和泄油孔流进喷油泵体内腔，柴油压力立即下降，供油停止。

从柱塞上的燃油分配孔 18 与柱塞套上的出油孔 8 相通的时刻起，至泄油孔 11 移出油量调节套筒 15 的时刻止，这期间分配柱塞所移动的距离为柱塞有效供油行程。显然，有效供油行程越大，供油量越多。移动油量调节套筒即可改变有效供油行程，向左移动油量调节套筒，停油时刻提早，有效供油行程缩短，供油量减少；反之，向右移动油量调节套筒，供油量增加。

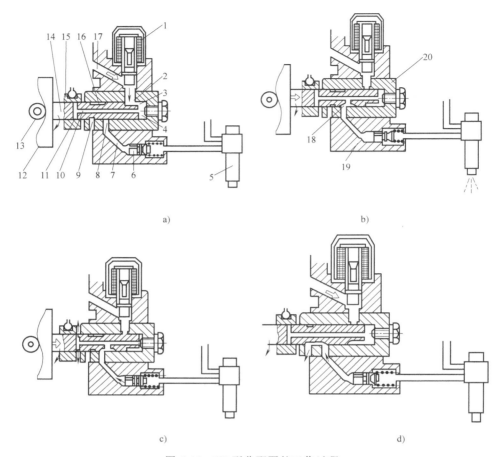

a)

c)   d)

图 5-15 VE 型分配泵的工作过程

a）进油过程 b）泵油过程 c）停油过程 d）压力平衡过程

1—断油阀 2—进油阀 3—进油槽 4—柱塞腔 5—喷油器 6—出油阀 7—分配油道 8—出油孔 9—压力平衡孔
10—中心油孔 11—泄油孔 12—平面凸轮盘 13—滚轮 14—分配柱塞 15—油量调节套筒 16—压力平衡槽
17—进油道 18—燃油分配孔 19—喷油泵体 20—柱塞套

油量调节套筒的移动由调速器操纵。

4）压力平衡过程（图 5-15d）。分配柱塞上设有压力平衡槽 16，在分配柱塞旋转和移动过程中，压力平衡槽始终与喷油泵体内腔相通。在某一气缸供油停止后，且当压力平衡槽转至与相应气缸的分配油道连通时，分配油道与喷油泵体内腔相通，于是两处的油压趋于平衡。在柱塞旋转过程中，压力平衡槽与各缸分配油道逐个相通，致使各分配油道内的压力均衡一致，从而可以保证各缸供油的均匀性。

（4）**分配泵的断油阀** VE 型分配泵装有电磁式断油阀，其电路和工作原理图如图 5-16 所示。

起动时，将起动开关旋至 ST 位置，这时来自蓄电池 1 的电流直接流过电磁线圈 4，产生的电磁力压缩回位弹簧 5，将阀门 6 吸起，进油孔 7 开启。

柴油机起动后，将起动开关旋至 ON 位置，这时电流经电阻 3 流过电磁线圈，电流

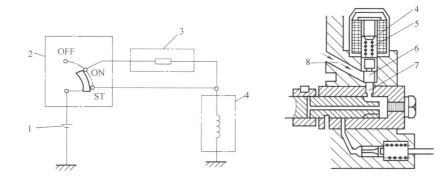

图 5-16　电磁式断油阀的电路及其工作原理图

1—蓄电池　2—起动开关　3—电阻　4—电磁线圈　5—回位弹簧　6—阀门　7—进油孔　8—进油道

减小；但由于有油压的作用，阀门仍然保持开启。

当柴油机停机时，将起动开关旋至 OFF 位置，这时电路断开，阀门在回位弹簧的作用下关闭，从而切断油路，停止供油。

（5）分配泵的喷油提前器　在 VE 型分配泵体的下部安装有液压式喷油提前器，其结构如图 5-17 所示。

在喷油提前器壳体 1 内装有活塞 2，活塞左端与二级滑片式输油泵的入口相通，并有弹簧 5 压在活塞上。活塞右端与喷油泵体内腔相通，其压力等于二级滑片式输油泵的出口压力。

当柴油机在某一转速下稳定运转时，作用在活塞左、右端的力相等，活塞处于某一平衡位置。

若柴油机转速升高，二级滑片式输油泵的出口压力增大，作用于活塞右端的力随之增加，推动活塞向左移动，并通过连接销 3 和传力销 4 带动滚轮架 7 绕其轴线转动一定的角度，直至活塞两端的力重新达到平衡为止。滚轮架的转动方向与平面

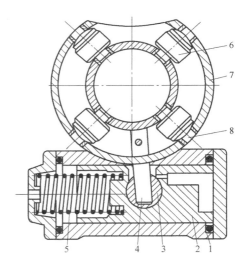

图 5-17　液压式喷油提前器的结构

1—壳体　2—活塞　3—连接销　4—传力销
5—弹簧　6—滚轮　7—滚轮架　8—滚轮轴

凸轮盘的旋转方向正好相反，使平面凸轮提前一定角度与滚轮接触，供油相应提前，即供油提前角增大。

反之，若柴油机转速降低，则二级滑片式输油泵的出口压力也随之减小，作用于活塞右端的力减小，活塞向右移动，并带动滚轮架向着平面凸轮盘旋转的同一方向转过一定的角度，使供油提前角减小。

三、调速器

1. 调速器的功用

调速器是一种自动调节装置，它可根据柴油机负荷的变化，自动增减喷油泵的供油量，使柴油机能够以稳定的转速运行。

根据喷油泵的工作原理，喷油泵每个工作循环的供油量主要取决于调节拉杆的位置，此外，还受到喷油泵速度特性的影响。柴油机在实际工作过程中，外界的负荷是经常变化的。当柴油机负荷突然由大变小时，供油调节拉杆可能由于某种原因仍保持在原来的大供油量位置，显然，柴油机转速会升高。这时在喷油泵速度特性的作用下，供油量会继续增大，促使柴油机转速进一步升高。这种供油与转速之间的恶性循环将导致柴油机超速或"飞车"，从而造成排气冒黑烟，柴油机过热，往复运动零件的惯性力增大，使某些机件因过热或过载而损坏。当柴油机负荷突然增大时，其情况正好相反，即供油量减小，使柴油机转速突然下降以至停转。柴油机超速或怠速不稳，出自于偶然的原因，驾驶人难于做出及时反应。这时，唯有调速器能够根据柴油机转速的变化及时调节喷油泵的供油量，保持柴油机转速的稳定。

2. 调速器的类型

根据调速器的工作原理，调速器可分为机械式、液压式和气动式3类。机械式调速器结构简单，工作可靠，广泛应用于中、小型柴油机上。液压式调速器结构复杂，制造精度高，调节灵敏性好，作用在调节机构上的调节力大，主要用于大型柴油机。气动式调速器应用在少数小型柴油机上。

机械式调速器根据其转速作用的范围可分为单程式调速器、两速式调速器和全程式调速器3种。拖拉机和柴油机常用两速式和全程式调速器。

调速器要实现其功能，必须有两个基本组成部分，一个是速度感应元件，另一个是调节供油拉杆的执行机构。机械式调速器采用的是具有一定质量的与调速弹簧相平衡的钢球（或飞块等）作为感应元件。当转速发生变化时，利用感应元件旋转时产生离心力的变化来驱动执行机构，以改变供油拉杆的位置。

（1）单程式调速器 单程式调速器只在某一规定的转速下起作用，一般用于恒定转速工况的柴油机（如发电机组）。

图 5-18 所示为机械式单程调速器简图。喷油泵凸轮轴 3 带动调速器传动盘 2 旋转，在传动盘的内锥面上开有凹槽，槽中装有钢球 4。在支承轴 7 上装有推力盘。推力盘的运动可以带动供油拉杆左右移动。在推力盘 5 与弹簧座 8（固定在支承轴上）之间装有带一定

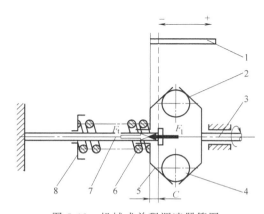

图 5-18　机械式单程调速器简图

1—供油拉杆　2—传动盘　3—喷油泵凸轮轴　4—钢球
5—推力盘　6—调速弹簧　7—支承轴　8—弹簧座

预紧力的调速弹簧6，供油拉杆的最大供油位置由支承轴的凸肩限定。

当喷油泵凸轮轴旋转时，传动盘、钢球一起旋转，钢球在旋转时产生离心力，企图沿径向向外飞开。钢球的离心力作用在推力盘的斜锥面上产生一个轴向分力 F_1，该力企图使推力盘向左移动并带动供油拉杆减少供油量。在推力盘的另一侧受到调速弹簧压力 F_t 的作用，该弹簧力总是力图使推力盘向右移动并带动供油拉杆增大供油量。

当柴油机不工作时，供油拉杆在弹簧力的作用下处于最大供油位置（图5-18中虚线的位置）。柴油机开始工作后，曲轴的转速逐渐升高，钢球的离心力也逐渐增大，但由于小于调速弹簧的压力，因此推力盘保持不动。当柴油机转速继续升高到某一转速时，钢球离心力的轴向分力与弹簧的压力相等，调速器处于暂时平衡，这一转速叫作标定转速。此时，推力盘与支承轴凸肩之间既没有力的作用，也没有间隙存在，供油拉杆保持原来的位置不变。

但当外界负荷减少时，喷油泵供油量超过了实际需要，发动机发出的转矩超过了负载阻力矩。发动机转速会进一步提高。钢球离心力的分力也随之增大直至超过调速弹簧的预紧力后，钢球便迫使推力盘移动并带动供油拉杆减少供油量，直到供油量重新与负荷相适应为止。发动机转速便停止继续升高，推力盘也停止移动，调速器便在新的条件下获得平衡。此时，在推力盘与支承轴凸肩之间产生了间隙"C"，柴油机的转速与负荷减少前相比要稍高一些。

当负荷重新增加时，则发动机转速会降低，其作用正好与上述过程相反，调速弹簧则推动供油拉杆增加供油量，直到两者重新适应为止。

柴油机安装了调速器后，产生的速度特性称为"调速特性"。图5-19所示为柴油机安装了单程式调速器时的调速特性。

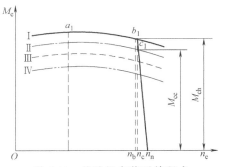

图 5-19 柴油机安装了单程式调速器时的调速特性

（2）两速式调速器 两速式调速器又称为两级式调速器，能在两个规定的转速下起作用，它既可以保持柴油机低速稳定运转，又能限制柴油机的最高转速。

两速式调速器的结构原理图如图5-20所示。与单程式调速器相比，两速式调速器在推力盘5与弹簧座9（固定在支承轴上）之间装有两根调速弹簧。一根外调速弹簧7的刚度较弱，预紧力小，紧贴于推力盘5上；另一根内调速弹簧8刚度强，预紧力大，安装时与推力盘保持一定距离。此外，供油拉杆除由调速器控制外又可由操纵者直接控制（图中未画出）。

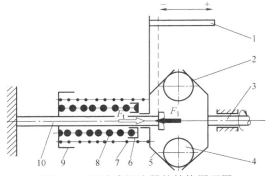

图 5-20 两速式调速器的结构原理图

1—供油拉杆 2—传动盘 3—喷油泵凸轮轴 4—钢球
5—推力盘 6—内弹簧座 7—外调速弹簧
8—内调速弹簧 9—弹簧座 10—支承轴

当柴油机未起动时，外调速弹簧作用在推力盘上，通过推力盘将供油拉杆向右推向循环供油量最大的位置。柴油机起动后，转速上升，钢球离心力的轴向分力 F_1 随之增大。由于外调速弹簧预紧力小且弹性弱，钢球离心力的轴向分力 F_1 很快大于外调速弹簧弹力 F_t，所以可以推动供油拉杆向左移动减少供油量，调速器开始起作用，此时对应的发动机转速称为最低怠速转速。当转速继续升高使推力盘 5 与内调速弹簧接触时，由于内调速弹簧的预紧力大且刚性强，弹簧力 F_t 瞬时增大。随后转速继续升高，但离心力的轴向分力 F_1 在较大的速度范围内还不能增大到足以克服内、外调速弹簧的弹力，供油拉杆保持不动。供油量不变，调速器停止起作用。当发动机转速继续升高到使 $F_1 = F_t$ 时，所对应的转速为发动机额定转速。当转速再稍许增高时，$F_1 > F_t$，推力盘将压缩内、外调速弹簧，调速器再次起作用，使供油拉杆向左移动，供油量减少，使转速又回落到额定值。

由此可见，两速式调速器只在低于怠速和高于额定转速时才起作用，在它们之间则不起作用。在怠速和额定转速之间，供油量由操纵人员推动操纵杆自行调节。图 5-21 所示为采用两速式调速器发动机的调速特性。

📖 **【拓展阅读 5-2】** RQ 型两级式调速器

（3）**全程式调速器** 全程式调速器不仅能保持低速稳定运转和限制最高转速，而且还能使柴油机在整个工作转速范围内的任何转速下稳定运转。

单程式调速器由于调速弹簧的预紧力是固定的，所以只能在某一转速范围内起作用。如果将装在支承轴上的弹簧座做成可移动的，由驾驶人通过操纵杆控制，则就转变成了图 5-22 所示的弹簧预紧力可调的全程式调速器了。

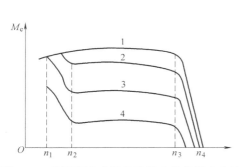

图 5-21　采用两速式调速器发动机的调速特性

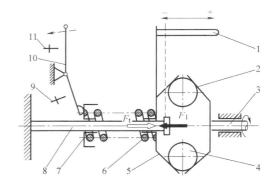

图 5-22　全程式调速器简图

1—供油拉杆　2—传动盘　3—喷油泵凸轮轴　4—钢球
5—推力盘　6—调速弹簧　7—弹簧座　8—支承轴
9—怠速限制螺钉　10—操纵杆　11—高速限制螺钉

当扳动操纵杆使其碰到高速限制螺钉 11 时，调速弹簧的预紧力最大，这时相当于一个调速范围为 $n_b \sim n_n$ 的单程式调速器。如果操纵杆碰到了怠速限制螺钉，调速弹簧预紧力最小，这时就相当于一个调速范围为 $n_b' \sim n_n'$ 的单程式调速器（图 5-23）。

在高速限制螺钉和怠速限制螺钉之间，操纵杆可以处于任何一个位置，调速弹簧也就对应某一个不同的预紧力。在这一范围内，调速器起到了无数个单程式调速器的作用。

当操纵杆处于某一位置而柴油机负荷保持稳定时，调速器内的弹力和离心力轴向分力也处于平衡，柴油机便在调速器的作用下以转速 n_b 稳定运转。如果此时驾驶人要提高柴油机转速，便可将操纵杆向左扳动（图 5-22 中虚线箭头的方向），以增大弹簧的预紧力。当弹簧力增大到 $F_t>F_1$ 时，调速器原有的平衡被打破，调速弹簧迫使推力盘带动供油拉杆增大供油量。但由于此时外界的负荷并没有变化，增大了的油量超出了柴油机负荷的实际需要，柴油机便进一步提高转速。

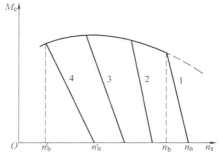

图 5-23　装了全程式调速器时
柴油机的调速特性
1—最高调速范围　2~4—部分转速调速范围

图 5-23 所示为装了全程式调速器时柴油机的调速特性。

【拓展阅读 5-3】　Ⅱ系列全程式调速器

四、喷油器

喷油器的功用有两个：一是使一定数量的燃油得到良好的雾化，促进燃油着火和燃烧；二是使燃油的喷射按燃烧室形状合理分布，使燃油与空气得到迅速而完善的混合，形成均匀的可燃混合气。

喷油器常见的型式有孔式和轴针式两种。

1. 孔式喷油器

孔式喷油器主要用于直接喷射式燃烧室中，燃油的喷射状况主要由针阀体下部喷孔的大小、方向和数目来控制，并与燃烧室的形状、大小及空气涡流情况相适应。

孔式喷油器的喷孔数目一般为 1~8 个，孔径为 0.2~0.8mm。

孔式喷油器的结构如图 5-24 所示，其主要由针阀 2、针阀体 3、顶杆 6、调压弹簧 7 及喷油器体 5 等零件组成。

针阀中部的锥面位于针阀体 3 的环形油腔内，以承受油压，称为承压锥面。针阀 2 下端的锥面与针阀体上相应的内锥面配合，起密封作用，称为密封锥面。调压弹簧 7 通过顶杆 6，将针阀的密封锥面压紧在针阀体的内锥面上，使喷孔关闭。

当柴油机工作时，喷油泵供给的柴油经进油管接头 8、油道进入针阀体下部的环形油腔内。当油压

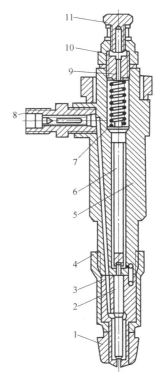

图 5-24　孔式喷油器的结构
1—喷油器锥体　2—针阀　3—针阀体
4—紧固螺套　5—喷油器体　6—顶杆
7—调压弹簧　8—进油管接头　9—调压
螺钉　10—调压螺钉护帽　11—回油管螺栓

升高到作用在针阀承压锥面上的轴向力大于调压弹簧的预紧力时，针阀开始向上移动，喷油器喷孔被打开，高压柴油通过喷孔喷入燃烧室（图5-25a）。当喷油泵停止供油时，油压突然下降，针阀在调压弹簧的作用下及时回位，将喷孔关闭（图5-25b）。喷油器的喷油压力与调压弹簧的预紧力有关，预紧力越大，喷油压力越高。调压弹簧的预紧力可通过调压螺钉来调整。当喷油器工作时，会有少量柴油从针

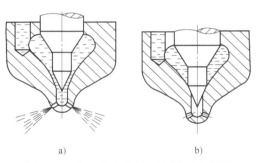

图5-25　孔式喷油器的工作原理示意图

a）喷油　b）关闭

阀和针阀体配合表面之间的间隙漏出。这部分柴油对针阀起润滑作用，并沿顶杆周围的空隙上升，最后通过回油管螺栓进入回油管，流回燃油箱。

针阀和针阀体是喷油器中最关键的零件，两者合称为针阀偶件。为了保证喷油压力且能自由滑动，两者的配合间隙要求很严，应控制在0.002～0.003mm范围内。针阀偶件是经过研磨配对的，拆装和维修过程中应特别注意，不能互换。

2. 轴针式喷油器

轴针式喷油器通常用于分隔式燃烧室，即涡流室式燃烧室和预燃室式燃烧室。

轴针式喷油器的工作原理与孔式喷油器相似。如图5-26所示，其结构特点是针阀在其密封锥面以下伸出一个轴针，并一直延伸到喷孔外，形状有圆柱形、顺锥形和倒锥

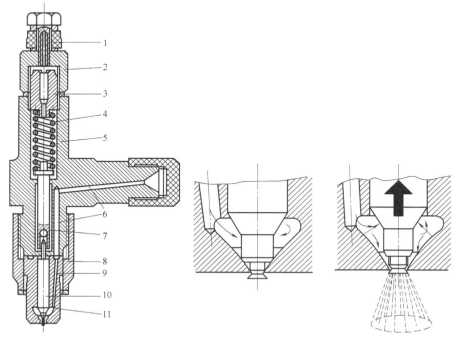

图5-26　轴针式喷油器

1—回油管螺栓　2—调压螺钉护帽　3—调压螺钉　4—调压弹簧　5—喷油器体　6—进油道　7—顶杆

8—紧固螺套　9—喷油器进油道　10—针阀　11—针阀体

形 3 种，以获得所需的喷注锥角。轴针与喷孔形成圆柱形缝隙（约为 0.005mm），使喷射时形成的喷注呈空心圆锥形或圆柱形。

一般轴针式喷油器只有一个喷孔，喷孔的直径一般为 1~3mm。由于喷孔直径较大，轴针在喷孔内上下运动，具有自洁作用，喷孔不易积炭。另外，轴针式喷油器喷孔的面积是随轴针开启的高度而变化的。初始开启的面积比较小，使初始喷油速率较小，对减轻柴油机的粗暴运行有利。针阀的开启高度一般为 0.1~0.16mm，当超过这个范围后，喷孔处的柴油流通面积迅速增加，喷油速率加大，促使燃烧在上止点附近完成。

五、辅助装置

柴油机供油系统辅助装置包括燃油箱、燃油滤清器及输油泵等，它们安装在供油系统的低压油路上。

1. 燃油箱

燃油箱的功用是用来为柴油机储存燃油。为了保证柴油机有足够长的持续工作时间，燃油箱应具有一定的储油容积。对于拖拉机，其燃油箱容量应能保证持续工作 10h 以上。

燃油箱一般是用薄钢板冲压焊接而成的，也有的用塑料制造，其结构型式基本相同，其数量和安装位置根据整体布置而定。目前，较多采用单油箱或双油箱。除了储油外，燃油箱还应能使燃油中的水分和杂质得到初步过滤沉淀。为此，在加油口处常设有过滤网，使加入的燃油能得到初步过滤。在燃油箱底部设有放油螺塞，用以定期排除燃油箱里沉积的水和污物。

燃油箱盖应既能防止燃油渗出，又能防止因油面下降导致燃油箱内形成一定真空度而影响正常供油，故在燃油箱盖上开有通气小孔。对于较大的燃油箱，为了提高燃油箱的刚度和避免燃油振荡，在其内部设有隔板。为了指示燃油箱中的燃油存量，常用机油尺检查或在燃油箱外部装有透明塑料管直接观察。汽车燃油箱中装有油面高度传感器，其显示表装在驾驶室仪表盘上。

2. 燃油滤清器

燃油滤清器的功用是滤除柴油中的杂质。对燃油滤清器的基本要求是阻力小、寿命长和过滤效率高。燃油滤清器对机械杂质和水的过滤主要依赖其滤芯微孔的阻拦作用。根据制作材料的不同，滤芯有金属缝隙滤芯、棉纱滤芯、多孔陶瓷滤芯和微孔纸质滤芯。纸质滤芯具有流量大、阻力小、滤清效率高、使用寿命长、重量轻和成本低等优点，因此被广泛应用在拖拉机上。

在某些重型拖拉机柴油机上，经常装置粗、细两级滤清器。当两级滤清器串联使用时，粗滤器采用毛毡等纤维滤芯，细滤器仍用纸滤芯。毛毡滤芯可滤除粒度为 $5~10\mu m$ 的杂质。毛毡滤芯具有一定的机械强度和弹性，可清洗后重复使用。

3. 输油泵

输油泵的功用是克服低压油路柴油的流动阻力。为了保证有足够流量和一定压力的柴油供给喷油泵，其输油量一般为全负荷最大喷油量的 3~4 倍。

输油泵的结构型式有活塞式、膜片式、滑片式和齿轮式等。活塞式输油泵和膜片式

输油泵在拖拉机发动机的输油系统中用得比较多，在这里将介绍活塞式输油泵。

活塞式输油泵主要由泵体、主油泵、手油泵、驱动机构、阀和管路等组成。

主油泵由活塞、活塞弹簧、进油阀、出油阀、泵体和管路等组成。驱动机构由偏心轮和挺柱等组成。

活塞式输油泵的工作原理图如图 5-27 所示。活塞将泵体内腔分为上下两个空间，当喷油泵凸轮轴旋转时，偏心轮推动挺柱，活塞在挺柱和活塞弹簧的作用下做往复运动。当偏心轮凸起部分转离挺柱时，活塞在弹簧的作用下向上运动，使上腔的油压升高，出油止回阀关闭，柴油便经上油道流向滤清器，与此同时下腔油压减小，进油阀被吸开，柴油经进油口进入活塞下腔，此行程同时完成吸油和供油两个过程，如图 5-27a 所示。当偏心轮凸起部分转近挺柱时，凸轮推动挺柱下行，挺柱克服弹簧的弹力使活塞下移，下腔的油压升高，进油阀被关闭，出油阀被顶开，于是下腔的柴油经下出油道和上出油道流向上腔，而不是直接流向滤清器，该行程为输油做储存准备，如图 5-27b 所示。偏心轮继续转动时，又开始新的工作循环。

很显然，活塞的最大行程取决于偏心轮的偏心距，它是保持不变的常数。而活塞的实际行程取决于活塞弹簧的弹力和上下油腔的压差，它会随着上下油腔压差的变化而变化（注：下腔油压基本不变）。活塞的实际行程为输油泵的供油行程，决定了输油泵的供油量。当活塞以最大行程工作时，输油量最大；当活塞行程减小时，其输油量也会减少。由于输油泵全行程供给的油量比喷油泵的最大需油量大得多，输油泵的输油量必须能够根据需要自动调节，也就是输油泵的活塞行程可以自动调节。其调节原理如下：

当发动机的需油量减少时，喷油泵对外供油少，活塞上腔的油压就会增加，活塞弹簧的弹力在还没有将活塞推到全行程时，便和上腔的油压平衡（图 5-27c）。因而缩短了活塞行程，减少了输油量。反之，则会增大行程，从而增加输油量。

为了在柴油机起动前，将柴油充满滤清器和喷油器，并排除低压油路中的空气，一般在活塞式输油泵上配置有手油泵。起动前来回推拉手油泵手柄，可以实现充油。手油泵使用后，要将手柄拧紧，防止工作时吸入空气。

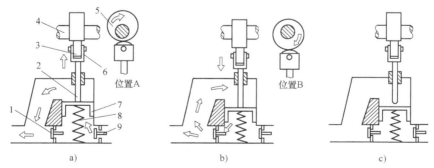

图 5-27 活塞式输油泵的工作原理图

a）吸油和供油状态 b）储油状态 c）调节状态

1—出油止回阀 2—顶杆 3—滚轮 4—喷油泵凸轮轴 5—偏心轮
6—滚轮架 7—输油泵活塞 8—弹簧 9—进油止回阀

第三节　电控式供油系统

柴油机电控式供油系统主要有高压共轨、泵喷嘴和分配泵等型式，其中高压共轨应用较广。客车、货车和乘用车广泛采用高压共轨柴油机，电控泵喷嘴柴油机、电控分配泵柴油机在乘用车上少量采用。大型国产拖拉机开始采用高压共轨柴油机。进口的国外大型拖拉机均采用高压共轨柴油机。

一、电控高压共轨供油系统

一些大型拖拉机开始使用高压共轨柴油发动机；汽车上的柴油发动机大部分采用高压共轨发动机，少量采用电控泵喷嘴、电控分配泵柴油机，其目的是对喷油量、喷油提前角进行精准控制，降低油耗，减少排放，满足排放法规的要求。

"高压"即指喷油器喷油压力比机械喷油器喷油压力高，喷油器喷油的最高压力可达220MPa。高压可使柴油雾化好，柴油燃烧充分，提高了柴油机燃油经济性。

"共轨"是指通过一条公共油管将燃油同时供给各喷油器。"共轨"不仅能使喷油量得到精确计算，还能使各喷油器的喷油压力、喷油量相同，从而优化柴油机的综合性能。

高压共轨式柴油喷射系统将柴油喷射压力的产生与柴油喷射过程分开，用电磁阀控制喷油器的工作。

1. 电控高压共轨供油系统的组成

电控高压共轨供油系统从功能方面分析，可以分为控制系统和燃油供给系统两大部分。其基本组成如图 5-28 所示。

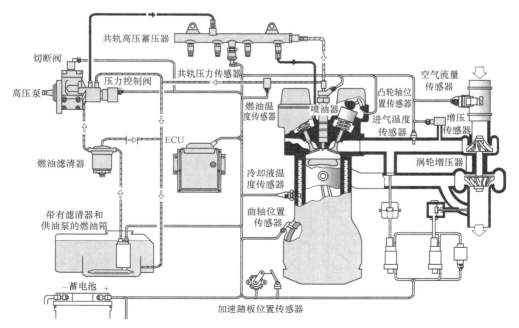

图 5-28　电控高压共轨供油系统的组成

（1）**控制系统**　控制系统的功能是根据各个传感器的信息，由 ECU 进行计算、完成各种处理后，求出最佳喷油时间和最合适的喷油量，并且计算出在什么时刻、在多长的时间范围内向喷油器发出开启电磁阀或关闭电磁阀的指令等，从而精确控制发动机的工作过程。

（2）**燃油供给系统**　燃油供给系统主要由燃油箱、燃油滤清器、输油泵、高压泵、共轨和喷油器等组成。

燃油供给系统的基本工作原理是：供油泵将燃油加压成高压供入共轨内，共轨实际上是一种燃油分配管。储存在共轨内的燃油在适当的时刻通过喷油器喷入发动机气缸内。电控高压共轨供油系统中的喷油器是一种由电磁阀控制的喷油阀，电磁阀的开启和关闭由 ECU 控制。

2. 电控高压共轨供油系统的主要工作部件

电控高压共轨供油系统主要的工作部件有供油泵、燃油滤清器、高压泵、压力控制阀、高压共轨管、限压阀、流量限制器和喷油器等。

（1）**供油泵**　供油泵又称为预供油泵或一次泵，其功用是向高压泵提供充足的燃油。供油泵主要有电动式和机械式两大类，其中电动式供油泵应用较多，其构造原理与电动汽油泵相似。

【拓展阅读5-4】　膜片式供油泵

（2）**高压泵**　高压泵又称为高压油泵，其功能是在汽车各种运行工况下，提供足够的高压油。

图 5-29 与图 5-30 分别为高压泵的纵向和横向结构图。一个高压泵上有三套柱塞组

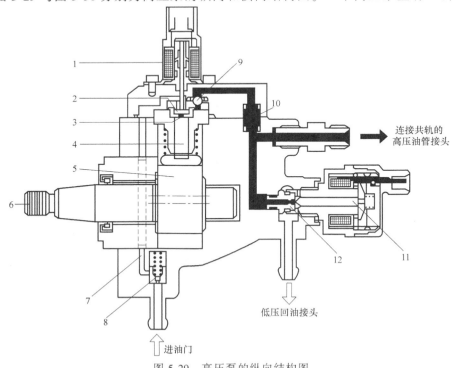

图 5-29　高压泵的纵向结构图

1—回油关断电磁阀　2—进回阀　3—泵腔　4—柱塞组件　5—偏心轮　6—驱动轴　7—低压油路
8—安全阀　9—出油阀　10—密封装置　11—压力控制阀　12—球形阀

件，由偏心轮驱动，在相位上相差 120°。偏心轮驱动平面和柱塞垫块之间为面接触，比传统的凸轮-滚轮之间线接触的接触应力要小得多，更有利于高压喷射。高压泵的基本工作原理如下：当柱塞下行时，来自输出泵压力为 0.05～0.15MPa 的燃油经过低压油路到达各柱塞组件的进油阀，并由进油阀进入柱塞腔，实现充油过程；当柱塞上行时，进油阀关闭，燃油建立起高压，当柱塞腔压力高于共轨中的压力时，出油阀被打开，柱塞腔的燃油在压力控制阀的控制下进入共轨。

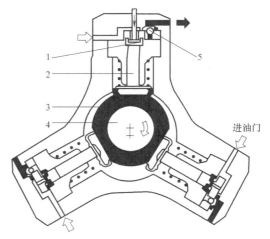

图 5-30 高压泵的横向结构图
1—进油阀 2—柱塞组件 3—偏心轮
4—驱动轴 5—出油阀

（3）**压力控制阀** 压力控制阀用于保持共轨管中压力的正确和恒定。如果共轨压力过高，压力控制阀打开，部分燃油就通过回油管回到燃油箱；如果共轨压力过低，压力控制阀关闭，由低压升为高压。

压力控制阀通过一个凸缘盘装在高压泵或共轨高压蓄压器上。压力控制阀主要由电磁铁、弹簧、电枢和球阀等组成，如图 5-31 所示。

1）压力控制阀不通电时，共轨管中的高压油或高压泵输出的油通过高压入口进入压力控制阀，不通电时没有电磁铁的外力作用，过量高压油的压力大于弹簧的弹力，顶开弹簧，压力控制阀开启大小由油量决定。弹簧预先设计最大的压力约为 10MPa。

2）压力控制阀通电时，压力继续增加，电磁铁通电，弹簧的弹力增加，使压力控制阀保持关闭状态，直到一边的高压压力与另一边弹簧的弹力加电磁铁的力达到平衡，阀门打开，燃油压力保持恒定。油泵油量的变化或过量高压油

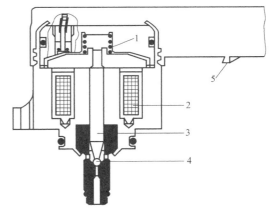

图 5-31 压力控制阀的结构
1—弹簧 2—线圈 3—电磁铁 4—球阀 5—电气接口

的排除通过控制阀门来实现。PWM（脉宽宽度调制）的励磁电流和电磁力是对称的。1kHz 的脉冲频率提供足够的电磁力，防止不必要的电磁铁移动或（和）共轨管压力的波动。

（4）**共轨组件** 共轨组件包括共轨本身和安装在共轨上的高压燃油插头、共轨压力传感器、起安全作用的压力限制阀、连接共轨和喷油器的流量限制阀等。

如图 5-32 所示，共轨本身容纳高达 150MPa 以上的高压燃油，材料和高压容积对于共轨压力的控制都是重要参数。流量限制阀的作用是计量从共轨到各喷油器燃油量的

大小。当流量过大时，可以自动切断去喷油器的高压燃油。而压力限制阀的作用是，当共轨中的燃油压力过高时，压力限制阀连通共轨到低压的燃油回路，实现安全泄压，保证整个共轨系统中的最高压力不超过极限安全压力。

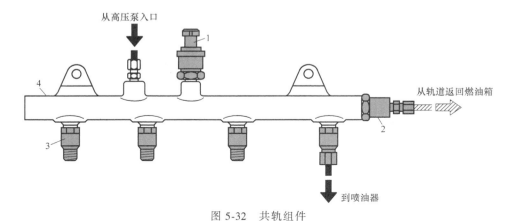

图 5-32　共轨组件

1—共轨压力传感器　2—压力限制阀　3—流量限制阀　4—轨道

（5）**喷油器**　共轨式喷油器的结构图如图 5-33 所示。

喷油器的工作过程可分为 3 步（发动机运转而且高压泵供油）：喷油器关闭（复位状态）、喷油器打开（开始喷油）和喷油器关闭（喷油结束）。

1）喷油器关闭（复位状态）。在复位状态下，电磁阀不吸合，因此喷油器关闭（图 5-33a）。弹簧力将电枢下的球阀压向节流孔座处，节流孔关闭。轨道中的高压作用在阀控制室中，而且相同的压力也作用在喷油器腔内。轨道压力作用在柱塞的末端，与喷油器弹簧的弹力一起使喷油器保持关闭状态。

2）喷油器打开（开始喷油）。喷油器停留在最初静止位置。电磁阀由伺服电流激活，伺服电流能确保电磁阀迅速开启（图 5-33b）。由触发的电磁阀施加的吸合力大于阀弹簧的拉力时，电枢打开节流孔。几乎与此同时，执行电流减到最小并保持不变，满足电磁铁的需要。由于电磁铁电流的作用，间隙减小是有可能的。节流孔打开，燃油从阀控制室流到刚好位于其上部的腔室，并且从那里通过回油管返

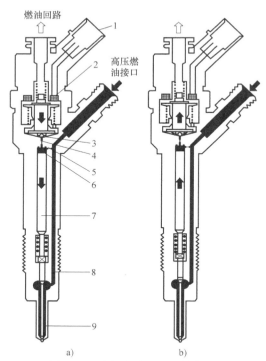

图 5-33　共轨式喷油器的结构图

a）喷油器关闭时　b）喷油器喷射时

1—电气接口　2—电磁阀　3—球阀　4—溢流截流孔　5—进油截流孔　6—柱塞控制腔　7—控制柱塞　8—去针阀的高压油路　9—喷油器针阀

回燃油箱。节流孔防止完全的压力平衡，阀控制室中的压力因此下降。由此导致阀控制室中的压力低于喷油器腔内的压力，这个压力与共轨中的压力仍旧是一致的。阀控制室的压力减小，引起作用在柱塞上的外力减小，因此针阀打开，燃油喷出。

喷油器针阀打开的速度取决于节流孔和反馈孔的流量。喷油器全开时，喷油器喷入燃烧室燃油的油压几乎等于轨道中的油压，其他的分力很小。

3）喷油器关闭（喷油结束）。电磁阀不吸合，弹簧力将球阀压回球阀座中。节流孔关闭，燃油通过反馈孔，阀控制室中充满燃油，压力与针阀弹簧的弹力一起将针阀关闭，喷油器不喷油。喷油器关闭的速度取决于反馈孔的流量。

3. 电控高压共轨供油系统的工作原理

电控高压共轨供油系统的工作原理图如图 5-34 所示。

燃油由发动机凸轮轴（或电动机）驱动的输油泵经滤清器从油箱中泵出，通过一个电子切断阀流入高压泵，此时的压力约为 0.2MPa。然后，油流分为两路，一路经安全阀上的小孔作为冷却油通过高压泵的凸轮轴流入压力控制阀，然后流回油箱。另一路充入高压泵。在高压泵内，燃油压力上升到 135MPa，送入共轨。共轨上装有一个压力传感器和一个通过切断油路来控制流量的压力控制阀，以此来调节控制单元设定的共轨压力。高压燃油从共轨流入喷油器后又分为两路：一

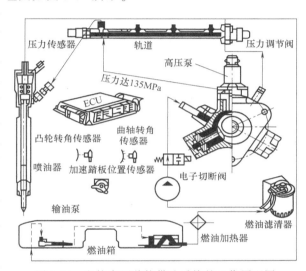

图 5-34 电控高压共轨供油系统的工作原理图

路直接喷入燃烧室；另一路在喷油期间，与针阀导向部分和控制柱塞处泄漏出的燃油一起流回油箱。

在电控高压共轨供油系统中，通过各种传感器（如发动机转速传感器、加速踏板位置传感器和各种温度传感器等）实时检测出发动机的实际运行状态，由 ECU 根据预先设计的计算程序进行计算后，定出适合于该运转状态的喷油量、喷油时间和喷油率等参数，就能使发动机始终都处于最佳工作状态。其中，曲轴转速传感器测定发动机转速，凸轮轴转速传感器确定着火顺序（相位）。加速踏板位置传感器实际上是一个电位计，通过它可以使 ECU 感知驾驶人对转矩的要求。空气质量流量传感器用于检测空气质量流量。在涡轮增压并带增压压力调节的发动机中，增压压力传感器检测增压压力。在低温和发动机处于冷态时，ECU 可根据冷却液温度传感器和空气温度传感器的数值对喷油始点、预喷油及其他参数进行最佳匹配。根据车型的不同，还可将其他传感器和数据传输线接到 ECU 上，以适应安全性和舒适性的要求。

ECU 具有自诊断功能，可对系统的主要零部件进行技术诊断，如果某个零件发生故障，诊断系统会向驾驶人发出警报，并根据故障情况自动做出处理：或使发动机停止

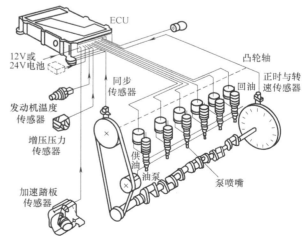

运行，即所谓故障应急功能，或切换控制方法，使汽车继续行驶到安全的地方。

在电控高压共轨供油系统中，供油压力与发动机的转速、负荷无关，是可以独立控制的。由共轨压力传感器测出燃油压力，并与设定的目标喷油压力进行比较后进行反馈控制。

4. 电控高压共轨供油系统的控制功能

（1）**调节喷油压力（共轨压力）** 利用共轨压力传感器可测量共轨内的燃油压力，从而调整供油泵的供油量，控制共轨压力。共轨压力就是喷油压力。此外，还可以根据发动机转速、喷油量的大小与已设定的最佳值（指令值）不断地进行反馈控制。

（2）**调节喷油量** 以发动机的转速及加速踏板位置信息等为基础，由ECU计算出最佳喷油量，通过控制喷油器电磁阀的通电、断电时刻直接控制喷油参数。

（3）**调节喷油率** 根据发动机用途的需要，设置并控制喷油率（一次喷油中的喷油规律）形状：预喷射、后喷射和多段喷射等。

（4）**调节喷油时间** 根据发动机的转速和负荷量参数，计算出最佳喷油时间，并控制电控喷油器在适当的时刻开启，在适当的时刻关闭等，从而准确控制喷油时间。

【拓展阅读5-5】 共轨柴油发动机的控制

二、电控泵喷嘴供油系统

1. 电控泵喷嘴供油系统的组成

泵喷嘴就是将泵油柱塞和喷油器合成一体安装在缸盖上。喷油器由于无高压油管，所以可以消除高压油管中压力波和燃油压缩的影响，使高压容积大大减小，因此喷射压力可很高。电控泵喷嘴压力目前最高已达200MPa。它的驱动机构比较特殊，必须是顶置式凸轮驱动机构。

电控泵喷嘴供油系统主要由泵喷嘴、驱动摇臂机构、ECU和各种传感器等组成（图5-35）。

电控泵喷嘴供油系统的最大特点是：燃油压力升高仍然是机械式的，喷油始点和终点由电磁阀控制，即喷油量和喷油时间由电磁阀控制。

2. 电控泵喷嘴供油系统的特点

电控泵喷嘴供油系统的结构特点如下：

1）为了使供油泵将燃油稳定地供到安装在气缸盖内部的喷油器内，采用大容量齿轮式供油泵。

2）自供油泵压送来的燃油经高效滤清器滤除杂质后，送入气缸盖上的主供油管内；主供油管和气缸盖上的各个喷油器之间由歧管连接。溢出的燃油通过连接各喷油器的溢油管经回油阀排到气缸盖外部。

图 5-35 电控泵喷嘴供油系统的组成

3）ECU 打开或关闭喷油器的电磁阀，控制喷油量和喷油时间；必须向各个喷油器布置导线，为了缩短线束长度，ECU 直接安装在发动机机体上。为了减小因发动机引起的 ECU 振动，采用橡胶固定 ECU，同时，采用燃油冷却 ECU 的背面。

4）ECU 根据安装在飞轮以及凸轮相关部位的两个转速传感器检测到的发动机转速和曲轴转角（CA），以及发动机其他传感器信号进行最佳燃油喷射控制。

5）柱塞通过摇臂由凸轮轴驱动，压缩燃油；喷油器的高速电磁阀是常开的，燃油通过气缸盖内部的油路流动；但电磁阀关闭时，柱塞开始向喷油器压油，燃油从喷油器喷入气缸；当电磁阀打开时，溢油开始，喷油结束。该电磁阀的开闭由 ECU 控制，根据发动机的运行状态，可以实现最佳控制喷油量和最佳控制喷油时间。

6）因为没有喷油管，没有"死"容积，不仅可以实现高压喷射，而且可以通过适当组合喷油器的喷孔流通截面面积和驱动凸轮的形状，使喷油率的形状徐徐上升，减少预混合期间的喷油量，从而控制预混合燃烧。

3. 泵喷嘴的结构

泵喷嘴安装在柴油机原喷油器的位置上，其外形也与普通喷油器相似。图 5-36 所示为泵喷嘴的结构示意图。

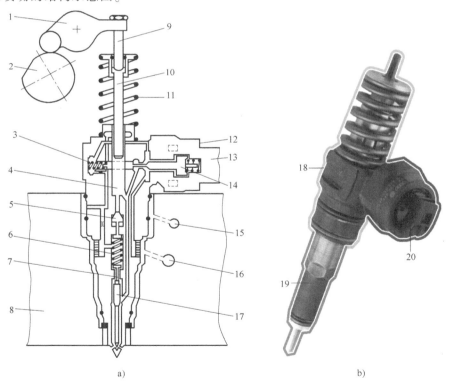

a)   b)

图 5-36 泵喷嘴的结构示意图

a）组成 b）外形

1—摇臂 2—喷油凸轮 3—电磁控制阀针阀回位弹簧 4—高压油腔 5—辅助柱塞 6—喷油针阀回位弹簧
7—喷油针阀阻尼器 8—泵喷油器壳体 9—球头螺栓 10—泵油柱塞 11—泵油柱塞回位弹簧 12—电磁
控制阀 13—电磁控制阀阀体 14—电磁控制阀针阀 15—回油道 16—低压油道
17—喷油针阀 18—压力产生泵 19—喷油器 20—电磁阀

泵喷嘴实际上是由喷油泵、喷油器和电磁控制阀3部分组成，其主要部件有喷油凸轮、摇臂、球头螺栓、泵油柱塞、泵油柱塞回位弹簧、电磁控制阀阀体、电磁控制阀针阀、电磁控制阀针阀回位弹簧、辅助柱塞、喷油针阀、喷油针阀回位弹簧和喷油针阀阻尼器等。其中，喷油凸轮安装在控制气门打开和关闭的凸轮轴上，其上升段为陡峭的直线（有利于快速提高喷油压力），而下降段较平缓（有利于在喷油结束后向高压油腔缓慢进油，避免在燃油中产生气泡）。高压燃油由泵喷嘴上部的泵油柱塞产生。电磁控制阀位于泵喷嘴的中部，由柴油机电子控制系统控制。电磁控制阀针阀用于接通和切断高压油腔与低压油道之间的通道。辅助柱塞的上部为圆台，实际上是两个阀门。圆台的锥面用来开启和关闭高压油腔与辅助柱塞腔之间的通道，而圆台的底面用来开启和关闭辅助柱塞腔与喷油针阀回位弹簧腔之间的通道。喷油针阀阻尼器为倒"工"字形，其作用是控制燃油的预喷量。

4. 泵喷嘴的工作原理

泵喷嘴的喷油过程可分为预喷油和主喷油两个阶段，也可分为预喷油、预喷油结束、主喷油、主喷油结束及高压油腔进油5个过程。喷油时间和喷油量由辅助柱塞、喷油针阀、喷油针阀回位弹簧、喷油针阀阻尼器与电磁控制阀共同控制。下面按5个过程来描述泵喷嘴的工作原理。

（1）**预喷油** 当凸轮的直线段与摇臂接触时，ECU控制向电磁控制阀供电，使电磁控制阀针阀向左移动，切断高压油腔与低压油道之间的通道，与此同时，泵油柱塞在摇臂的作用下，克服泵油柱塞回位弹簧的弹力而向下运动，使高压油腔中的油压迅速上升。当油压上升到18MPa时，燃油在喷油针阀中部锥面上产生的向上推力大于喷油针阀回位弹簧的预紧力，从而顶起喷油针阀，开始预喷油（图5-37a）。

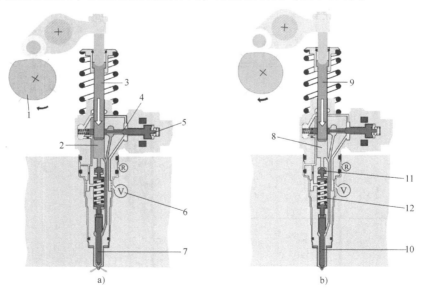

图5-37 预喷油工作示意图

a）预喷油开始 b）预喷油结束

1—喷油凸轮 2、8—高压油腔 3、9—泵油柱塞 4—电磁控制阀座 5—电磁控制阀针阀
6—供油管 7、10—喷油针阀 11—收缩活塞 12—喷油针阀回位弹簧

（2）**预喷油结束**　预喷油开始后，喷油针阀继续向上运动，当凸轮转过喷油行程的1/3时，喷油针阀阻尼器下端进入喷油针阀阻尼器孔内，喷油针阀顶部的燃油就只能通过细小的缝隙流向喷油针阀回位弹簧腔内。这样，在喷油针阀的顶部形成了一个所谓的"液压垫圈"，阻止喷油针阀继续向上运动，使燃油的预喷量受到限制。

随着泵油柱塞的继续向下运动，高压油腔里的油压继续上升，当油压达到规定值时，辅助柱塞在高压燃油的作用下向下运动后，高压油腔的体积突然增大，燃油压力瞬间下降。此时，喷油针阀中部锥面上的向上推力随之减小，喷油针阀在喷油针阀回位弹簧的作用（由于受辅助柱塞的压缩而弹力增大）下回位，预喷油结束（图5-37b）。

（3）**主喷油**　预喷油结束后，泵油柱塞继续向下运动，导致高压油腔内的油压迅速上升。当油压上升到大于预喷油的油压（30MPa）时，喷油针阀向上移动，主喷油开始。由于高压油腔内燃油油压上升的速度极快，所以高压油腔内的油压继续上升，直到205MPa左右（图5-38a）。

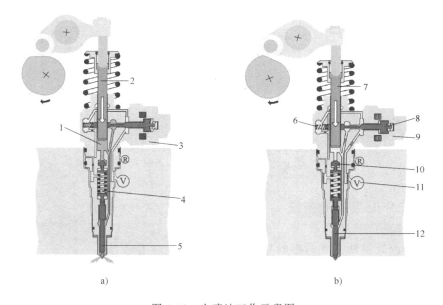

a)　　　　　　　　　　　　　　　　　b)

图5-38　主喷油工作示意图

a）主喷油开始　b）主喷油结束

1—高压油腔　2、7—泵油柱塞　3、9—喷油电磁控制阀　4—喷油针阀回位弹簧　5、12—喷油针阀

6—电磁控制阀针阀回位弹簧　8—电磁控制阀针阀　10—收缩活塞　11—供油管

（4）**主喷油结束**　当电子控制系统停止向电磁控制阀供电时，电磁控制阀针阀在电磁控制阀针阀回位弹簧的作用下向右移动，接通高压油腔与低压油道。这时，高压油腔内的燃油经电磁控制阀流向低压油道，高压油腔里的燃油压力下降，喷油针阀在喷油针阀回位弹簧的作用下回位，辅助柱塞则在喷油针阀回位弹簧的作用下关闭高压油腔与喷油针阀回位弹簧之间的油道，主喷油结束（图5-38b）。

（5）**高压油腔进油**　当凸轮的下降段与摇臂接触时，泵油柱塞在泵油柱塞回位弹簧的作用下向上运动，高压油腔因体积增大而产生真空。这时，低压油道（与进油管

相连接）内的燃油经电磁控制阀流向高压油腔，直到充满高压油腔为止，从而为下一次喷油做好准备（图5-39）。

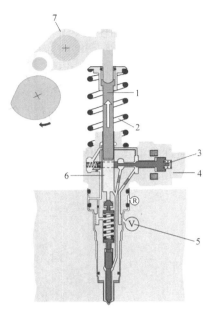

图5-39　高压油腔充注燃油

1—泵油柱塞　2—泵油柱塞回位弹簧

3—电磁控制阀针阀　4—喷油电磁控制阀

5—供油管　6—高压油腔　7—摇臂

三、电控分配泵供油系统

1. 电控分配泵供油系统的组成与分类

20世纪80年代以后，各种电控分配泵相继问世。电控分配泵都是在VE型分配泵的基础上实现电子控制的。

电控分配泵系统的结构原理图如图5-40所示。和其他电控燃油系统一样，该系统可分为传感器、ECU和执行器三大部分。

电控分配泵供油系统是根据各种传感器的信息检测出发动机的实际运行状态，实现喷油量控制、喷油时间控制、急速转速控制、故障诊断和故障应急等功能。

电控分配泵供油系统按喷油量、喷油时间的控制方法可以分为位置控制式和时间控制式两类。

2. 位置控制式电控分配泵柴油喷射系统

位置控制式电控分配泵柴油喷射系统是将VE型分配泵中的机械调速器转换成电子控制的执行机构，其基本特点是：保留了机械分配泵的溢油环，采用旋转式电磁铁，因此，不用杠杆，电磁铁中控制轴旋转改变了控制轴下端偏心球的位置，直接控制溢油环，控制喷油量。

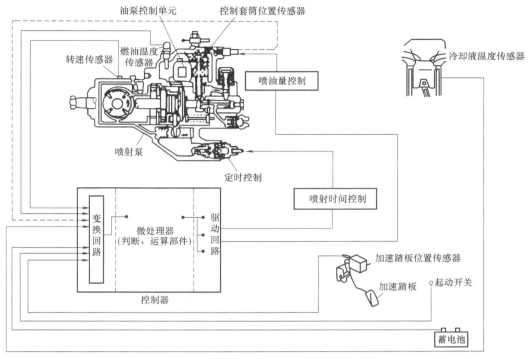

图 5-40　电控分配泵系统的结构原理图

（1）**喷油量控制**　喷油量的控制方式如图 5-41 所示。ECU 根据发动机的状态计算出目标喷油量，并将结果输出到驱动回路；驱动回路根据 ECU 的指令边反馈控制执行机构的位置，边控制输出。这样，将溢油环控制在目标位置，从而控制喷油量。

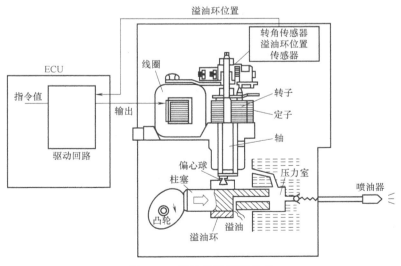

图 5-41　喷油量的控制方式

（2）**喷油时间控制**　喷油时间的控制原理图如图 5-42 所示。VE 型分配泵的提前器活塞内设有连通高压腔和低压腔的通道，按占空比控制定时调节阀，使定时活塞两侧的

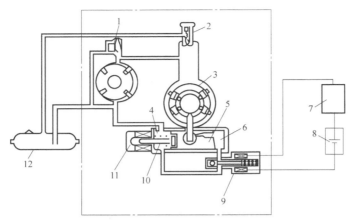

图 5-42 喷油时间的控制原理图

1—控制阀 2—溢流阀 3—滚轮环 4—进油腔 5—提前器活塞 6—喷油泵室 7—ECU 8—蓄电池
9—定时控制阀 10—弹簧 11—提前器位置传感器 12—油箱

压力差变化，从而控制喷油时间。由传感器检测出定时活塞的位置，从而进行反馈控制。

3. 时间控制式电控分配泵柴油喷射系统

时间控制式电控分配泵柴油喷射系统的 ECU 内设有时钟，通过时钟控制喷油终了时间，从而控制喷油量。控制喷油终了的执行机构是电磁阀，对每次喷油都可以进行控制，因此，取消了其他的喷油控制机构。另外，时间控制方式的电子回路比较简单。

时间控制式电控分配泵柴油喷射系统的显著特点是取消了原 VE 型分配泵上的溢油环，在泵的进油通路上设置了一个电磁溢流阀，其油量控制原理图如图 5-43 所示。

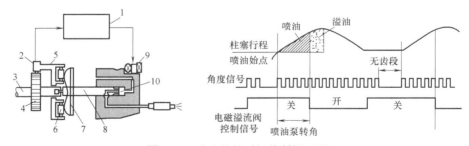

图 5-43 喷油量的时间控制原理图

1—ECU 2—角度传感器 3—驱动轴 4—脉冲发生器 5—滚轮环 6—滚轮
7—端面凸轮 8—柱塞 9—电磁溢流阀 10—高压油腔

在柱塞泵油阶段，当电磁溢流阀断电时，电磁溢流阀打开，高压燃油立即卸压，停止喷油。喷油始点并不取决于电磁溢流阀关闭的时刻，而是取决于分配泵端面凸轮的行程，与采用溢油环改变喷油终点以控制油量的方式一样。电磁溢流阀打开越晚，喷油量越多。端面凸轮行程始点就是喷油泵角度信号上的无齿段终点的信号。喷油泵角度传感器装在滚轮环上。这样，即使喷油正时有变化，由于喷油泵角度传感器随着滚轮环一起移动，因此喷油泵角度并不改变，泵油始点与无齿段终点相对位置始终不变。

思　考　题

1. 柴油机供油系统主要由哪几部分组成？

2. 对柴油机的供油系统有哪些基本要求？

3. 可燃混合气的形成方式有几种？

4. 柴油机可燃混合气的燃烧一般分为哪几个过程？各有什么特点？

5. 柴油机燃烧室有哪几种型式？各自的工作特点如何？

6. 柴油机喷油泵有哪几种型式？

7. 简述柱塞式直列喷油泵的工作过程。

8. 喷油器有哪几种类型？影响油束特性的因素有哪些？

9. 何谓供油提前角与喷油提前角？后者对柴油机性能有何影响？

10. 柱塞式直列喷油泵的供油提前角有哪几种调整方法？

11. A 型喷油泵在结构上有何特点？

12. 简述轴向压缩式分配泵的组成及工作原理。

13. 调速器的功用是什么？有哪些种类？

14. 为什么汽车、拖拉机上的柴油机必须加装调速器？试说明全程式调速器的工作原理。

15. 喷油提前角自动调节器和调速器的作用有何不同？

16. RQ 型调速器如何实现两级调速？

17. 输油泵的输油压力是靠什么保证的？为什么？

18. 柴油的主要使用性能指标有哪些？

19. 简述飞球式机械调速器的工作原理。

20. 简述孔式喷油器的结构和工作原理。

21. 简述电控高压共轨供油系统的组成和工作过程。

22. 简述高压泵的结构和工作过程。

23. 简述电控泵喷嘴供油系统的组成与工作过程。

24. 简述泵喷嘴的结构与工作过程。

25. 简述电控分配泵供油系统的组成与工作过程。

第六章

汽油机供油系统

汽油机供油系统的功用是：根据发动机各工况的不同要求，供给发动机气缸一定浓度和数量的可燃混合气，并把发动机燃烧做功行程后产生的废气排到大气中。

根据汽油的供给方式不同，汽油机供油系统可分为化油器式和电控喷射式，电控喷射式又可分为进气管喷射（包括多点喷射和单点喷射）和缸内喷射。

迄今为止，汽油机供油方式的发展经历了 3 个阶段（图 6-1）。传统化油器式和进气道喷射式（PFI）都是在气缸外形成混合气，然后进入气缸内燃烧，而缸内直喷式（GDI）则将汽油直接喷入气缸内，利用缸内气流运动、燃油喷射雾化和燃烧室表面引导形成混合气后进行燃烧。表 6-1 比较了这 3 种汽油机供油方式及优缺点。

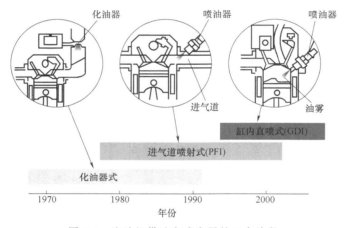

图 6-1　汽油机供油方式发展的 3 个阶段

表 6-1　3 种汽油机供油方式及优缺点对比

供油方式	GDI	PFI	化油器式
喷油方式	缸内直喷	进气道喷射	进气道吸入
混合气形成	均质或分层稀薄混合气	均质混合气	均质混合气
空燃比范围	12～50，甚至更高	14.7	12～17
充气效率	较高（中小负荷时，取消节气门节流来调节负荷，可以显著减少进气节流损失，燃油汽化可冷却进气，降低热损失）	一般（节气门）	较低（节气门和喉管）
压缩比	10～14	7～10	6～8
控制精度和响应速度	控制精度高，响应速度快	稳态工况好，过渡工况和冷起动较差	机械系统，控制精度和响应速度最慢
优化潜力	可以全方面优化	进气管及燃烧的局部优化	优化潜力较小

第一节　汽油机可燃混合气的形成与燃烧

一、燃料

在汽油发动机上，除了汽油之外，还可以使用压缩天然气、液化石油气、氢气和醇类等燃料。

1. 汽油

（1）车用汽油的使用性能　通常将馏程在 30~220℃ 范围内、含有适当添加剂的精制石油馏分称为汽油。根据其用途和品质的不同，汽油可分为航空汽油、车用汽油、工业汽油和溶剂汽油。习惯上将车用汽油简称为汽油。

汽油性能的好坏对发动机的动力性、经济性、可靠性和使用寿命有很大的影响。汽油应具有良好的抗爆性、适宜的蒸发性、良好的氧化安定性，并且应无腐蚀、无污染、不含机械杂质和水分等。

1）抗爆性。汽油的抗爆性是指汽油在发动机气缸内燃烧时抵抗产生爆燃的能力。

在汽油机燃烧中，随着压缩比及缸内气体温度的升高，可能出现一种不正常的自燃现象，称为爆燃。爆燃的产生受多种因素影响，其中汽油的抗爆性是影响汽油机爆燃的关键因素之一。汽油抗爆性的评价指标是辛烷值和抗爆指数。

2）蒸发性。汽油由液态转化为气态的性质称为汽油的蒸发性。汽油的蒸发性越好越容易汽化，与空气混合均匀，燃烧速度快，燃烧完全，可保证发动机在各种使用条件下（特别是寒冷冬季）易于起动、加速及正常运转，但蒸发性越好形成气阻的倾向性也越大。若蒸发性不好，则混合气形成困难，起动、加速性能变差，燃烧不完全，油耗增加。汽油蒸发性的评价指标是馏程和饱和蒸气压。

3）氧化安定性。汽油抵抗大气或氧气的作用而保持其性质不发生长久性变化的能力称为氧化安定性。汽油氧化安定性的评价指标是实际胶质和诱导期。

4）清净性。汽油喷射式汽油机最常发生的问题是在进气系统和喷油器上产生沉淀，其主要原因是汽油中含有不稳定的化合物，如不饱和烯烃和二烯烃，以及添加剂带入的低分子量化合物等。为了保持进气系统的清洁，充分发挥汽油喷射的优点，可向汽油中加入汽油清净剂。它是一种具有清净、分散、抗氧、破乳和缓蚀性能的多功能复合添加剂，一般是聚烯胺和聚醚胺类化合物。清净剂通过其抗氧化和表面活性作用，可以清除喷嘴、进气门上的积炭，使这些部件保持清洁，油路畅通。

【拓展阅读 6-1】　车用汽油的质量指标

（2）车用汽油的规格　按照 GB 17930—2016《车用汽油》的规定，车用汽油（Ⅳ）根据研究法辛烷值分为 90 号、93 号和 97 号 3 个牌号；车用汽油（Ⅴ）、车用汽油（Ⅵ）根据研究法辛烷值分为 89 号、92 号、95 号和 98 号 4 个牌号。车用汽油的质量指标可参阅 GB 17930—2016。

2. 压缩天然气（CNG）

CNG 是压缩天然气（Compressed Natural Gas）的缩写，它的主要成分是甲烷（所

占体积分数在 85%～97% 范围内）。它是把天然气加压后装在高压气瓶中放在车上，气瓶相当于普通汽车的燃油箱，气瓶中的压力一般为 21kPa。

天然气的低热值（50.05MJ/kg）和研究法辛烷值（RON 130）均比汽油（低热值为 43.49MJ/kg，研究法辛烷值 RON 100）高，作为发动机的代用燃料，除能保持原发动机的功率外，还有利于提高发动机的压缩比。以天然气和柴油作为燃料的双燃料发动机，一般以柴油机作为基础，当用气体燃料时，柴油就起引燃作用。天然气是一种比较洁净的能源，排放低，燃油经济性好，使用安全，输送和使用比较方便。

天然气燃烧后无废渣、废水产生，价格低，使用安全，热值高，洁净。

3. 液化石油气（LPG）

LPG 是液化石油气（Liquefied Petroleum Gas）的缩写，是炼油厂的副产品，与汽油相比其价格便宜。液化石油气的主要成分是丙烷和丁烷，另外含有少量的丙烯和丁烯及其他烃类物质。

液化石油气的特点与天然气相似，如辛烷值高（RON 111.5）、低热值高（低热值为 46.4MJ/kg）、着火温度高（丙烷自燃点为 470℃，丁烷自燃点为 365℃）、容易与空气混合、排放低等。它在加压下常以液态储存。

液化石油气本身是无色无味的，但是因为它一旦泄漏后不易扩散，为了确保使用安全，一般在液化石油气中添加臭味剂，如果发生泄漏，容易觉察，以便及时采取消防措施。

液化石油气中的丁二烯对橡胶有较强的腐蚀作用，因此液化石油气的储存、输送、减压等设备中的膜片、密封圈和软管等需采用耐腐蚀的橡胶。

4. 氢气

通过将水分解成氢和氧，可以得到足够的氢气。氢气作为燃料具有很多优点，它燃烧后变成水，不会产生烟雾和有害气体，是最清洁的燃料之一。氢气辛烷值高，自燃温度高（585℃），易与空气混合且分配均匀，因此氢气发动机热效率高，燃料经济性好。氢气是汽车最有发展前途的代用燃料之一。

宝马 7 系轿车为氢动力汽车。该车装用的 6.0L、V12 发动机既可使用汽油，也可使用液态氢。该车除装有一个容量为 74L 的燃油箱外，还配有一个可容纳 8kg 液态氢的燃料罐。

5. 醇类燃料

醇类燃料包括甲醇和乙醇。甲醇是通过煤或天然气制成的产品，性能与天然气相似，在不对发动机进行改造的前提下，可以使用甲醇与汽油混合燃料。乙醇是从玉米、小麦和甘蔗等农作物中经过发酵提炼而成的。

醇类燃料具有辛烷值高（甲醇 RON 112，乙醇 RON 111）、汽化热大（甲醇 1101MJ/kg，乙醇 862MJ/kg）、低热值低、蒸气压和沸点低、着火极限宽和燃烧速度快等特点。

醇类燃料燃烧时，排放污染物较少，是一种环保和清洁的燃料，也是较为理想的代用燃料。

二、可燃混合气成分的表示方法

可燃混合气是指燃料经过雾化、蒸发并与空气按一定比例混合的混合物。可燃混合气中汽油的含量称为可燃混合气浓度。可燃混合气的浓度通常用空燃比和过量空气系数表示。

1. 空燃比

将实际吸入发动机中空气的质量与燃料质量的比值称为空燃比，用符号 λ 表示（多为欧美国家采用），空燃比即燃烧 1kg 燃料实际供给的空气量。

理论上，1kg 汽油完全燃烧需 14.7kg 空气，故对汽油机而言，将空燃比为 14.7 的可燃混合气称为理论混合气。若空燃比小于 14.7 则说明汽油有余，称为浓混合气；若空燃比大于 14.7 则说明空气有余，称为稀混合气。

2. 过量空气系数

将燃烧 1kg 燃料实际供给的空气质量与理论上 1kg 燃料完全燃烧所需的空气质量之比称为过量空气系数，用符号 α 表示（α 为我国及苏联等国采用）。

根据上述定义，$\alpha = 1$ 的可燃混合气为理论可燃混合气，$\alpha < 1$ 的可燃混合气为浓可燃混合气，$\alpha > 1$ 的可燃混合气则为稀可燃混合气。

α 与 λ 数值对应关系见表 6-2。

表 6-2　α 与 λ 数值对应关系

α	0.6	0.7	0.8	0.9	1.0	1.1	1.2	1.3	1.4
λ	8.9	10.4	11.8	13.3	14.7	16.3	17.8	19.2	20.7

三、汽油发动机各工况对可燃混合气浓度的要求

发动机工况是发动机工作情况的简称。汽车在行驶过程中的载荷、车速和路况等经常变化。因此，汽车发动机工作时有以下特点：①工况变化范围大，负荷可从 0 变到100%，转速可从最低稳定转速变化到最高转速；②在汽车行驶的大部分时间内，发动机在中等负荷下工作。

车用汽油机在不同工况下对可燃混合气的浓度有不同的要求，分述如下：

1. 冷起动

汽油机在冷起动时，因温度低，汽油不容易蒸发汽化，再加上起动时转速低（50～100r/min），空气流过进气通道的速度很慢，汽油雾化不良，致使进入气缸的混合气中汽油蒸气太少，混合气过稀，不能着火燃烧。为了使汽油机能够顺利起动，要求供给 α 为 0.2～0.6 的浓混合气，以使进入气缸的混合气在火焰传播界限之内。

2. 怠速

怠速是指汽油机对外无功率输出的工况。这时可燃混合气燃烧后对活塞所做的功全部用来克服汽油机内部的阻力，使汽油机以低转速稳定运转。目前，汽油机的怠速转速为 700～900r/min。在怠速工况，节气门接近关闭，吸入气缸内的混合气数量很少。在这

种情况下，气缸内的残余废气量相对增多，混合气被废气严重稀释，使燃烧速度降低甚至熄火。为此，要求供给 α 为 0.6~0.8 的浓混合气，以补偿废气的稀释作用。

3. 小负荷

小负荷工况时，节气门开度在 25% 以内。随着进入气缸内混合气数量的增多，汽油雾化和蒸发的条件有所改善，残余废气对混合气的稀释作用相对减弱。因此，应该供给 α 为 0.7~0.9 的混合气。虽然，比怠速工况供给的混合气稍稀，但仍为浓混合气，这是为了保证汽油机小负荷工况的稳定性，如图 6-2 中曲线 3 的小负荷段所示。

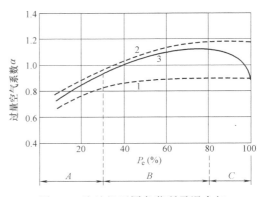

图 6-2 汽油机不同负荷所需混合气

A—小负荷 B—中等负荷 C—大负荷

1—功率混合气 2—经济混合气 3—理论混合气

4. 中等负荷

中等负荷工况节气门的开度在 25%~85% 范围内。汽油机大部分时间在中等负荷下工作，因此应该供给 α 为 1.05~1.15 的经济混合气，以保证汽油机有较好的燃油经济性。从小负荷到中等负荷，随着负荷的增加，节气门逐渐开大，混合气逐渐变稀，如图 6-2 中曲线 3 的中等负荷段所示。

5. 大负荷和全负荷

汽油机在大负荷或全负荷下工作时，节气门接近或达到全开位置。这时需要汽油机发出最大功率，以克服较大的外界阻力或加速行驶。为此应该供给 α 为 0.85~0.95 的功率混合气。从中等负荷转入大负荷时，混合气由经济混合比加浓到功率混合比，如图 6-2 中曲线 3 的大负荷段所示。

6. 加速

汽车在行驶过程中，有时需要在短时间内迅速提高车速。为此，驾驶人要猛踩加速踏板，使节气门突然开大，以期迅速增加汽油机功率。这时虽然空气流量迅速增加，但是由于汽油的密度比空气密度大得多，即汽油的流动惯性远大于空气的流动惯性，致使汽油流量的增加比空气流量的增加滞后一段时间。另外，节气门开大，进气歧管的压力增加，不利于汽油的蒸发汽化。因此，在节气门突然开大时，将会出现混合气瞬时变稀的现象。这不仅不能使汽油机功率增加、汽车加速，反而有可能造成汽油机熄火。为了避免发生此种现象，保证汽车有良好的加速性能，在节气门突然开大、空气流量迅速增加的同时，由供油系统中附设的特殊装置瞬时快速地供给一定数量的汽油，使变稀的混合气得到重新加浓。

综上所述，对于经常在中等负荷下工作的汽油机，为了保持其正常地运转，从小负荷到中等负荷要求供油系统能随着负荷的增加，供给由浓逐渐变稀的混合气，直到供给经济混合气，以保证汽油机工作的经济性。从大负荷到全负荷阶段，又要求混合气由稀变浓，最后加浓到功率混合气，以保证汽油机发出最大功率。

四、汽油机可燃混合气的燃烧

1. 正常燃烧

通常通过测取燃烧过程的展开示功图来研究汽油机燃烧过程。汽油机典型的展开示功图如图 6-3 所示。为了研究方便，按缸内压力变化特点，一般将燃烧过程分成 3 个阶段，分别称为滞燃期、急燃期和后燃期。

2. 不规则燃烧

汽油机不规则燃烧是指在稳定正常运转的情况下，各循环之间的燃烧变动和各气缸之间的燃烧差异。这是汽油机燃烧过程的一大特征。

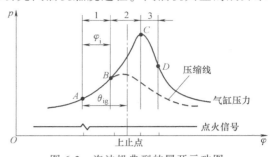

图 6-3 汽油机典型的展开示功图

1—滞燃期 2—急燃期 3—后燃期

A—开始点火 B—形成火焰中心 C—最高压力
D—燃烧结束 φ_i—着火落后角 θ_{ig}—点火提前角

（1）循环间的燃烧变动 火花塞附近混合气的浓度和气体湍流性质、程度在各循环之间均有差异，致使火焰中心形成的时间不同，即由有效着火时间变动而引起缸内压力随循环而产生的变化。循环间燃烧变化较大，是不应忽视的，低负荷时情况还要严重。这种循环间的燃烧变动使汽油机空燃比和点火提前角调整对每一循环都不可能处于最佳状态，因而油耗上升，功率下降，不正常燃烧倾向增加，整个汽油机性能下降。

（2）各缸间燃烧差异 汽油机主要采用预混混合气燃烧的方式，故混合气成分对燃烧有很大的影响。由于缸外混合，在汽油机进气管内存在着空气、燃料蒸气、各种比例的混合气、大小不一的雾化油粒以及沉积在进气管壁上厚薄不同的油膜，情况非常复杂，要想让它们均匀分配到各个气缸是很困难的。另外，各缸进气歧管的差别、各缸间进气重叠引起的干涉等现象，导致各缸进气量、进气速度以及气流的湍流状态等不能完全一致。因此，在多缸汽油机上，各缸混合气成分存在差异，以化油器供油的汽油机，这种现象尤为严重。

 【拓展阅读6-2】 汽油机燃烧过程分析

第二节 化油器式供油系统

化油器是早期汽油机上普遍采用的一种燃油汽化装置，在汽车上使用了 100 多年，是一个重大发明，但随着电子技术的快速发展，其在大中型汽油机上的应用已被更为经济、环保的电控燃油喷射系统所取代，至 20 世纪末，汽车发动机已基本不再采用化油器式供油系统。但由于其具有价格低廉、工作可靠的优点，化油器在小型汽油机上仍然被广泛应用，如摩托车、喷雾机、割草机以及各类模型的动力机上。

一、化油器的基本构造

化油器的基本构造（可称为简单化油器）包括浮子室、喷管、喉管和节气门 4 个主要部分。由输油泵供给的汽油首先流入浮子室。浮子室中装有浮子和针阀，利用浮子随油面的升降来自动开闭针阀处的进油孔，保持浮子室中的油面稳定。浮子室上部有孔与大气相通，使油面上的压力为大气压（图6-4）。

浮子室下部有量孔与喷管相连。量孔是一个内孔尺寸和形状制造得十分精确的零件，用它来控制汽油的流量。当汽油机不工作时，喷管内的油面与浮子室内的油面等高。为了防止汽油从喷管口溢出，喷管出口一般高出油面 2~5mm。喉管是进气道中一段通道面积沿轴向位置变化的短管。截面面积最小处称为喉部，喷管口就装在这里。喉管的作用是增大流过其中的空气流速，在喷管出口处造成一定的真空度，将汽油从浮子室吸出。节气门装在化油器与进气歧管连接处附近，利用其开度变化来调节进入气缸的可燃混合气量。

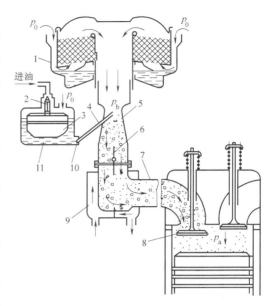

图 6-4　化油器式供油系统及工作过程
1—空气滤清器　2—针阀　3—浮子　4—喷管
5—喉管　6—节气门　7—进气歧管　8—进气门
9—进气预热套管　10—量孔　11—浮子室

二、化油器式供油系统的工作过程

化油器的基本工作原理是利用喉管处进气气流真空度引射汽油的方法形成工况需要的混合气浓度。

在进气行程中，气缸内的压力 p_a 低于大气压力 p_0，在两者的压力差 $\Delta p_a = p_0 - p_a$ 作用下，空气经空气滤清器、化油器和进气管流向气缸。当空气流过化油器喉部时，流速增加，压力下降，喉管处压力 p_b 低于大气压力 p_0，于是汽油就在压力差 $\Delta p_b = p_0 - p_b$ 的作用下从喷管口喷出。从喷管口喷出的汽油，在喉管高速气流的冲击下被吹散成不同直径的油粒而与空气混合。直径小的油粒在随空气流动的过程中很快蒸发，直径较大的油粒来不及蒸发完全，随气流进入气缸，在气缸内的进气和压缩过程中继续蒸发并与空气混合。一些大直径的油粒在随气流流动时沉积在进气管的管壁上，形成油膜，油膜在气流的作用下，缓缓地向气缸流动。在流动过程中由于进气管壁的加热，不断地蒸发并与空气混合。为了促进进气管管壁油膜的蒸发，汽油机一般利用废气加热进气管道。在化油器供油过程中，可燃混合气的形成经历较长时间，因此混合较为均匀。

在简单化油器上，当节气门开度很小时，喉管真空度很小，从喷管口流出的汽油量很少，因此混合气的 α 值很大。在节气门开度较小的范围内，如汽油机转速不变，随着节气门开度的增大，喉管真空度变大，通过喉管的空气量和汽油量都随之增加。但由于下列原因，空气量的增加率低于汽油量的增加率。

1）将汽油从浮子室油面升高到喷管口边缘所需要的真空度是一不变值，随着喉管真空度的增大，这一不变值所占的比重越来越小，因此汽油流量的增加率越来越高。

2）空气的流量系数 μ_a 在化油器中的雷诺数变化范围内变化很小，而汽油的流量系数 μ_p 在主量孔的雷诺数 Re 小于某值时变化较大。随着喉管真空度的加大，Re 增大，μ_p 也增加很快。

3）随着喉管真空度的加大，汽油的密度没有变化，而空气的密度变小。

因此，随着节气门开大，喉管真空度变大，混合气的 α 值越来越小。在节气门开度变大到一定程度以后，上述 3 种原因的影响越来越小，尤其是第一种原因，因此 α 值随节气门开度的变化趋于平缓。

第三节　电控汽油喷射系统

汽油喷射式燃油供给装置简称为汽油喷射系统，它是在恒定的压力下，利用喷油器将一定数量的汽油直接喷入气缸或进气管道内的燃油供给系统。与传统的化油器式供油系统相比，电控汽油喷射系统是以燃油喷射装置取代化油器。通过微电子技术对系统实行多参数控制，可使汽油机的功率提高 10%；在耗油量相同的情况下，转矩可增大 20%，从 0 到 100km/h 的加速时间减少 7%；油耗降低 10%；废气排放量可降低 34%~50%，如果系统采用闭环控制并加装三元催化转化器，有害气体排放量可下降 73%。

一、汽油喷射系统的类型

车用汽油喷射系统按不同方法可以分为多种类型。

1. 按喷射位置分类

根据汽油的喷射位置，汽油喷射系统可分为缸内喷射和进气管喷射两大类，进气管喷射又可进一步分为单点喷射和多点喷射（图 6-5）。

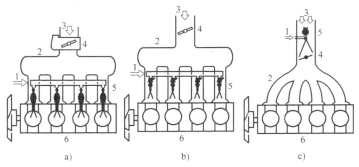

图 6-5　汽油喷射系统的分类

a）缸内喷射　b）进气管喷射（多点喷射）　c）进气管喷射（单点喷射）
1—燃油　2—进气道　3—空气　4—节气门　5—喷油器　6—汽油机

（1）**缸内喷射**　缸内喷射是将喷油器安装于缸盖上直接向气缸内喷油，因此需要较高的喷油压力（3.0~5.0MPa）。由于喷油压力较高，故对供油系统的要求较高，成本也相应提高。

（2）**进气管喷射**　进气管喷射又分为单点喷射和多点喷射。单点喷射系统是把喷油器安装在化油器所在的节气门体上，它是用一个或两个喷油器将燃油喷入进气管，形成混合气进入进气歧管，再分配到各缸中。多点喷射系统是在每缸进气口处装有一个喷油器，由 ECU 控制进行顺序喷射或分组喷射，汽油直接喷射到各缸的进气门前方，再与空气一起进入气缸形成混合气。多点喷射系统是目前最普遍的喷射系统。

2. 按喷射控制装置分类

按喷射控制装置的型式，汽油喷射系统分为机械式（或机电式）和电控式两种。机械式的燃油计量是通过机械传动与液压传动实现的，电控式的燃油计量是由 ECU 与电磁喷油器实现的。

3. 按喷射方式分类

按喷射方式，汽油喷射系统可分为连续喷射和间歇喷射两种。间歇喷射按喷油时序又可细分为同时喷射、分组喷射和顺序喷射。

4. 按空气流量测量方法分类

按空气流量的测量方法，汽油喷射系统可分为 3 种：第 1 种是直接测量空气质量流量的方式，称为质量流量控制的汽油喷射系统；第 2 种是根据进气管压力和汽油机转速来推算吸入的空气量，并计算燃油流量的速度密度方式，称为速度密度控制的汽油喷射系统；第 3 种是根据节气门开度和汽油机转速来推算吸入的空气量并计算燃油流量的节流速度方式，称为节流速度控制的汽油喷射系统。

二、电控汽油喷射系统的组成

电控汽油喷射系统主要由传感器、ECU 和执行器 3 大部分组成（图 6-6）。

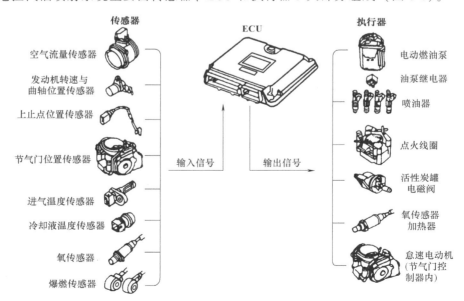

图 6-6　电控汽油喷射系统的组成

1. 传感器

电控汽油喷射系统的传感器主要有发动机转速与曲轴位置传感器、节气门位置传感器、上止点位置传感器、空气流量传感器、发动机冷却液温度传感器、进气温度传感器和氧传感器等。

（1）发动机转速与曲轴位置传感器 发动机转速传感器用来检测发动机转速，曲轴位置传感器用来检测活塞上止点位置及曲轴的转角。发动机转速传感器和曲轴位置传感器一般制成一体，是控制点火时刻和喷油时刻必不可少的信号源。

曲轴位置传感器有电磁感应式、霍尔效应式和光电式 3 种。其中，电磁感应式应用较广，通常安装在发动机曲轴附近。

电磁感应式曲轴位置传感器的工作原理图如图 6-7 所示，磁力线穿过的路径为：永久磁铁 N 极→定子与转子间的气隙→转子凸齿→转子凸齿与定子磁头间的气隙→磁头→轭铁→永久磁铁 S 极。

当信号转子旋转时，磁路中的气隙就会周期性地发生变化，磁路的磁阻和穿过信号线圈磁头的磁通量随之发生周期性的变化。根据电磁感应原理，感应线圈中就会感应产生交变电动势。

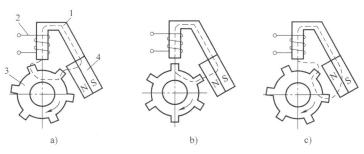

图 6-7 电磁感应式曲轴位置传感器的工作原理图

a）接近 b）对齐 c）离开

1—轭铁 2—感应线圈 3—信号转子 4—永久磁铁

当信号转子按顺时针方向旋转时，转子凸齿与磁头间的气隙减小。磁路磁阻减小，磁通量 Φ 增多，磁通量变化率变大，感应电动势 E 为正，如图 6-8 中曲线 abc 所示。当转子凸齿接近磁头边缘时，磁通量 Φ 急剧增多，磁通量变化率最大，感应电动势 E 最高，如图 6-8 中曲线 b 点所示。转子转过 b 点后，虽然磁通量 Φ 仍在增多，但磁通量变化率减小，因此感应电动势 E 降低。

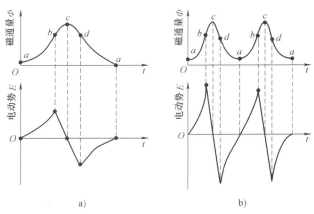

图 6-8 传感器线圈中的磁通量和电动势的波形

a）低速时 b）高速时

当转子转到凸齿的中心线与磁头的中心线对齐时（图6-7b），虽然转子凸齿与磁头间的气隙最小，磁路的磁阻最小，磁通量 Φ 最大，但是，由于磁通量不可能继续增加——磁通量变化率为零，因此感应电动势 E 为零，如图6-8中曲线 c 点所示。

当转子沿顺时针方向继续旋转，凸齿离开磁头时（图6-7c），凸齿与磁头间的气隙增大，磁路磁阻增大，磁通量 Φ 减少，所以感应电动势 E 为负值，如图6-8中曲线 cda 所示。当凸齿转到将要离开磁头边缘时，磁通量 Φ 急剧减少，磁通量变化率达到负向最大值，感应电动势 E 也达到负向最大值，如图6-8中曲线上 d 点所示。

由此可见，信号转子每转过一个凸齿，感应线圈中就会产生一个周期的交变电动势，即电动势出现一次最大值和最小值，感应线圈也就相应地输出一个交变电压信号。

【拓展阅读6-3】 发动机转速与曲轴位置传感器

（2）节气门位置传感器 节气门位置传感器用来监测节气门开度的大小，并把节气门开度状态信息输送给ECU。ECU根据节气门开度或节气门开闭的快慢程度，得到发动机负荷工作状况是怠速无负荷，还是小负荷或中等、满负荷，或者汽车是在加速或减速的信息。ECU根据这些信息，确定喷油量、喷油正时和最佳点火提前角。

节气门位置传感器安装在节气门体上，与节气门轴联动。节气门位置传感器主要采用滑动电阻式。

采用电位器式原理的汽车节气门位置传感器称为线性可变电阻型节气门位置传感器，由节气门轴带动电位计的滑动触点，如图6-9所示。在不同的节气门开度下，电位计的电阻也不同，从而将节气门开度转变为电流或电压信号输送给ECU，ECU通过节气门位置传感器可以获得节气门由全闭到全开的所有开启角度的连续变化的模拟信号，以及节气门开度的变化速率，从而更精确地判定发动机的运行情况，提高控制精度和效果。在装有电控自动变速器的汽车上，该信号作为控制不同行驶条件下档位变换的主要依据。

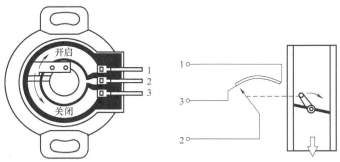

图6-9 线性可变电阻型节气门位置传感器
1—基准电压 2—输出电压 3—搭铁

（3）空气流量传感器 空气流量传感器用来测量进入发动机的空气流量，并将测量的结果转换成电信号传给ECU。空气流量传感器一般安装在空气滤清器后端、节气门体前端。

空气流量传感器近年来用得较多的有热线式空气流量传感器和热膜式空气流量传感器。热膜式空气流量传感器的结构如图6-10所示。

在传感器内部的进气通道上设有一个矩形护套（相当于取样套），热膜电阻设在护套中（图6-11）。为了防止污物沉积到热膜电阻上影响测量精度，在护套的空气入口一侧设有空气过滤层，用以过滤空气中的污物。为了防止进气温度变化使测量精度受到影响，在热膜电阻附近的气流上游设有铂金属膜式温度补偿电阻。温度补偿电阻和热膜电阻与传感器内部控制电路连接，控制电路与线束插接器插座连接，线束设在传感器壳体中部。与热线式空气流量传感器相比，热膜电阻的阻值较大，所以消耗电流较小，使用寿命较长。但是由于其发热元件表面制作有一层保护薄膜，存在辐射热传导作用，因此响应特性稍差。

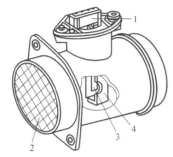

图6-10　热膜式空气流量传感器的结构

1—接线插座　2—防护网　3—铂金属膜　4—护套

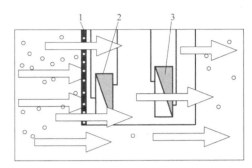

图6-11　热膜式空气流量传感器的内部元件示意图

1—过滤层　2—温度补偿电阻　3—热膜电阻

在热膜式空气流量传感器中，采用了恒温差控制电路来实现流量检测。恒温差控制电路如图6-12所示，R_H 和 R_T 分别连接在惠斯通电桥电路的两个臂上。当发热元件的温度高于进气温度时，电桥电压才能达到平衡，并由具有电流放大作用的控制电路 A 控制加热电流（50~120mA）来使发热元件温度 T_H 与补偿电阻温度 T_T 之差保持恒定（即 $\Delta T = T_H - T_T = 120℃$）。

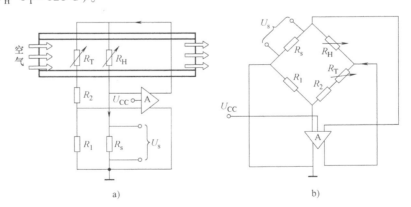

图6-12　热膜式空气流量传感器恒温差控制电路

a）电路连接　b）电桥电路

R_T—温度补偿电阻（进气温度传感器）　R_H—发热元件（热丝或热膜）电阻

R_s—信号取样电阻　R_1、R_2—精密电阻　U_{CC}—电源电压　U_s—信号电压　A—控制电路

当空气气流流经发热元件并使其受到冷却时，发热元件温度降低，阻值减小，电桥电压失去平衡，控制电路将增大供给发热元件的电流，使其温度一直比温度补偿电阻高

120℃。电流增量的大小取决于发热元件受到冷却的程度，即取决于流过传感器的空气量。当电桥电流增大时，R_s 上的电压就会升高，从而将空气流量的变化转化为 U_s 的变化。输出电压与空气流量之间近似于 4 次方根的关系，特征曲线如图 6-13 所示。信号电压输入 ECU 后，ECU 可根据信号电压的高低计算出空气质量流量 Q_m 的大小。

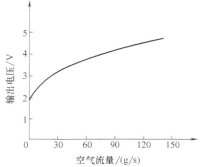

图 6-13　热膜式空气流量
传感器输出特性曲线

当发动机怠速或空气为热空气时，因为怠速时节气门关闭或接近全闭，所以空气流速低，空气量少；又因空气温度越高，空气密度越小，所以在体积相同的情况下，热空气的质量小，因此发热元件受到冷却的程度小，阻值减小的幅度小，所以电桥平衡需要的电流小，故取样电阻上的信号电压低。ECU 根据信号电压即可计算出进气量，一般怠速时的空气流量为 2.0~5.0g/s。

当发动机负荷增大或空气为冷空气时，因为节气门开度增大，所以空气流速加快，空气流量增大；而冷空气密度大，在体积相同的情况下冷空气质量大，所以发热元件受到冷却的程度增大，阻值减小幅度大，保持电桥平衡需要的电流增大，因此当发动机负荷增大时，信号电压升高。

【拓展阅读6-4】　进气歧管压力传感器

（4）冷却液温度传感器　发动机冷却液温度传感器将发动机冷却液温度的变化转换为电信号输送到 ECU，ECU 根据输入的信号（发动机冷却液温度的高低）对发动机喷油量进行修正，以调整空燃比，使进入发动机的可燃混合气燃烧稳定，冷机时供给较浓的可燃混合气，热机时供给较稀的混合气。

发动机冷却液温度传感器以热敏电阻为检测元件，如图 6-14 所示。该传感器采用的热敏电阻具有负温度系数，如图 6-15 所示。当冷却液温度低时，电阻值增大；当冷却液温度升高时，电阻值减小。

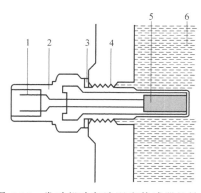

图 6-14　发动机冷却液温度传感器的结构

1—插头　2—壳体　3—密封环　4—螺纹　5—热敏电阻　6—冷却液

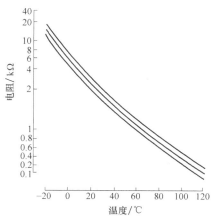

图 6-15　冷却液温度传感器的
电阻与温度的关系

（5）**进气温度传感器**　进气温度传感器与空气流量传感器相配合，用来测量空气温度的变化，以确定空气密度的变化，进而获得较精确的空气质量流量及空燃比。它通常安装在空气流量传感器上或进气歧管处。

进气温度传感器一般采用热敏电阻式，热敏电阻安装在进气温度传感器内。进气温度传感器的构造如图 6-16a 所示，其电阻与进气温度的关系如图 6-16b 所示。

当进气温度升高时，传感器阻值减小，热敏电阻上的分压值减小；反之，当进气温度降低时，传感器阻值增大，热敏电阻上的分压值升高。ECU 根据接收到的信号电压值便可计算求得对应的进气温度，从而实现实时控制。

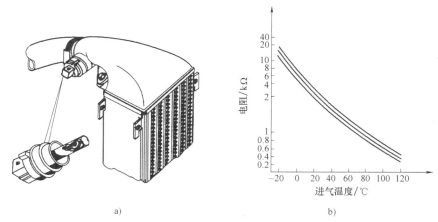

图 6-16　进气温度传感器
a）进气温度传感器的构造　b）电阻与进气温度的关系

（6）**氧传感器**　氧传感器安装在排气管中，用来检测可燃混合气的实际空燃比较理论空燃比的偏离程度，并把这一信息输入 ECU。ECU 控制喷油脉冲长短，实现反馈，组成闭式循环，满足最佳排气净化的要求。

氧传感器有氧化锆（ZrO_2）式氧传感器和氧化钛（TiO_2）式氧传感器两种。

1）氧化锆式氧传感器。氧化锆式氧传感器的结构如图 6-17 所示。氧化锆式氧传感器的基本元件是氧化锆陶瓷管（固体电解质），也称为锆管。锆管固定在带有安装螺纹的固定套中，内、外表面均覆盖着一层多孔的铂膜，其内表面与大气接触，外表面与废气接触。氧传感器的接线端有一个金属护套，其上开有一个用于锆管内腔与大气相通的孔，电线将锆管内表面的铂极经绝缘套从此接线端引出。

氧化锆式氧传感器的工作原理图如图 6-18 所示。锆管的陶瓷体是多孔的，渗入其中的氧气在温度较高时发生电离。由于锆管内、外侧氧含量不一致，存在浓度差，因而氧离子从大气侧向排气一侧扩散，从而使锆管成为一个微电池，在两铂极间产生电压。当混合气的实际空燃比小于理论空燃比，即发动机以较浓的混合气运转时，排气中氧含量少，但 CO、HC 等较多。这些气体在锆管外表面的铂催化作用下与氧发生反应，将耗尽排气中残余的氧，使锆管外表面氧气变为零，这就使得锆管内、外侧氧浓度差加大，两铂极间电压陡增。因此氧化锆式氧传感器产生的电压将在理论空燃比时发生突变：稀混合气时，输出电压几乎为零；浓混合气时，输出电压接近 1V。

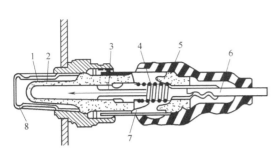

图 6-17　氧化锆式氧传感器的结构
1—废气　2—锆管　3—铂极　4—弹簧
5—绝缘套　6—信号输出导线　7—空气　8—保护套管

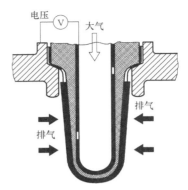

图 6-18　氧化锆式氧传感器的
工作原理图

2）氧化钛式氧传感器。氧化钛属于 N 型半导体材料，其阻值大小取决于材料温度及周围环境中氧离子的浓度，因此可以用来检测排气中的氧离子浓度。

氧化钛式氧传感器与氧化锆式氧传感器的结构相似，如图 6-19 所示，其主要由氧化钛传感元件、钢质外壳、加热元件和电极引线等组成。钢质壳体上制有螺纹，以便于传感器安装。与氧化锆式氧传感器不同的是，氧化钛式氧传感器不需要与大气压进行比较，因此传感元

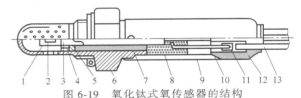

图 6-19　氧化钛式氧传感器的结构
1—加热元件　2—氧化钛传感元件　3—基片　4—垫圈　5—密封圈
6—外壳　7—滑石粉填料　8—密封釉　9—护套　10—电极引线
11—连接焊点　12—密封衬垫　13—传感器引线

件的密封与防水十分方便，利用玻璃或滑石粉等密封即可达到使用要求。此外，电极引线与护套之间设置一个硅橡胶密封线圈，可以防止水汽浸入传感器内部而腐蚀电极。

由于氧化钛半导体材料的电阻随氧离子浓度的变化而变化，因此氧化钛式氧传感器的信号源相当于一个可变电阻。

当发动机混合气稀（过量空气系数 $\alpha>1$）时，排气中氧离子含量较多，即传感元件周围的氧离子浓度较大，氧化钛呈现低阻状态；当发动机的可燃混合气浓（过量空气系数 $\alpha<1$）时，由于燃烧不完全，排气中会剩余一定的氧气，传感元件周围的氧离子很少，在催化剂铂的作用下，使剩余氧离子与排气中的 CO 发生化学反应，生成 CO_2，将排气中的氧离子进一步消耗掉，氧化钛呈现高阻状态，从而大大提高了传感器灵敏度。

2. ECU

ECU 的主要功能是根据发动机运转工况和汽车运行状态对发动机喷油量进行精确控制。近年来，电控系统的功能得以不断扩大，在发动机管理系统中，不但控制喷油器的喷油量，还可控制点火、怠速和排气再循环等；另外，还可控制底盘中的自动变速器、防抱死制动系统、悬架高度调整系统、转向助力系统及车身控制系统等。

发动机 ECU 由输入接口、微控制器和输出接口 3 部分组成（图 6-20）。

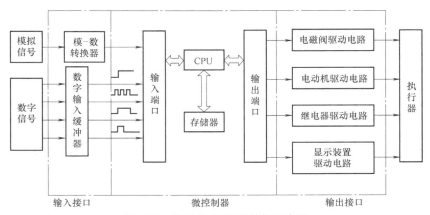

图 6-20 发动机 ECU 的结构示意图

（1）**输入接口** 输入接口的作用是将电控系统中各传感器检测到的信号通过 I/O 接口送入微控制器，完成 ECU 对控制装置运行工况的实时检测。

（2）**微控制器** 微控制器又称为单片机，是指在一块芯片体上集成了中央处理器（CPU）、随机存储器（RAM）、程序存储器（ROM 或 EPROM）、定时器/计数器、中断控制器以及串行和并行 I/O 接口等部件，构成一个完整的微型计算机。

目前，汽车上主要采用 8 位和 16 位单片机，少数高档轿车也有的采用 32 位单片机进行发动机管理控制。

（3）**输出接口** 输出接口是在微控制器与执行器之间起关联作用的装置。它的功能是将微控制器输出的电流很小的控制命令变成可以驱动执行器的控制信号，使执行器产生动作。微控制器输出的控制命令一般为数字信号，电流为毫安级。输出接口具有控制信号的生成与放大等功能。通过输出接口电路后，可以直接控制各缸喷油器和油泵继电器等工作部件。

3. 执行器

燃油喷射系统的执行器主要有喷油器、燃油泵和燃油压力调节器等。

（1）**喷油器**

1）功用。喷油器的功用是按照 ECU 的指令将一定数量的汽油适时地喷入进气道或进气管内，并与其中的空气混合形成可燃混合气。

2）构造原理。喷油器的构造如图 6-21 所示。喷油器由电磁线圈、衔铁、针阀、回位弹簧及喷油器体等主要零件构成。喷油器相当于电磁阀，通电时电磁线

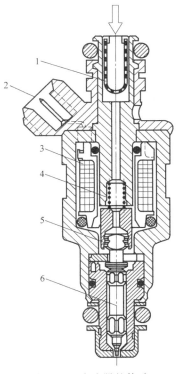

图 6-21 喷油器的构造

1—滤网 2—电插头 3—电磁线圈
4—回位弹簧 5—衔铁 6—针阀

圈产生电磁力，将衔铁及针阀吸起，喷油器开启，汽油经喷孔喷入进气道或进气管。断电时电磁力消失，衔铁及针阀在回位弹簧的作用下将喷孔关闭，喷油器停止喷油。

3）驱动电路。根据电磁线圈的电阻值，可将喷油器分为高电阻（电磁线圈电阻 12~17Ω）与低电阻（电磁线圈电阻 0.6~3.0Ω）两种类型。相应的驱动方式可分为 3 种型式，如图 6-22 所示。

图 6-22 喷油器的驱动方式

电压驱动回路与电流驱动回路分别如图 6-23a、b 所示。

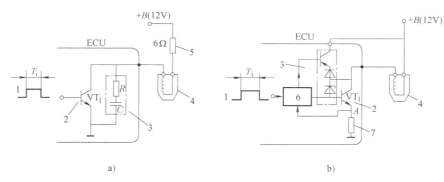

图 6-23 喷油器驱动回路

a）电压驱动回路 b）电流驱动回路

1—输入脉冲 2—VT_1 功率晶体管 3—消弧回路 4—喷油器
5—附加电阻 6—电流控制回路 7—电流反馈电阻

（2）燃油泵

1）功用。燃油泵的作用是将汽油从燃油箱中吸出，并送入喷油器。

2）安装位置。燃油泵安装于燃油箱中（图 6-24），与燃油滤清器、燃油压力调节器和燃油表等结合为一个整体。

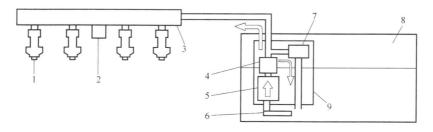

图 6-24 燃油泵安装位置

1—喷油器 2—脉动缓冲器 3—输油管 4—燃油滤清器 5—燃油泵
6—燃油泵滤清器 7—压力调节器 8—燃油箱 9—燃油泵总成

3）构造原理。燃油泵主要由电动机、叶轮、燃油泵滤清器、单向阀和安全阀等组成（图 6-25）。

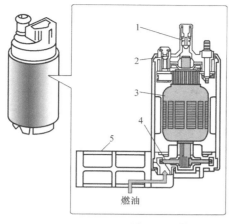
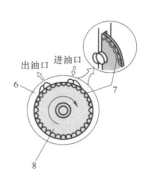

图 6-25　燃油泵的组成

1—单向阀　2—安全阀　3—电动机　4—叶轮　5—燃油泵滤清器　6—壳体　7—叶片　8—叶轮

　　叶轮及叶片是一个圆形平板，在平板的圆周上加工有小槽，形成泵油叶片。叶轮旋转时，小槽内的汽油随同叶轮一同高速旋转。在离心力的作用下，出口处油压增高，进口处产生真空，使汽油从进口吸入、出口泵出。

　　当燃油泵停止工作时，单向阀关闭，以维持燃油管路内的残余压力，这样更有助于使发动机重新起动。

　　若没有残余压力，在高温时很容易出现气阻，使发动机重新起动变得很困难。当出油口侧压力过高时，安全阀开启，防止燃油压力过高。

　　4）驱动电路。燃油泵只在发动机运转时工作。若发动机不运转，即使点火开关开启，燃油泵也不会工作，如图 6-26 所示。

　　当点火开关位于"IG"位置时，EFI 继电器接通。

　　发动机起动时，从点火开关的 ST 端子会传递一个 STA 信号到发动机 ECU。当 STA 信号被输入发动机 ECU 时，发动机 ECU 内部的晶体管接通，结果开路继电器被接通。随后，电流流进燃油泵，使燃油泵开始运作。

　　发动机运转的同时，发动机 ECU 接收到曲轴位置传感器传来的 NE 信号，晶体管继续保持开启，使燃油泵继续运作。

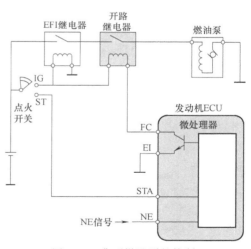

图 6-26　典型燃油泵的控制

　　若发动机停止，即使点火开关仍处于开启状态，NE 信号也不再被输入发动机 ECU，故发动机 ECU 会关闭晶体管，结果开路继电器被关闭，使燃油泵停止工作。

　　【拓展阅读6-5】　燃油泵的控制

　　（3）**燃油压力调节器**　燃油压力调节器将喷油器的燃油压力控制在 **324kPa**（视发动机型号不同，具体压力值也会不同）。此外，燃油压力调节器能像燃油泵的单向阀一样，维持燃油管里的残余压力。燃油压力调节器有以下两种燃油调节方法：

1）燃油压力恒定调节。燃油压力恒定调节是将燃油压力控制在一个恒定的压力值。当燃油压力超过燃油压力调节器的弹簧压力时，阀门开启，使燃油回流到燃油箱并调节压力。

喷油器的喷射量根据进气歧管真空度而调节，而这种真空状态随着发动机工作状态的变化而不断变化。因此，在这种燃油调节方式中，发动机 ECU 根据进气歧管真空度的变化，计算每次喷射时间内燃油喷油量，确保喷油器喷射适当数量的燃油，如图 6-27 所示。

2）喷油压力差恒定调节。这种调节方式装备一个高压油管，它持续调节燃油压力，使燃油压力高于进气歧管压力，产生的一个固定压力差。

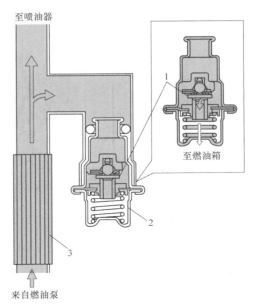

图 6-27　燃油压力恒定输出
1—阀　2—燃油压力调节器　3—燃油滤清器

其基本工作原理与燃油压力恒定调节方法相同，但由于进气歧管真空被作用于膜片的上腔，燃油压力就通过阀门开启时，根据歧管压力改变燃油压力进行控制，燃油通过回油管流回燃油箱。

喷油器的喷射量根据进气歧管真空度不同而改变，而这种真空状态随着发动机工作状态的变化而不断变化。因此，在这种燃油调节方式中，燃油压力根据进气歧管真空度而不断进行调节，使燃油压力保持高于进气歧管某一固定压力，以确保每次喷射时间都能维持一个固定的喷油量，如图 6-28 和图 6-29 所示。

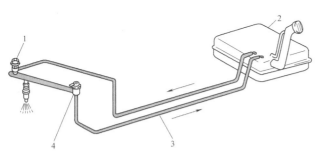

图 6-28　燃油压力调节器控制喷油器压力差
1—脉动缓冲器　2—燃油箱　3—回油管　4—燃油压力调节器

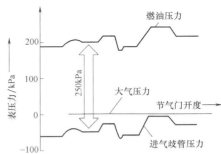

图 6-29　燃油压力调节器的工作特性图

三、电控汽油喷射系统的控制原理

当发动机工况和喷油系统结构确定后，每循环喷油量取决于由 ECU 控制的喷油器工作（喷射）持续时间。由于ECU发出的控制喷油持续时间的指令是脉冲型信号，该脉冲的工作宽度（简称"喷油脉宽"）就决定了喷油持续时间，即喷油量控制实质上是根据特定状况下所设定的目标，对喷油持续工作时间（喷油脉宽）实施控制，确保发动机处于最佳空燃比燃烧状况。

电控汽油喷射系统的控制主要有喷油量控制、喷油正时控制和喷油器控制等。

1. 喷油量控制

电控汽油喷射系统的发动机之所以具有良好的动力性和经济性，而排放污染又大为降低，是因其基于空燃比的精确控制。这种基于空燃比的控制是通过对喷油持续时间的控制实现的，喷油持续时间实际上就是由ECU运算后，输送给喷油器喷油脉冲信号的宽度。电控汽油喷射系统对喷油量控制的核心是精确地确定和控制喷油的持续时间（喷油脉宽）。根据发动机的运行特点，喷油持续时间可分为两大类，即起动时喷油持续时间和起动后喷油持续时间。另外，还包括起动后异步喷射。

（1）起动时喷油持续时间 在发动机起动时，转速波动大，空气流量传感器无法精确地测量进气量，进而确定合适的喷油持续时间。因此，发动机起动时，ECU根据起动装置的开关信号和发动机转速，首先判定为起动工况。然后，由ECU根据当时的冷却液温度，从存储的冷却液温度-喷油时间的对应关系中找出相应的基本喷油时间，即起动时的基本喷油持续时间。接下来，再进行进气温度和蓄电池电压修正，得到起动时的喷油持续时间。

在起动过程中，有些电控汽油机中的ECU还能根据发动机冷却液温度，同时进行一定量的异步喷射，或控制冷起动喷油器进行异步喷射，以补充冷起动过程对燃油量的额外要求。

（2）起动后喷油持续时间

1）基本喷油持续时间。基本喷油持续时间是为了实现目标空燃比控制，利用空气流量传感器和曲轴位置传感器等输入信号，计算求得的喷油持续时间。空气流量传感器的种类不同，进行计算的方式和方法也不同。

当采用叶片式空气流量传感器时，在标准大气状态下，基本喷油持续时间是根据空气流量传感器和发动机转速以及设定的空燃比确定的。

当采用热线式空气流量传感器时，由于它是质量流量测量的，不需像使用叶片式空气流量传感器和卡门涡旋式空气流量传感器时那样必须进行温度和大气压力修正。

2）温度修正系数。发动机进行冷起动时或夏天在高温行驶后发动机熄火10～30min，都需增加燃油喷射量。

低温起动时之所以要求燃油增量修正，其主要原因是温度低时汽油汽化不良，气缸内满足要求的可燃混合气量少，使燃油基本喷油量形成的混合气比目标空燃比时的混合气稀，如果不进行燃油增量修正，就会发生怠速运转不稳、发动机熄火和振动等现象。

3）加减速运转时的燃油修正系数。在汽车进行加速、减速等过渡工况时，如果只有燃油基本喷油量，混合气的空燃比相对于目标值会产生一定偏移。一般情况下，加速时混合气变稀，减速时混合气变浓。因此，需分别进行燃油增量和减量的修正。如果不进行加速时燃油量的修正，发动机就会发生"喘振"，车辆因而产生前后方向的振动现

象。此外，排气中的有害成分也会增加。

4）理论空燃比反馈的修正系数。为了适应排放法规提出的排放要求，汽车上都装用了三元催化转化器。三元催化剂仅在理论空燃比附近，才能使 CO、HC 的氧化作用与 NO_x 的还原作用同时较好进行，才具有向 CO_2、H_2O、O_2 以及 N_2 无害化充分转化的能力。如果实际空燃比偏离理论空燃比，则转化能力降低。混合气变稀时，排出的 NO_x 增多；混合气变浓时，排出的 CO 和 HC 增多。

为了有效地利用三元催化剂，充分净化排气，需提高空燃比的配制精度，使其尽量维持在以理论空燃比为中心的非常狭窄的范围内，这就要求十分精确地控制喷油量。解决的方法是借助安装在排气管中的氧传感器送来的反馈信号，对理论空燃比进行反馈控制。

5）大负荷、高转速运转时的修正系数。发动机在部分负荷下工作时，空燃比的调整是在考虑保持一定排放性能的前提下，尽量提供经济混合气成分，以得到最低油耗。当汽车在节气门全开情况下大负荷行驶时，要求发动机输出更大转矩。根据转矩随空燃比的变化规律，应将空燃比设定在与转矩峰值相对应的 12.5 附近，可采用开环控制。

由于基本喷油持续时间可以实现理论空燃比在 14.7 附近，所以需将增量修正系数乘以基本喷油时间。节气门位置传感器是传送发动机负荷状态的传感器，通过节气门位置传感器可把全负荷信号输入 ECU。实现大负荷控制为开环控制，氧传感器的反馈控制停止工作。

6）无效喷射时间修正系数。当 ECU 输出信号驱动喷油器工作时，喷油器存在动作滞后现象，即阀开启有动作滞后期。对于动作滞后时间，开阀时的大于闭阀时的，其中喷油器不喷射的时间称为无效喷射时间。在用 ECU 计算喷油持续时间时，需针对这一情况进行加法修正。当蓄电池电压降低时，无效喷射时间增加；当蓄电池电压升高时，无效喷射时间减少。

（3）起动后异步喷射 起动后异步喷射是指与曲轴转角（CA）不同步的喷射。加速时的燃油量修正，是与曲轴转角（CA）同步的燃油增量喷射；而急加速时的燃油量修正属于异步喷射。在急加速工况下，汽油来不及供给，需要施加临时性的燃油增量喷射。

为了有效进行异步喷射控制，需快速检测加速工况：在表征发动机状态的各种参数点，可以利用节气门开度变化信号快速检测发动机的加速工况。

2. 喷油正时控制

喷油正时是指喷油器开始喷油的时刻。单点汽油喷射系统只有一个或两个喷油器，发动机一起动就连续喷油。多点汽油喷射系统每个气缸配有一个喷油器，根据汽油喷射时序不同，多点汽油喷射分为同时喷射、分组喷射和顺序喷射 3 种喷射方式。

（1）同时喷射控制 同时喷射是指各缸喷油器同时喷油，其控制电路如图 6-30a 所示，各缸喷油器并联在一起，电磁线圈电流由一个功率晶体管驱动控制。

当发动机工作时，ECU 根据曲轴位置传感器和凸轮轴位置传感器输入的基准信号，发出喷油指令，控制功率晶体管 VT 导通与截止，再由功率晶体管控制喷油器电磁线圈电流的接通与切断，使各缸喷油器同时喷油和停止喷油。

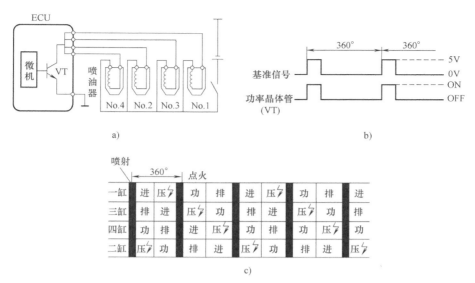

图 6-30　同时喷射控制电路与正时关系

a）控制电路　b）控制信号波形　c）正时关系

　　曲轴每转一圈或两圈，各缸喷油器同时喷油一次，喷油器的控制信号波形如图 6-30b 所示。由于各缸同时喷油，因此喷油正时与发动机进气、压缩、做功、排气行程无关，如图 6-30c 所示。

　　同时喷射的控制电路和控制程序简单，且通用性较好，但各缸喷油时刻不可能为最佳。在图 6-30c 中，除一、四缸喷油正时较好外，二、三缸喷射的燃油在进气门附近将要停留较长时间，其混合气雾化质量必然降低，因此现代汽车汽油喷射系统已很少采用同时喷射方式。

　　（2）**分组喷射控制**　分组喷射是将喷油器的喷油分组进行控制，一般将四缸发动机分成两组，六缸发动机分成三组，八缸发动机分成四组。四缸发动机分组喷射控制电路如图 6-31a 所示。

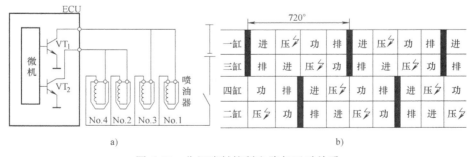

图 6-31　分组喷射控制电路与正时关系

a）控制电路　b）正时关系

　　当发动机工作时，由 ECU 控制各组喷油器轮流喷油。发动机曲轴每转一圈，只有一组喷油器喷油，每组喷油器喷油时连续喷射 1~2 次，喷油正时关系如图 6-31b 所示。

　　分组喷射方式虽然不是最佳的喷油方式，但一、四两缸的喷油时刻较佳，其混合气雾化质量较同时喷射有很大改善。

（3）**顺序喷射控制** 顺序喷射是指各缸喷油器按照各缸工作的顺序喷油。由于各缸喷油器独立喷油，因此也称为独立喷射，其控制电路如图 6-32a 所示。

在顺序喷射系统中，发动机工作一个循环（曲轴转两圈），各缸喷油器轮流喷油一次，且像点火系统点火一样，按照各缸工作的顺序依次进行喷射，喷油正时关系如图 6-32d 所示。

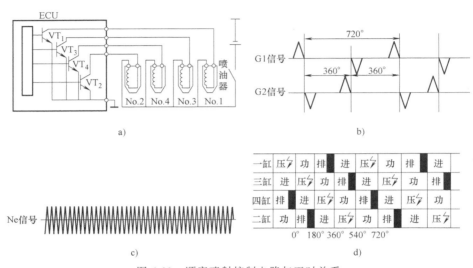

图 6-32 顺序喷射控制电路与正时关系
a）控制电路 b）气缸判别信号 c）曲轴转速与转角信号 d）正时关系

当 ECU 根据曲轴位置（转角）信号和判缸信号，确定出是哪个气缸的活塞运行至排气行程上止点前某一角度（四缸发动机一般在上止点前 60° 左右）时，开始计算喷油提前角，并适时发出喷油控制指令，接通该缸喷油器电磁线圈的电流，使喷油器适时开始喷油。

顺序喷射的各缸喷油时刻均可设置在最佳时刻，燃油雾化质量好，有利于提高燃油经济性和降低废气的排放量，但其控制电路和控制软件较复杂。

在多点顺序喷射系统中，喷油顺序与点火顺序同步，点火时刻在压缩上止点前开始，喷油时刻在排气上止点前开始。

3. 喷油器控制

发动机各种传感器的信号输入 ECU 后，ECU 根据数学计算和逻辑判断结果，发出脉冲信号指令控制喷油器喷油。

电控汽油喷射系统中喷油器的控制电路如图 6-33 所示。

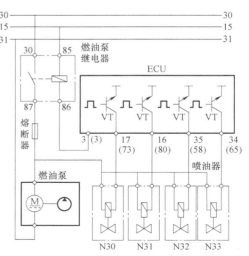

图 6-33 电控汽油喷射系统中喷油器的控制电路

当 ECU 向喷油器发出的控制脉冲信号的高电平加到驱动晶体管 VT 基极时，VT 导通，喷油器线圈通电，产生电磁吸力将阀门吸开，喷油器开始喷油。当控制脉冲信号的低电平加到驱动晶体管 VT 基极时，VT 截止，喷油器线圈断电，在回位弹簧的弹力作用下阀门关闭，喷油器停止喷油。

由于控制信号为脉冲信号，因此阀门不断地开闭使喷出的燃油雾化质量良好。雾状燃油喷射在进气门附近，与吸入的空气混合形成可燃混合气。当进气门打开时，被吸入气缸内燃烧做功。

第四节　缸内直喷供油系统

GDI 是 Gasoline Direct Injection 的缩写，即汽油直接喷射，其结构如图 6-34 所示。

传统汽油喷射发动机是将燃油喷入进气道中，与空气混合后以可燃混合气的形式被吸入燃烧室。汽油缸内直接喷射技术是借助一个燃油泵将汽油压力提高到 10~12MPa，并将汽油直接泵入燃烧室内的电磁喷油器，然后通过 ECU 控制喷油器，使汽油在最恰当的时刻直接喷入燃烧室，使燃烧更充分、更完全。

在汽油缸内直接喷射发动机中，ECU 根据发动机的工作状况，始终控制喷油器保持最佳喷油量，进而使可燃混合气充分燃烧，大大地提高了发动机的综合性能。

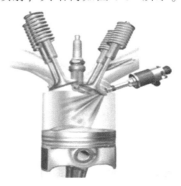

图 6-34　GDI 的结构图

一、缸内直喷供油系统的组成与供油过程

1. GDI 发动机供油系统的组成

GDI 发动机的供油系统主要由燃油箱、电动燃油泵、燃油滤清器、燃油低压传感器、高压泵、燃油压力调节器、共轨、限压阀、高压喷油器和燃油高压传感器等组成（图 6-35）。

GDI 供油系统可分为低压供油系统和高压供油系统。低压供油系统是指电动燃油泵至低压喷油器之间的油路系统。高压供油系统是指高压泵至高压喷油器之间的油路系统（图 6-36）。

2. 供油系统的工作过程

燃油泵控制单元控制电动燃油泵，使低压油路内的油压达到 50~500kPa，在冷、热机起动发动机时，低压供油系统内的油压可以达到 650kPa。燃油滤清器限压阀的开启压力约为 680kPa。高压泵由驱动凸轮驱动，高压泵经燃油压力调节器（高压）产生共轨内所需要的压力，约为 5~11MPa（取决于发动机的负荷和转速）。高压燃油通过分配管被输送到各缸的喷油器内；高压油路内的限压阀压力一般设定为 12~15MPa，当超过这个范围时，限压阀自动开启，以保护高压部件。共轨起缓冲器的作用，吸收高压燃油路内的压力波动。

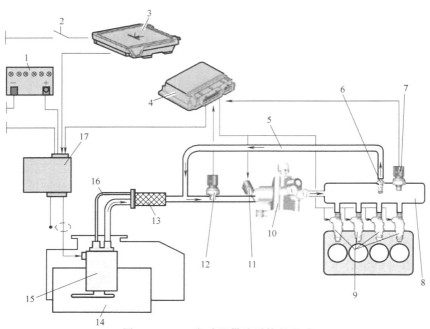

图 6-35　GDI 发动机供油系统的组成

1—蓄电池　2—门开关　3—车身动力单元　4—发动机控制单元　5—回油管

6—限压阀　7—燃油高压传感器　8—共轨　9—高压喷油器　10—高压泵　11—燃油压力调节器

12—燃油低压传感器　13—燃油滤清器　14—燃油箱　15—低压泵　16—回油管　17—燃油泵控制单元

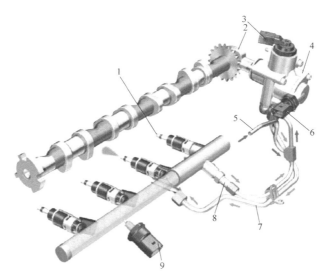

图 6-36　GDI 发动机供油系统的高压部分

1—喷油器　2—驱动凸轮　3—燃油压力调节器　4—高压泵　5—低压油管

6—燃油低压传感器　7—高压油管　8—限压阀　9—燃油高压传感器

二、缸内直喷供油系统的主要供油部件

缸内直喷供油系统与缸外喷射供油系统的低压供油部件基本相同，主要不同之处在

于高压喷油部件。

高压喷油部件主要有高压泵、高压喷油器和燃油压力传感器等。

1. 高压泵

（1）**高压泵的作用**　高压泵是将低压的燃油加压，以供入共轨。其平均供油量是喷油器平均供油量的 2 倍左右。高压泵由凸轮轴以机械方式来驱动。高压泵的压力缓冲器会吸收高压系统内的压力波动。

（2）**高压泵的结构**　高压泵一般采用活塞泵，由凸轮轴驱动。高压泵由凸轮、油泵柱塞、进油泵和燃油压力控制阀等组成（图 6-37）。

（3）**高压泵的工作过程**　高压泵可分为进油、供油和回油 3 个过程。

1）进油过程。当油泵柱塞向下运动时，活塞上腔的容积不断增加，产生真空吸力，此时出油阀在弹簧力的作用下处于关闭状态，进油阀在针阀弹簧力的作用下被打开，燃油以最高 600kPa 的压力经进油阀进入泵腔（图 6-38）。另外，油泵柱塞向下运动产生真空吸力，也会吸入燃油。

油泵柱塞向下运动过程中，泵腔内的燃油压力近似于低压系统内的压力。

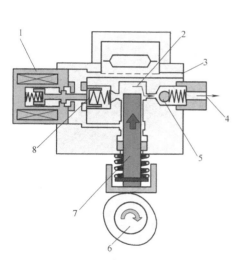

图 6-37　高压泵的结构

1—燃油压力控制阀　2—高压油腔
3—来自低压油路的燃油　4—去共轨　5—出油阀
6—进气凸轮　7—油泵柱塞　8—进油阀

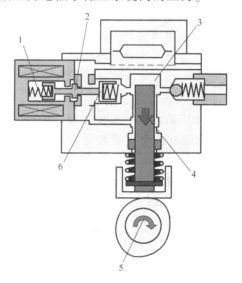

图 6-38　进油过程

1—燃油压力控制阀　2—进油阀芯　3—高压油腔
4—油泵柱塞向下运动　5—进气凸轮　6—进油阀弹簧

2）回油过程。在回油过程中，进油阀仍然处于打开状态。随着油泵柱塞向上运动，泵腔内过多的燃油被压回到低压系统，以此来调节实际供油量。回油时产生的液体脉动由油压衰减器和节流阀进行衰减。在回油过程中，泵腔内的油压近似于低压系统的油压。

3）供油过程。控制单元计算供油始点并给燃油压力控制阀发送指令使其吸合。针阀将克服针阀弹簧的作用力向左运动；同时油泵柱塞向上运动，泵腔内油压高于共轨内的油压时，出油阀被开启，燃油被泵入共轨内。

2. 高压喷油器

（1）**高压喷油器的结构特点** 为了提高雾化细度和减小贯穿度，人们在喷油器方面做了很多研究。由于汽油机的喷射压力远低于柴油机，多孔喷油器喷嘴易于积炭堵塞且雾化不良，燃烧时火焰传播不稳定。难以避免碳烟与颗粒排放，一般不在缸内直喷汽油机上使用。类似于伞喷的外开式单孔轴针式喷油器，能够改善喷雾情况且不易积炭、堵塞，它可以取消压力室容积并且在设计上更灵活，还可以设计燃油旋流，可同时兼顾喷雾锥角、贯穿距离和燃油粒度的不同要求，但它密封性要差一些。目前在 GDI 发动机上得到广泛使用的是内开式旋流喷油器，其内部设有燃油旋流腔，燃油通过其中产生的旋转涡流来实现微粒化并减小喷束的贯穿度，从而可以实现 5MPa 的缸内喷射。图 6-39 所示为旋流式喷油器。

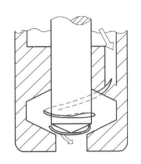

图 6-39 旋流式喷油器

高压喷油器主要由电磁线圈、压力弹簧、阀针、阀座和供电插头等构成，如图 6-40 所示。

（2）**高压喷油器的作用** 高压喷油器的主要作用：①令燃油形成细雾；②将燃油准确地喷到燃烧室内相应区域；③在正确的时刻令燃油被直接压入燃烧室。

（3）**高压喷油器的工作过程** 电磁线圈通电，产生的电磁力使铁心克服弹簧力而移动，与铁心一起的针阀被打开，液压油便从喷口喷出。电磁线圈断电，其电磁力消失，铁心在弹簧力的作用下迅速回位，针阀关闭，喷油器立即停止喷油。喷油器是将汽油直接喷入燃烧室，对于单孔喷油器，其燃油喷射锥角为 70°，喷束倾角为 20°，如图 6-41 所示。对于多孔喷油器，其燃油喷射锥角为 50°。喷油器的工作特性曲线如图 6-42 所示。

喷油器的开启过程可分为预励磁、升压、拾波和保持 4 个阶段。

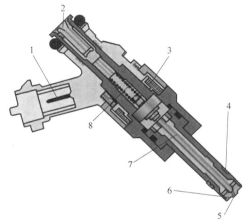

图 6-40 高压喷油器的结构
1—供电插头 2—燃油分配管的入口（带细滤网）
3—电磁线圈 4—密封圈 5—出油孔
6—阀座 7—带衔铁的阀杆 8—压力弹簧

（4）**高压喷油器与火花塞的相对位置** 对于如何布置喷油器和火花塞的位置以及如何组织缸内气体流动才能得到适应不同位置的燃油混合气，是 GDI 研究较多的问题。对于喷油器和火花塞的相对位置，图 6-43 是近来 GDI 发动机发展的一种叫作"宽间距"的分层充气稀薄燃烧技术，喷油器和火花塞间距较大，这样在燃烧室能够产生最佳的混合气。在压缩行程后期燃油喷向活塞顶部的球形腔，而不是直接喷向火花塞。通过垂直进气道、活塞头的球形腔和电磁高压旋涡，喷油器形成绕垂直于气缸轴线旋转的滚流，滚流将燃油带到火花塞，并且使混合气很好地雾化，这样可以获得最佳的混合气。这种燃烧技术的空燃比可以超过 40，燃油经济性可以提高 30%。

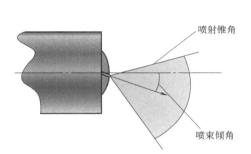

图 6-41 单孔喷油器的喷射锥角与喷束倾角

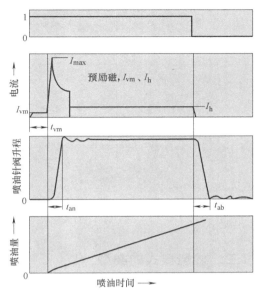

图 6-42 喷油器的工作特性曲线

3. 燃油压力传感器

（1）**燃油压力传感器的功能** GDI 燃油压力传感器安装在共轨上。用于检测共轨的油压，用于控制燃油的压力调节阀（电磁阀）。共轨内油压保持恒定，对减少排放、减小噪声和提高功率均具有重要作用。

（2）**燃油压力传感器的结构原理** GDI 燃油压力传感器的结构如图 6-44 所示。该传感器的核心就是一个钢膜，在钢膜上镀有应变电阻。一旦要测的压力经压力接口到钢膜的一侧时，由于钢膜弯曲，就引起应变电阻的电阻值发生变化。

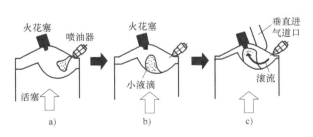

图 6-43 宽间距混合气形成过程

a）喷油结束 b）油束与活塞冲击 c）混合气由滚流带到火花塞

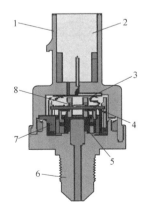

图 6-44 GDI 燃油压力
传感器的结构

1—壳体 2—插头 3—接触桥片
4—印制电路板 5—传感器元件（应变电阻）
6—压力接口 7—隔块 8—专用集成电路

GDI 燃油压力传感器的特性曲线如图 6-45 所示。

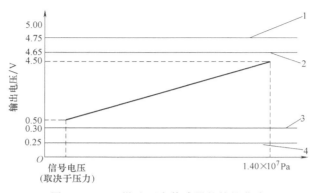

图 6-45　GDI 燃油压力传感器的特性曲线

1、4—传感器损坏　2—最大压力　3—最小压力

三、燃烧模式的类型

图 6-46 所示为在各个不同转速范围内的燃烧方式。在中转速与中负荷区域进行分层燃烧。而在高转速、高负荷区域中，在进气行程时则进行喷油，由此，实现均质燃烧。此外，这种均质燃烧区域，可以分为稀薄燃烧区域与原来发动机相同的理论空燃比及更浓空燃比区域。在分层燃烧与均质燃烧相关的区域中，分为进气行程与压缩行程二次喷射。图 6-47 所示为喷油控制特性。由图可知，利用与负荷及转速相适应的最佳燃烧形态，最大限度提高燃油经济性，并同时确保转矩连续性。

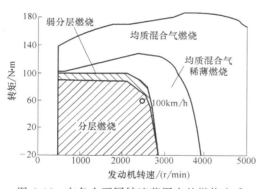

图 6-46　在各个不同转速范围内的燃烧方式

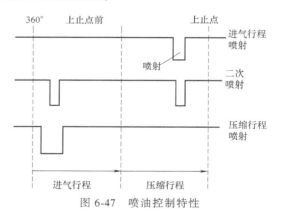

图 6-47　喷油控制特性

1. 轻负荷时（强分层燃烧）

当节气门全开时，发动机燃烧仍处于稳定状态。在分层燃烧时，即使在稀薄空燃比场合，在火花塞附近的空燃比仍较浓。所以，NO_x 排放的峰值比通常的均质燃烧发动机更偏向较稀薄空燃比一侧。由于排气再循环逐渐增加，NO_x 减少，在这种条件下，当排气再循环率达到 35% 时，NO_x 约可减少 90%。

2. 中负荷时（弱分层燃烧）

一方面，在分层燃烧中，当增加燃油，节气门全开，过浓空燃比区域存在时，容易产生烟雾；另一方面，在进气行程中，喷射而形成均质混合气时，在分层燃烧所要求的节气门开度不变情况下，空气量过多，则容易熄火。这种节气门开度差，成为压缩行程喷油与进气行程喷油之间转矩不连续的原因。为此，把燃油分为进气行程与压缩行程进行二次喷射，形成弱分层混合气，可以防止黑烟产生，处于均质燃烧区域中。

3. 高负荷时（均质燃烧）

在高负荷时，在进气行程时进行喷油，由此实现均质燃烧。如前所述，根据不同负荷，可以分为稀薄燃烧、理论空燃比燃烧和浓空燃比燃烧。

思 考 题

1. 汽油是用什么指标进行标号的？分析这一指标的意义。

2. 论述汽油机正常燃烧过程的几个阶段。

3. 汽油机的不正常燃烧有几种？分别由何原因引起？

4. 影响汽油机燃烧过程的主要因素有哪些？

5. 汽油机运行工况对混合气成分有何要求？

6. 分析并比较电控汽油喷射系统与化油器式供油系统的性能特点。

7. 电控汽油喷射系统由哪几部分组成？试述其工作原理。

8. 电控汽油喷射系统中有哪些传感器？

9. 试说明各种空气流量传感器的工作原理。

10. 在电控汽油喷射系统中，喷油器的实际喷油量是如何确定的？

11. 比较多点与单点喷射系统的优缺点。

12. 什么是汽油机缸内直接喷射系统？这种系统有何优缺点？

13. 缸内直喷汽油机分层燃烧和均质燃烧各有何特点？

14. 叶片式电动燃油泵的工作原理如何？

15. 燃油压力调节器的功用是什么？

16. 喷油器的功用如何？轴针式喷油器由哪些零件构成？

第七章

汽油机点火系统

第一节 点火系统的要求与分类

一、点火系统的功用

在汽油发动机中，汽油机的压缩可燃混合气是靠电火花点燃的，为此在汽油机的燃烧室内装有火花塞。能够按时在火花塞电极间产生电火花的全部设备称为汽油机点火系统。

点火系统的功用是按照发动机点火次序在规定时刻供给火花塞足够能量的直流高压电，使其两极产生电火花点燃可燃混合气，使发动机做功。

二、对点火系统的要求

点火系统应在发动机各种工况和使用条件下，保证可靠而准确的点火。为此，点火装置应满足下列 3 个基本要求：

1. 能产生足以击穿火花塞电极间隙的高压电

实践证明，汽车发动机在满负荷低速运行时需 8~10kV 的点火电压，起动时则常需 9~17kV 的点火电压，正常点火一般在 15kV 以上，为了保证点火可靠，考虑各种不同因素的影响，点火高电压必须有一定的储备量，所以点火装置产生的电压一般在 15~20kV 范围内，而且高电压的升值要快。

击穿电压与很多因素有关。这些因素包括：火花塞电极间隙的大小，气缸内混合气的压力与温度，电极的形状、温度和极性，发动机的工作情况等。

2. 火花塞应具有足够的能量

要使混合气可靠点燃，火花塞产生的火花应具有一定的能量，发动机正常工作时，由于混合气压缩终了的温度已接近其自燃温度，因此所需的火花能量很小（1~5mJ）。蓄电池点火系统能发出 15~50mJ 的火花能量，足以点燃混合气。但在发动机起动、怠速运转以及节气门急剧打开时，则需较高的火花能量。

起动时，由于混合气雾化不良，废气稀释严重，电极温度低，所需的点火能量最高。另外，为了提高发动机的经济性，当采用 $\alpha = 1.2 \sim 1.25$ 的稀混合气时，由于稀混合气难于点燃，也需增加火花能量。考虑上述情况，为了保证可靠点火，火花塞一般应保证有 50~80mJ 的火花能量，起动时应产生大于 100mJ 的火花能量。

【拓展阅读7-1】 影响火花塞点火性能的因素

3. 点火提前角应适应发动机的工况要求

（1）点火提前角 从火花塞发出电火花（火花时刻）开始到活塞移到上止点之间的曲轴转角（CA）称为点火提前角。

（2）影响点火提前角的因素 影响点火提前角的因素主要有转速、负荷、起动工况、怠速工况、汽油的辛烷值、压缩比、混合气成分和进气压力等。

1）转速（图7-1a）。发动机转速越高，最佳点火提前角越大。这是因为转速越高，在同一时间内活塞移动的距离越大，曲轴转角也就越大。如果混合气的燃烧速率不变，则最佳点火提前角应按线性增加。但当转速升高时，混合气的压力和温度增高，扰流也增强，使燃烧速度随之加快，因此，最佳点火提前角应随发动机转速升高而增大，但不是线性的。

2）负荷（图7-1b）。在同一转速下，发动机负荷增大，最佳点火提前角随之减小，这是由于负荷增大，即节气门开度增大，吸入气缸的混合气增多，压缩终了时的压力和温度增高，使燃烧速度加快，因此最佳点火提前角应随负荷的增大而减小。

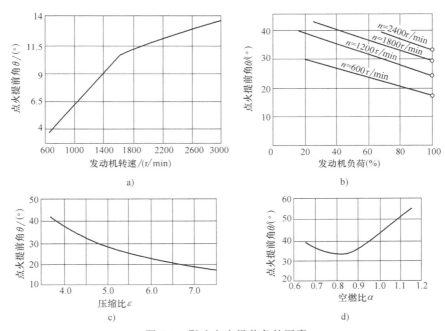

图7-1 影响点火提前角的因素

a）最佳点火提前角与转速的关系 b）最佳点火提前角与负荷的关系
c）最佳点火提前角与压缩比的关系 d）最佳点火提前角与混合气成分的关系

3）起动及怠速。当发动机起动和怠速时，虽然混合气燃烧速度较慢，但混合气的全部燃烧时间只占较小的曲轴转角（CA），如果点火过早，可能使曲轴反转，因此，要求点火提前角减小或不提前。

4）汽油的辛烷值。由内燃机原理可知，爆燃会导致发动机功率下降、油耗增加和发动机过热等，对发动机极为有害。汽油的抗爆能力用辛烷值表示。辛烷值高的汽油不易产生爆燃，其点火提前角可增大些；在燃用低辛烷值汽油时，应适当减小点火提

前角。

5）压缩比（图7-1c）。压缩比增大，压缩行程终了时的压力和温度增高，最佳点火提前角应减小。

6）混合气成分（图7-1d）。混合气浓度直接影响燃烧速率，在 $\alpha = 0.8 \sim 0.9$ 时，燃烧速率最快，最佳点火提前角最小。过稀或过浓的混合气，由于燃烧速率变慢，必须增加点火提前角。

7）进气压力。高原地区大气压力低，空气稀薄，进气压力减小，混合气雾化和扰流变坏，燃烧速度变慢，应适当加大点火提前角。

三、点火系统的分类

按照点火系统的组成和产生高压的方式不同，发动机的点火系统可分为传统点火系统、半导体点火系统和电控点火系统等。

1. 传统点火系统

传统点火系统以蓄电池和发电机为电源，也称为蓄电池点火系统。它靠点火线圈和分电器的作用，将电源提供的12V、24V或6V的低压直流电转变为高压电，并分配到各缸火花塞，使火花塞两电极之间产生电火花，点燃可燃混合气。传统点火系统产生的高压电比较低，高速时工作不可靠，需要经常检查和维护，目前已被半导体点火系统和电控点火系统所代替。

2. 半导体点火系统

半导体点火系统也是以蓄电池和发电机为电源。它由传感器或断电器的触点产生点火信号，经由半导体器件组成的点火控制和点火线圈，将电源的低压电转变为高压电。

3. 电控点火系统

电控点火系统与上述两种点火系统相同，也以蓄电池和发电机为电源。它由电控装置即ECU，根据各种传感器提供的反映发动机工况的信号，确定点火时刻，并发出点火控制信号，通过点火线圈将电源的低压电转变为高压电，由配电器将高压电分配到各缸火花塞，它还可以进一步取消分电器，由电控系统直接进行高压电的分配，是现代最新型的点火系统，已广泛应用在汽车上。

第二节　传统点火系统

一、传统点火系统的组成

传统点火系统主要由电源、点火开关、点火线圈、分电器和火花塞等组成，如图7-2所示。

（1）**电源**　电源为蓄电池和发电机，供给点火系统所需的电能，标称电压一般是12V。

（2）**点火开关**　点火开关的作用是接通或断开点火系统一次电路。

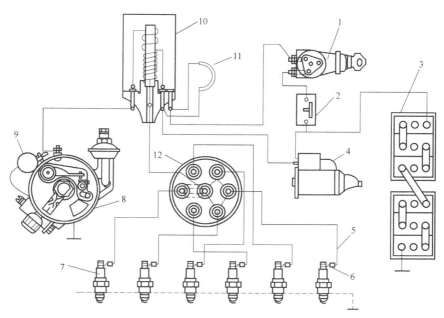

图 7-2 传统点火系统的组成

1—点火开关 2—电流表 3—蓄电池 4—起动机 5—高压导线 6—阻尼电阻
7—火花塞 8—断电器 9—电容器 10—点火线圈 11—附加电阻 12—配电器

（3）**点火线圈** 点火线圈即变压器，其功用是将蓄电池 12V 的低压电变为 15～20kV 的高压电。

（4）**分电器** 分电器的功用是接通和切断低压电路，使点火线圈及时产生高压电，按发动机各气缸的点火顺序送至火花塞，同时可调整点火时间。

（5）**电容器** 减小断电器的火花，防止触点烧蚀，延长其使用寿命，同时加速点火线圈中磁通的变化速率，提高点火高电压。

（6）**火花塞** 火花塞的功用是将高压电引入燃烧室产生电火花，点燃混合气。

（7）**高压导线** 高压导线用以连接点火线圈至分电器中心电极和分电器旁电极至各缸火花塞。

二、传统点火系统的工作原理

图 7-3 所示为传统点火系统的工作示意图。点火线圈一次绕组的一端经点火开关与蓄电池相连，另一端经分电器壳上的接线柱接断电器的活动触点臂，固定触点通过分电器壳体搭铁。电容器并联在断电器触点之间。

传统点火系统的工作过程：接通点火开关，当断电器触点闭合时，蓄电池的电流从蓄电池的正极出发，经点火开关、点火线圈的一次绕组（200～300 匝的粗导线）、断电器活动触点臂、触点、分电器壳体搭铁，流回蓄电池负极（图 7-3a）。由于回路中流过的是低压电流，所以称这条电路为低压电路或一次电路。电流通过点火线圈一次绕组时，在一次绕组的周围产生磁场，并由于铁心的作用而加强。当断电器凸轮顶开触点

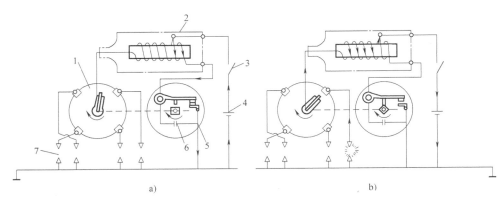

图 7-3　传统点火系统的工作示意图

a）触点闭合　b）触点分开

1—配电器　2—点火线圈　3—点火开关　4—蓄电池　5—断电器　6—电容器　7—火花塞

时，一次电路被切断，一次电流迅速下降到零，铁心中的磁场随之迅速衰减，以至消失，因此在匝数多（15000～23000 匝）、导线细的二次绕组中感应出很高的电压，称为高压电。二次绕组中产生的高压电，作用在火花塞的中心电极和侧电极之间，当高压电超过火花塞间隙的击穿电压时，火花塞的间隙被击穿，产生电火花，点燃混合气。

三、传统点火系统的缺陷

在汽车上传统点火系统的应用已近一个多世纪了，虽然它的部件不断地有所改进，使其点火性能有所提高，使用寿命有所延长，但是并未从根本上解决问题。传统点火系统主要存在以下不足之处：

1. 火花能量的提高受到限制

现代汽车发动机以其高转速、高压缩比、稀薄燃烧和缸内直喷为特点，对点火能量的要求越来越高。显然，传统点火系统由于其一次电流受断电器触点允许电流的限制，火花能量的提高也受到限制，已不能适应现在及将来汽车发展的需要。

2. 触点故障多、寿命短

在传统点火系统中，一次电流的通断由断电器触点控制。当触点打开瞬间，触点间极易形成火花而将触点烧蚀。又因触点反复开闭，触点臂顶块与凸轮长期摩擦而磨损，造成触点间隙变化，点火正时不稳定，影响发动机的功率输出。当间隙小到一定程度后，由于触点断开时产生的电弧不能切断，会使触点在很短时间内烧蚀，甚至失去工作能力。

此外，发动机在高速时，由于机械滞后和磁滞的存在，断电器触点易产生"回跳"或"颤动"的现象，使实际闭合角减小，影响火花能量，导致高速失火。

3. 对火花塞积炭和污染敏感

传统点火系统中二次电压上升速率低（一般需 120μs），故对火花塞积炭和污染很敏感。当火花塞积炭时，二次电压就会显著下降。

为此，一种使用点火信号发生器来代替触点触发的点火系统应运而生，即半导体点火系统，又称为电子点火系统，取代了传统点火系统。

第三节 半导体点火系统

一、半导体点火系统的类型

汽车上使用的半导体点火系统分为有触点半导体点火系统和无触点半导体点火系统两大类。无触点半导体点火系统按信号发生器原理的不同又分为磁脉冲式（又称为磁电式、磁感应式、发电式）、霍尔式、光电式和电磁式（即电磁振荡式）等多种型式。

二、有触点半导体点火系统

有触点半导体点火系统用减小触点电流的方法，减小触点火花，改善点火性能，它是一种半导体辅助点火装置，如图7-4所示。除了与传统点火系统一样具有电源、点火开关、分电器、点火线圈和火花塞外，还在点火线圈一次绕组的电路中，增加了由晶体管 VT 和电阻、电容等组成的点火控制电路，断电器的触点串联在晶体管的基极电路中，控制晶体管的导通与截止。

其工作过程如下：接通点火开关 SW，当断电器触点闭合时，晶体管的基极电路被接通，使晶体管饱和导通，接通了点火线圈的一次电路。

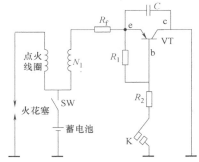

图7-4 有触点半导体点火系统

晶体管的基极电流：蓄电池正极→点火开关 SW→点火线圈一次绕组 N_1→附加电阻 R_f→晶体管的发射极 e、基极 b→电阻 R_2→断电器触点 K→搭铁→蓄电池负极。

点火线圈一次绕组的电流：蓄电池正极→点火开关 SW→点火线圈一次绕组 N_1→附加电阻 R_f→晶体管的发射极 e、集电极 c→搭铁→蓄电池负极。使点火线圈的铁心中积蓄了磁场能。

当断电器触点分开时，晶体管的基极电路被切断。晶体管由导通变为截止，切断了点火线圈一次绕组的电路，一次电流迅速下降到零，在点火线圈二次绕组中产生高压电，击穿火花塞间隙，点燃混合气。

当发动机工作时，断电器触点不断地闭合、分开，控制晶体管的导通与截止和一次电路的通断，控制点火系统的工作。有触点半导体点火系统目前已很少使用。

三、无触点半导体点火系统

无触点半导体点火系统利用传感器代替断电器触点，产生点火信号，控制点火线圈的通断和点火系统的工作，可以克服与触点有关的缺点。

无触点半导体点火系统主要由传感器（即脉冲信号发生器）和电子点火控制构成，如图7-5所示。它的分电器、点火线圈、火花塞等与传统点火系统的基本相同。

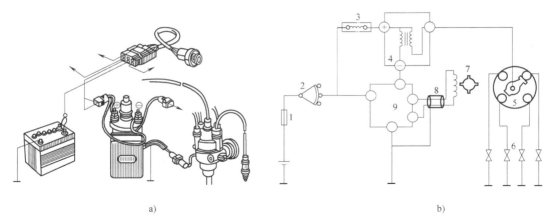

a)   b)

图 7-5　无触点半导体点火系统的基本组成

a）零件分布图　b）原理简图

1—熔丝　2—点火开关　3—附加电阻　4—点火线圈　5—配电器

6—火花塞　7—信号转子　8—感应线圈　9—点火控制器

传感器取代了原来分电器中的断电器（凸轮和触点）。它是一种将非电量转变为电量的装置。其功用是：通过一定的转换方式，将汽车发动机曲轴所转过的角度或活塞在气缸中所处的位置，转换成相应的脉冲电信号，再输出送至电子点火控制器。

电子点火控制器简称为电子点火器，也称为点火放大器或电子控制组件。它的主要任务是接收传感器输出的脉冲信号，控制点火线圈一次电路的通断。它虽然起着和传统点火装置中断电器触点同样的作用，但其电路具有放大作用，可把点火线圈一次电流由 4~5A 放大至 7~10A。

四、半导体点火系统的缺陷

半导体点火装置在提高二次电压和点火能量，延长触点使用寿命等方面都是卓有成效的。但是，它对点火时间的调节，与传统点火系统一样，仍靠离心提前和真空提前两套机械式点火提前调节装置来完成。由于机械的滞后、磨损以及装置本身的局限性等许多因素的影响，它不能保证发动机的点火时刻总为最佳值，不是偏早就是偏迟。同时，点火线圈一次电路的导通时间受凸轮形状的限制，发动机低速时触点闭合时间长，一次电流大，点火线圈容易发热；高速时，触点闭合时间缩短，一次电流减小，二次电压降低，点火不可靠。

第四节　电控点火系统

一、电控点火系统的特点

普通的无触点点火装置采用机械方式调整点火时刻，由于机械装置本身的局限性而无法保证在各种状况下点火提前角一般处于最佳。同时，由于配电器中运动部件的磨损，又会导致驱动部件变松，影响点火提前角的稳定性和均匀性。但是点火时刻的精确控制对发动机功率、油耗、排放污染、爆燃和行驶的稳定性等都会产生较大的影响。因而为满足各种工况的要求，必须采集大量的工况信息，即时处理后输出相应的控制信号，控制最佳点火时刻，显然这只有采用电子控制，目前，汽车上均采用电控点火系统。

二、电控点火系统的类型

1. 按高压配电方式不同分

电控点火系统按高压配电方式不同可分为机械高压配电和电子高压配电两类。

（1）机械高压配电 机械高压配电是指采用传统的分电器分配点火线圈产生的高压。因此这种改进型的微型计算机点火控制系统还有分电器，但只相当于传统分电器中配电器的功能。

（2）电子高压配电 由电子控制进行高压分配，这种全电子微型计算机点火控制系统又分为两种类型：一种是无分电器，但点火线圈与火花塞之间还用高压导线连接；另一种则无高压导线，每个火花塞上面直接连接着一个点火线圈。

2. 按点火方式不同分

电控点火系统按点火方式不同可分为分组同时点火方式和直接点火方式两类。

（1）分组同时点火方式 一般是将各缸火花塞两两分组，每次点火都是同组的两缸火花塞同时进行。其中一缸是有效点火，成对的另一缸为排气行程，是无效点火。由于排气行程缸内的温度高、压力低，因此跳火电压很低，能量的损失很小。分组同时点火方式又有二极管分配方式和点火线圈分配方式两种不同的高压配电形式。

（2）直接点火方式 每缸火花塞都单独配有一个点火线圈，一般是将点火线圈直接安装在火花塞的上面，因此可省去高压导线。

3. 按是否有反馈控制分

电控点火系统按是否有反馈控制可分为开环控制方式和闭环控制方式。

（1）开环控制方式 微型计算机点火控制系统中无爆燃传感器，控制器只是以反映发动机工况、状态的各传感器信号对点火提前角进行控制。

（2）闭环控制方式 微型计算机点火控制系统中设有发动机爆燃传感器，通过发动机爆燃传感器反馈发动机爆燃情况，做出点火提前角的修正控制。闭环控制方式可使点火提前角控制更接近爆燃区，可更有效地发挥发动机的功率。因此，目前的微型计算机点火控制系统大都采用闭环控制方式。

三、电控点火系统的组成

电控点火系统主要由传感器、ECU 和点火执行器 3 大部分组成（图 7-6）。

1. 传感器

用于点火控制的传感器主要有发动机转速与曲轴位置传感器、节气门位置传感器、冷却液温度传感器、进气温度传感器、凸轮轴位置传感器、爆燃传感器等。

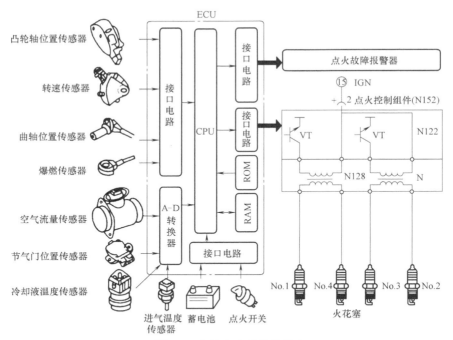

图 7-6　电控点火系统的组成

本节主要介绍凸轮轴位置传感器和爆燃传感器，其余传感器与燃油控制系统的传感器一致。

（1）凸轮轴位置传感器　凸轮轴位置传感器又称为上止点位置传感器或判缸传感器。

凸轮轴位置传感器的功用是检测各缸第一缸上止点的位置，以使点火提前角控制按该发动机的做功顺序进行点火控制。凸轮轴位置传感器一般采用霍尔效应原理，又称为霍尔传感器。

（2）爆燃传感器

1）功用。在电控制点火系统中，ECU 根据爆燃传感器的信号，判断发动机是否发生爆燃，并对点火提前角进行修正，实现点火提前角的闭环控制（防爆燃控制）。

当发动机发生爆燃时，气缸内的可燃混合气异常燃烧，导致压力急剧上升而引起爆燃，使发动机输出功率减小，甚至导致发动机损坏。

目前，汽车上广泛采用检测发动机缸体振动频率的方法来检测爆燃。发动机爆燃产生的压力冲击波频率一般为 6~9kHz，在检测缸体振动频率时，一般都将爆燃传感器安装在发动机缸体侧面。

2）类型。按检测方式不同，爆燃传感器可分为共振型和非共振型；按结构不同，爆燃传感器可分为压电式和磁致伸缩式。

共振型爆燃传感器的共振频率与发动机爆燃的固有频率相匹配，因此其内部设有共振体，并且要使共振体的共振频率与爆燃频率协调一致。共振型爆燃传感器输出信号的电压高，不需要滤波器，信号处理比较方便。由于机械共振体的频率特性尖且频带窄，只适用于特定的发动机，不能与其他发动机互换使用。

非共振型爆燃传感器适用于所有的发动机，但其输出电压较低，频率特性平坦且频带较宽，需要配用带通滤波器，信号处理比较复杂。

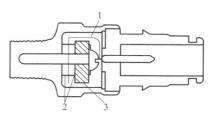

图7-7　压电式爆燃传感器的构造
1—引线　2—压电元件　3—配重块

3）构造原理。以压电式爆燃传感器为例进行说明，压电式爆燃传感器主要由压电元件、配重块及引线等组成，如图7-7所示。

当发动机缸体发生振动时，传感器底座及配重块随之产生振动，底座和配重块的振动作用在压电元件上，由压电效应可知，压电元件的信号输出端就会输出与振动频率和振动强度有关的交变电压信号，如图7-8所示。试验证明，发动机爆燃频率一般在6～9kHz范围内，其振动强度较大，所以信号电压较高。发动机转速越高，信号电压幅值越大。

因为发动机爆燃是在活塞运行到压缩上止点前后产生的，此时缸体振动强度最大，所以爆燃传感器在活塞运行到压缩上止点前后产生的输出电压较高，爆燃传感器输出信号与曲轴转角的对应关系如图7-9所示。爆燃传感器的灵敏度约为20mV/g（1g=9.8m/s^2）。

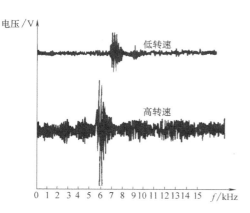

图7-8　转速不同时非共振型爆燃
传感器的交变电压信号

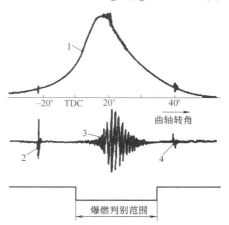

图7-9　爆燃传感器输出信号与曲轴
转角的对应关系
1—气缸压力　2—电火花干扰
3—信号电压　4—电磁阀复位干扰

2. ECU

ECU的只读存储器中储存有监控和自检等程序，以及发动机在各种工况下的最佳点火提前角数据。ECU不断接收各种传感器和开关发送的信号，并按预先编制的程序进行计算和判断后，向点火控制器发出控制信号，实现对点火提前角和点火时刻的最佳控制。点火控制与燃油控制均在同一控制单元，即发动机ECU。

3. 点火执行器

点火执行器主要有点火线圈和火花塞。

（1）点火线圈

1）功用。点火线圈是将蓄电池或发动机所供给的低压电变成高压电的主要部件。

2）类型。常用的点火线圈分为开磁路点火线圈和闭磁路点火线圈。

开磁路点火线圈是利用电磁互感原理制成的。其结构主要由硅钢片叠成的铁心上的一次绕阻和二次绕阻、壳体及其外的附加电阻等组成。

开磁路点火线圈的磁路如图 7-10 所示。由于磁路上、下部分是从空气中通过的，铁心未构成闭合磁路，所以漏磁较多，主要用于传统点火系统中。

闭磁路点火线圈将一次绕阻和二次绕组都绕在口字形或日字形的铁心上。一次绕组在铁心中产生的磁通通过铁心构成闭合磁路。图 7-11 所示为闭磁路点火线圈及磁路示意图。

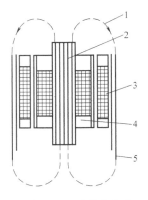

图 7-10　开磁路点火
线圈的磁路
1—磁力线　2—铁心
3——次绕组　4—二次绕组
5—导磁钢片

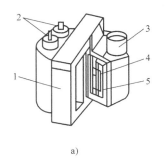　　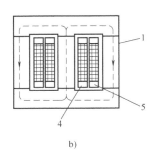　　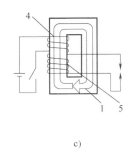

a)　　　　　　　　　　b)　　　　　　　　　c)

图 7-11　闭磁路点火线圈及磁路示意图
a）日字形铁心的点火线圈　b）日字形铁心的磁路　c）口字形铁心的磁路
1—铁心　2—低压接线柱　3—高压插孔　4——次绕组　5—二次绕组

闭磁路点火线圈的优点是漏磁少，磁路的磁阻小，因而能量损失小，能量变换率高，可达 75%（开磁路点火线圈只有 60%）。并且闭磁路点火线圈采用热固性树脂作为绝缘填充物，外壳以热熔性塑料注塑成型，其绝缘性和密封性均优于开磁路点火线圈。闭磁路点火线圈体积小，可直接装在分电器盖上，不仅结构紧凑，又省去了点火线圈与分电器之间的高压导线，并可使二次电容减小，故已在电控点火系统中广泛采用。

3）工作原理。如图 7-12 和图 7-13 所示，当发动机运转时，发动机 ECU 输出点火正时信号（IGT），蓄电池的电流通过点火器流到一次绕组，在线圈中心铁心产生磁力线，并储存能量。当发动机继续运转时，点火器按发动机 ECU 输出的点火正时信号快速地停止流往一次绕组的电流。其结果是一次绕组的磁通量开始减小。因此，通过一次绕组的自感和二次绕组的互感，在阻止现存磁通量衰减的方向上产生电动势。自感效应产生约为 500V 的电动势，而与其相伴的二次绕组互感效应产生约为 30kV 高压电动势。这样火花塞就产生火花放电。一次电流切断越迅速，一次电流值越大，则相应的二次电压也越高。

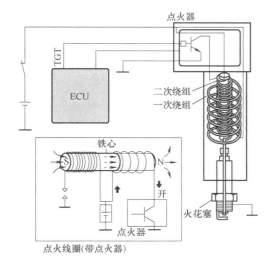

图 7-12 一次绕组通电

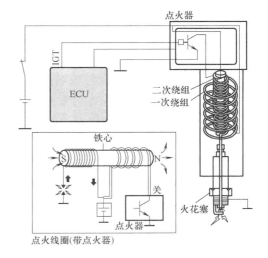

图 7-13 二次绕组产生高压电动势

（2）火花塞

1）功用。火花塞的作用是将点火线圈产生的高压电引入发动机燃烧室，在其电极间隙中产生电火花点燃混合气。

2）结构。火花塞的结构如图 7-14 所示。它主要由中心电极、搭铁电极、外壳和绝缘管等组成。

在钢质壳体的内部固定有高氧化铝陶瓷绝缘体，在绝缘体中心孔的上部有金属杆，杆的上端有接线端子，用来接高压电。下部装有中心电极，金属杆与中心电极有铜芯和电阻。垫片起密封和导热作用。外壳体的上部有便于拆装的六角平面，下部有螺纹，用于把火花塞安装到发动机气缸盖内，壳体下端焊接有弯曲的搭铁电极。

3）点火机理。火花塞上产生的火花点燃空气-燃油混合气，使其爆发，通常称为燃烧。燃烧不会立刻发生，过程如下所述。

火花塞点火机理如图 7-15 所示，火花穿过空气-燃油混合气从中心电极到搭铁电极。结果，空气-燃油混合气沿着火花的路径被触发，产生化学反应（通过氧化作用），同时产生热量，形成火焰中心。火焰中心触发周围的空气-燃油混合气。这样，火焰中心的热量向外扩展，称为火焰传播，点燃空气-燃油混合气。

如果火花塞电极的温度太低或电极的间隙太小，

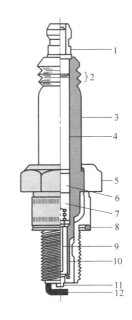

图 7-14 火花塞的结构

1—端子 2—螺纹 3—陶瓷绝缘体
4—上杆 5—外壳 6—玻璃密封剂
7—电阻 8—垫片 9—铜芯 10—绝缘管
11—中心电极 12—搭铁电极

电极将吸收火花产生的热量。结果，火焰中心将被熄灭，导致缺火，这种现象称为"电极猝熄"。如果电极猝熄效应比较明显，则火焰中心将被熄灭。电极越小，猝熄作用越小。电极越尖，越容易放电。

为了改善点火性能，某些火花塞在搭铁电极上有一个 U 形槽，或在中心电极上有 V 形槽。带槽火花塞比电极上不带槽的火花塞具有较小的猝熄作用，以形成较大的火焰中心。同样，还有些火花塞通过较细的电极减小猝熄效应，如铂金/铱金火花塞。

4）火花塞热值。火花塞的散热量称为热值。火花塞能散出较多热量的称为"冷型"，因为火花塞自身保持较少的热量。火花塞散热量较少的称为"热型"，因为自身保持较多的热量。

火花塞的热特性主要取决于绝缘体裙部的长度。绝缘体裙部长的火花塞，其受热面积大，而传热距离长，散热困难，因此裙部的温度高，称为热型火花塞；反之，称为冷型火花塞，如图 7-16 所示。但是，习惯上都是以热值来定型，所谓热值是指瓷绝缘体裙部吸热与散热的平衡性能。这样就可将火花塞分为低热值（即热型）、中热值（即普通型）和高热值（即冷型）3 种型式。与此对应，将火花塞下部瓷绝缘体裙部长度（A）为 16～20mm 的划为热型，长度为 11～14mm 的划为普通型，长度小于 8mm 的划为冷型。

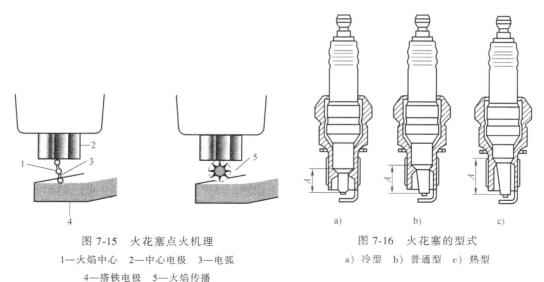

图 7-15　火花塞点火机理

1—火焰中心　2—中心电极　3—电弧
4—搭铁电极　5—火焰传播

图 7-16　火花塞的型式

a）冷型　b）普通型　c）热型

【拓展阅读 7-2】　白金铱金火花塞

四、电控点火系统的点火控制原理

1. 基本控制原理

电子点火系统控制原理图如图 7-17 所示。空气流量传感器和节气门位置传感器向 ECU 提供发动机负荷信号，用于计算确定点火提前角。曲轴位置传感器向 ECU 提供发动机转速与曲轴转角（CA）信号，转速信号用于计算确定点火提前角，曲轴转角信号用于控制点火时刻（点火提前角）。凸轮轴位置传感器用于检测活塞上止点位置，识别缸序。冷却液温度信号、进气温度信号、车速信号、空调开关信号以及爆燃信号等，用于修正点火提前角。

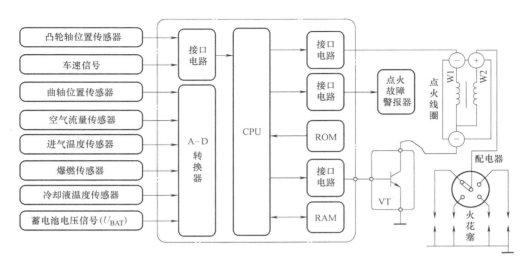

图 7-17 电子点火系统控制原理图

发动机工作时，根据凸轮轴位置传感器信号，判定哪一缸即将到达压缩上止点，根据反映发动机工况的转速信号、负荷信号及与点火提前角有关的传感器信号，确定相应工况下的最佳点火提前角，向点火控制器发出控制指令，使功率晶体管截止，点火线圈一次电流被切断，二次绕组产生高压电，并按发动机点火顺序分配到各缸火花塞跳火点燃混合气。

上述控制过程是指发动机在正常状态下点火时刻的控制过程。当发动机起动、怠速或汽车滑行时，设有专门的控制程序和控制方式进行控制。

2. 点火提前角的理论计算

发动机产生最大功率和最小油耗的点火提前角为最佳点火提前角，该时刻不在压缩行程上止点处，应适当提前。理论和实践证明，发动机的最佳点火提前角应能够使发动机的燃烧临近爆燃而又不发生爆燃。发动机的最佳点火提前角随发动机转速和负荷的变化，实际上是非线性的，如图 7-18 所示。

理论点火提前角（或最佳点火提前角）由初始点火提前角、基本点火提前角和修正点火提前角 3 部分组成（图 7-19）。

（1）初始点火提前角 初始点火提前角又称为固定点火提前角，其值取决于发动机的型号，并由曲轴位置传感器的初始位置决定，一般为上止点前 6°～12°。在下列情况时，实际点火提前角等于初始点火提前角。

1）发动机起动时。

2）发动机转速低于 400r/min 时。

3）检查初始点火提前角时。此时，诊断插座测试端子短路，怠速触点闭合，车速低于 2km/h。

（2）基本点火提前角 基本点火提前角是发动机最主要的点火提前角，由于发动机本身的结构复杂，影响点火的因素较多。理论推导基本点火提前角的数学模型比较困难，而且很难适应发动机的运行状态，因此，国内外普遍采用台架试验法，即利用发动机最佳运行状态下的试验数据来确定基本点火提前角。

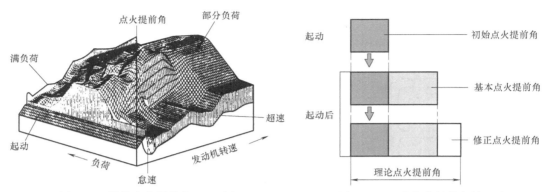

图 7-18　最佳点火提前角 MAP 图　　　　图 7-19　理论点火提前角的组成

（3）修正点火提前角　为了使实际点火提前角适应发动机的运转状况，以便得到良好的动力性、经济性和排放性，必须根据冷却液温度、进气温度及开关信号等相关因素，适当增大或减小点火提前角，即对点火提前角进行必要的修正。修正点火提前角的方法有多种，主要有暖机修正和怠速修正。

发动机的实际点火提前角是上述三个点火提前角之和，发动机曲轴每转一圈，ECU 经计算处理后就输出一个点火提前角信号，因此当传感器检测到发动机转速、负荷、冷却液温度发生变化时，ECU 将自动调整点火提前角。如果 ECU 确定的点火提前角超过允许的最大点火提前角，或小于允许的最小点火提前角，发动机很难正常运转，此时 ECU 将以最大或最小点火提前角允许值进行控制。

3. 起动时点火提前角的控制

（1）起动初始点火提前角控制　在起动期间，发动机的转速很低（一般发动机起动转速在 500r/min 以下），此时的发动机负荷信号（进气管压力信号或进气流量信号）不稳定，因此通常将点火提前角固定在初始点火提前角。ECU 根据点火开关信号、发动机转速与曲轴转角传感器信号进行起动初始点火提前角控制，并直接由集成电路 IC 产生点火定时信号 NE。

（2）起动非初始点火提前角控制　为了提高起动性能，一些发动机起动时的点火时间并非是初始点火提前角，而是由电子点火控制系统根据发动机的温度和起动转速对起动点火提前角进行不同的控制。

1）正常起动转速情况。在正常的起动转速（100r/min 以上）下起动，主要考虑的是温度对发动机燃烧的影响。在温度低于 0℃时，从点火到迅速燃烧需较长的时间，故需适当增大点火提前角。

2）低起动转速情况。在起动转速很低（100r/min 以下）时，保持原有的点火提前角可能会出现在活塞运行到上止点前混合气就已迅速燃烧起来，引起起动困难或造成反转。为避免此种情况，ECU 根据起动转速的降低来减小点火提前角，并由下式确定低速起动点火提前角：

$$低速起动点火提前角 = 正常起动转速点火提前角 × \frac{起动转速}{100}$$

电子点火控制系统根据点火开关信号、发动机转速与曲轴位置传感器信号及发动机冷却液温度传感器信号对点火提前角进行控制，使发动机在低温或低起动转速的情况下能顺利起动。

4. 起动后点火提前角的控制

当发动机起动后，点火开关提供的起动信号消失，ECU 随即转入起动后点火提前角控制。ECU 中的 CPU 对点火定时信号进行控制。其点火提前角由基本点火提前角和修正点火提前角两部分组成。

（1）**基本点火提前角控制** 怠速工况与正常运行工况下的基本点火提前角控制有所不同。

1）怠速时基本点火提前角控制。发动机处于怠速运行状态时，微型计算机根据发动机的转速和空调开关是否接通来确定不同的基本点火提前角。怠速基本点火提前角控制有关的信号是节气门位置信号、发动机转速信号和空调开关信号。

2）正常运行时基本点火提前角控制。发动机处于正常运行状态（怠速触点断开）时，微型计算机根据进气管压力传感器（或进气流量传感器）和发动机转速传感器的信号，通过查找、计算后得到基本点火提前角值。正常运转基本点火提前角控制的有关信号是节气门位置信号、发动机转速信号、进气流量或进气管压力信号。

（2）**修正点火提前角控制** 修正点火提前角是基本点火提前角乘以适当的系数得到的点火提前角。不同型号的发动机，其修正系数各不同，所修正的项目也不尽相同。点火提前角的修正方法见表 7-1。

表 7-1　点火提前角的修正方法

修正项目	方　　法	修正曲线
暖机修正	发动机冷车起动后，当发动机冷却液温度较低时，应增大点火提前角。在暖机过程中，随着冷却液温度升高，修正曲线的形状与提前角的大小随车型的不同而异 在暖机过程中，控制信号主要有冷却液温度信号、进气歧管压力（或进气量）信号和节气门位置信号等	（修正系数 / 发动机冷却液温度 /℃ 曲线图）
怠速稳定修正	发动机在怠速运行期间，由于发动机负荷变化使发动机转速改变，ECU 要调整点火提前角，使发动机在规定的怠速转速下稳定运转 怠速运转时，ECU 不断地计算发动机的平均转速。当发动机的转速低于规定的怠速转速时，ECU 根据与怠速目标转速差值的大小相应地增大点火提前角；当发动机转速高于规定的怠速转速时，推迟点火提前角 怠速稳定修正信号主要有发动机转速信号、节气门开度信号、车速信号和空调信号等	（点火提前角修正值 / 与怠速目标转速差值 /(r/min) 曲线图，含断开空调、接通空调曲线）

（续）

修正项目	方　　法	修正曲线
过热修正	发动机处于正常运行工况（急速触点断开），当冷却液温度过高时，为了避免产生爆燃，应将点火提前角推迟 　　发动机处于急速工况运行（急速触点闭合），当冷却液温度过高时，为了避免发动机长时间过热，应将点火提前角增大 　　过热修正控制信号主要有冷却液温度信号和节气门位置信号等	
空燃比反馈修正	装有氧传感器的发动机，当电子控制器根据氧传感器的反馈信号对空燃比进行修正时，随着喷油量的增加或减少，会引起发动机的转速在一定的范围内波动。为了提高发动机急速的稳定性，控制器在控制喷油量减少的同时，适当地增大点火提前角。ECU 根据氧传感器反馈信号、节气门位置信号、发动机冷却液温度信号和车速信号做出空燃比反馈点火提前角修正	
发动机爆燃修正	当发动机产生爆燃时，对基本点火提前角进行适当的修正（减小点火提前角），以迅速消除爆燃	
最大提前和推迟控制	发动机工作时的实际点火提前角是初始点火提前角、基本点火提前角和修正点火提前角之和。如果根据发动机实际工况和状态计算得到的实际点火提前角过大或过小，会导致发动机工作不正常。因此，微处理器点火时刻控制系统设定了一个实际点火提前角的数值范围，以控制发动机工作时其点火提前角不会超出正常工作的极限值 　　不同的发动机，其设定点火提前角的最大和最小极限值不同，一般其最大值和最小值在如下范围： 　　最大点火提前角为 $35° \sim 45°$ 　　最小点火提前角为 $-10° \sim 0°$	

5. 配电方式

常见的电子配电方式分为双缸同时点火和各缸单独点火两种，如图 7-20 所示。

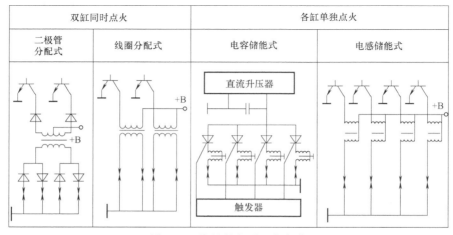

图 7-20　常见的电子配电方式

（1）**双缸同时点火控制** 双缸同时点火是指点火线圈每产生一次高压电，使两个气缸的火花塞同时点火。二次绕组产生的高压电直接加在两个气缸（四缸发动机的一、四缸或二、三缸，六缸发动机的一、六缸或五、二缸或三、四缸）的火花塞电极上。

双缸同时点火时，一个气缸处于压缩行程末期，是有效点火；另一个气缸处于排气行程末期，缸内温度较高而压力很低，火花塞电极间隙的击穿电压很低，对有效点火气缸火花塞的击穿电压和火花放电能量影响很小，是无效点火。

曲轴旋转一圈后，两缸所处行程恰好相反。双缸同时点火时，高压电的分配方式有二极管分配式和点火线圈分配式两种。

（2）**各缸单独点火控制** 当点火系统采用单独点火方式时，每一个气缸都配有一个点火线圈，并安装在火花塞上方。在点火控制器中，设有与点火线圈数目相同的大功率晶体管，分别控制每个线圈二次绕组电流的接通与切断，其工作原理与同时点火方式相同。

单独点火省去了高压线，点火能量耗损少，所有高压部件均安装在气缸盖上的金属屏蔽罩内，大大降低了对无线电的干扰。

6. 点火提前角闭环控制（爆燃控制）

发动机点火提前角闭环控制系统由爆燃传感器、带通滤波电路、信号放大电路、整形滤波电路、比较基准电压形成电路、积分电路、点火提前角控制电路和点火控制器等组成，如图 7-21 所示。

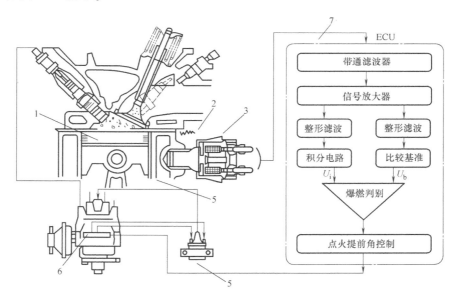

图 7-21 发动机点火提前角闭环控制系统的组成

1—爆燃 2—振动 3—爆燃传感器 4—发动机缸体

5—点火线圈 6—点火控制器 7—爆燃传感器信号

爆燃传感器用于检测发动机是否发生爆燃，每台发动机一般安装 1~2 个。带通滤波器只允许发动机爆燃信号（频率为 6~9kHz 的信号）或接近爆燃的信号输入 ECU 进

行处理，其他频率的信号则被衰减。

信号放大器对输入 ECU 的信号进行放大，以便整形滤波电路进行处理。接近爆燃的信号经整形滤波和比较基准电路处理后，形成判定是否发生爆燃的基准电压。爆燃信号经整形滤波和积分电路处理后，用于判定爆燃强度。

 【拓展阅读 7-3】 爆燃传感器及爆燃控制

思 考 题

1. 汽油发动机对点火系统的基本要求是什么？影响点火电压的因素有哪些？

2. 传统点火系统的基本组成部件有哪些？是如何工作的？

3. 当发动机转速与负荷变化时，传统分电器是如何自动调整点火提前角的？

4. 火花塞的电极间隙大小对点火性能有何影响？何谓火花塞的热特性？何谓火花塞的自洁温度？

5. 传统点火系统主要有哪些缺陷？造成这些缺陷的根本原因是什么？

6. 无触点电子点火系统点火信号的产生方式有哪些？各有什么特点？

7. 微型计算机点火控制系统有哪些种类？

8. 微型计算机点火控制系统的基本组成部分有哪些？其控制原理是什么？

9. 爆燃推迟点火控制的实际意义是什么？发动机爆燃是如何监测、识别和控制的？

10. 电子高压配电的方式有哪些？各种高压配电方式是如何工作的？

11. 一些点火线圈分配方式的无分电器电子点火系统，为什么其高压回路串接高压二极管？

12. 直接点火有何优点？为何在汽车上得到广泛应用？

第八章

发动机冷却系统

第一节 冷却方式与冷却液

一、冷却系统的功用

发动机在工作时，由于燃料的燃烧以及运动零件之间摩擦产生大量的热，气缸内气体温度可达 2000℃ 左右。直接与高温气体接触的气缸体、气缸盖、活塞和气门等机件若不及时加以冷却，则其中的运动机件将可能因受热膨胀而破坏正常间隙，或因在高温下润滑失效而卡死；各机件也可能因为高温而导致其机械强度降低甚至损坏。因此，为了保证发动机正常工作，必须对这些在高温条件下工作的机件加以冷却。

冷却系统的功用是使发动机在所有工况下都在最适宜的温度范围内工作。

二、冷却方式

按冷却介质的不同，发动机冷却系统可分为水冷却系统和风冷却系统两类。

1. 水冷却系统

把发动机受热零件吸收的热量，通过冷却液散入大气中，而进行冷却的一系列装置，称为水冷却系统。水冷却系统因冷却强度大，易调节，便于冬季起动而广泛用于汽车发动机上。

2. 风冷却系统

以空气为冷却介质的冷却系统称为风冷却系统。风冷却系统因冷却效果差、噪声大和功耗大，仅用于部分越野汽车发动机。

三、冷却液

目前发动机冷却液多是乙二醇与水的混合物，乙二醇是一种无色黏稠液体，能与水以一定比例混合。其沸点为 197.4℃，相对密度（水）为 1.113，冰点为 −11.5℃。与水混合后，其冰点可显著降低，最低可达 −68℃。冷却液中的水与乙二醇的比例不同，其冰点也不同，见表 8-1。

发动机冷却液通常由乙二醇、耐腐蚀添加剂、抗泡沫添加剂和适量的水组成。耐腐蚀添加剂（硼酸盐、磷酸盐、硅酸盐等）可延缓或阻止发动机水套壁及散热器的锈蚀和腐蚀。

冷却液中的空气在水泵叶轮的搅动下会产生很多泡沫，这些泡沫将妨碍水套壁的散热，影响发动机的冷却效果，加入抗泡沫添加剂（硅油等）能有效地抑制泡沫的产生。在使用过程中，耐腐蚀添加剂和抗泡沫添加剂会逐渐消耗殆尽，因此，应定期更换冷却液。

乙二醇有毒，且有较强的吸水性。在发动机冷却液中，一般还要加入着色剂，使其呈蓝绿色或黄色，以便识别和及时发现冷却液的泄漏。

表 8-1　冷却液的冰点与乙二醇质量分数的关系

冷却液冰点/℃	乙二醇的质量分数（%）	水的质量分数（%）	冷却液密度/（t/m³）
−10	26.4	73.6	1.0340
−20	36.2	63.8	1.0506
−30	45.6	54.4	1.0627
−40	52.3	47.7	1.0713
−50	58.0	42.0	1.0780
−60	63.1	36.9	1.0833

第二节　水冷却系统

一、水冷却系统的类型

水冷却系统冷却均匀可靠，运转时噪声小，寒冷季节可以采用灌热水的方法来预热，以利于起动，因此，目前在内燃机中应用较广泛。

水冷却系统按冷却液在内燃机中循环方法的不同，可分为自然循环水冷却系统和强制循环水冷却系统。

1. 自然循环水冷却水系统

自然循环水冷却是利用冷却液的密度随温度变化的特性，实现冷却液的自然对流循环。因需冷却液量较大，要求冷却系统的容量较大，故只在小型内燃机上采用。

自然循环水冷却系统分为蒸发式水冷却系统、冷凝器式水冷却系统和热流式水冷却系统3种。

（1）**蒸发式水冷却系统**　图8-1所示为蒸发式水冷却系统示意图。缸盖水套和缸体水套与蒸发水箱相通，内燃机工作时，水套中的冷却液流经缸体、缸盖后升温，密度减小而上升到蒸发水箱，水箱中温度较低的冷却液下沉进入水套，形成自然热流循环。当水箱中的冷却液温度上升到沸点后，液态的冷却液在吸收大量热后成为蒸气从加水口散到大气中，保持了整个冷却系统温度在冷却液的沸点附近。

蒸发式水冷却系统结构简单，常为单缸小型柴油机采用。由于散热是通过冷却液的汽化蒸发实现的，因此工作时冷却液消耗量大，给使用带来不便。

（2）**冷凝器式水冷却系统**　冷凝器式水冷却系统克服了蒸发式水冷却系统消耗冷却液量大的缺点，其构造如图8-2所示。

冷凝器式水冷却系统增加了挡板、冷凝器和风扇等。在这个系统中，冷却液吸收热量而形成的蒸气充满冷凝器，在风扇气流的作用下散热后又冷凝成液态冷却液，去冷却受热零件。开有大小不等圆孔的挡板用于稳定冷却液面。与蒸发式水冷却系相比可以大大减少冷却液的消耗，但零件增多，成本提高，同时风扇也消耗一部分功率。

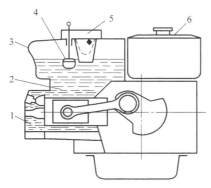

图 8-1　蒸发式水冷却系统示意图

1—缸盖水套　2—缸体水套　3—蒸发水箱

4—水面指示器　5—加水口　6—燃油箱

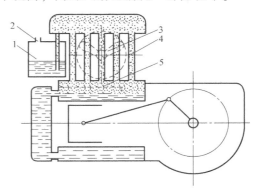

图 8-2　冷凝器式水冷却系统

1—小水箱　2—通大气孔　3—风扇

4—冷凝器　5—挡板

（3）**热流式水冷却系统**　热流式水冷却系统由上水箱、下水箱、散热器芯、上水管、下水管和飞轮风扇等组成，如图 8-3 所示。冷却液在冷却高温零件后温度上升、密度减小而向上流动，经上水管进入散热器，将热量散于空气后密度增加，流至下水箱，然后再冷却高温零件。冷却液循环是靠温差引起的热对流来实现的。这种冷却系统的冷却强度较小，冷却不均匀，当冷却液量减少到上水管以下时，即不构成循环，就失去了冷却作用。目前它只在小功率柴油发动机上采用。

2. **强制循环水冷却系统**

强制循环水冷却系统如图 8-4 所示。它是利用水泵来提高冷却液的压力，强迫冷却液在机内高温零件与散热器之间循环，热量由散热器散入大气中。这种冷却方式工作可靠，气缸上、下冷却较均匀（温差小），散热效果好，能保证适宜的工作温度，起动时热车较快，因此在发动机上获得广泛应用。

强制循环水冷却系统主要由水泵、风扇、散热器、水管以及各种冷却强度调节装置（如节温器、百叶窗和硅油离合器等）组成。

工作时，同轴的风扇和水泵在曲轴的驱动下旋转，水泵将冷却液吸入加压后送入分水管，并由分水孔进入各气缸间的水套中，使各缸冷却均匀，然后向上流经气缸盖水套及节温器，流入散热器内。由于风扇的强力抽吸，空气由前向后高速从散热器中通过，热水自上而下流经散热器，因而其中的热量不断地散到大气中，使冷却液得到冷却。流到散热器底下的冷却液又被水泵吸入，开始再次循环，因而内燃机的高温零件就不断地得到冷却。

二、水冷却系统的主要部件

水冷却系统的主要部件有散热器、水泵、冷却风扇和节温器等。

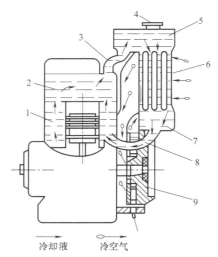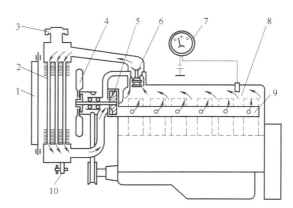

冷却液　　冷空气

图 8-3　热流式水冷却系统

1—气缸体水套　2—气缸盖水套　3—上水管
4—水箱盖　5—上水箱　6—散热器芯
7—下水箱　8—下水管　9—飞轮风扇

图 8-4　强制循环水冷却系统

1—百叶窗　2—散热器　3—散热器盖　4—风扇
5—水泵　6—节温器　7—冷却液温度表
8—水套　9—水管　10—放水开关

1. 散热器

（1）**散热器的功用**　散热器俗称为水箱，主要功用是将冷却液在水套中吸收的热量传给外界大气，使冷却液温度下降。

（2）**散热器的组成**　散热器主要由散热器芯、散热器盖、进水室和出水室等组成（图 8-5）。进、出水室分别用软管与发动机气缸盖上的出水管口及水泵的进水管口连接。出水室下部设有放水阀，必要时可将散热器内的冷却液放掉。

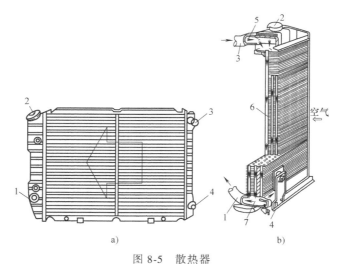

a)　　　　　　　　　　　　b)

图 8-5　散热器

a）横流式散热器　b）纵流式散热器立体图

1—出水口　2—散热器盖　3—进水口　4—放水阀
5—进水室　6—散热器芯　7—出水室

（3）**散热器芯**　散热器芯的常见结构型式有管片式、管带式和板式 3 种，如图 8-6 所示。

1）管片式。其散热器芯由若干扁形冷却管和散热片构成（图 8-6a）。冷却管焊在进、出水室之间，是冷却液的通道。散热片套装在扁形冷却管周围，以增大散热面积及增加整个散热器的刚度和强度。管片式散热器散热面积大，气流阻力小，结构钢度好，但制造工艺较复杂，成本较高。

2）管带式。其散热器芯由扁平冷却管及波形散热带组成（图 8-6b）。冷却管为扁平管并与波形散热带相间地焊接在一起。与管片式散热器相比，管带式散热器其制造简单、重量轻、成本低和散热能力较强等优点，但刚度差。

3）板式。其冷却液通道由成对的金属薄板焊接而成（图 8-6c）。板式散热器芯散热效果好，结构简单，但焊缝较多，刚度较差，不易维修。

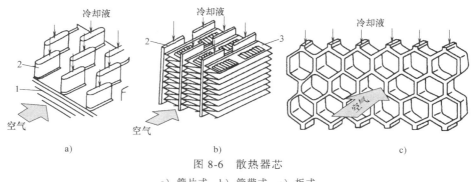

图 8-6　散热器芯

a）管片式　b）管带式　c）板式

1—散热片　2—冷却管　3—散热带

（4）**散热器盖**　汽车上广泛采用闭式水冷却系统，即在散热器盖上装有蒸汽阀及真空阀（图 8-7a），可自动调节冷却系统内的压力，提高了冷却效果。

当把散热器盖拧在散热器冷却液加注口上时，上密封衬垫在蒸汽阀弹簧的作用下与冷却液加注口上密封面贴紧，散热器下密封衬垫与冷却液加注口下密封面贴紧，此时，冷却系统被封闭。

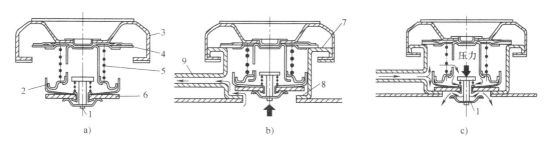

图 8-7　散热器盖

a）散热器的结构　b）蒸汽阀开启　c）真空阀开启

1—真空阀　2—蒸汽阀　3—散热器盖　4—上密封衬垫　5—蒸汽阀弹簧　6—下密封衬垫

7—冷却液加注口上密封面　8—冷却液加注口下密封面　9—溢流管

发动机运转后，冷却液的温度逐渐升高，容积膨胀，使散热器内压力升高。当压力升高到超过预定值时，蒸汽阀开启（图8-7b），使一部分冷却液蒸气从溢流管溢出，流入膨胀水箱，冷却系统压力下降，防止散热器胀裂；发动机停机后，冷却液温度下降，当冷却系统内的压力降到大气压力以下出现真空时，真空阀开启（图8-7c），膨胀水箱的冷却液部分地流回散热器，以防止散热器被大气压力压瘪。

【拓展阅读8-1】 自动补偿封闭式散热器

2. 水泵

（1）水泵的功用 冷却水泵的功用是对冷却液加压，使冷却液在冷却系统内循环流动。

（2）水泵的结构原理 汽车发动机广泛采用离心式水泵（图8-8），其主要由叶轮和水泵壳体等组成。叶轮由铸铁或塑料制成，通常有6~8个径向直叶片或后弯叶片；水泵壳体用铸铁或铸铝制造；进、出水管均与水泵壳体铸成一体。

当叶轮旋转时，水泵内的冷却液被叶片带动一起旋转，并在离心力的作用下甩向水泵壳体边缘，在轮廓线为对数螺旋线的水泵壳体内，将动能转变为冷却液的压力能，经与叶轮成切线方向的出水口及出水管压入发动机的冷却水套。与此同时，叶轮中心处因具有负压而使散热器中的冷却液经进水管被吸入水泵叶轮中心。

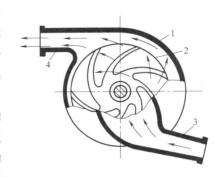

图8-8 离心式水泵的工作原理图
1—水泵壳体 2—叶轮
3—进水管 4—出水管

近年来有的发动机冷却系统装用电动水泵。电动水泵由发动机ECU控制，根据实际需要调整水泵转速，借以调节冷却液流量。

电动水泵由电动机驱动，不受发动机转速影响。因此装用电动水泵，既改善了发动机的冷却效果，又降低了发动机的动力消耗，有效地改善了发动机的燃油经济性。

3. 冷却风扇

（1）冷却风扇的功用 冷却风扇安装在水泵轴上，并由驱动水泵和发电机的同一根传动带传动。当风扇旋转时吸进空气，使其通过散热器，以增强散热器的散热能力，加速冷却液的冷却，达到散热的目的。

（2）冷却风扇的构造 汽车发动机水冷系统多采用低压头、大风量和高效率的轴流式风扇，即风扇旋转时，空气沿着风扇旋转轴的轴线方向流动。在风扇外围设有导风罩（图8-9），使风扇吸进的空气全部通过散热器，以提高风扇效率。

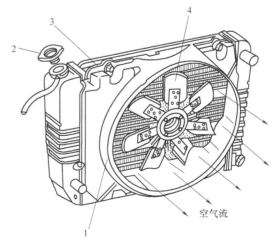

空气流

图8-9 冷却风扇与导风罩
1—导风罩 2—散热器盖 3—散热器 4—冷却风扇

风扇和发电机一般同时由曲轴带轮通过传动带驱动，汽车风扇传动带张紧装置、发动机的支架做成可移动式，以调节传动带的张紧力。传动带过松，将引起传动带相对于带轮打滑，使风扇的风量减少，导致发动机过热和发电机发电量下降；传动带过紧，将增加发电机轴承的磨损，因此要求传动带必须保持合适的松紧度，一般用大拇指以 30~50N 的力，按下传动带产生 10~15mm 的挠度为宜。

（3）**风扇转速控制**　冷却风扇转速一般采用硅油离合器、电动风扇和液力驱动风扇来控制。电动风扇无动力损失，结构简单，布置方便，因此电动风扇在轿车上的应用越来越多。

📖 **【拓展阅读8-2】　冷却风扇转速的控制**

4. 节温器

（1）**节温器的功用**　节温器是控制冷却液流动路径的阀门，能根据发动机冷却液温度的高低，打开或关闭冷却液通向散热器的通道，使冷却液在散热器和水套之间进行大循环或小循环，调节冷却强度，保证发动机在最适宜的温度下工作。

（2）**节温器的结构**　汽车发动机装的节温器均采用蜡式节温器（图 8-10），推杆的一端固定在支架上，另一端插入胶管的中心孔内。石蜡装在胶管与节温器壳体之间的腔体内。

（3）**节温器的工作原理**　如图 8-11 所示，当温度较低时，石蜡呈固态，主阀门被弹簧推向上方与阀座压紧，处于关闭状态（图 8-11a），此时，副阀门开启，冷却液进行小循环，来自发动机水套的冷却液经副阀门、小循环水路直接进入水泵，被泵回到发动机水套内。

当温度升高时，石蜡逐渐熔化成液态，体积膨胀，迫使胶管收缩，对推杆端部产生向上的推力，由于推杆固定在支架上，推杆对胶管、节温器壳体产生向下的反推力。当冷却液温度升高到一定值时，反推力克服弹簧的弹力使胶管、节温器壳体向下运动，主阀门开始开启，同时副阀门开始关闭。当冷却液温度进一步升高到一定值时，主阀门完全开启，而副阀门也正好关闭小循环水路（图 8-11b），此时来自发动机水套的冷却液

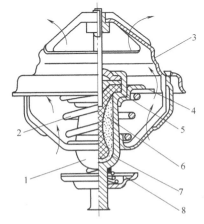

图 8-10　蜡式节温器的构造

1—节温器壳体　2—弹簧　3—支架　4—主阀门
5—推杆　6—石蜡　7—胶管　8—副阀门

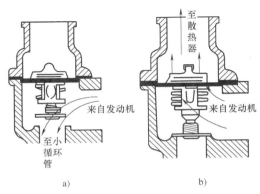

图 8-11　蜡式节温器的工作原理图

a）小循环　b）大循环

全部经过散热器进行大循环。当冷却液温度在主阀门开始开启温度与完全开启温度之间时，主阀门和副阀门均部分开启，在整个冷却系统内，一部分冷却液进行大循环，另一部分冷却液进行小循环。

（4）**电控节温器** 传统的节温器控制冷却液大小循环的路线，节流损失大，工作不可靠，工作效率低，不能根据发动机的散热要求准确地调节冷却系统的散热能力，而电控节温器利用电加热引起双金属片变形，由双金属片变形带动节温阀旋转运动，来改变大小循环，可用于对发动机冷却能力的智能控制。

第三节 风冷却系统

一、风冷却系统的特点

风冷却系统与水冷却系统比较具有以下特点：

1）零件少，结构简单，整机质量较小。

2）不用冷却液，因而无漏液、冰冻和结垢等故障，使用维修比较方便。

3）对地区环境变化的适应性好，适于缺水地区使用。对于涡轮增压、中冷风冷柴油机，更适于高温、严寒、沙漠、森林和高原等地区使用。

4）起动时，暖机快，气缸套磨损小。

5）由于没有水套吸声，再加上散热片和导风罩的振动及风扇的圆周速度高，风冷内燃机运转时噪声较大。

6）由于金属与空气的传热系数大大小于金属与水的传热系数，所以风冷内燃机的热负荷较高，内燃机工作的可靠性差。

7）风扇消耗功率较大，充气系数较小，因此在其他条件相同时，风冷内燃机输出的有效功率要比水冷内燃机输出的有效功率低。

二、风冷却系统的组成

风冷却是采用空气作为冷却介质。高速流动的空气直接将高温零件的热量带走，使内燃机在最适宜的温度下工作。风冷却系统主要由散热片、风扇、导风罩和分流板等组成，如图8-12所示。

风冷却系统常采用风量较大、风压较低的轴流式风扇，它通过V带由曲轴驱动，高速旋转产生强烈气流，经风机导风罩将气流集中导向内燃机，分流板使气流均匀地分流到各缸，经气缸导风罩排出。气缸体和气缸盖的表面均布满散热片，加大了散热面积，增强了冷却效果。

在V型风冷内燃机上，轴流式风扇一般布置在内燃机前端两排气缸夹角中间，如图8-13所示。

在单缸或双缸小型风冷内燃机上，为简化结构，降低制造成本，常采用离心式风扇，安装在飞轮上或与飞轮铸成一体，称为飞轮风扇。如图8-14所示，空气由进风口轴向吸入，从风扇蜗壳流出的气流，由导风罩引向气缸和气缸盖进行冷却。

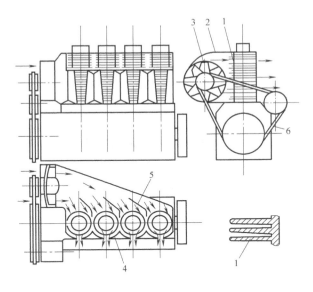

图 8-12 内燃机风冷却系统示意图

1—散热片 2—风机导风罩 3—风扇 4—气缸导风罩 5—分流板 6—V 带

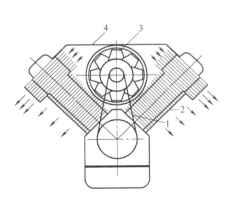

图 8-13 采用轴流式风扇的 V 型风冷
内燃机冷却系统示意图
1—V 带 2—挡风板
3—轴流式风扇 4—导风罩

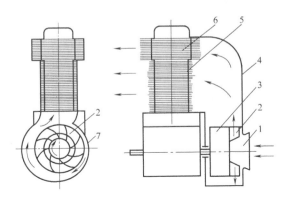

图 8-14 采用离心式风扇的单缸
风冷内燃机冷却系统示意图
1—进风口 2—离心式风扇 3—飞轮 4—导风罩
5—气缸 6—气缸盖 7—风扇蜗壳

三、风冷却系统的布置

风冷却系统按引风方式的不同，有吹风冷却和吸风冷却两种。风扇安装在气缸进风侧（即吹进冷却空气的一侧）为吹风冷却，风扇安装在气缸出风侧为吸风冷却。前者气缸的温度较低，所需风扇压力也较低（低 12%～20%），且驱动风扇的功率较小（小 1.12%～20%），因此除少数特殊要求（少数坦克用风冷式内燃机因总体布置关系）采用吸风冷却外，通常采用吹风冷却。

四、风冷系统的风量调节

1. 改变风扇转速法

风扇转速提高，风量增加，冷却加强，反之冷却减弱。在热负荷较低时，降低风扇转速，既降低了风扇消耗的功率，又减小了风扇运转时的噪声，因而是一种较好的调节冷却强度的方法。

改变风扇转速的方法主要有以下两种：

1）对于机械式传动的风扇，可通过变换风扇带轮直径或传动齿轮齿数来改变风扇传动比。该方法简单，但不易实现自动无级变速，主要用于地区性或季节性调节。

2）对于液力式传动的风扇，一般采用液力偶合器传动来实现风扇的无级调速。它是利用装在排气管或排风口处的感温元件（温度阀），控制进入液力偶合器中的充油量，控制风扇转速调节。

2. 冷却风扇的风量节流控制法

在风扇进风处，或向气缸供风途中，冷却风出风侧设置节流器。当风扇转速保持一定而节流器的开度改变时，改变流经散热片空气的流速，以达到控制内燃机冷却强度的目的。

节流器在风扇进风口常用节流罩盖或百叶窗，而在风扇流通通道内常用节流阀。图 8-15 所示为风扇进口处设置的节流器，其一为节流罩盖滑套在风扇进口，其二为风扇进口装设百叶窗，当调节冷却强度时，由感温元件操纵的拉杆拉动滑套在风扇壳上的罩盖转动一个角度，或拨动风扇进口处的百叶窗窗叶，即可改变进入风扇的空气量。

图 8-16 所示为通过在流通通道中设置由感温元件操纵的节流阀，改变冷却气流流通面积来调节冷却强度。

上述方法调节时风扇转速不变，有节流压力损失，不能减小风扇功率，但调节方法简单。

此外，调节风量的方法还有旁通阀控制法、变动风扇导叶或导叶角度等方法。

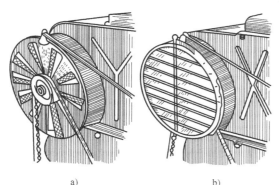

a)   b)

图 8-15 风扇进口处设置的节流器

a）节流罩盖 b）百叶窗

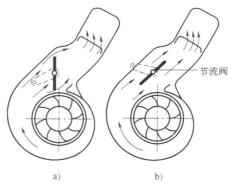

a)   b)

图 8-16 在流通通道中设置
由感温元件操纵的节流阀

a）冷却强度减小 b）冷却强度加大

思　考　题

1. 发动机冷却系统有何功用？过冷、过热对发动机工作有何不利影响？

2. 发动机的冷却系统分为几种？水冷却系统是怎样分类的？

3. 强制循环水冷却系统由哪些装置所组成？

4. 画出强制循环水冷却系统简图并说明它的工作过程。

5. 散热器的作用是什么？散热器芯有几种结构型式？

6. 冷却风扇的功用是什么？如果安装反了会出现什么情况？

7. 水泵的作用是什么？目前发动机多采用哪种形式的水泵？

8. 为什么要对发动机的冷却强度进行调节？如何调节？

9. 节温器一般装在什么地方？阐述其功用和类型。

10. 说明节温器的工作原理。如果蜡式节温器中的石蜡流失，节温器将处于怎样的工作状态？发动机会出现什么故障？

11. 风冷却系统有何特点？

12. 简述风冷却系统改变风扇转速来调节冷却风量的工作原理。

第九章

发动机润滑系统

第一节 机油与润滑方式

一、润滑系统的功用

发动机工作时，相对运动表面之间必然有摩擦。摩擦产生的阻力和阻力矩消耗发动机的功率，使相对运动表面发热和磨损。摩擦表面的发热超过允许极限时将破坏零件的力学性能，使磨损加剧，摩擦阻力进一步增大，如此恶性循环，发动机很快就会损坏，因此为保证发动机长期正常工作，必须设法减小摩擦阻力。

发动机的润滑是由润滑系统来实现的。润滑系统的基本任务是将定量、洁净和有适当温度的机油（润滑油）输送至各相对运动零件的摩擦表面，使零件摩擦表面产生油膜，从而减少摩擦损失和磨损。

润滑系统的主要作用如下：

1）润滑。活塞和气缸之间，主轴和轴瓦之间，均存在着快速的相对滑动，要防止零件过快的磨损，则需要在两个滑动表面间建立油膜，有足够厚度的油膜将相对滑动的零件表面隔开，从而达到减少磨损的目的。

2）冷却降温。机油能够将热量带回机油箱再散发至空气中，以帮助冷却发动机。

3）清洗清洁。好的机油能够将发动机零件上的碳化物、油泥和磨损金属颗粒通过循环带回机油箱，通过机油的流动，冲洗掉零件工作面上产生的脏物。

4）密封防漏。机油可以在活塞环与活塞之间形成一个密封圈，减少气体的泄漏，防止外界的污染物进入。

5）防锈防蚀。机油能吸附在零件表面，防止水、空气、酸性物质及有害气体与零件接触。

6）抗磨。摩擦面加入润滑剂，能使摩擦系数减小，从而减小摩擦阻力，减少能源消耗和磨损；润滑剂在摩擦面间可以减少磨粒磨损、表面疲劳和黏着磨损等所造成的摩擦磨损。另外，在某些柴油机上，润滑系统还向自动调节喷油提前角机构、液压调速器、可变压缩比活塞装置等处供油。目前，发动机正向高强化发展，对润滑系统及机油的要求也随之不断提高。

二、机油

1. 机油的类型

根据 GB/T 28772—2012《内燃机油分类》，我国汽车机油分为汽油机油、柴油机油和农用柴油机油 3 类。

（1）**汽油机油** 汽油机油有 SE、SF、SG、SH（GF-1）、SJ（GF-2）、SI（CF-3）、SM（CF-4）、SN（GF-5）8 个级别。"S"表示汽油机油，"GF"表示以汽油为燃料，具有燃料经济性要求的乘用车发动机机油；级号越靠后，使用性能越好，而且可以替代级号低的机油。

（2）**柴油机油** 柴油机油有 CC、CD、CF、CF-2、CF-4、CG-4、CH-4、CI-4、CJ-4 共 9 个级别。"C"表示柴油机油，第二个字母表示质量等级，数字 2 或 4 分别表示两冲程或四冲程柴油机。级号越靠后，使用性能越好，而且可以替代级号低的机油。

（3）**农用柴油机油** 农用柴油机油适用于农用柴油机及其农用汽车。

每一种级别又有若干种单一黏度等级。根据国标 GB/T 14906—2018《内燃机油黏度分类》，采用含"W"和不含"W"两组黏度等级系列，共 14 个等级。与低温起动有关，以低温启动黏度、低温泵送黏底和 100℃ 时运动黏度划分为 0W、5W、10W、15W、20W、25W 等 6 个等级，以 100℃ 时的运动黏度以及 150℃ 时高温高剪切黏度划分为 8、12、16、20、30、40、50、60 等 8 个等级。

2. 机油的选用

1）汽油机选择汽油机油，柴油机选择柴油机油，通用油适用于汽油机与柴油机。

2）根据气温选用适当黏度等级的机油，可参见图 9-1 选择。具体机型应按使用说明书进行机油的选用与保养。

3. 合成机油

合成机油是利用化学合成方法制成的润滑剂。其主要特点是良好的黏温特性，能满足较大温差的使用要求；优良的热氧化安定性，可长期使用不需更换。使用合成机油，发动机的

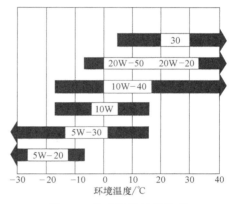

图 9-1 发动机机油的选用

燃油经济性会进一步改善，同时可降低发动机的冷起动转速。目前，合成机油的价格比石油提炼出来的机油价格高。随着生产规模的扩大和制造工艺的改进，合成机油的成本将会越来越低，合成机油的应用将日益广泛。

三、润滑方式

对于各运动零件表面的润滑，按润滑油供给的方法不同。润滑方式有压力润滑、飞溅油雾润滑和润滑脂润滑。

1. 压力润滑

在机油泵的作用下，机油以一定的压力输送至摩擦表面。这种方式工作可靠，能保证润滑部位有充足的油量，有一定的清洗和冷却作用，同时也便于对机油进行滤清和冷却。一般来说，承受负荷大、相对运动速度较高的零件摩擦表面（如主轴承、连杆轴承、凸轮轴轴承、摇臂轴轴承等）采用该润滑方式。

2. 飞溅油雾润滑

飞溅油雾润滑方式是利用发动机工作时运动零件对轴承间隙处流出的机油进行击溅，形成油滴或油雾落入零件摩擦表面进行润滑。这种方式常用于负荷较轻、工作表面外露、相对运动速度较低或不易实现压力润滑的零件表面，如气缸壁、配气凸轮、活塞销座和连杆小头衬套等。

3. 润滑脂润滑

对于发动机辅助系统的某些零件，如水泵及发电机的轴承，可采用定期加注润滑油脂的方法进行润滑。

汽车发动机采用压力润滑与飞溅润滑组合的复合式润滑系统，根据不同零件的需要采用不同的润滑方式。

第二节　润滑系统的组成与油路

一、润滑系统的组成

一般综合式润滑系统按照各部分的功能分解，主要由储油装置、泵油装置、滤清装置、检示装置、安全装置和散热装置等组成。图9-2所示为4125A型柴油机采用的综合式润滑系统简图。汽油发动机的润滑系统如图9-3所示。

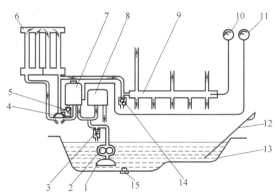
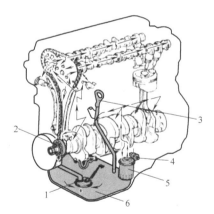

图9-2　4125A型柴油机采用的综合式润滑系统简图
1—集滤器　2—机油泵　3—限压阀　4—转换开关
5—旁通阀　6—机油散热器　7—机油粗滤器　8—机油细滤器
9—主油道　10—机油压力表　11—机油温度表　12—油标尺
13—油底壳　14—回油阀　15—放油螺塞

图9-3　汽油发动机的润滑系统
1—机油粗滤器　2—机油泵　3—油标尺
4—机油压力开关　5—机油滤清器　6—油底壳

1. 储油装置

储油装置即油底壳，其容量除了要满足润滑系统工作时最大循环油量的要求，还应考虑机油自然散热的要求。容量大则机油在油底壳内停留时间长，自然散热多，但受到结构尺寸的限制，不可能做得太大。

2. 泵油装置

泵油装置主要有机油泵、油管和集滤器等。机油泵通过油管将油底壳中的机油吸入、加压并送入滤清装置，使机油在发动机内循环流动。机油泵一般布置在油底壳内，以降低吸油高度，使发动机起动时能很快泵油。机油泵的吸油管和集滤器应保持浸沉在油面以下，以防止吸入空气，影响润滑系统的正常工作。

3. 滤清装置

滤清装置包括集滤器和机油滤清器（常分为粗滤器和细滤器两种），用来滤除机油中的各种杂质，保证机油的清洁。

4. 检示装置

检示装置包括机油压力表、机油温度表和油标尺等，用来指示润滑系统的工作状况。

5. 安全装置

安全装置包括限压阀、回油阀（也称为调压阀）和旁通阀（也称为安全阀）。限压阀安装在机油泵的出油道上，用来限制系统的最高压力，保证机油泵压力既要克服滤清器及管路、油道的阻力，满足机体主油道内机油压力的要求，又防止系统压力过高而使油管破裂、密封件损坏，以及机油泵过载。当机油泵出口压力过高时，限压阀开启，使部分机油流回油底壳。回油阀安装在主油道中，防止主油道压力过高。当主油道压力超过规定值时，回油阀开启，使多余的机油流回油底壳。

旁通阀安装在机油滤清器上并与滤芯并联。当机油滤清器被杂质堵塞、油路不畅通时，在滤清器的前后油路间产生压力差。当此压力差达到一定数值时，旁通阀开启，使机油不经过滤清器而直接流入主油道，以保证对发动机各部分的正常润滑。

6. 散热装置

散热装置包括机油散热器及油管、转换开关等。用于对机油进行强制冷却，以保持机油在适宜的温度范围内工作。有些发动机由于功率较小或负荷不大而没有机油散热装置。

二、润滑系统的油器

1. 4125A 型柴油机润滑系统

4125A 型柴油机采用的综合式润滑系统简图如图 9-2 所示。发动机工作时，机油泵通过集滤器、油管将机油从油底壳吸入，增压后沿油道送入滤清器，并在这里分成两路，约 1/3 的机油流向离心式细滤器，经滤清后直接流回油底壳。约 2/3 的机油流入粗滤器，过滤后至转换开关，当机油温度高（夏季）需要散热时，转换开关处于图示位置，机油经散热器散热后进入主油道。当机油温度低（冬季）不需要散热时，改变转换开关的位置，机油便不经过散热器而直接流入主油道。

主油道的机油经分油道进入曲轴各主轴承和配气凸轮轴轴承。主轴承的机油经曲轴中的斜孔进入连杆轴承，一部分再经连杆杆身中的油道流至连杆小头，以润滑活塞销与衬套。从各主轴承、连杆轴承和连杆小头衬套流出的机油飞溅到气缸壁、配气凸轮及挺柱，以润滑这些机件。

进入凸轮轴前轴承的部分机油经机体和气缸盖中的垂直油道，再通过前摇臂轴座被送至配气机构的摇臂轴中心孔内，再沿径向孔进入各摇臂衬套，在实现摇臂润滑后又流出滴落在配气机构其他一些零件工作表面上。主油道中还有一部分机油流到正时齿轮室，润滑各齿轮。

为了限制和调节机油压力，保持系统的正常工作，在油路中分别装有限压阀、旁通阀和回油阀。限压阀的开启压力为 640~680kPa；旁通阀调整到粗滤器中油压为 340~440kPa 时开启；回油阀调整到柴油机处于标定转速时（1500r/min），主油道的压力为 190~240kPa 时开启。

4125A 型柴油机润滑系统还设有机油温度表和机油压力表，分别指示机油温度和主油道机油压力。

2. X4115 型柴油机润滑系统

图 9-4 所示为 X4115 型柴油机的润滑系统，它与 4125A 型柴油机润滑系统基本相同，主要区别是它只有一个全流式滤清器，工作时，曲轴齿轮驱动油泵的齿轮，机油自油底壳通过集滤器吸入，经增压后沿油道进入全流式离心滤清器，机油全部滤清后分两路流出，其中 1/3 油量流回油底壳，2/3 油量进入主油道。是否需通过机油散热器，可由滤清器上的冬、夏转换开关控制，一般冬季不通过散热器而直接进入主油道。

进入主油道的机油经五条分油道分别进入各主轴承和凸轮轴轴承，进入主轴承

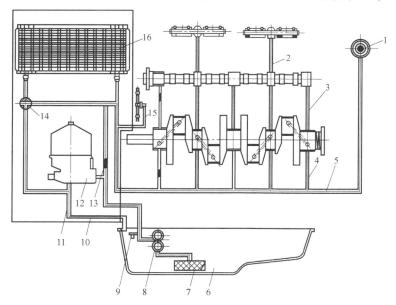

图 9-4　X4115 型柴油机的润滑系统

1—油压感应塞　2—到缸盖的油道　3—到凸轮轴的油道　4—到主轴承的油道　5—主油道
6—油底壳　7—机油集滤器　8—齿轮式油泵　9—机油泵限压阀　10—回油底壳的油道
11—回油阀　12—全流式离心机油滤清器　13—旁通阀　14—冬夏转换开关
15—到齿轮系的油道　16—风冷机油散热器

后部分机油经曲轴上的斜油道进入 4 个连杆轴承。凸轮轴二、四轴承与气缸体、缸盖垂直油道相通，进入轴承的部分机油沿垂直油道及油管进入摇臂轴空腔内，润滑摇臂衬套等。

由于轴系高速旋转，各轴承处泄出的机油被溅洒成细小油滴，使气缸壁、连杆小头衬套、活塞销座和凸轮表面等得到飞溅润滑。最后各路机油均回油底壳，构成机油的流动循环。

另外，还有部分机油沿主油道至齿轮室油道，润滑正时齿轮轴系。

X4115 型柴油机润滑系统设有限压阀、旁通阀和回油阀。限压阀位于机油泵壳体上，其开启压力为 0.7～0.75MPa，可在试验台上检查调整。旁通阀和回油阀均位于滤清器壳体内，是不可调的。

冬夏转换开关位于滤清器底壳右侧，其调节盘（图中未画）通过两个螺钉固定于壳体上，调节盘上有 "D"（冬）和 "X"（夏），调节盘左侧有一横箭头，当 "D" 与箭头相对时，滤清后的机油不通过散热器而直接进入主油道。在环境温度高于 278K 时，松开螺钉转动调节盘，使 "X" 对准箭头，以使机油经散热器冷却。

3. 轿车汽油发动机的润滑系统

图 9-5 所示为某轿车 1.8L 汽油发动机的润滑系统，它采用复合式润滑系统。当发动机工作时，机油由集滤器初步过滤后进入机油泵，经机油泵提高压力后泵入机油滤清器，从滤清器出来后进入主油道。进入主油道的机油经曲轴箱上的 5 条并联横向斜油道引导流至曲轴主轴承，润滑主轴颈，再经曲轴内的油道流入 4 个连杆轴承，润滑连杆轴颈。机油再经过连杆杆身的油道润滑活塞销，并对活塞进行喷油冷却。中间轴的机油由发动机前边第一条横向斜油道供给。与主油道垂直的油道将机油送到气缸盖纵向油道，再通过五条并联的横向斜油道将机油送到凸轮轴，润滑凸轮轴轴颈。在气缸盖和气缸体右侧（由前向后看）布置有回油孔，使气缸盖上的机油流回曲轴箱。

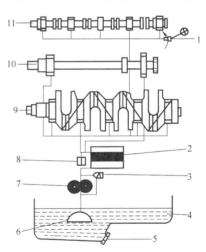

图 9-5　某轿车 1.8L 汽油发动机
的润滑系统

1—低压油压开关　2—机油滤清器
3—限压阀　4—油底壳　5—放油
螺塞　6—集滤器　7—机油泵
8—高压油压开关　9—曲轴
10—中间轴　11—凸轮轴

润滑系统的报警系统装有两个油压开关，低压油压开关为褐色绝缘体，高压油压开关为白色绝缘体，均位于机油滤清器支架上。当打开点火开关时，位于仪表板中的机油压力警告灯开始闪烁，起动发动机。当机油压力大于 0.03MPa 时，低压油压开关断开，警告灯自动熄灭。当发动机低速运转时，如果机油压力低于 0.03MPa，则低压油压开关触点闭合，机油压力警告灯闪烁。当发动机转速超过 2150r/min 时，如果机油压力达不到 0.18MPa，高压油压开关的触点断开，机油压力警告灯闪烁，警报蜂鸣器也同时报警。

由于轿车发动机转速高、功率大、凸轮轴多为顶置，机油泵一般由中间轴驱动，配气机构多采用液力挺柱，在主油道与机油泵之间多用单级全流式滤清器，以简化滤清系统。集滤器为固定淹没式，避免机油泵吸入表面泡沫，以保证润滑系统工作可靠。

第三节 润滑系统的主要零部件

润滑系统的主要零部件有机油泵、机油滤清器和机油冷却装置等。

一、机油泵

机油泵的功用是提高机油压力和保证一定的流量，向各摩擦表面强制供油，使发动机润滑部位得到可靠的润滑。机油泵一般有齿轮式和转子式两种。

1. 齿轮式机油泵

齿轮式机油泵分为外啮合式和内啮合式两种。

（1）**外啮合齿轮式机油泵** 外啮合齿轮式机油泵的工作原理图如图9-6所示。在泵体内装有一个主动齿轮和一个从动齿轮，泵体上有进、出油腔。

工作时，主动齿轮、从动齿轮按图示箭头方向旋转，进油腔处的容积因齿轮脱开啮合而增大，腔内产生一定真空度，机油被吸入并充满进油腔，随着齿轮旋转，充满齿间的机油被带到出油腔，出油腔容积因齿轮进入啮合而减小，油压上升，使机油从出油腔压送出去。

当齿轮进入啮合时，啮合齿间封闭的机油，由于容积变小，在齿轮间产生很大的推力，导致轴承磨损，并消耗功率。为此在泵盖上铣出一条卸压槽，使齿根间受挤压的机油通过卸压槽进入出油腔。

外啮合齿轮式机油泵具有结构简单、加工方便、工作可靠、能产生较高压力等优点，因而广泛用于各种柴油机润滑系统。

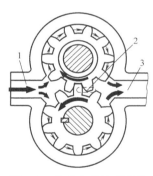

图9-6 外啮合齿轮式机油泵的工作原理图
1—进油腔 2—卸压槽
3—出油腔

（2）**内啮合齿轮式机油泵** 外齿轮为主动齿轮，套在曲轴前端，通过花键套直接由曲轴驱动。内齿轮为从动齿轮，安装在机油泵体内，泵体固定在发动机机体前端（图9-7）。当主动齿轮旋转时，带动从动齿轮旋转，进油容积由小变大，不断进油；出油容积不断由大变小，油压升高。这种齿轮泵直接由曲轴驱动，无须中间传动机构，所以零件数少，体积小，成本低，但泵油效率较低。

2. 转子式的机油泵

如图9-8所示，转子式机油泵主要由外转子、内转子、壳体和泵轴等组成。壳体内装有不同心的外转子和内转子，即有一偏心距e。外转子松套在壳体内，它的内圈有5个齿。内转子固定在泵轴上，它的外缘有4个齿。工作时，内转子带动外转子转动，它

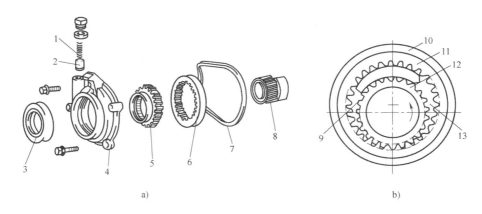

a) b)

图 9-7 内啮合齿轮式机油泵

a）结构 b）工作原理图

1—安全阀弹簧 2—安全阀柱塞 3—曲轴前油封 4、10—机油泵体 5、12—主动外齿轮

6、11—从动内齿轮 7—O形圈 8—花键套 9—排油口

13—吸油口

们的转动方向相同但转速不同，因此内、外转子之间有相对运动，且无论转到任何位置，内转子的 4 个齿都与外转子齿廓接触，而形成 4 个容积不断变化的工作腔。进油孔一侧的工作腔容积由小变大，润滑油被吸入，出油孔一侧的工作容积由大变小，将润滑油压送出去。

转子式机油泵结构紧凑，供油均匀，噪声小，吸油真空度高，适于安装在曲轴箱外且位置较高的发动机上。

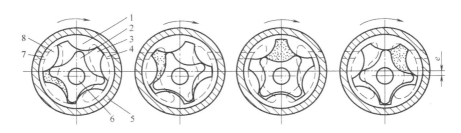

图 9-8 转子式机油泵的工作原理图

1—外转子 2—内转子 3—压油腔 4—出油孔 5—壳体 6—泵轴 7—进油孔 8—进油腔 e—偏心距

二、机油滤清器

1. 机油滤清器的功用

机油滤清器用来滤除机油中的金属屑、机械杂质和机油的氧化物。

2. 机油滤清器的类型

（1）**按过滤细度分** 机油滤清器按过滤细度可分为粗滤器和细滤器，粗滤器一般能过滤 0.05~0.1mm 及以上粒度的杂质。

（2）**按机油滤清器在机油路中的位置分**　机油滤清器按在机油路中的位置可分为全流式和分流式机油滤清器。全流式机油滤清器与主油道串联，全部循环机油都要流过它；分流式机油滤清器与主油道并联，一般只有总循环量 10%~30% 的机油流过它。

（3）**按滤清方式分**　机油滤清器按滤清方式可分为过滤式和离心式两类。

过滤式机油滤清器是使机油通过具有一定缝隙或孔隙的滤芯，把大于间隙的杂质阻在滤芯之外，达到滤清的目的，目前广泛使用的是纸质机油滤清器，其滤芯结构型式与燃油纸质滤芯相同，这里不再介绍。

离心式机油滤清器是利用旋转离心力的原理，将机油中混入密度大的杂质分离出来。它可分为全流式与分流式离心机油滤清器。

三、机油冷却装置

1. 机油冷却装置的功用

机油冷却装置的功用是降低机油温度，保持机油一定的黏度。

2. 机油的冷却方式

机油的冷却方式可分为自然冷却、强制冷却和复合冷却。常用的冷却介质有空气和水。

自然冷却是利用油底壳外露表面，通过空气散热。为了增加散热面积，常在油底壳上增加散热片（或筋）。这种方式结构简单，但工作不可靠，散热少，用于小型发动机。

为了可靠地冷却机油，发动机常采用强制冷却方式，即配置以空气为冷却介质的机油散热器和以冷却液为冷却介质的机油冷却器。考虑到油底壳在有了强制冷却装置后依然起到自然冷却的作用，两种方式组合为复合冷却方式，这是发动机上广泛采用的机油冷却形式。

3. 机油散热器

以空气为介质的机油散热器，其结构型式、工作原理与冷却系统冷却液散热器相同。以冷却液为冷却介质的机油冷却器，目前常用的结构型式有管式和板翅式。

管式机油冷却器如图 9-9 所示，它由壳体、芯子和前、后盖等组成。冷却器芯子一

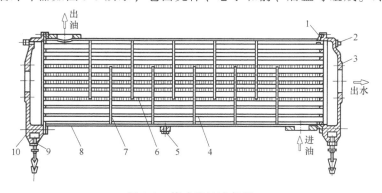

图 9-9　管式机油冷却器

1—水油密封圈　2、9—放气塞　3—后盖　4—芯子　5—放油塞　6—散热片

7—隔板　8—壳体　10—前盖

般用圆形或椭圆形截面的铜管与前、后隔板采用浸锡焊焊成，冷却液在管内流动，机油在管外流动。为了增强冷却效果，芯子外面隔一定距离装有半圆形隔板，机油自进口流入后，受隔板限制需经曲折路线流出出油口。另外，芯子外装有很多散热片，以增加冷却面积。

　　板翅式机油冷却器如图 9-10 所示，其常安装在水冷却系统散热器与水泵之间的通道口，或安装在气缸体水套中。板翅式与管式机油冷却器结构紧凑，起动后机油冷却快，工作温度较稳定，不随外界气温而变化，安装位置较自由，目前使用较多，但对冷却液与油的密封要求高。

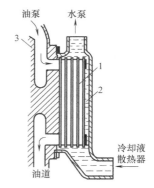

图 9-10　板翅式机油冷却器

1—机油冷却器　2—冷却液　3—机体

思　考　题

1. 发动机润滑系统有何功用？举例说明润滑方式的种类。
2. 简述润滑系统的基本构成。
3. 机油泵有何功用？试述齿轮式机油泵的结构及工作过程。
4. 论述离心式机油滤清器的构造与工作原理。
5. 机油压力过高或过低对发动机工作有哪些危害？
6. 试分析发动机机油压力降低的原因。
7. 试分析发动机机油温度对润滑的影响。
8. 对一种典型发动机机油路进行分析。
9. 机油如何进行分类？各用于何种发动机？
10. 简述机油散热器的工作原理。

第十章

发动机起动系统

第一节　发动机起动特点与方式

一、发动机起动特点

发动机在曲轴外力作用下从静止状态转变为怠速运转状态的过程称为发动机的起动。完成发动机起动功能的装置称为起动系统。

1. 起动转矩

当发动机起动时，曲轴必须克服的阻力：气缸内被压缩气体（可燃混合气或空气）的阻力；曲轴与主轴承之间，连杆与活塞销之间，连杆轴承之间，气缸与活塞、活塞环之间的摩擦阻力；配气机构与辅助系统（如水泵、风扇、油泵等）运动件之间的摩擦力，运动件加速惯性力等。同时，发动机在低温状态下，机油黏度高，摩擦阻力显著增大。

发动机起动时必须克服各种阻力所需要的转矩称为起动转矩。

不同类型的发动机起动转矩不同，起动转矩的大小主要取决于发动机的压缩比、发动机气缸数量、气缸排量、发动机温度、气缸间隙以及密封程度等。由于柴油机压缩比大，辅助系统中包括高压柴油供给系统，起动转矩明显高于汽油机。

2. 起动转速

在一定环境条件下，发动机起动所必需的最低曲轴转速称为发动机起动转速。起动转速的大小主要取决于发动机型式、混合气质量、燃油性能、压缩行程终了时气缸内的温度与压力等多种因素。

车用汽油机在温度为 $0 \sim 20^\circ\mathrm{C}$ 时起动，起动转速一般为 $30 \sim 40\mathrm{r/min}$。为了使发动机能在更低的温度下顺利可靠地起动，设计时要求起动转速不低于 $50\mathrm{r/min}$。若起动转速过低、气体的流速过低、压缩行程的热量损失过大，将使汽油雾化不良，气缸内的混合气不易点燃。

车用柴油机的起动转速较高，一般为 $150 \sim 300\mathrm{r/min}$，否则会导致柴油喷油压力不足，雾化不良，混合气质量不好，令柴油机起动困难。

3. 起动时间

发动机从起动开始到完成起动所需的时间称为起动时间。发动机起动时间除与起动转速、起动转矩有着密切的关系外，还取决于电源系统的电压水平、发动机温度等。特别是柴油机冬季冷车起动时，每次起动时间明显延长，电能消耗量大。所以，柴油机冬季冷车连续起动必须保证一定的间隔时间。

二、发动机起动方式

发动机常用的起动方式有人力起动、电力起动机起动和辅助汽油机起动等多种形式。

1. 人力起动

人力起动即手摇起动或绳拉起动，其结构十分简单。起动时，只需将起动手柄端头的横销嵌入发动机曲轴前端的起动爪内，摇动手柄即可转动曲轴，使发动机起动。这种起动方式操作不便，且加重了驾驶人的劳动强度。故目前仅在一些装有中、小功率汽油机的汽车上，还备有起动摇柄和起动爪，作为后备起动装置，或用于检修、调整发动机或起动电路故障时转动曲轴。许多高级轿车使用条件较好，电力起动系统工作可靠，不备用起动摇柄和起动爪作为后备起动装置。对于柴油机，由于起动转矩和起动转速要求很高，不可能使用手摇起动，因此其曲轴上无起动爪。

2. 电力起动机起动

以电动机作为动力源，当电动机轴上的驱动齿轮与发动机飞轮周缘上的环齿啮合时，电动机旋转而产生的动力就通过飞轮传递给发动机曲轴，使曲轴旋转带动发动机起动。电动机以蓄电池为电源，结构简单，操作方便，起动迅速而可靠。目前，几乎所有的汽车、拖拉机发动机都采用电力起动机起动。

3. 辅助汽油机起动

由于汽油机起动性能好，能在较低温度下使柴油机可靠起动，且可以长时间带动柴油机运转（可连续带动长达15min），还可以利用汽油机加热的冷却液和排出的废气来预热主机，减小起动阻力。但其作为起动装置体积大，结构复杂，造价高，起动操作复杂，只用于重型拖拉机的柴油机起动，目前应用较少。

第二节 电起动系统

一、电起动系统的组成

电起动系统的组成如图10-1所示，其主要由蓄电池、起动机、起动机继电器、点火开关和起动齿圈等组成。

二、起动机

起动机一般由直流电动机、控制机构和传动结构3部分组成（图10-2）。

1. 直流电动机

直流电动机是由电枢、磁极和换向器等主要部分组成的。

直流电动机在直流电压的作用下产生旋转力矩，称为电磁力矩或电磁转矩。起动发动机时，它通过驱动齿轮、飞轮的齿圈驱动发动机的曲轴旋转，使发动机起动。

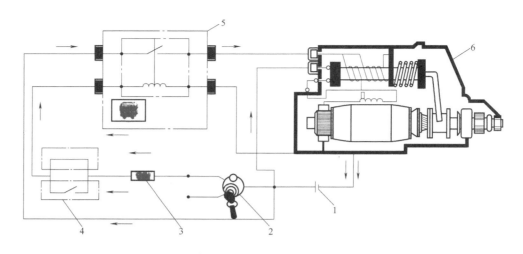

图 10-1 电起动系统的组成

1—蓄电池 2—点火开关 3—熔丝 4—空档起动开关 5—起动机继电器 6—起动机

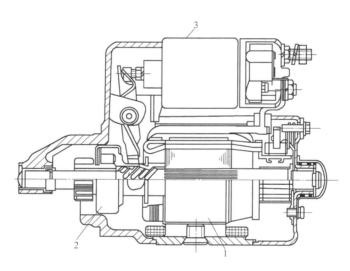

图 10-2 起动机的组成

1—直流电动机 2—传动机构 3—控制机构

2. 控制机构

开关式控制机构有直接式和电磁开关式两种。目前，电磁开关式控制机构的应用最为广泛。

电磁开关式控制机构电路图如图 10-3 所示。电磁开关式控制机构是通过起动继电器触点 2 的闭合与断开，控制吸引线圈 7、保持线圈 8 电流的通与断。电路接通，则两线圈中产生的电磁力使铁心 9 移动，再通过驱动杠杆 10 使驱动小齿轮 11 移动，使之与飞轮齿圈啮合；同时，吸引线圈 7 的电流流过电动机的磁场绕组和电枢绕组，电枢运转，驱动发动机转动。电路断开，则电磁力消失，驱动小齿轮反向移动，退出与飞轮齿

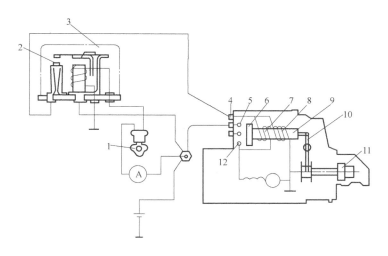

图 10-3　电磁开关式控制机构电路图

1—起动开关　2—起动继电器触点　3—起动继电器　4—起动继电器接线柱

5—蓄电池接线柱　6—接触片　7—吸引线圈　8—保持线圈　9—铁心

10—驱动杠杆　11—驱动小齿轮　12—电动机接线柱

圈的啮合。

3. 传动机构

传动机构又称为啮合机构或啮合器，实际上是一个单向离合器。单向离合器的作用是单方向传递转矩，即起动发动机时将起动机的转矩传给飞轮齿圈。而当发动机起动后，它又能自动打滑，不使飞轮齿圈带动起动机电枢旋转，以免损坏起动机。因为飞轮齿圈与起动机驱动齿轮的传动比为 1∶10～1∶15，发动机起动后，如果不能及时将起动机与发动机分离，则起动机的电枢就会被曲轴带动，以 10000～15000r/min 的高速旋转，导致电枢绕组从电枢槽中甩出，造成"飞车"事故，而使电枢损坏。

起动机中常见的单向离合器有滚柱式单向离合器、摩擦片式单向离合器及扭簧式单向离合器等，其中滚柱式单向离合器应用较广。

如图 10-4 所示，滚柱式单向离合器由外座圈、开有楔形缺口的内座圈、滚柱以及连同弹簧一起装在内座圈孔中的柱塞等组成。内座圈毂的花键套筒和起动机轴以花键连接。

外座圈与内座圈之间的间隙宽窄不等（呈楔形槽）。当起动机电枢旋转时，转矩由花键套筒传到内座圈，内座圈则随电枢一起旋转，这时滚柱便滚入楔形槽的窄处被卡死，于是有转矩传给起动机驱动齿轮，带动飞轮使发动机起动（图 10-4a）。当发动机起动后，曲轴转速增高，飞轮齿圈带动起动机驱动齿轮旋转，此时，起动机驱动齿轮旋转方向虽未改变，但已由主动齿轮变为被动齿轮，且外座圈的转速大于内座圈，于是使滚柱滚入楔形槽的宽处，使内、外座圈相对打滑（图 10-4b）。这样转矩就不能从起动机驱动齿轮传给电枢，从而防止了电枢超速"飞车"的危险。

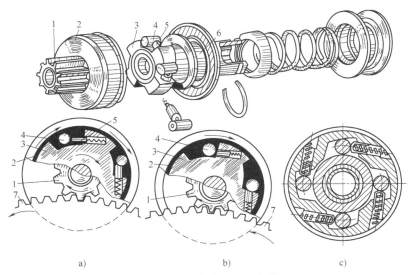

图 10-4　滚柱式单向离合器
a）开始啮合　b）脱离啮合　c）剖视图
1—起动机驱动齿轮　2—外座圈　3—内座圈　4—滚柱　5—柱塞　6—花键套筒　7—飞轮齿圈

【拓展阅读 10-1】　单向离合器

三、其他型式的起动机

1. 减速起动机

在电枢轴与驱动齿轮之间装有减速器的起动机称为减速起动机。减速起动机的电枢工作转速设定得较高，通过减速器使驱动齿轮的转速降低并使转矩增加。

根据电动机原理可知，若电磁功率不变，当转速增加时，转矩就可减小，则电动机的电枢直径、铁心长度可相应减小。因此装用减速器后，可采用小型、高速和低转矩的电动机，从而使起动机的质量和体积减小 30%～35%，且能提高起动性能。缺点是机械零件增加，电动机高速运转，结构较复杂。减速起动机中的减速器有 3 种型式，即外啮合齿轮式、内啮合齿轮式和行星齿轮式，其示意图如图 10-5 所示。外啮合齿轮式的主动齿轮轴与从动齿轮轴平行，但两轴中心距较大，其优点是结构简单，工作可靠，噪声小，便于维修，其缺点是增加了起动机的径向尺寸。内啮合齿轮式的特点是两轴中心距较小，工作可靠，但噪声较大。行星齿轮式的减速器两轴中心重合，有利于起动机的安装，因扭力负载平均分布在几个行星齿轮上，故可采用塑料内齿圈和粉末冶金的行星齿轮。既减轻了重量又抑制了噪声，是应用最广泛的一种。

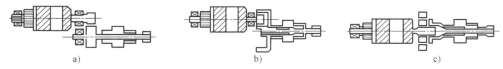

图 10-5　减速起动机减速器的 3 种型式
a）外啮合齿轮式　b）内啮合齿轮式　c）行星齿轮式

【拓展阅读 10-2】　减速起动机的构造与原理

2. 永磁式起动机

永磁式起动机利用永久磁铁制作磁极，取代了普通起动机中的磁场绕组和磁极铁心。它具有结构简单、体积小和重量轻等优点，适合安装于空间较小的车辆上。永磁式起动机一般都配用行星齿轮式减速器。

3. 电枢移动式起动机

电枢移动式起动机是利用磁极磁通的吸力，使整个电枢轴向移动来实现驱动齿轮与飞轮齿圈的啮合过程。

第三节　起动辅助装置

当环境温度降低时，机油黏度增高，起动阻力矩增大，同时燃料汽化性能变坏，蓄电池的工作性能降低，使发动机起动困难。为此，在冬季应设法将进气、机油和冷却液加以预热。

由于柴油机压缩比大、靠压缩自燃着火，冬季起动比较困难。为了使车用柴油机在冬季能迅速、可靠起动，常从两方面改善起动性能：通过设有减压机构降低起动时气缸压缩程度、进行机油预热等措施，减小柴油机的起动阻力矩；通过设置电热塞进气预热器、由热塞喷射起动液以及采用自燃性好的燃料、加浓混合气等措施，改善柴油机着火条件。

一、起动减压装置

有些柴油发动机采用起动减压装置减小起动转矩，提高起动转速，以改善起动性能，如图 10-6 所示。

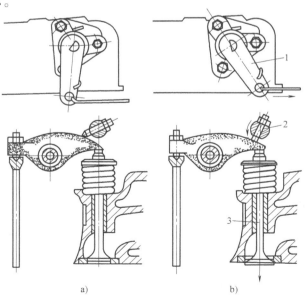

a)　　　　　　　　　　b)

图 10-6　起动减压装置的工作原理图

a）非减压位置　b）减压位置

1—转换手柄　2—调整螺钉　3—气门

起动发动机时，将转换手柄转到减压位置，使调整螺钉按图中箭头方向转动，并略微顶开气门（气门一般下 1~1.25mm），以减小压缩行程的初始阻力，使起动机转动曲轴时的阻力矩减小，从而提高了起动转速。曲轴转动以后，各零件的工作表面温度升高，机油的黏度降低，摩擦阻力减小，进一步减小起动阻力矩。此后，将手柄扳回原来的位置，发动机即可顺利起动。

发动机各缸的减压装置是一套联动机构。中、小型柴油机的联动机构一般采用同步式，即各减压气门同时打开，同时关闭。大功率柴油机减压装置联动机构一般为分级式，即起动前各减压气门同时打开，起动时各减压气门分级关闭，使部分气缸先进入正常工作，发动机预热后其余各缸再转入正常工作。

起动减压装置可以用于进气门，也可以用于排气门。使用排气门减压会将炭粒吸入气缸，加速气缸磨损。因此，多采用进气门减压方式。

二、进气预热

1. 热敏电阻预热器

热敏电阻预热器安装在进气歧管总入口处（图 10-7），由安装在发动机冷却液出口处的预热温度开关控制。当起动温度低于一定值时，预热温度开关控制接通电路，陶瓷热敏电阻通电升温，加热进入气缸的空气。

2. 电火焰预热器

柴油机因压缩比大，起动更困难，常采用电火焰预热器（图 10-8），其阀体用线胀系数较大的金属材料制成。阀体的内部有空腔，其一端有进油孔，另一端有内螺纹。在预热器不工作时，阀芯的锥形尖端将进油孔堵死，阀的另一端有外螺纹旋在阀的内腔中。阀体的外部绕有用镍铬丝制成的电阻丝。

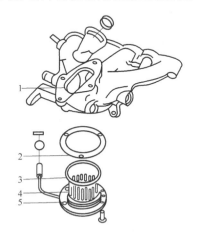

图 10-7　热敏电阻预热器
1—进气歧管　2—密封垫　3—密封圈
4—铝合金散热柱陶瓷热敏
5—电阻加热器

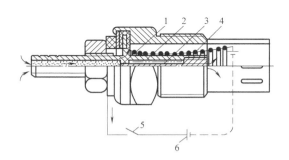

图 10-8　电火焰预热器
1—进油孔　2—阀体　3—阀芯　4—电阻丝
5—开关　6—蓄电池

当柴油机起动时，接通预热器开关。蓄电池对电阻丝供电，电阻丝变为炽热状态而加热阀体，因为阀体的热膨胀系数较大而伸长。带动阀芯向右移动，使进油孔打开，燃油经进油孔流入阀体的内腔受热而汽化，从阀体内腔喷出，被炽热的电阻丝点燃形成火焰，加热进入气缸的空气。

三、燃烧室预热

采用涡流室或预热室式燃烧室的柴油机，由于燃烧室表面积大，在压缩过程中的热量损失较燃料直接喷射式大，起动更为困难。为此，一般在涡流室或预热室式柴油机的燃烧室中装有电热塞，在起动时对燃烧室内的空气加以预热。

电热塞的结构如图10-9所示。螺旋形电阻丝用铁镍铝合金制成，其一端焊接于中心螺杆上，另一端焊接在用耐高温不锈钢制成的发热体钢套的底部，中心螺杆与外壳之间有瓷质绝缘体。高铝水泥胶合剂将中心螺杆固定于绝缘体上。外壳上端翻边，将绝缘体、发热体钢套、密封垫圈和外壳相互压紧。在发热体钢套内填充具有绝缘性能好、导热好、耐高温的氧化铝填充剂。

安装于各缸的电热塞并联与电源相接。起动发动机之前，首先接通电热塞的电路，电阻丝通电后迅速将发热体钢套加热到红热状态，使气缸内的空气温度升高，从而可以提高压缩终了时混合气的温度。电热塞通电的时间一般不超过1min。发动机起动后，应立即将电热塞断电。若起动失败，应停歇1min，再将电热塞通电，进行第二次起动，否则将缩短电热塞的使用寿命。

四、起动液辅助喷射

在某些柴油机上可根据需要选用起动液喷射装置，如图10-10所示。

喷嘴3安装在发动机进气管上，起动液喷射罐内充有压缩气体氮气和乙醚、丙酮、石油醚等易燃燃料。当低温起动柴油机时，将喷射罐倒置，罐口对准喷嘴上端的管口，轻压起动液喷射罐打开其端口上的单向阀，则起动液通过单向阀、喷嘴喷入发动机进气管，并随吸入进气道的空气一道进入燃烧室。由于起动液是易燃燃料，可在较低的温度下迅速着火，点燃喷入燃烧室的柴油。

五、预热机油和冷却液

可以采用外部加热方法，将机油和冷却液加热到一定温度，再加入发动机，可以有效地改善起动性能。也可以采用电热丝等发热元件，直接插入油底壳或散热器，加热机油和冷却液。

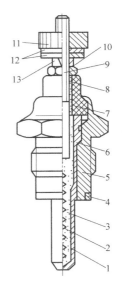

图 10-9 电热塞的结构

1—发热体钢套 2—电阻丝 3—填充剂
4、6—密封垫圈 5—外壳 7—绝缘体
8—胶合剂 9—中心螺杆 10—固定
螺母 11—压紧螺母 12—压紧
垫圈 13—弹簧垫圈

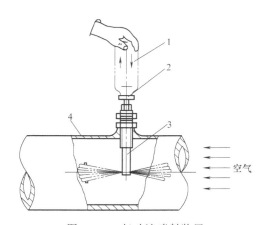

图 10-10　起动液喷射装置

1—起动液喷射罐　2—单向阀　3—喷嘴　4—发动机进气管

思　考　题

1. 汽车、拖拉机为什么要采用串励直流电动机作为起动电动机？

2. 起动机的电磁开关为什么要用两个线圈？用一个线圈是否可以？

3. 起动机需要调整哪些间隙？怎样调整？

4. 起动机不能转动可能是哪些故障引起的？如何检查？

5. 何谓起动机的空载试验和制动试验？试验时应注意些什么问题？

6. 滚柱式、摩擦片式和弹簧式单向传动机构各有何优缺点？

7. 怎样合理使用起动机？

8. 何谓发动机的起动？

9. 在不影响起动机功率、转矩的情况下，如何减小起动机的体积和质量？

10. 柴油机起动时为什么一般要预热？

11. 发动机进气预热有哪些措施？各有何特点？

第十一章

传动系统

第一节　传动系统的功用和类型

一、传动系统的功用

传动系统是汽车拖拉机底盘的重要组成部分，是从发动机到驱动轮之间一系列传动零部件的总称。

由于活塞式发动机具有转速高、输出转矩变化范围小、不能反转、带负荷起动困难等特性，而汽车拖拉机车速和驱动力变化范围大，并要求能倒退行驶、平稳起步和停车。为了使汽车拖拉机在不同使用条件下都能正常工作，并获得较好的动力性和经济性，必须设置传动系统，且令其实现4大基本功能：减速增矩、变速变矩、改变方向、平顺离合。

【拓展阅读11-1】　传动系统的4大基本功能

二、传动系统的类型

汽车拖拉机传动系统的类型有机械式、液力式和电力式。

1. 机械式传动系统

机械式传动系统因效率较高、结构简单、工作可靠、成本较低而被广泛应用于汽车拖拉机。

（1）轮式拖拉机传动系统　轮式拖拉机传动系统是最常见的一种布置型式（图11-1）。发动机纵向安装在拖拉机前部，后轮为驱动轮。发动机的动力经离合器、万向节、变速器、中央传动、差速器、最终传动和半轴传到驱动轮。其中，变速器与驱动轮之间的所有传动机构及其壳体又可统称为后桥。

汽车的传动系统一般采用发动机前置、前轮驱动（图11-2）。

发动机、离合器和变速器都布置在驱动桥（前桥）的前方，而且三者与主减速器、差速器装配成一个十分紧凑的整体，固定在车架或车身架上。这样，在变速器和驱动桥之间也就没有必要设置万向节和传动轴，发动机可以纵置，也可以横置。

（2）履带式拖拉机传动系统　履带式拖拉机的传动系统如图11-3所示，与轮式拖拉机传动系统的主要差别：离合器与变速器采用传动轴连接，后桥中没有差速器，而在中央传动与最终传动之间设有左、右转向离合器。

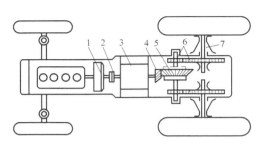

图 11-1　轮式拖拉机的传动系统

1—离合器　2—万向节　3—变速器　4—中央传动

5—差速器　6—最终传动　7—半轴

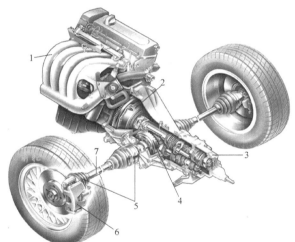

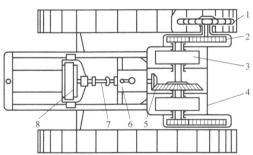

图 11-2　乘用车前置前驱传动系统

1—发动机　2—离合器　3—变速器　4—主减速器与差
速器　5—等速万向节　6—盘式制动器　7—传动轴

图 11-3　履带式拖拉机的传动系统

1—驱动轮　2—最终传动　3—转向离合器

4—后桥　5—中央传动　6—变速器

7—传动轴　8—离合器

（3）**后轮驱动汽车传动系统**　后轮驱动汽车传动系统是最常见的一种布置型式（图 11-4），其特点是：离合器直接与变速器连接，其万向节和传动轴位于变速器与驱动桥（后桥）之间，一般没有最终传动。

（4）**四轮驱动汽车传动系统**　四轮驱动汽车传动系统如图 11-5 所示，与后轮驱动汽车相比，其主要差别是：在变速器与后驱动桥之间增设了分动器，其主要功能是将变速器输出的动力分配到各驱动桥上，并进一步增大驱动转矩。分动器与变速器结构类似，主要由齿轮变速机构和操纵机构两部分组成。同理，前后轮驱动拖拉机上也设有分动器。

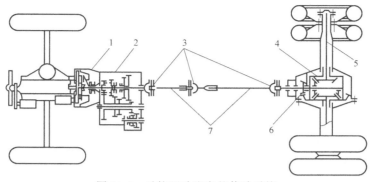

图 11-4 后轮驱动汽车的传动系统

1—离合器 2—变速器 3—万向节 4—差速器 5—驱动半轴 6—主减速器 7—传动轴

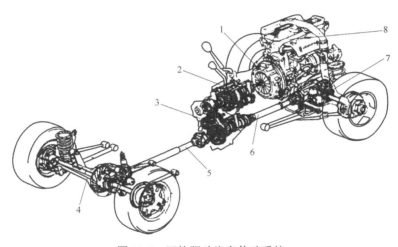

图 11-5 四轮驱动汽车传动系统

1—离合器 2—变速器 3—分动器 4—后驱动桥 5—后万向传动装置

6—前万向传动装置 7—前驱动桥 8—发动机

2. 液力式传动系统

　　液力式传动系统可分为液力机械式和静液压式两种。液力机械式传动系统结构较复杂，造价较高，但由于其操纵的方便性和档位选择的合理性，被广泛用于轿车和部分重型汽车以及大型拖拉机。静液压式传动系统也是造价较高，但具有传动系统布置灵活的特点，因此广泛应用于工程机械和军用车辆（图 11-6）。

3. 电力式传动系统

　　电力式传动系统可分为纯电动式、混合动力式和燃料电池式等多种类型。

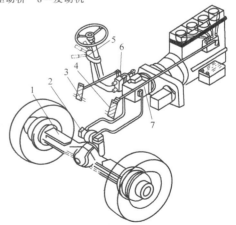

图 11-6 静液压式传动系统

1—驱动桥 2—液压马达 3—制动踏板
4—加速踏板 5—变速操纵杆 6—液
压自动控制装置 7—液压泵

第二节　离　合　器

一、离合器的功用

在传动系统中，离合器是与发动机直接关联的重要部件，主要有 3 大功能。

1. 保证发动机起动和车辆起步平稳

汽车和拖拉机起步前应使变速器挂空档，断开发动机与驱动轮之间的联系，待发动机起动并正常怠速运转后，再将变速器挂档，然后在缓慢接合离合器的同时，逐渐踩下加速踏板，致使发动机传给驱动轮的转矩逐渐增大，当驱动力足以克服车辆起步阻力时，汽车拖拉机开始行进并可逐渐加速，最终实现平稳安全起步。

2. 行进中换档或临时停车

汽车和拖拉机为了适应不断变化的工作条件和要求，变速器经常需要换用不同档位工作。齿轮式变速器的换档，一般是改变齿轮的啮合或其他挂档机构，因此，换档前必须迅速彻底分离离合器，中断发动机与传动系统的动力传递，以防止换档时产生冲击力而破坏齿轮。通过分离离合器，还可使汽车和拖拉机临时性短暂停车。

3. 实现对传动系统的过载保护

汽车和拖拉机工作中遇上障碍或突然起步和紧急制动时，通过离合器的打滑或切断，可以减少传动系统的冲击载荷，避免传动系统零部件损坏。离合器在正常接合状态下，均应具有可靠传递该车辆发动机最大转矩的能力。

二、离合器的类型

1. 按压紧弹簧的型式分

离合器按压紧弹簧的型式可分为膜片弹簧式、周置圆柱弹簧式和中央弹簧式等。

（1）膜片弹簧式离合器　膜片弹簧是一种由弹簧制成的具有特殊结构的盘状弹簧，主要由碟簧部分和分离指部分组成。膜片弹簧的形状如图 11-7 所示。

膜片弹簧式离合器与其他型式的离合器相比具有如下一系列优点：

1）膜片弹簧具有较理想的非线性特性，如图 11-8 所示。弹簧压力在摩擦片的允许磨损范围内基本保持不变（从安装时的工作点 b 变化到 a 点），因而离合器工作中能保持传递的转矩大致不变；相对圆柱螺旋弹簧，其压力大大减小（从 b 点变化到 a' 点），离合器分离时，弹簧压力有所减小（从 b 点变化到 c 点），从而减小了压紧力。对于圆柱螺旋弹簧，其压力则大大增大（从 b 点变化到 c' 点）。

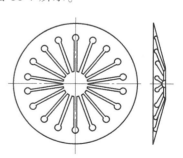

图 11-7　膜片弹簧的形状

2）膜片弹簧兼压紧弹簧和分离杠杆的作用，结构简单、紧凑，轴向尺寸小，零件

数目少，质量小。

3）高速旋转时，弹簧压紧力降低的程度较周置圆柱弹簧式离合器明显减小，所以摩擦力矩减小很少，性能稳定。

4）膜片弹簧以整个圆周与压盘接触，使压力分布均匀，摩擦片接触良好，磨损均匀。

5）易于实现良好的通风散热，使用寿命长。

6）膜片弹簧中心线与离合器中心线重合，平衡性好。

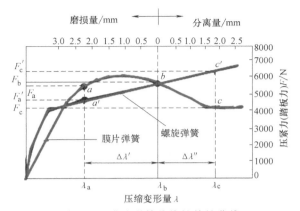

图 11-8　膜片弹簧非线性特性曲线

但膜片弹簧的制造工艺较复杂，制造成本较高，对材质和尺寸精度要求高，其非线性弹性特性在生产中不易控制，开口处容易产生裂纹，端部容易磨损。近年来，由于材料性能的提高，制造工艺和设计方法的逐步完善，膜片弹簧的制造技术已日趋成熟。膜片弹簧式离合器不仅在汽车、拖拉机上被广泛采用，而且在各种型式的商用车上也被大量采用。

（2）周置圆柱弹簧式离合器　周置圆柱弹簧式离合器的压紧弹簧采用圆柱螺旋弹簧并均匀布置在一个圆周上。周置圆柱弹簧式离合器结构简单，制造方便，过去广泛应用于各类汽车上。现在由于乘用车发动机转速的提高（最高转速达 7000r/min 或更高），在高转速离心力的作用下，周置弹簧易歪斜甚至严重弯曲鼓出而显著减小压紧力。另外，也使弹簧靠到定位座柱上而使接触部位严重磨损甚至出现断裂现象。因此，现代乘用车多改用膜片弹簧式离合器。但在拖拉机上，周置圆柱弹簧式离合器仍得到广泛采用。

（3）中央弹簧式离合器　中央弹簧式离合器采用 1～2 个圆柱螺旋弹簧或用一个圆锥螺旋弹簧作为压紧弹簧，并且布置在离合器的中心，压紧弹簧与从动盘的轴线相同，中央弹簧有用圆柱弹簧的，也有用矩形断面圆锥弹簧的，而采用后者可以缩短轴向尺寸。中央弹簧的压紧力是通过杠杆放大而作用在压盘上，由于在结构上可选较大的杠杆比，所以采用刚度较小的弹簧即可获得较大的压紧力，这也有利于减小压紧力。此外，由于中央弹簧与压盘不直接接触，弹簧不受退火影响。中央弹簧式离合器多用于发动机转矩大于 400N·m 的重型汽车和拖拉机上。

2. 按从动盘数分

离合器按从动盘数可分为单片式、双片式和多片式。

（1）单片式离合器　单片式离合器只有一个从动盘，乘用车、小型拖拉机上一般都采用单片式离合器。近年来，由于摩擦材质的提高，单片式离合器在某些重型汽车上的应用也渐多（发动机的最大转矩不超过 1000N·m 时）。单片式离合器的特点是：结构简单，散热良好，轴向尺寸紧凑，维修调整方便，从动部分转动惯量小，在使用时能够保证分离彻底，但是需要在结构上采取适当措施保证接合平顺，通常采用轴向有弹性

的从动盘来保证接合平顺。

（2）**双片式离合器**　双片式离合器有两个从动盘，与单片式离合器相比，由于摩擦面数增多，因而传递转矩的能力较大，且接合更加平顺、柔和，在传递相同转矩的情况下，径向尺寸较小，压紧力也较小。但它也存在一些缺点，如中间压盘通风散热性差，容易引起摩擦片过热，加快其磨损甚至烧坏；分离行程较大，不易分离彻底，设计时在结构上必须采取相应的措施；轴向尺寸大，结构复杂；从动部分的转动惯量较大等。这种结构一般用在传递转矩较大且径向尺寸受到较严格限制的场合。

（3）**多片式离合器**　多片式离合器有两个以上从动盘，多为湿式，接合平顺柔和，由于在油中工作，摩擦表面温度低、磨损小，使用寿命长。但是其分离行程大，分离不彻底（特别是在冬季油黏度增加时更是如此），轴向尺寸和质量较大，从动部分转动惯量也很大，这类离合器主要应用于最大质量大于 14t 商用车的行星齿轮变速器换挡机构中。

3. 按离合器的作用分

按离合器的作用可分为单作用式和双作用式。

（1）**单作用式离合器**　仅仅输出一股动力的离合器为单作用式离合器，它的特点是离合器只有一根输出轴。汽车上均采用单作用式离合器。但拖拉机发动机的动力要分别传送给驱动轮和动力输出轴，对于采用单作用式离合器的拖拉机，通常动力从离合器出来传给变速器，在变速器中设计一套机构，从主传动路线（传给驱动轮的线路）上分出一股动力传给动力输出轴，其动力传递路线如图 11-9 所示。

（2）**双作用式离合器**　汽车和一般的工程车辆不使用双作用式离合器，而拖拉机特别是大、中型拖拉机上广泛采用双作用式离合器。所谓双作用式离合器是指将两个离合器装在一起，其中一个离合器将动力传给驱动轮，使拖拉机行驶，称为主离合器；另一个离合器将动力传给动力输出轴，为农机具提供动力，称为副离合器或动力输出离合器。

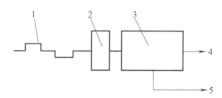

图 11-9　采用单作用式离合器
拖拉机的动力传递路线
1—曲轴　2—离合器　3—变速器
4—驱动轮　5—动力输出轴

这种双作用式离合器的主、副离合器不是同时分离或接合的，而是有一个先后次序。在分离过程中，首先分离主离合器，使拖拉机停车，然后分离副离合器使动力输出轴及农具工作部件停止转动。接合过程则相反，先接合副离合器，后接合主离合器，即农具工作部件先运转，拖拉机后起步。

这种先后依次分离和接合的特点，在生产使用中是十分必要的。例如，拖拉机配合收割机作业，要求收割机割刀先运转，然后拖拉机起步前进，以免起步时机组惯性矩过大，起步困难。在收割过程中，有时割刀部分堵塞，要求拖拉机停驶，而割刀不停止运转，以便清除堵塞物。但这种双作用式离合器还不能满足拖拉机行驶中使农具停止运转的要求。

有些拖拉机采用独立操纵的双联离合器，其特点在于采用两套完全独立的操纵机构，分别独立操纵主离合器和副离合器。这样离合器给农机具作业带来更大方便，有利于改善拖拉机的综合利用性能和提高生产率。

4. 按摩擦表面的工作条件分

离合器按摩擦表面的工作条件可分为干式和湿式离合器。干式离合器结构简单，广泛用于拖拉机上。湿式离合器的摩擦表面一般浸泡在油中，用油液冷却和冲洗摩擦表面，散热良好，摩擦表面工作性能稳定，但结构复杂，质量大，成本高。

5. 按压紧方式分

离合器按压紧方式可分为弹簧压紧、杠杆压紧、液压压紧和电磁力压紧离合器。

6. 按工作原理分

离合器按工作原理可分为摩擦式离合器、液压式离合器（液力偶合器、液力变矩器）和电磁式离合器（磁粉离合器）。

三、离合器的工作原理

虽然摩擦式离合器有不同型式，具体结构不同，但其基本工作原理相同，即在弹性元件作用下使主动部分与从动部分（带有摩擦片的从动盘总成）互相压紧，靠摩擦表面的摩擦力来传递转矩，所以又称为摩擦式离合器。

1. 接合状态

如图 11-10a 所示，在不踩下离合器踏板的自由状态时，离合器的从动盘被离合器弹簧压紧在飞轮与压盘工作表面之间，发动机转矩通过摩擦表面间的摩擦作用从飞轮和压盘经从动盘传到离合器轴（一般也是变速器第一轴）。此时，离合器处于接合状态，与主、从动部分形成一个整体。离合器处于接合状态时，分离轴承端面与分离杠杆头部的间隙称为自由间隙 Δ。

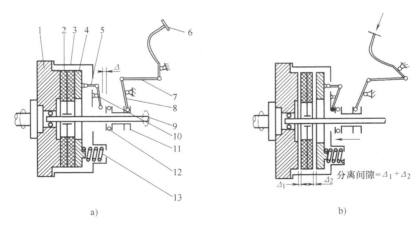

图 11-10　摩擦式离合器基本构成与原理简图

a）离合器接合状态　b）离合器分离状态

1—飞轮　2—从动盘　3—离合器盖　4—压盘　5—分离拉杆　6—踏板　7—拉杆　8—分离拨叉
9—离合器轴　10—分离杠杆　11—分离轴承座　12—分离轴承　13—离合器弹簧

2. 分离状态

当踩下离合器踏板时，通过拉杆带动分离拨叉，分离轴承座在拨叉的拨动下向左移

动，首先消除分离轴承端面与分离杠杆头部的自由间隙 Δ，接着推压分离杠杆头部，使分离杠杆绕支点摆动，分离杠杆的另一端通过分离拉杆带动压盘右移，进一步压缩离合器弹簧并在飞轮与从动盘摩擦表面、压盘与从动盘摩擦表面之间产生分离间隙 $\Delta_1 + \Delta_2$，切断了发动机和变速器的动力传递，离合器处于分离状态（图 11-10b）。

当踏板逐渐松开时，被压缩的离合器弹簧随之逐渐伸展，在其作用下将压盘向左推动，并将从动盘重新压紧在飞轮工作表面上，离合器又恢复到接合状态。与此同时，在回位弹簧的作用下，分离杠杆头部与分离轴承端面又出现应有的自由间隙 Δ。这种离合器经常处于接合状态，故称为常接合式离合器。

离合器分离过程中，踏板总行程由自由行程和工作行程两部分组成。用以消除各连接杆件运动副的间隙和自由间隙的踏板行程称为踏板自由行程，对应于产生离合器分离间隙 $\Delta_1 + \Delta_2$ 的踏板行程称为踏板工作行程。当从动盘摩擦衬片磨损变薄时，自由间隙 Δ 减小，踏板的自由行程也随之减小，应及时进行调整。

自由间隙过小时，当摩擦衬片稍有磨损，分离杠杆的头部将向右移动与分离轴承端面接触，使离合器弹簧压紧力减小而造成离合器打滑；自由间隙过大时，离合器踏板自由行程变大，使工作行程减小，造成离合器分离不彻底。因此，应有适当的自由间隙。此外，在安装时各个分离杠杆的端头应保持在同一回转平面上，否则也会影响离合器彻底分离。为了保证有适当和均匀的自由间隙，离合器上设有自动调整机构进行调整自由间隙。

四、离合器的构造

离合器主要由主动部分、从动部分、压紧装置和分离操纵机构 4 部分组成。主动部分是动力输入部件，从动部分是动力输出部件，压紧装置是使主、从动两部分接触表面间压紧而产生摩擦作用的装置，分离操纵机构是操纵离合器分离或接合的机构。

1. 主动部分

主动部分主要包括压盘、离合器盖和飞轮。

（1）**压盘** 无论离合器接合还是分离，压盘都必须通过一定的连接方式和飞轮一起旋转，且自身还应该能做轴向移动。当传递发动机转矩时，压盘和飞轮共同带动从动盘转动。通常飞轮或离合器盖驱动压盘的方式主要有凸台驱动和键销驱动等。

为了保证压盘一定的热容量，压盘应具有足够质量。其摩擦表面要有较小表面粗糙度值，以减少摩擦片磨损。压盘一般用灰铸铁制成，并保证有足够的刚度。为了加强通风散热，压盘上开有径向通风孔。

（2）**离合器盖和飞轮** 离合器盖常采用定位销和螺钉与飞轮固定在一起，并保持良好的对中。它不仅可以传递发动机的部分转矩，而且用来支承离合器压紧弹簧和分离杠杆。因此，要求它有足够的刚度，保证操纵部分的传动效果。汽车和拖拉机的离合器盖常用 3~5mm 厚的低碳钢板冲制成比较复杂的形状。为了加强离合器的冷却，离合器盖上开有许多通风窗口。

2. 从动部分

从动部分主要包括从动盘和离合器轴。

（1）**从动盘** 图 11-11 所示为带扭转减振器的从动盘，图 11-12 所示为不带扭转减振器的从动盘。不论是哪种从动盘，一般都由从动片、摩擦片和从动盘毂组成。

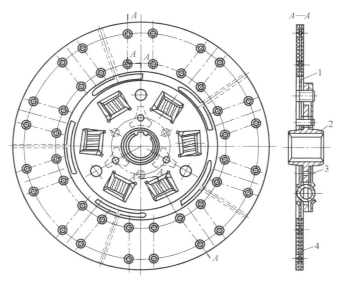

图 11-11 带扭转减振器的从动盘

1—从动片 2—从动盘毂 3—扭转减振器 4—摩擦片

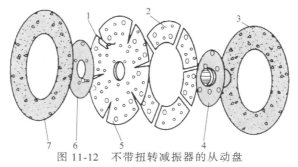

图 11-12 不带扭转减振器的从动盘

1—平衡片 2—波浪形弹簧钢片 3、7—摩擦片 4—从动盘毂 5—从动片 6—压片

1）从动片。从动片的质量应尽可能小，并使其质量分布尽可能靠近旋转中心，以减小从动盘转速变化时引起的惯性力。从动片通常用 1.3～2.0mm 厚的钢板冲压而成。为了使离合器接合平顺，车辆起步平稳，从动片的结构应使其具有轴向弹性，使主动盘（飞轮和压盘）和从动片之间的压力逐渐增长。具有轴向弹性的从动片有整体式、分开式和组合式 3 种。

2）摩擦片。摩擦片因所用材料及其成分的差异，分为石棉塑料摩擦片、金属摩擦片和金属陶瓷摩擦片等多种。传统的摩擦片为圆环形，一般与从动片铆接。为了充分利用摩擦片的面积和厚度，摩擦片与从动片的连接越来越多地采用黏结方式。

3）从动盘毂和扭转减振器。一般从动盘毂通过其内花键与离合器花键轴连接，并能使从动盘做轴向移动，从动片与从动盘毂常用铆接。

为了避免传动系统产生共振，并使汽车拖拉机起步平稳，越来越多地采用带有扭转减振器的从动盘，其从动片和从动盘毂之间通过减振弹簧传递转矩。

在减振盘和从动盘毂之间还装有减振摩擦片，依靠减振摩擦片与它们之间的摩擦吸收传动系统扭转振动能量。

（2）**离合器轴** 离合器轴通常是带有花键的传动轴，其前端支承在飞轮中心的轴承上，后端支承在离合器壳体上的轴承中。

3. 压紧装置

离合器压紧装置有弹簧压紧式、杠杆压紧式和液压压紧式3类。汽车和拖拉机的离合器广泛采用膜片弹簧压紧式压紧装置，其结构型式和布置方式有多种。

4. 操纵机构

常用的离合器操纵机构主要有机械式、液压式和助力式等。

（1）**机械式操纵机构** 机械式操纵机构有杆系和绳索两种型式。杆系操纵机构结构简单，制造容易，工作可靠，广泛用于各种类型的汽车上（图11-13），但质量及摩擦损耗都较大。传动效率低，发动机的振动和车架或驾驶室的变形都会影响其正常工作。在远距离操纵时，则杆系的结构复杂，布置困难，踏板的自由行程将加大，刚度及可靠性也会变差。绳索操纵机构可消除上述缺点，且可采用适宜驾驶人操纵的吊挂式踏板结构，但其寿命较短，机械传动效率也不高，多用于某些轻型轿车中。

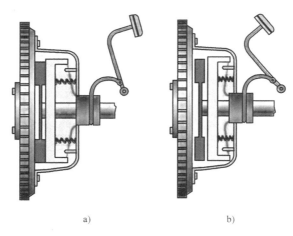

a)   b)

图 11-13 机械式操纵机构

a）接合状态 b）分离状态

（2）**液压式操纵机构** 液压式操纵机构主要由吊挂式离合器踏板、主缸、工作缸、管路系统和回位弹簧等部分组成（图11-14），其优点包括摩擦阻力小，传动效率高，质量小，布置方便，便于采用吊挂踏板，驾驶室容易密封，发动机的振动和车架或驾驶室的变形不会影响其正常工作，以及离合器接合柔和等，所以它广泛应用于各种型式的汽车中。

（3）**助力式操纵机构** 在中型以上的汽车上，为了减小离合器压紧力，在机械式和液压式操纵机构中常采用各种助力器。其助力器主要有弹簧式助力器和气压式助力

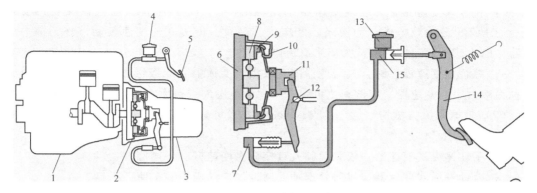

图 11-14　液压式操纵机构

1—发动机　2—离合器　3—手动传动桥　4、13—离合器储液罐　5、14—离合器踏板　6—飞轮
7—离合器分离泵　8—离合器盘　9—压板　10—离合器盖　11—分离轴承　12—分离叉接头
15—离合器总泵

器。气压式助力器多用于大型客车和重型货车上并与离合器液压操纵系统组合。它由踏板、操纵阀、工作缸、储气筒和管路等组成。操纵轻便是其突出优点。设计时必须保证其随动作用，即工作缸活塞杆的行程与踏板行程成一定比例，而与作用时间的长短无关。这样就能保证当逐渐放松离合器踏板时，离合器能平稳而柔和地接合。

第三节　手动变速器

一、变速器的功用和类型

1. 变速器的功用

1）在保持发动机转矩和转速不变的情况下，通过变速器改变传动系统的传动比，使汽车拖拉机获得所需的驱动力和行驶速度。

2）在发动机状态不变的前提下，通过变速器能使汽车拖拉机前进或后退。

3）在发动机不停机的情况下，通过变速器能使汽车拖拉机较长时间停车或实现动力输出。

4）通过变速器还能使汽车拖拉机发动机在无负载情况下起动或怠速。

变速器通常由变速机构和操纵机构两大部分组成。

2. 变速器的类型

（1）根据传动比分　变速器根据传动比可分为有级式、无级式和综合式 3 类。

1）有级式变速器。有级式变速器是由若干个定值传动比组成的齿轮传动系统，通常称为手动变速器。按轮系结构型式的不同，分为普通齿轮变速器（轴线固定式）和行星齿轮变速器（轴线旋转式）两种。按变速过程中动力传递是否中断，又有传统齿轮变速器和负载换档变速器之分。变速器定值传动比的个数等于变速器或汽车拖拉机的前进档位数。

2）无级式变速器。无级式变速器是传动比在一定范围内能任意连续变化的变速器。通常又可分为液力式（动液式）和电力式两种。液力式的变速传动部件为液力变矩器，电力式的变速传动部件为串励直流电动机。

3）综合式变速器。综合式变速器由有级齿轮变速器和无级液力变矩器组成，故又可称为液力手动变速器，其传动比可在若干间断范围内进行无级变化。

（2）根据操纵方式分 变速器根据操纵方式可分为手动式、自动式和半自动式3类。

1）手动操纵式变速器。依靠驾驶人直接操纵变速杆进行换档。

2）自动操纵式变速器。只需要驾驶人通过加速踏板控制车速。

3）半自动操纵式变速器。又可分为两种型式：一种是常用的几个档位自动操纵，其余档位由驾驶人直接操纵；另一种是驾驶人预先用按钮选定所需档位，再通过加速踏板接通电磁装置或液压装置实现换档。本节主要介绍手动操纵式的普通齿轮变速器（以下简称手动变速器），因为这种机械式的变速器具有结构简单、传动效率高、制造成本低、工作可靠和维修方便等优点，目前仍在汽车拖拉机上广泛应用。

二、手动变速器的工作原理

1. 变速原理

图 11-15a 所示为齿轮传动机构的变速原理图，图 11-15b 所示为传动简图。设主动齿轮 1 的齿数为 z_1，转速为 n_1，转矩为 M_1，逆时针方向转动；从动齿轮 2 的齿数为 z_2，转速为 n_2，转矩为 M_2。

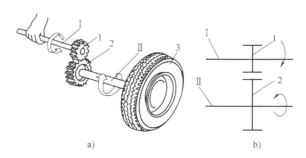

a)   b)

图 11-15 齿轮传动机构的变速原理图

a）变速原理图 b）传动简图

Ⅰ—主动轴 Ⅱ—从动轴 1—主动齿轮 2—从动齿轮 3—车轮

齿轮传动机构的传动比 i，可以用从动齿轮的齿数 z_2 与主动齿轮的齿数 z_1 之比表示，也可以用主动齿轮的转速 n_1 与从动齿轮的转速 n_2 之比表示，还可以用从动齿轮的转矩 M_2 与主动齿轮的转矩 M_1 之比表示，则有

$$i_{1,2} = \frac{z_2}{z_1} = \frac{n_1}{n_2} = \frac{M_2}{M_1}$$

由图 11-15 及上式可知，当动力从逆时针方向转动Ⅰ轴，经过齿轮机构传递到Ⅱ轴

时，由于 $z_1 < z_2$，即从动齿轮的齿数大于主动齿轮的齿数，则有 $n_2 < n_1$，$M_2 > M_1$，此时得 $i_{1,2} > 1$，且 II 轴顺时针方向转动，即当传动比大于 1 时，减速，增矩，变向；反之，则增速，降矩，变向。

一对齿轮传动只能得到一个固定的传动比，构成一个档位。为了扩大变速器输出转速的变化范围，普通齿轮变速器通常采用多组大小不同的齿轮啮合传动，构成多个不同的档位，每个档位的传动比为沿动力和运动传递路线各级齿轮传动比的乘积。档位不同，传动比不同，则可得到多种不同的输出转速和转矩。

2. 换档原理

图 11-16 所示为三轴式变速器换档原理简图。动力由输入轴 I 传递给齿轮 1，再由齿轮 1 传递给齿轮 2；齿轮 2 和齿轮 3 固定在中间轴 III 上，以相同的转速转动，动力由齿轮 3 传递给齿轮 4，最后由输出轴 II 输出。相应传动比为 $i = z_2/z_1 \times z_4/z_3$。如果用换档装置将齿轮 4 与齿轮 3 脱开，并将其向右拉动，使与齿轮 4 一体的齿轮 6 与齿轮 5 啮合，传动比为 $i = z_2/z_1 \times z_6/z_5$ 输出轴 II 的转速、转矩将发生变化，即改变档位，实现换档。

当齿轮 4 和齿轮 6 不与中间轴 III 上的齿轮 3 和齿轮 5 中的任何一个啮合时，动力不能传递到输出轴，此时就是变速器的空档。

3. 变向原理

由齿轮传动原理可知，一对外啮合齿轮旋向相反，每经过一个传动副，轴的旋向改变一次。汽车的倒档就是在中间轴和输出轴之间再加上一根倒档轴，增加一次变向实现倒档，如图 11-17 所示。

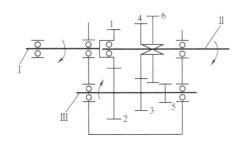

图 11-16　三轴式变速器换档原理简图
I—输入轴　II—输出轴　III—中间轴
1~6—传动齿轮

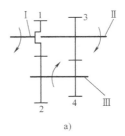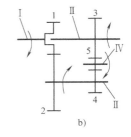

图 11-17　齿轮传动换档原理简图
a）前进档　b）倒档
I—输入轴　II—输出轴　III—中间轴
IV—倒档轴　1~5—传动齿轮

三、变速转动机构

普通齿轮变速器由变速器壳体、变速传动机构、同步器和变速操纵机构等组成。按工作轴的数量可分为三轴式和两轴式变速器。变速器壳体是变速器其他部件的安装基础，变速传动机构用来改变传动比、转矩和旋转方向，变速操纵机构用来实现换档。

变速转动机构有两轴式、三轴式和组合式 3 类，分别称为两轴式变速器、三轴式变

速器和组合式变速器。

1. 两轴式变速器

如图 11-18a 所示，一根轴上的齿轮是固定不能轴向移动的，另一根轴上的齿轮则可轴向滑动。轴向移动可滑动齿轮使不同对的齿轮啮合就可得到不同的传动比。为了得到倒档，需要在主动轴与从动轴之间加上一根倒档轴，上面装有倒档齿轮。主动轴上的齿轮与倒档轴上的齿轮啮合，再与从动轴上的齿轮啮合，即可使从动轴反转而得到倒档。

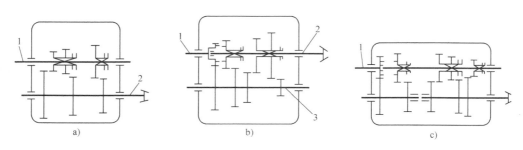

图 11-18　变速转动机构

a）两轴式变速器　b）三轴式变速器　c）组合式变速器

1—第一轴　2—第二轴　3—中间轴

2. 三轴式变速器

如图 11-18b 所示，第一轴上的齿轮与中间轴上的一个齿轮经常啮合，移动第二轴上的各滑动齿轮使之与中间轴上相应的齿轮啮合，就可得到不同的传动比。移动第二轴上最前面的滑动齿轮，使齿轮上前端的啮合套与第一轴齿轮的内齿啮合，就可由第一轴直接驱动第二轴，不经齿轮传动。为了得到倒档，在中间轴与第二轴之间设有倒档轴，在这两根轴上均有对应的齿轮供倒档选用。

3. 组合式变速器

随着农业生产的发展，要求拖拉机作业项目越来越多，不同的作业对拖拉机的速度有不同的要求，目前一台农用拖拉机一般至少要有 6 个前进档，国外拖拉机一般有 12 个以上的前进档。如果采用上述两轴式或三轴式变速器，必然使变速器结构非常笨重。为此，目前多采用由两个简单变速器构成的组合式变速器，如图 11-18c 所示。这样用 5 对齿轮就可以得到 6 种传动比。但这种结构在工作时由于齿轮对数多、效率低，且结构较复杂，操纵杆件一般设两根变速杆。

【拓展阅读 11-2】　组合变速器的组合方案

四、变速器换档方式

变速器换档方式有滑移齿轮式、啮合套式和同步器式 3 种。小型拖拉机采用滑移齿轮式，大中型拖拉机采用啮合套式，汽车采用同步器式。

1. 滑移齿轮式和啮合套式的换档原理

采用滑移齿轮或啮合套换档时，待啮合的一对齿轮的轮齿（或啮合套与接合齿圈上相应的内、外花键齿）的圆周速度必须相等（同步），才能平顺地进入啮合而挂上档。如果轮齿不同步而强制挂档，将使两齿轮发生冲击，产生噪声，影响齿轮的工作寿命，甚至使齿轮折断。为了使挂档平顺，驾驶人应采用合理的换档操作步骤。

图 11-19 所示为无同步器的五档变速器中Ⅳ（直接档）和Ⅴ档（超速档）相互转换的啮合套式换档装置简图。它是通过操纵机构轴向移动套在花键毂（固联在第二轴上）4 上的啮合套 3，使其内齿圈与齿轮 5 或齿轮 2 端面上的外接合齿圈啮合，从而获得高速档或低速档。

（1）从低速档（Ⅳ档）换入高速档（Ⅴ档）
变速器在低速档工作时，啮合套 3 与齿轮 2 上的接合齿圈啮合，两者啮合齿的圆周速度 $v_3 = v_2$。若从此低速档换入高速档，驾驶人应先踩下离合器踏板使离合器分离，接着采用变速操纵机构将啮合套右移，使其处在空档位置。当啮合套 3 与齿轮 2 上的接合齿圈刚刚脱离啮合时，视 v_3 与 v_2 仍相等。由于齿轮 2 的转速小于齿轮 5 的转速，所以圆周速度 $v_2 < v_5$，即由低速档换入空档的瞬间，$v_3 < v_5$。为了使轮齿免受冲击，此时不应立即将啮合套右移至与齿轮 5 上的接合齿圈啮合而挂上高速档，即让空档短时保留。此时，因离合器分离而使变速器第一轴上传动件与发动机中断了动力传递，加上与第二轴相比，第一

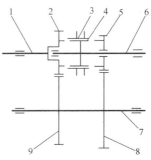

图 11-19　无同步器的五档变速器中Ⅳ和Ⅴ档相互转换的啮合套式换档装置简图
1—第一轴　2—第一轴常啮合齿轮
3—啮合套　4—花键毂　5—第二轴Ⅴ档齿轮　6—第二轴
7—中间轴　8—中间轴Ⅴ档齿轮　9—中间轴常啮合齿轮

轴乃至相关传动件转动惯量很小，所以 v_5 下降较快；啮合套通过花键毂和第二轴直至与整个车辆联系在一起，转动惯量很大，所以 v_3 下降很慢。

如图 11-20a 所示，因 v_5 和 v_3 下降速率不等，随着空档停留时间的推移，v_5 和 v_3 终将在 t_0 达到相等，此交点即为自然同步状态。此时通过操纵机构将啮合套 3 右移至与齿轮 5 上的接合齿圈啮合而挂入高速档，则不会产生轮齿间冲击。因此，由低速档换入高速档时，驾驶人把握最佳时机尤为重要。

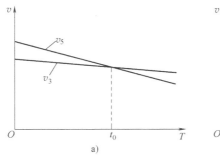

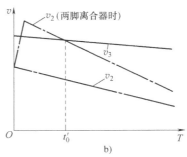

图 11-20　变速器换档过程
a）低速档换入高速档　b）高速档换入低速档

（2）从高速档（Ⅴ档）换入低速档（Ⅳ档）　变速器在高速档工作时，啮合套 3 与齿轮 5 上的接合齿圈啮合。参照低速档换高速档的分析，无论是高速档工作时，还是高速档换入空档的瞬间，啮合套 3 与齿轮 5 上接合齿圈的圆周速度均相等，即 $v_3 = v_5$。又因 $v_5 > v_2$，所以 $v_3 > v_2$，如图 11-20b 所示，此时同样不宜立刻由空档换入低速档。但在空档停留时，由于 v_2 下降比 v_3 快，不可能出现 $v_3 = v_2$ 的情况，且空档停留时间越长，v_3 与 v_2 的差距越大，根本不可能达到自然同步状态，表明在任何时刻换档都会产生冲击。对此，驾驶人应采用"两脚离合器"的换档步骤，即第一次踩下离合器踏板，切断发动机动力，将高速档换入空档；接着松开离合器踏板，接合动力并踩加速踏板加油，使发动机转速提高时，齿轮 2 及其接合齿圈的转速相应得以提高，直至 $v_2 > v_3$。至此再踩下离合器踏板切断动力，迫使 v_2 迅速下降至 $v_2 = v_3$，与此对应的时刻 t_0'，即是由空档换入低速档的最佳时机，如图 11-20b 所示。

受驾驶经验及诸多其他因素的影响，要求在很短的时间内迅速准确地实施上述操作，完成所需的换档，要靠相当熟练的操作技能，或者说实际中不能完全做到无冲击换档。对此，变速器采用同步器换档，或者常用档位采用同步器换档，得到了广泛应用。

2. 同步器的换档原理

（1）同步器的功用　如上所述，若啮合套与接合齿圈的圆周速度不等，则两者不可能进入啮合。因此，同步器的功用可以概括为两点：一是啮合套与接合齿圈尚未达到同步时，锁住啮合套，使其不能与接合齿圈进入啮合，防止齿间冲击；二是促使啮合套与接合齿圈尽快达到同步，缩短变速器换档时间。

（2）同步器的类型　同步器可以分为常压式、惯性式和自行增力式等多种类型。目前，汽车拖拉机变速器中应用最广泛的是惯性式同步器。根据所采用锁止机构的不同，常见的惯性式同步器又可分为锁环式和锁销式两种。其中，锁环式惯性同步器应用广泛。

（3）锁环式同步器

1）锁环式同步器的结构。锁环式同步器主要由啮合套、花键毂、锁环、滑块、定位销和弹簧等组成。

图 11-21 所示为锁环式同步器的基本结构。锁环式同步器的结构特点是同步器的摩擦元件位于锁环 1 或 4 和齿轮 5 或 8 凸肩部分的锥形斜面上。锁止元件是做在锁环 1 或 4 上的齿和做在啮合套 7 上齿的端部，且端部均为斜面，称为锁止面。弹性元件是位于啮合套座两侧的弹簧圈 3。弹簧圈将置于啮合套座花键上中部呈凸起状的滑块压向啮合套。在不换档的中间位置，滑块凸起部分嵌入啮合套中部的内环槽中，使同步器用来换档的零件保持在中立位置上。滑块两端伸入锁环缺口内，而缺口的尺寸要比滑块宽一个接合齿。

2）锁环式同步器的工作原理。锁环式同步器的工作过程可分为空档位置、力矩形成与锁止过程、同步换档。

换档时，沿轴向作用在啮合套上的换档力，推啮合套并带动滑块和锁环移动，直至锁环锥面与被接合齿轮上的锥面接触为止。之后，因作用在锥面上的法向力与两锥面之间存在角速度差 $\Delta\omega$，致使在锥面上作用有摩擦力矩，它使锁环相对啮合套和滑块转过一个角度，并由滑块予以定位。接下来，啮合套的齿端与锁环齿端的锁止面接触，如图 11-22a 所示，使啮合套的移动受阻，同步器处于锁止状态，换档的第一阶段工作至此已完成。换档力将锁环继续压靠在锥面上，并使摩擦力矩增大，与此同时，在锁止面处作用有与之方向相反的拨环力矩。齿轮与锁环的角速度逐渐接近，在角速度相等的瞬间，同步过程结束，完成了换档过程的第二阶段工作。之后，摩擦力矩随之消失，而拨环力矩使锁环回位，两锁止面分开，同步器解除锁止状态，啮合套上的接合齿在换档力作用下通过锁环与齿轮上的接合齿啮合（图 11-22b），完成同步换档。

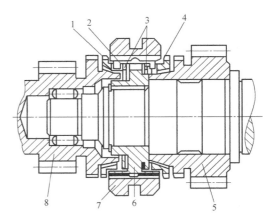

图 11-21　锁环式同步器的基本结构

1、4—锁环　2—滑块　3—弹簧圈　5、8—齿轮
6—啮合套座　7—啮合套

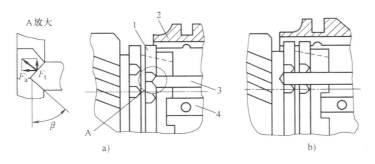

图 11-22　锁环式同步器的工作原理图

a）锁止位置　b）换档位置

1—锁环　2—啮合套　3—啮合套上的接合齿　4—滑块

> 【拓展阅读 11-3】　锁销式同步器与自行增力式同步器

五、变速器操纵机构

根据汽车拖拉机使用条件，变速器操纵机构用以保证驾驶人准确可靠地使变速器挂上需要的任一档位工作，并可随时使之退回到空档。手动变速器的操纵机构通常由换档机构和锁止机构两大部分组成。

1. 换档机构

换档机构的功用是拨动滑移齿轮（或啮合套），使其与相应的齿轮（或啮合套）啮合或分离，实现挂档或换档。

换档机构分为直接操纵式和远距离操纵式。

（1）直接操纵式操纵机构　变速器布置在驾驶人座位附近，变速杆及所有换档操纵装置都设置在变速器壳体上，驾驶人可直接操纵变速杆来拨动变速器壳内的换档操纵装置换档。

（2）**远距离操纵式操纵机构**　有的汽车变速器的安装位置离驾驶人座位较远，为此在变速器与变速杆之间加装了一套传动元件，构成远距离操纵的型式。

2. 锁止机构

锁止机构包括自锁机构、互锁机构和倒档锁止机构，一些拖拉机上还设有联锁机构。

（1）**自锁机构**　自锁机构的功用是保证滑移齿轮或啮合套齿圈工作时处于全齿宽啮合，不工作时彻底脱开，并在工作中不产生自动挂档或脱档现象。

如图 11-23 所示，多数变速器的自锁机构由自锁钢球和自锁弹簧组成。一般每根拨叉轴端部表面沿轴向分布三个能与自锁钢球嵌合的凹槽。当任何一根拨叉轴连同拨叉被轴向移动到空档或某一工作档位置时，必有一个凹槽正好对准自锁钢球，此时在自锁弹簧的作用下，该钢球即被嵌入该凹槽内，拨叉轴连同拨叉的轴向位置也被固定，该拨叉带动下的滑移齿轮（或接合套）被固定在空档或某一工作档位置，而不会因振动等原因自行脱档。当需要挂档或换档时，驾驶人必须通过变速杆对拨叉轴施加轴向力直至克服自锁弹簧的压力，将自锁钢球从凹槽中挤出，拨叉轴连同拨叉才能被轴向移动到所需位置。可见，拨叉轴上相邻凹槽之间的距离，等于保证全齿宽啮合或完全退出啮合所需的拨叉轴应该移动的距离。

目前，在有的拖拉机上，还采用锁销式自锁机构，其结构和工作原理与上述钢球式相似。

（2）**互锁机构**　互锁机构的功用是防止变速杆同时拨动两根拨叉轴及拨叉，即防止同时挂上两个档位，造成齿轮传动间的干涉，导致变速器无法工作甚至严重损坏。

互锁机构的工作情况如图 11-24 所示。当变速器处于空档位置时，所有拨叉轴的侧面凹槽同钢球、互锁销都在一条直线上。当移动中间拨叉轴时（图11-24a），其两侧的内钢球从侧凹槽中被挤出，而两外钢球 2 和 4 则分别嵌入

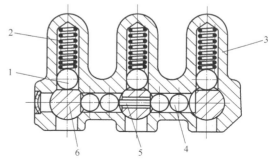

图 11-23　变速器的自锁和互锁机构工作示意图
1—自锁钢球　2—自锁弹簧　3—变速器盖（前端）
4—互锁钢球　5—互锁销　6—拨叉轴

拨叉轴 1 和 5 的侧面凹槽中，因而将拨叉轴 1 和 5 刚性地锁止在其空档位置。要想移动拨叉轴 5，则应先将拨叉轴 6 退回到空档位置（图 11-24b）。于是，在移动拨叉轴 5 时，互锁钢球 4 便从拨叉轴 5 的凹槽中被挤出，同时通过互锁顶销 3 和其他钢球将拨叉轴 6 和 1 均锁止在空档位置。同理，当移动拨叉轴 1 时，拨叉轴 6 和 5 被锁止在空档位置（图 11-24c）。由此可知，互锁机构的作用是当驾驶人用变速杆推动某一拨叉轴时，自动锁止其他所有拨叉轴。

（3）**倒档锁止机构**　倒档锁止机构的功用是避免因车辆在起步时或在前进行驶中误挂倒档，而造成人机安全事故。驾驶人要挂倒档时，必须花费较大的力使变速杆的下

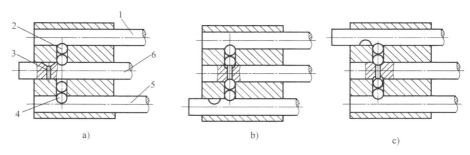

图 11-24 互锁机构的工作情况

a) 移动中间拨叉轴 b) 移动下拨叉轴 c) 移动上拨叉轴

1、5、6—拨叉轴 2、4—互锁钢球 3—互锁顶销

端压缩弹簧，将锁销推向右方后，才能使变速杆下端进入拨块的凹槽中，以拨动倒档拨叉而挂入倒档。由此可见，它对驾驶人具有提醒注意的作用。

（4）**联锁机构** 有的拖拉机上为了保证换档时必须首先彻底分离离合器，故在离合器操纵机构与变速器操纵机构之间设置了联锁机构。拖拉机的联锁机构如图 11-25 所示。

在离合器踏板（或操纵杆）上用拉杆连接着摆动杠杆，摆动杠杆固定在可以转动的联锁轴上，联锁轴上沿轴向制有锁定槽。当离合器踏板完全踩下，也就是离合器彻底分离时，通过拉杆推动联锁轴转动一定角度，使其上的锁定槽正好对准锁定销的上端。此时锁定销才有可能被顶起，拨叉轴连同拨叉才有可能被拨动，实现换档（图 11-25a）。

当离合器接合时（图 11-25b），联锁轴上的锁定槽将转到图示位置，而用其圆柱面顶住锁定销的上端，使之插入拨叉轴上 V 形槽的锁定销不能向上移动，这时拨叉轴连同拨叉也就不能被拨动，自然就不能换档。

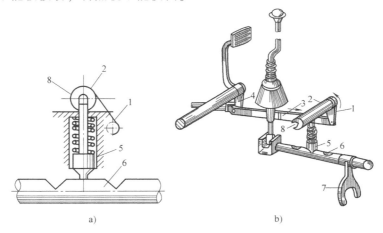

图 11-25 拖拉机的联锁机构

a) 离合器分离时 b) 离合器接合时

1—摆动杆 2—联锁轴 3—拉杆 4—离合器踏板 5—锁定销 6—拨叉轴 7—拨叉 8—铣槽

第四节　自动变速器

自动变速器是指在汽车、拖拉机行驶过程中，变速器的操纵和换档全部或者部分实现自动化控制的变速器。自动变速器可根据汽车、拖拉机行驶速度和发动机转速、负荷、路面状况和驾驶人的意愿，自动改变传动系统传动比，使汽车、拖拉机获得良好的动力性和经济性。

自动变速器的种类很多，主要有液力自动变速器（AT）、电控机械式变速器（AMT）、机械式无级变速器（CVT）和双离合变速器（DSG）等，以及负载换档自动变速器、液压机械式无级变速器（HMCVT）。

一、液力自动变速器（AT）

液力自动变速器是以液体动能传递能量的叶片传动机械，主要由液力变矩器、行星齿轮变速机构、液压系统和电控系统4部分组成（图11-26）。

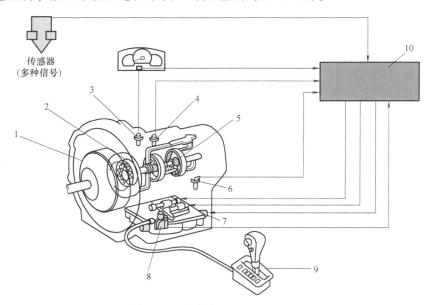

图 11-26　液力自动变速器的组成

1—液力变矩器　2—油泵　3—车速传感器　4—输出转速传感器　5—行星齿轮变速机构　6—输入转速传感器
7—电磁阀　8—换档开关　9—变速杆　10—电控系统

1. 液力变矩器

（1）**液力变矩器的组成**　液力变矩器安装在发动机的后端。它将发动机的动力传给自动变速器的输入轴，并具有一定的自动变速和变矩功能。

液力变矩器的结构如图11-27所示，泵轮与变矩器壳体连为一体，涡轮通过轴承支承在变矩器壳体上并与自动变速器的输入轴相连，导轮内圈固定且内圈与外圈之间，有一单向离合器约束导轮单方向转动。泵轮、涡轮和导轮上都有特定角度的叶片和导流槽，泵轮与涡轮之间有约 3mm 的间隙。

有的液力变矩器内设有锁止离合器，当锁止离合器接合时，就将泵轮、涡轮连为一体，以提高传动效率。

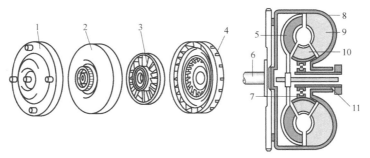

图 11-27　液力变矩器的结构

1、8—变矩器壳体　2、5—涡轮　3、10—导轮　4、9—泵轮　6—发动机曲轴
7—单向离合器　11—导轮固定套管

【拓展阅读11-4】　带锁止离合器的液力变矩器

（2）**液力变矩器的工作原理**　泵轮、涡轮及导轮工作时均封闭在一个壳体里，里面充满着油液（工作介质）。

液力变矩器正常工作时，发动机曲轴带动变矩器壳体旋转，变矩器壳体带动泵轮转动，泵轮 3（图 11-28）的叶片将油液带动起来，在油液动能的作用下，油液冲击涡轮 1 叶片；储存在液力变矩器循环圆内腔的油液除了绕其轴线做圆周运动外，还在循环圆中循环流动（带箭头的实线为液流方向）。当作用在涡轮上的油液冲击力大于作用在涡轮上的阻力时，涡轮将开始转动，带动变速器输入轴一起转动。在液体循环流动过程中，固定不动的导轮 2 给涡轮一个反作用力矩，从而使涡轮的输出转矩不同于泵轮的输入转矩，因而具有"变矩"的功能。

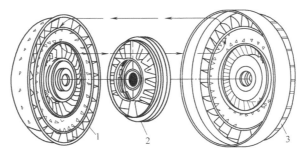

图 11-28　油液在泵轮与涡轮之间的循环流动

1—涡轮　2—导轮　3—泵轮

2. 行星齿轮变速机构

在自动变速器中，液力变矩器虽然能传递和增大发动机输出的转矩，但增大的转矩不够大（一般只能增加 2~4 倍），增大的转矩远远满足不了汽车的使用要求。为了进一步增大转矩，扩大自动变速器的变速范围，通常在液力变矩器的后端装有一个有级式齿

轮变速器，该齿轮变速器多采用行星齿轮变速器（少数采用平行轴式变速器）。

最简单的单排行星齿轮机构如图 11-29 所示，它主要由太阳轮、行星架、内齿圈及行星齿轮等组成。

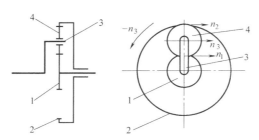

图 11-29　最简单的单排行星齿轮机构
1—太阳轮　2—内齿圈　3—行星架　4—行星齿轮

设太阳轮、内齿圈、行星架的转速分别为 n_1、n_2、n_3，可推导出单排行星齿轮机构的运动特征方程为

$$n_1 + \alpha n_2 - (1+\alpha) n_3 = 0$$

式中　α——齿圈齿数与太阳轮齿数之比，一般 $\alpha = 2 \sim 4$。

单排行星齿轮机构中，三种齿轮中若有一种齿轮固定，另一种齿轮进行驱动，则剩下的一种齿轮就可以变速转动，输出动力，这就是行星齿轮机构变速的基本原理。

为了得到某种确定的运动，必须对太阳轮、齿圈和行星架三者中某个元件的运动进行约束和限制（齿圈采用制动器，太阳轮采用单向离合器，行星齿轮的固定是指固定行星架）。

通过对不同元件的约束和限制，可以得到不同的运动方式，见表 11-1。

表 11-1　单排行星齿轮机构组合与速比关系

序号	主动件	从动件	固定件	传动比	备注
1	太阳轮	行星架	齿圈	$1+\alpha$	降档
2	行星架	太阳轮	齿圈	$1/(1+\alpha)$	升档
3	齿圈	行星架	太阳轮	$1+1/\alpha$	降档
4	行星架	齿圈	太阳轮	$\alpha/(1+\alpha)$	升档
5	太阳轮	齿圈	行星架	$-\alpha$	倒档
6	齿圈	太阳轮	行星架	$-1/\alpha$	倒档
7	任意两个连成一体			1	倒档
8	既无元件制动又无任意两个元件连成一体			自由转动	不能传动、空档

在液力自动变速器中，一般采用 2～3 排行星齿轮机构传动，其各档传动比根据单排行星齿轮机构传动特点进行合理组合而得。

目前，应用较多的是辛普森行星齿轮机构，由 2 个行星齿轮机构排列组合而成，且前、后太阳轮作为一体，前行星架与后齿圈为一体。图 11-30 所示为辛普森式 3 档行星齿轮变速器的简图。执行机构由 2 个离合器、2 个制动器和 1 个单向离合器组成，其不同组合可实现 3 个前进档和 1 个倒档。辛普森式行星齿轮机构的档位见表 11-2。

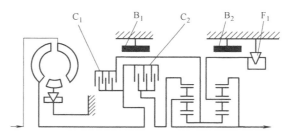

图 11-30　辛普森式 3 档行星齿轮变速器的简图

C_1—倒档及高速档离合器　C_2—前进档离合器　B_1—二档制动器

B_2—低速档及倒档制动器　F_1—低速档单向超越离合器

表 11-2　辛普森式行星齿轮机构的档位

档　位	C_1	C_2	B_1	B_2	i
一档	○	×	×	○	$(2\alpha+1)/\alpha$
二档	○	×	○	×	$(1+\alpha)/\alpha$
三档	○	○	×	×	1.0
倒档	×	○	×	○	$-\alpha$

注：○表示操纵件起作用，×表示操纵件不起作用。

3. 液压系统

液压系统由液压油泵、换档执行机构和液压控制机构 3 部分组成。

（1）液压油泵　液压油泵分为齿轮泵、转子泵和叶片泵 3 类，其中齿轮泵又可分为内啮合和外啮合两种。它的作用是向液力变矩器提供工作油液，向执行机构和控制机构提供液压油，以及向行星齿轮变速器提供润滑油。

（2）换档执行机构　换档执行机构主要有换档离合器、换档制动器和单向离合器。

1）换档离合器。将行星齿轮机构中某一组件与输入部分相连或将行星齿轮机构中任意两组件连锁为一体，使三个组件具有相同的转速，这时行星齿轮机构作为一个刚性整体，实现直接传动。

换档离合器为湿式多片离合器。当需要某一离合器接合工作时，自动变速器液压控制系统将液压油通过离合器鼓进油道送到活塞后方，给活塞施加压力，同时液压油将单向阀关闭，活塞受力克服回位弹簧的弹力，逐渐将压板与摩擦片压紧并产生摩擦力。离合器的接合过程要求平稳柔和。

当离合器分离时缸体内主要油压由原油道泄出，同时单向阀打开帮助泄出残余油压，活塞在回位弹簧的作用下迅速回位，离合器摩擦片与压板分离。离合器的分离过程要求迅速彻底。

2）换档制动器。制动器的作用是将行星齿轮机构中某一组件与变速器壳体相连，使该组件受约束而固定。制动器有片式制动器和带式制动器，片式制动器的结构和工作原理与离合器的完全相同。制动器连接的是运动组件与变速器壳体，而离合器连接的是两个运动组件。

3）单向离合器。单向离合器可限制一些运动组件只能做单方向的转动，或限制两

个组件在某一方向的自由转动，在相反的方向相互制约。单向离合器目前在自动变速器中应用的有滚柱式单向离合器和楔块式单向离合器两种。

【拓展阅读11-5】 单向离合器的类型与工作原理

（3）**液压控制机构** 液压控制机构的作用是按照驾驶人和各种传感器发出的信号，将液压泵输出的液压油加以精确调节，并输出到换档执行机构。

阀体由许多阶梯式滑阀、油道和储能器等组成。滑阀主要有主油路回油阀、换档阀、辅助回油阀、锁止阀和减压阀。

4. 电控系统

电控系统的作用是利用各种传感器将反映节气门位置、汽车行驶速度，以及影响发动机、变速器工作的各个非电量参数转换成电信号，送至变速器 ECU，再由 ECU 对输入信号进行处理，并与 ECU 内存储的数据进行比较，然后发出正确的操作指令控制液压系统的电磁阀动作，改变换档阀液压油路的液体压力，控制离合器和制动器的动作，实现自动换档、压力控制和自动变速器锁止。

电控液压式操纵系统主要由变速器 ECU、各种传感器和执行元件（电磁阀等）3 部分组成（图 11-31）。

ECU 具有换档控制、锁止离合器控制、油压控制、故障诊断和失效保护等功能。

传感器把各个非电量参数转换成电信号，送至 ECU。传感器主要包括节气门位置传感器、发动机转速传感器、发动机冷却液温度传感器及加速踏板位置传感器、车速传感器、变速器油温传感器等。

执行元件包括换档电磁阀、锁止电磁阀、油压电磁阀和故障指示灯等。

二、电控机械式变速器（AMT）

电控机械式变速器既有手动变速器成本低、机械效率高的特点，又具备液力自动变速器的功能。它是在平行轴式手动变速器的基础上加装自动操纵机构来实现自动换档的。

1. 电控机械式变速器的组成

电控机械式变速器主要由干式离合器、带同步器的齿轮变速器、ECU 和电控系统组成。

ECU 接收各传感器发来的反映车辆状态的信号（发动机转速、离合器从动盘转速、车速等）及驾驶人意愿状态的信号（加速踏板位置、制动踏板高度及档位等），并按换档规律实时地做出控制决策及发出控制指令，使执行机构自动地完成节气门开度的调整、离合器的分离与接合、变速器的自动换档过程。由于在电控机械式变速器上采用 ECU 控制，故取消了离合器踏板和手动变速杆，只保留了加速踏板。加速踏板可向 ECU 发出要控制车辆的信息。

电控系统由传感器和执行机构组成。

传感器实时监控车辆运行状态，提供 ECU 所需的各种信息，并将采集的各种信号转变成电压（或电流）提供给 ECU。

执行机构包括离合器分离与接合执行机构、变速器选换档执行机构和节气门执行机构等。

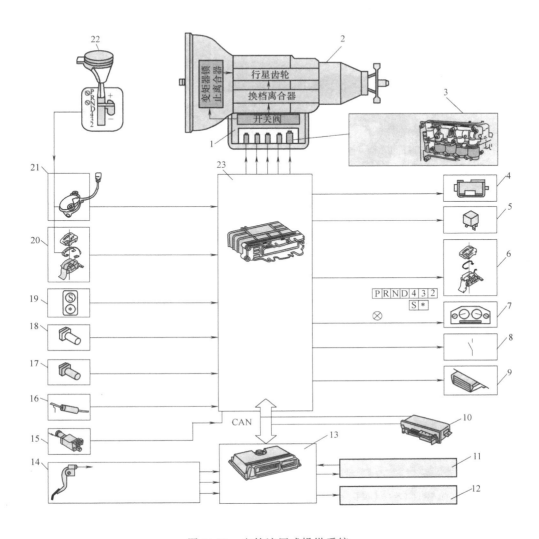

图 11-31 电控液压式操纵系统

1—电液控制装置 2—自动变速器 3—电磁阀 4—变速杆互锁器 5—继电器
6—变速杆全程指示灯 7—变速器档位指示器（驱动模式指示器、故障指示灯） 8—空调系统开关
9—诊断插座 10—ABS/TCS ECU 11—燃油喷射控制器 12—点火正时控制器 13—发动机 ECU
14—发动机传感器（发动机转速、发动机冷却液温度、加速踏板位置传感器） 15—制
动灯开关 16—变速器油温传感器 17—车速传感器 18—变速器输入轴转速传感器
19—变速器模式开关 20—变速器手控换档开关 21—变速杆位置开关 22—变速杆
23—变速器 ECU

　　离合器分离与接合执行机构由直流伺服电动机驱动，通过控制减速机构完成离合器的分离和接合；变速器选换档执行机构分别由两个步进电动机驱动，完成变速器的摘档、选档和挂档功能；节气门执行机构也由步进电动机驱动，实现对加速踏板位置的跟踪和调节换档过程中发动机的转速。以上这些动作都是自动控制的。

2. 电控机械式变速器的工作过程

（1）**汽车起步控制**　接通起动按钮，ECU 将变速器置于空档位置，同时使离合器分离，接着起动发动机。当发动机运转到某一个指定转速时，离合器开始接合，待变速器输入轴开始旋转时，ECU 将此时的离合器位置视为离合器控制的基准。

当驾驶人选择变速器某一个选档开关使汽车起步时，离合器分离，变速器处于一个相应档位，在驾驶人未踩加速踏板之前，离合器始终处于分离状态控制基准点之前的位置。

当驾驶人踩下加速踏板时，ECU 根据加速踏板的位置，按离合器最佳规律确定离合器的接合；与此同时，节气门做相应的供油量调节。当发动机输出的功率足以使汽车顺利起步时，汽车开始起步。

（2）**离合器控制**　在离合器控制机构中，高速开关阀有两个状态：全关、全开，其控制方式是脉宽调制和脉频调制。脉宽调制使高速开关阀打开的频率不变，但其打开的时间变化，脉频调制正好相反。

对离合器的接合控制采用脉宽调制法。把整个控制过程分为若干个周期，每一个周期要检查上一个周期的误差和误差值的变化，据此来决定本周期高速开关阀打开时间的长短。这样，每个周期都有开、关和误差修订过程，使离合器的控制更加平顺。

对离合器的分离控制是在驾驶人抬起加速踏板使汽车处于滑行时，在以下这些情况中，ECU 控制离合器使其处于分离状态：变速器换档、汽车制动、选择空档开关、车速低于选择开关所设定的车速。

（3）**变速器换档控制**　操作换档步骤是：抬起加速踏板→分离离合器→摘至空档→挂上新档位→接合离合器→踩下加速踏板→使离合器主从动片转速相同。

三、机械式无级变速器（CVT）

机械式无级变速器（CVT，Continuously Variable Transmission）是根据车速和节气门开度来改变机械式 V 带轮的作用半径，实现无级变速。目前 CVT 以金属带式无级变速器为主。

金属带传动装置的变速原理图如图 11-32 所示，通过同时改变主动带轮和从动带轮的作用半径来改变传动比。

CVT 使用的金属带是用多层钼合金薄钢带串上 V 形的钢片制成，这种金属带可承受很大的拉力和侧向压力，钢带装在工作半径可变的带轮上，靠液压力改变带轮的半径来改变传动比。

CVT 的控制系统由电磁离合器控制系统

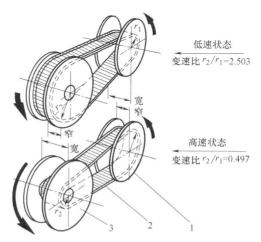

图 11-32　金属带传动装置的变速原理图
1—主动带轮　2—金属传动带
3—从动带轮

和变速控制系统两部分组成（图 11-33）。

　　电磁离合器控制原理是，当汽车起步、换档或停车时，由微型计算机控制离合器实现分离和接合。发动机转速、车速、变速杆位置和加速踏板位置等信息输入微型计算机，经过运算处理后，可以确定当前所处的运行工况，然后从微型计算机的只读存储器中读取相应的控制参数，输出给电磁离合器，使之处于预先设定的工作状态。电控系统还具有失效保险和故障自诊断等功能。

　　变速控制是采用液压系统控制金属传动带传动机构，即通过主动带轮和从动带轮 V 形槽宽度的变化，来控制带轮可动锥面盘的轴向位置。液压控制系统根据发动机节气门开度、发动机转速和传动比等输入信号来控制供给主从动带轮液压室的油压，调整液压室油压分别用换档控制阀和压力调节阀来进行。

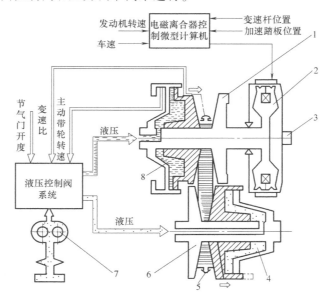

图 11-33　CVT 控制系统原理图

1—主动带轮　2—电磁离合器　3—输入轴　4—从动带轮液压控制缸　5—金属传动带
6—从动带轮　7—油泵　8—主动带轮液压控制泵

四、双离合变速器（DSG）

　　双离合变速器在德国大众汽车公司称为 DSG。

　　双离合变速器有两组离合器和一个三轴式齿轮变速器，进一步说，它是由两个离合器集合而成的双离合装置、基于手动变速器的三轴式齿轮变速系统、自动换档机构和电控液压控制系统组成（图 11-34）。一个离合器控制单数档位齿轮，另一个离合器控制双数档位齿轮。

　　汽车起步时，负责单数档位的离合器一挂在一档并处于啮合状态，负责双数档位的离合器二挂在二档并处于时刻准备啮合的状态；当发动机转速上升，从一档换至二档时，一档离合器开始分离，此时二档离合器同步进行啮合，于是一档和二档之间的转换就在悄无声息的情况下没有任何中断地完成了。一档离合器在分离后将处于和三档齿轮准备啮合的状态，而再次换档时，二档离合器分开，三档离合器同步与三档齿轮啮合，二档离合器又处于和四档齿轮准备啮合的状态。如此循环，即双离合变速器所处的每一个工作档位都在为下一个更换档位做好准备，时刻能够完成无中断的档位切换。

双离合变速器工作时，总有两个档位是同时接合的，一个正在工作，另一个为下一个换档做准备。

双离合变速器结合了手动变速器和自动变速器的优点，没有使用液力变矩器，所以发动机的动力可以完全发挥出来，同时两组离合器相互交替工作，使得换档时间极

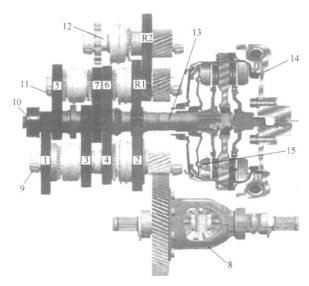

图 11-34 七档双离合变速器的结构示意图
R1—倒档中间齿轮 R2—倒档齿轮 1~7——一档~七档齿轮
8—差速器 9—输出轴一 10—输入轴一 11—输出轴二
12—倒档轴 13—输入轴二 14—离合器一 15—离合器二

短，发动机的动力断层也就非常有限，切换档动作极其迅速而且平顺，动力传输过程几乎没有间断，车辆动力性能可以得到完全的发挥。

五、负载换档自动变速器

负载换档自动变速器可在不中断动力传递的情况下进行换档，在一些拖拉机上得到应用。负载换档可分为部分负载换档和全负载换档。

部分负载换档时是在传统齿轮变速器的基础上增加一个负载换档装置（又称为增矩器），以实现几个速度区段内的负载换档。

负载换档装置有多种类型，主要有双离合器式、离合器-自由轮式、离合器-制动器-行星齿轮式、离合器-自由轮-行星齿轮式等。

图 11-35 所示为美国迪尔 4020 型拖拉机的全负载换档变速器，它由三组离合器 C_1、C_2、C_3，四组制动器 B_1、B_2、B_3、B_4，和三排行星机构构成。该变速器离合器和制动器为液压操纵，工作油压为 1.2MPa。

三排行星机构的行星齿轮都安装在同一行星架上，第一排、第二排行星机构与单列内外啮合行星齿轮机构相同，第三排行星机构由前后两个太阳轮、前后两个行星齿轮和一个齿圈组成，为内外啮合行星齿轮机构。

负载换档看起来与汽车自动变速器相似，但由于汽车行驶工况简单，以节气门开度、汽车速度为主要参数就可以实现自动变速，而拖拉机作业工况复杂，目前还只能靠驾驶人依据拖拉机工作需要以负载换档方式手工换档，达到提高生产率、降低劳动强度的目的。

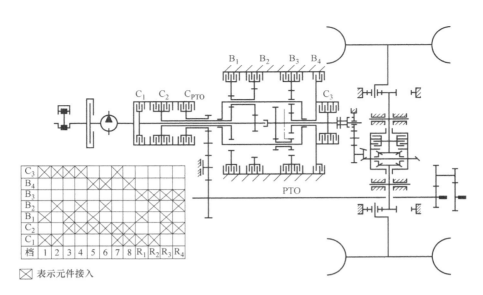

图 11-35　美国迪尔 4020 型拖拉机的全负载换档变速器

B_1、B_2、B_3、B_4—制动器　C_1、C_2、C_3、C_{PTO}—离合器

六、液压机械式无级变速器（HMCVT）

HMCVT 是将发动机动力分成机械传动和液压传动两股动力，经行星机构合成一股动力输出，通过变量泵和液压马达的液压系统进行调速，实现变速器的无级变速。液压机械式无级变速器分为行星齿轮机构输入汇流型和行星齿轮机构输出汇流型两大类型。图 11-36 所示为一种四段 HMCVT，这种 HMCVT 可以实现 4 个前进行段和 4 个倒退段，每段均可以实现无级变速。

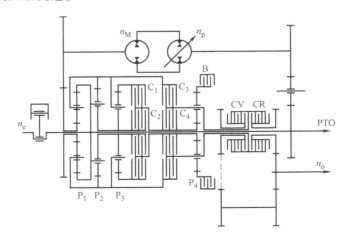

图 11-36　一种四段 HMCVT

P_1、P_2、P_3、P_4—行星排　C_1、C_2、C_3、C_4、CV、CR—离合器　B—制动器

n_e—发动机转速　n_p—变量泵转速　n_M—液压马达转速　n_o—输出转速

第五节　万向传动装置

万向传动装置的功用是在轴线相交且相对位置经常发生变化的两轴间传递动力，一般由万向节和传动轴组成。

一、万向传动装置的应用

1. 万向传动装置在汽车上的应用

万向传动装置主要可应用于连接变速器与驱动桥、连接离合器与驱动桥、连接分动器与驱动桥、连接转向操纵杠杆等（图 11-37）。

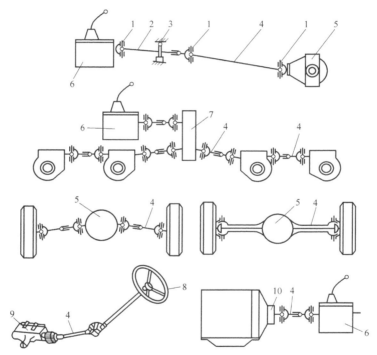

图 11-37　万向传动装置在汽车上的应用

1—万向节　2—中间传动轴　3—中间支承　4—传动轴　5—驱动桥　6—变速器
7—分动器　8—转向盘　9—转向器　10—离合器

2. 万向传动装置在拖拉机上的应用

万向传动装置主要用于动力输出轴与农机具（如旋耕机、开沟机、割草机等）之间的动力传递。

二、万向节

万向节的功用是能够在相互位置及轴间夹角不断变化的两转轴之间传递动力。按在扭转方向上是否有明显的弹性，可将万向节分为刚性万向节和挠性万向节。前者是靠零件的刚性铰链式连接传递动力，后者则是靠弹性元件传递动力且具有缓冲减振作用。刚性万向节又分为不等速万向节和等速万向节。

1. 不等速万向节

不等速万向节主要为十字轴式万向节，其在汽车和拖拉机应用较广。它结构简单，传动可靠，效率较高，一般允许两传动轴之有 $15°\sim20°$ 的交角。但单个十字轴式万向节的使用不能保证两轴间的等角速传动，故在传动系统中常成对使用。

（1）**十字轴式万向节的基本组成**　如图 11-38 所示，两万向节叉 2 和 6 上的两对孔分别活套在十字轴 4 的两对轴颈上。主动轴转动时，从动轴既可随之转动，又可绕十字轴中心在任意方向摆动。为了减少摩擦损失，提高传动效率，在十字轴轴颈和万向节叉孔间装有滚针 8 和套筒 9 组成的滚针轴承，轴承靠轴承盖 1 轴向定位。为了轴承的润滑，十字轴做成中空，并有相应油路通向轴颈。为了避免润滑油泄漏和灰尘进入轴承，在十字轴轴颈内端套有带金属座圈的毛毡油封 7。如果十字轴内腔润滑压力超过允许值时，带弹簧的安全阀 5 被顶开而使润滑油外溢，避免油封因油压过高而损坏。

（2）**双十字轴式万向节的等速条件**　欲使具有一定交角的两轴实现等角速度传动，根据运动学分析得知，可将两个十字轴式万向节按图 11-39 所示的方式予以组合，即使第一个万向节两轴间夹角 α_1 与第二个万向节两轴间夹角 α_2 相等，第一个万向节的从动叉 2 与第二个万向节的主动叉 3 处于同一平面内。这样使第一个万向节的不等速效应可被第二个万向节的不等速效应抵消，从而可使传动输出叉轴与输入叉轴的角速度相等。

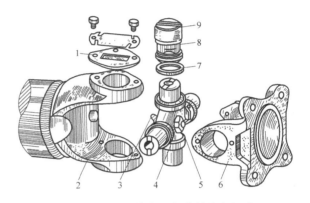

图 11-38　十字轴式万向节的基本组成
1—轴承盖　2、6—万向节叉　3—注油嘴　4—十字轴
5—安全阀　7—油封　8—滚针　9—套筒

但车辆驱动轮采用非独立悬架时，由于弹性悬架的振动，使变速器输出轴与驱动桥输入轴的相对位置不断变化，以致不可能保证任何时候 $\alpha_1=\alpha_2$，因而两轴间传动等速性只能是近似的。

2. 等速万向节

等速万向节传动的基本原理是从结构上保证万向节在工作过程中，其传力点始终位于两轴交点的平分面上。如同图 11-40 所示的一对大小相同的锥齿轮传动，其两轴线交角为 α，接触点 P 位于 α 平分面上，且点 P 到两轴的垂直距离均为 r。因 P 点处两齿轮的圆周速度相等，故两齿轮旋转角速度相等。若万

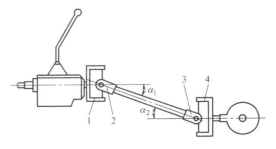

图 11-39　双万向节等速传动布置
1、3—主动叉　2、4—从动叉

向节传力点在相关两轴交角变化时始终位于角平分面内，则可保持两万向节叉等角速度传动。

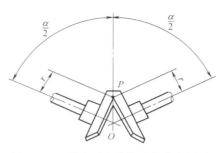

图 11-40　等速万向节传动的基本原理

目前，较广泛使用的等速万向节有球叉式万向节和球笼式万向节两种。

（1）球叉式万向节　球叉式万向节一般应用在转向驱动桥中，它结构简单，工作可靠，允许相关两轴交角达 32°~33°。

图 11-41 所示为球叉式万向节，主动叉 5 和从动叉分别与转向驱动桥的内、外半轴制成一体。两叉各有四个曲面凹槽，组装后构成的两个相交环槽成为四个传动钢球的滚道。两叉中心的凹槽内放置中心定心钢球。

由图 11-42 可见，两叉凹槽中心线分别是以 O_1 和 O_2 为圆心的半径相等的圆，且两圆心分别与万向节中心 O 的距离相等。则在主动轴和从动轴任意交角的情况下，传动钢球中心始终位于两圆交点上，即所有传动钢球始终位于两轴交角平分面内，从而保证了两轴等角速度传动。

球叉式万向节工作时，正、反转各靠两个传力钢球传力，故球面与凹槽间单位压力较大，磨损较快而缩短使用寿命。

近些年来，因采用压力装备工艺，有些球叉式万向节省去了定位锁和锁止销，虽结构更简化，但拆装不便。

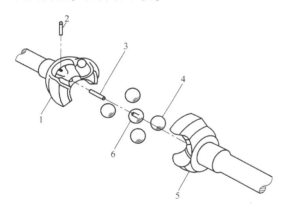

图 11-41　球叉式万向节

1—从动叉　2—锁止销　3—定位锁　4—传动钢球
5—主动叉　6—中心定心钢球

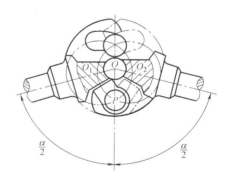

图 11-42　球叉式万向节传动特性图

（2）球笼式万向节　球笼式万向节相关两轴最大交角可达 47°，且无论传动方向如何，所有钢球全部传力，故其承载力强，结构紧凑，拆装方便。

3. 挠性万向节

挠性万向节依靠其中弹性元件的弹性变形来保证相交两轴间传动时不产生干涉。常用的弹性元件有橡胶盘、橡胶金属套管和六边形橡胶圈等多种。挠性万向节一般用于两轴交角 3°~5°和有微量轴向位移的传动中。

三、传动轴与中间支承

1. 传动轴

传动轴是万向传动装置中的主要传力部件。通常用来连接变速器和驱动桥，在转向驱动桥和断开式驱动桥中，则用来连接差速器和驱动轮。传动轴有实心轴和空心轴之分。为了减小传动轴的质量，节省材料，提高轴的强度、刚度，传动轴多为空心轴。

2. 中间支承

当传动轴过长时，因自振频率降低，易产生共振，故将其分成两段并加中间支承，通常中间支承安装在车架横梁上。

图 11-43 所示为蜂窝软垫式汽车传动轴的中间支承。球轴承 3 可在轴承座 2 内轴向滑动。轴承座装在蜂窝形橡胶垫 5 内，通过 U 形支架 6 固定在车架横梁上。由于采用弹性支承，传动轴可在一定范围内向任意方向摆动，并能随轴承一起做适当的轴向移动，因此能有效地补偿安装误差及轴向位移。此外，还可以吸收振动，减小噪声传导。这种支承结构简单，效果良好，应用较广泛。

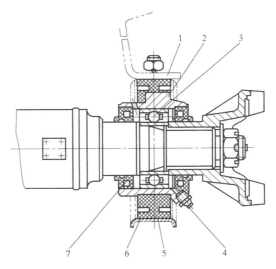

图 11-43　蜂窝软垫式汽车传动轴的中间支承

1—车架横梁　2—轴承座　3—球轴承　4—注油嘴

5—蜂窝形橡胶垫　6—U 形支架　7—油封

第六节　驱　动　桥

一、驱动桥概述

1. 驱动桥的功用

汽车拖拉机的驱动桥是指变速器与驱动轮之间除万向节及传动轴以外的所有传动部

件和壳体的总称。驱动桥的主要功用：一是将万向传动装置传来的发动机转矩通过主减速器、差速器和半轴等传到驱动轮，并实现减速增矩；二是通过主减速器锥齿轮副改变转矩传递方向，使其与车辆行驶方向相符；三是通过差速器保证内、外侧车轮以不同转速实现车辆的转向。

2. 驱动桥的类型

（1）**汽车驱动桥** 如图11-44所示，一般汽车的驱动桥有主减速器5、差速器4、半轴3和桥壳2等组成。发动机的转矩经变速器（或分动器）及万向传动装置输入驱动桥，即首先传到主减速器；由此减速增矩后，经差速器分配给左、右半轴；最后通过半轴外端法兰盘传至驱动轮毂1。桥壳由主减速器壳和半轴套管固联而成。轮毂通过轴承支承在半轴套管上。可见，此种驱动桥的桥壳为整体刚性结构，其两侧半轴和驱动桥不能在横向平面内做相对运动，当某一侧车轮通过地面凸出物或凹坑时，整个驱动桥及车身都要随之发生倾斜和波动，故被称为非独立悬架的整体式驱动桥。反之，有些汽车采用独立悬架，即驱动轮可各自独立地相对于车架或车身上下起伏。主减速器可固定在车架或车身上；桥壳分段并采用铰链连接，或除主减速器壳外，不再有其他相关壳体，故被称为独立悬架的断开式驱动桥，如图11-45所示。

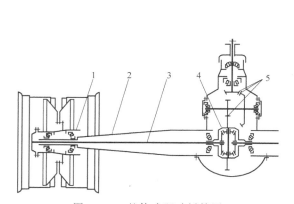

图 11-44 整体式驱动桥简图

1—轮毂 2—桥壳 3—半轴 4—差速器 5—主减速器

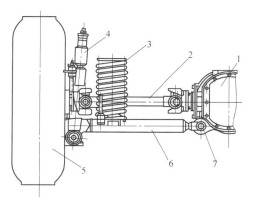

图 11-45 断开式驱动桥的结构示意图

1—主减速器 2—半轴 3—弹性元件 4—减振器
5—驱动轮 6—摆臂 7—摆臂轴

（2）**拖拉机驱动桥** 如图11-46所示，拖拉机的驱动桥常称为后桥，它由中央传动1（视同汽车的主减速器）、差速器2、最终传动3、半轴和桥壳等组成。轮式拖拉机后桥分为内置式和外置式两种。前者的左、右最终传动与中央传动和差速器置于同一后桥壳体内（图11-46a）。此种后桥结构紧凑，因驱动轮可在半轴上移动，故能无级调节轮距，但加大了桥壳尺寸，使离地间隙减小。后者的左、右最终传动具有各自独立的壳体，并分置在左、右驱动轮处（图11-46b）。此种后桥壳既能获得较大的离地间隙，改变最终传动壳体与后桥壳体的相对位置，还可同时改变离地间隙和拖拉机轴距，但不能无级调节轮距。

如图11-47所示，履带式拖拉机后桥由中央传动1、转向离合器2和最终传动3等组成。中央传动和转向离合器置于后桥壳体中，左、右最终传动及其壳体位于左、右驱

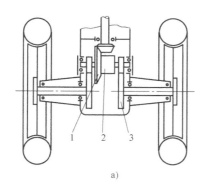 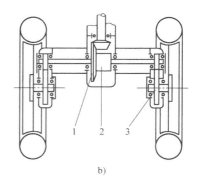

a)　　　　　　　　　　　b)

图 11-46　轮式拖拉机后桥的结构简图

a）内置式　b）外置式

1—中央传动　2—差速器　3—最终传动

动轮附近。转向离合器既是传动部件，又是转向系统的组成部分。

二、主减速器

主减速器的功用是将输入转矩增大并相应降低其转速。对于纵向布置的发动机，还需通过其改变转矩的方向，满足车辆行驶要求。主减速器分为定轴轮系和行星轮系，适用于发动机横置的汽车和拖拉机。对于大多发动机纵置的汽车和拖拉机，其主减速器采用螺旋锥齿轮或准双曲面齿轮。与螺旋锥齿轮比较，

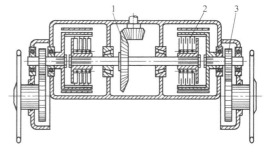

图 11-47　履带式拖拉机后桥的结构简图

1—中央传动　2—转向离合器　3—最终传动

准双曲面齿轮工作稳定性更好，机械强度更高，同时允许主动齿轮轴线相对从动齿轮轴线偏移，如图 11-48 所示。若主动齿轮轴线向下偏移，在保证必须离地间隙的情况下，可使车辆质心降低，提高行驶稳定性。但为了减少摩擦及提高效率，必须采用含防刮伤添加剂的准双曲面齿轮油及合理可靠的润滑油路。

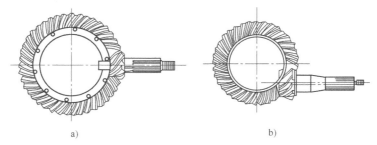

a)　　　　　　　　　　　　b)

图 11-48　主动齿轮和从动齿轮轴线位置

a）螺旋锥齿轮传动，轴线交叉　b）准双曲面齿轮传动，轴线下偏移

1. 单级主减速器

单级主减速器具有结构简单、体积小、重量轻和传动效率高等优点。主传动比一般小于 7.0。

单级主减速器有弧齿锥齿轮传动、准双曲面齿轮传动、圆柱齿轮传动和蜗杆蜗轮传动等型式，如图 11-49 所示。运用最为广泛的是弧齿锥齿轮传动和准双曲面齿轮传动。

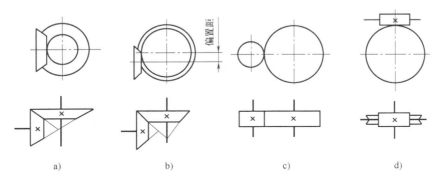

a)　　　　　　　b)　　　　　　　c)　　　　　　　d)

图 11-49　单级主减速器齿轮传动型式

a）弧齿锥齿轮传动　b）准双曲面齿轮传动　c）圆柱齿轮传动　d）蜗杆蜗轮传动

2. 双级主减速器

与单级主减速器相比，采用双级主减速器可以在保证离地间隙相同的情况下得到更大的传动比（$i_0 = 7 \sim 12$）；但是其尺寸较大，质量较大，结构复杂，制造成本高，传动效率低。双级主减速器主要用于中、重型货车，越野车，大客车和拖拉机上。

整体式双级主减速器的结构方案如图 11-50 所示，其主要结构特点是由两级齿轮减速器组成的。

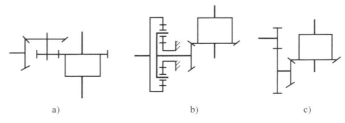

a)　　　　　　　　b)　　　　　　　　c)

图 11-50　整体式双级主减速器的结构方案

a）锥齿轮+圆柱齿轮　b）行星齿轮+锥齿轮　c）圆柱齿轮+锥齿轮

3. 轮边减速器

拖拉机以及重型汽车、越野车和大型客车，不仅要求有较大的主传动比，而且要求有较大的离地间隙。为此，将类似双级主减速器中的第二级减速齿轮机构做成同样两套，分设在车辆两侧驱动轮的近旁，称为轮边减速器。第一级仍称为主减速器。

轮边减速器有行星齿轮式和定轴齿轮式，图 11-51 所示为行星齿轮式轮边减速器。

4. 双速主减速器

有些汽车为了充分提高动力性和经济性，采用的主减速器具有可供驾驶人选用的两档传动比。图 11-52 所示为一种常见的结构型式，该双速主减速器由一对锥齿轮和一个

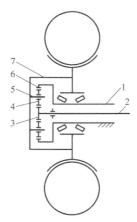

图 11-51 行星齿轮式轮边减速器

1—半轴套管 2—半轴 3—太阳轮 4—行星齿轮 5—行星齿轮轴 6—齿圈 7—行星齿轮架

行星齿轮机构组成。

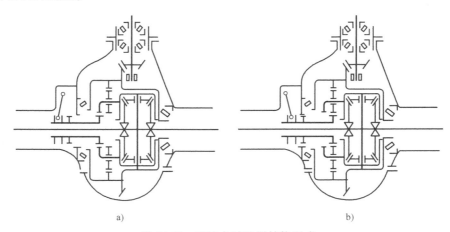

图 11-52 双速主减速器结构型式

a) 高速档 (单级传动)　b) 低速档 (双级传动)

5. 贯通式主减速器

图 11-53 反映了一些多轴越野车的贯通式驱动桥布置方式。前面（或后面）两驱动桥的传动轴串联，传动轴从距分动器较近的驱动桥中穿过，并通往另一驱动桥。因此，通常将这种布置方案中的驱动桥称为贯通式驱动桥。

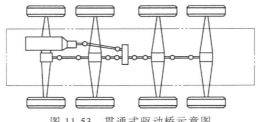

图 11-53 贯通式驱动桥示意图

三、差速器

1. 差速器的功用

差速器的功用有：①实现转弯时两侧驱动车轮差速滚动，即有差速滚动；②实现多轴驱动汽车、拖拉机各驱动桥差速旋转。

2. 差速器的类型

根据差速器的结构、转矩和防滑特性，差速器的类型如下：

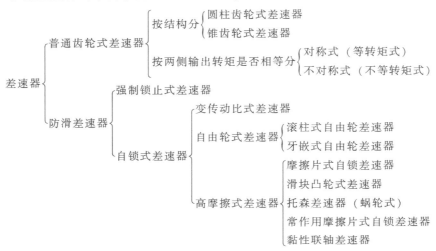

普通齿轮式差速器有锥齿轮式和圆柱齿轮式两种。按两侧的输出转矩是否相等，普通齿轮式差速器分为对称式（等转矩式）和不对称式（不等转矩式）两类。对称式用于轮间和轴间差速器。不对称式用于轴间差速器。

3. 差速器的结构

以普通锥齿轮式差速器为例进行介绍。对称式锥齿轮差速器（图 11-54）主要由 4 个行星齿轮 3、行星齿轮轴（十字轴）5、2 个半轴齿轮 2 及差速器壳 1（分左、右两部分）等组成。差速器右壳用螺栓或铆钉与主减速器从动齿轮 4 相连接，差速器左壳与

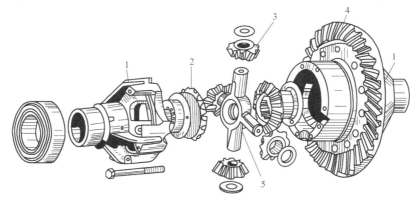

图 11-54　对称式锥齿轮差速器

1—差速器壳　2—半轴齿轮　3—行星齿轮　4—主减速器从动齿轮　5—行星齿轮轴（十字轴）

差速器右壳用螺栓相连。行星齿轮轴的 4 个轴颈上通过滑动轴承（衬套）装着 4 个行星齿轮。4 个行星齿轮的两侧各与 1 个半轴齿轮相啮合。行星齿轮与半轴齿轮均装在差速器壳内。行星齿轮轴装在 2 个差速器壳装配时形成的 4 个圆孔内。

4. 差速器的差速原理

下面通过图 11-55 介绍差速器的差速原理。

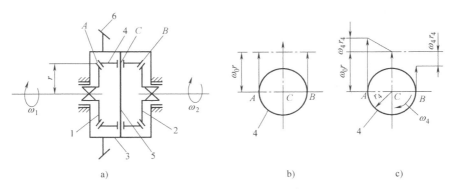

图 11-55　差速器差速原理示意图

a）结构简图　b）直线行驶　c）右转弯时

1、2—半轴齿轮　3—差速器壳　4—行星齿轮　5—行星齿轮轴　6—主减速器从动齿轮

设主动件差速器壳的角速度为 ω_0，两从动件半轴齿轮 1、2 的角速度为 ω_1 和 ω_2，行星齿轮自转角速度为 ω_4。A、B 两点分别为行星齿轮 4 与两半轴齿轮的啮合点。行星齿轮的中心点为 C，A、B、C 三点到差速器旋转轴线的距离均为 r（图 11-55a）。

当行星齿轮只是随同行星架绕差速器旋转轴线公转时，A、B、C 三点的圆周速度显然相等（图 11-55b），其值为 $\omega_0 r$。所以有 $\omega_1=\omega_2=\omega_0$（或 $n_1=n_2=n_0$）。

当行星齿轮除公转外，还绕本身的行星齿轮轴 5 以角速度 ω_4 自转（$\omega_4 \neq 0$，图 11-55c）时，啮合点 A 的圆周速度为 $\omega_1 r=\omega_0 r+\omega_4 r_4$，啮合点 B 的圆周速度为 $\omega_2 r=\omega_0 r-\omega_4 r_4$。

于是有　　　　　　　　　　　　$\omega_1 r+\omega_2 r=(\omega_0 r+\omega_4 r_4)+(\omega_0 r-\omega_4 r_4)$

即　　　　　　　　　　　　　　　　$\omega_1+\omega_2=2w_0$

或写成　　　　　　　　　　　　　　$n_1+n_2=2n_0$

这就是两半轴齿轮直径相等的对称式锥齿轮差速器的运动特性方程式。由此可以看出，左右两侧半轴齿轮的转速之和等于差速器壳转速的两倍，而与行星齿轮的转速无关。当差速器壳转速为零时，若一侧半轴齿轮因受其他外力矩而转动，另一侧半轴齿轮则以相同的转速反向转动；当任何一侧半轴齿轮的转速为零时，另一侧半轴齿轮的转速为差速器壳转速的两倍。

5. 差速器的转矩分配

图 11-56 所示为差速器的转矩分配示意图。设主减速器传至差速器壳的转矩为 M_0，经行星齿轮轴和行星齿轮传给两半轴齿轮，两半轴齿轮的转矩分别为 M_1 和 M_2。

当行星齿轮不自转时，即 $n_4=0$，则行星齿轮内孔和背面所受的总摩擦力矩 $M_T=0$，行星齿轮相当于一个等臂杠杆，均衡拨动两半轴齿轮转动。所以，差速器将转矩 M_0 平

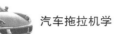

均分配给两半轴齿轮，即 $M_1 = M_2 = M_0/2$。

当行星齿轮按图 11-56 中 n_4 方向自转时（此时 $n_1 > n_2$），行星齿轮所受摩擦力矩 M_T 与 n_4 方向相反，从而使行星齿轮分别对半轴齿轮 1 和 2 附加作用了大小相等而方向相反的两个圆周力 F_1 和 F_2。使传到转速快的半轴齿轮 1 上的转矩 M_1 减小，而使传到转速慢的半轴齿轮 2 上的转矩 M_2 增加，而且 M_1 的减小值等于 M_2 的增加值，即等于 $M_T/2$。所以，当两侧驱动轮存在转速差时（$n_1 > n_2$），有

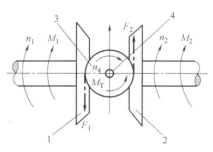

图 11-56　差速器的转矩分配示意图
1、2—半轴齿轮　3—行星齿轮
4—行星齿轮轴

$$M_1 = \frac{M_0 - M_T}{2}$$

$$M_2 = \frac{M_0 + M_T}{2}$$

目前，广泛使用的对称式行星齿轮差速器的 M_T 很小，故可近似地认为任何时候

$$M_1 = M_2 = \frac{M_0}{2}$$

即无论差速器是否起作用，都具有转矩等量分配的特性。这样的转矩等量分配特性对汽车在好路面上行驶是有利的，但会严重影响汽车在坏路面上行驶时的通过能力。

为了提高汽车在坏路面上的通过能力，可采用防滑差速器。当汽车某一侧驱动轮发生滑转时，差速器的差速作用即被锁止，并将大部分或全部转矩分配给未滑转的驱动轮，充分利用未滑转车轮与地面之间的附着力来产生足够大的牵引力驱动汽车继续行驶。

轿车常用的防滑差速器是自锁式差速器，近几年又发展了电控式防滑差速器。

四、驱动半轴

驱动半轴是差速器与驱动桥之间传递较大转矩的实心轴。其内端一般采用花键与差速器的半轴齿轮连接，外端通过凸缘盘等方式与驱动轮的轮毂相连。半轴结构因驱动桥结构型式不同而异，整体式驱动桥中的半轴为刚性整轴；转向驱动桥和断开式驱动桥中的半轴分段并用万向节连接。

根据半轴与驱动轮的轮毂在桥壳上的支承形式及半轴受力情况的不同，半轴可分为全浮式、半浮式和不浮式。

1. 全浮式半轴支承

图 11-57 所示为驱动桥全浮式半轴支承受力图。其垂直反力 F_z、切向反力 F_x 和侧向反力 F_y 均为路面对驱动轮的作用力。其中，F_z 和 F_y 使驱动桥在垂直于车辆纵轴线的横向平面内产生弯矩；F_x 不仅形成对半轴的反转矩，而且形成力图使驱动桥在水平面内弯曲的弯矩。可见，半轴仅承受反转矩，3 个反力及其形成的弯矩均靠轮毂通过轴

承传给桥壳，作用在主减速器从动齿轮上的力及弯矩全由差速器壳承受，即与半轴无关。这种使半轴只承受转矩的支承型式称为全浮式。所谓"浮"是指卸除半轴的弯曲载荷而言。没有半轴，桥壳上的两个轴承可支承住汽车车轮，汽车能照样被推走。

2. 半浮式半轴支承

如图 11-58 所示，半浮式半轴除承受转矩外，外端还要承受车轮传来的全部反力及弯矩。从图中可以看出，车轮与桥壳无直接联系而支承于半轴外端，距支承轴承有一悬臂 b。可见车轮的各种反力都要经过半轴传给桥壳，这种内端免受弯矩，而外端却承受全部弯矩的半轴称为半浮式半轴。

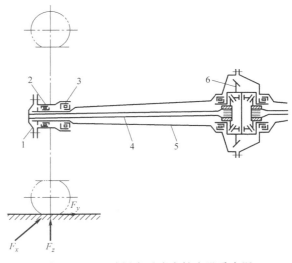

图 11-57　驱动桥全浮式半轴支承受力图
1—半轴凸缘　2—轮毂　3—轮毂轴承　4—半轴
5—驱动桥壳　6—主减速器从动锥齿轮

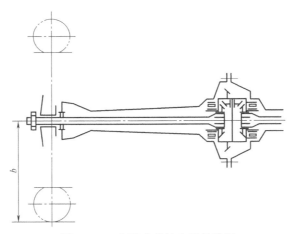

图 11-58　半浮式半轴支承示意图

五、桥壳

驱动桥壳是汽车拖拉机传动系统和行走系统的重要组成部分。其功用是用来支承并保护主减速器、差速器和半轴等，并通过悬架或轮毂的安装，使左、右驱动轮的相对位置得以固定。同时，与从动桥一同支承车架及其上各部件的质量，承受车轮传来的地面反力和力矩，直至传给车架。

桥壳应具有足够的强度和刚度，在此前提下的质量应尽可能小，应方便主减速器等的装拆和调整。桥壳结构型式在满足装配和使用要求的前提下，还应尽可能使其制造

容易。

驱动桥壳可分为整体式桥壳和分段式桥壳两类。

思　考　题

1. 汽车拖拉机传动系统的主要功用是什么？传动系统有几种类型？各有什么特点？

2. 传动系统中为何要设置离合器？膜片弹簧式离合器有何特点？

3. 试述摩擦式离合器的基本组成和工作原理。

4. 试述弹簧压紧式离合器操纵机构的工作原理。

5. 汽车拖拉机变速器的主要功用是什么？有哪些类型？

6. 手动变速器有哪几种类型？各有哪些特点？

7. 试述手动变速器操纵机构的组成及其工作原理。

8. 试分析锁环式惯性同步器的组成及其工作原理。

9. 液力自动变速器与普通手动变速器相比较有何特点？

10. 试述液力变矩器的组成及工作原理。

11. 试述行星齿轮传动机构的组成及工作原理。

12. 液力自动变速器操纵系统主要部件有哪些？各主要功用是什么？

13. 为什么单个十字轴式万向节传动具有不等速特性？

14. 球叉式与球笼式万向节在应用上有何差别？为什么？

15. 汽车拖拉机驱动桥的功用是什么？驱动桥有几种类型？各有什么特点？

16. 主减速器有哪些类型？试分析行星齿轮式双级主减速器的工作原理。

17. 为什么主减速器主动齿轮的支承轴承相向布置，而从动齿轮和差速器的支承轴承相背布置？

18. 全浮式半轴支承和半浮式半轴支承各有什么特点？

19. 为什么铸造整体式桥壳和冲压焊接式桥壳都能得到较广泛的应用？

20. 何谓准双曲面齿轮传动的主减速器？它有什么特点？对润滑油的要求是什么？

21. 对称式锥齿轮差速器差速工作时，运动和动力是如何具体传递的？左右两侧半轴齿轮的转速与差速器壳转速的关系是什么？

第十二章

行 驶 系 统

第一节　行驶系统概述

一、行驶系统的功用

行驶系统是指支持汽车拖拉机并保证其正常行驶的专门装置，其主要功用如下：

1）将发动机传到驱动轮上的驱动转矩变为推动汽车拖拉机行驶的驱动力，并使驱动轮的转动变成汽车拖拉机在地面上的移动。

2）传递并承受路面作用于车轮上的各向反力及其所形成的力矩。

3）尽可能缓和不平路面对车身造成的冲击和振动，保证汽车拖拉机行驶平顺性，且与汽车拖拉机转向系统很好地配合工作，实现汽车拖拉机行驶方向的正确控制，以保证汽车拖拉机操纵稳定性。

4）支承汽车拖拉机的全部质量。

二、行驶系统的类型

行驶系统一般分为轮式、履带式和半履带式 3 种类型，如图 12-1 所示。

a)　　　　　　　　　　b)　　　　　　　　　　c)

图 12-1　行驶系统的类型

a）轮式　b）履带式　c）半履带式

1. 轮式行驶系统

在良好的路面条件下，采用轮式行驶系统可提高行驶速度，减少摩擦，降低能耗，所以，汽车拖拉机以及绝大多数工程车辆采用轮式行驶系统。轮式拖拉机有时在水田作业采用刚性水田轮，以提高作业时的驱动性能。

2. 履带式行驶系统

履带式行驶系统具有接地面积大、对地面压强小和附着性能好等特点，可以提高车辆的驱动性能与通过性能。但履带结构复杂、笨重，行驶阻力大，只有在行驶条件差的田间或施工现场大负荷作业时才具有明显的优势。

大中型拖拉机、工程车辆通常采用金属履带式行驶系统，而部分小型履带式拖拉机和自走式农业机械的行驶系统通常采用橡胶履带式行驶系统，如水稻联合收割机和小麦联合收割机等。

3. 半履带式行驶系统

有些在雪地或沼泽地带行驶的车辆和拖拉机等，其前桥装有车轮或滑橇式车轮，用来实现转向，而后桥装有履带，即所谓的半履带行驶系统，以减小车辆对地面的压强，防止车辆下陷，提高通过能力。

三、行驶系统的组成

1. 汽车行驶系统的组成

汽车行驶系统一般由车架、车桥、车轮和悬架组成（图 12-2）。车架是全车的装配基体，它将汽车的各相关总成连接成一整体。前轮和后轮分别支承着从动桥和驱动桥。为了减少汽车在不平路面上行驶时车身所受到的冲击和振动，车桥又通过弹性前悬架和后悬架与车架连接。

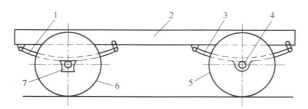

图 12-2　汽车行驶系统的组成

1—前悬架　2—车架　3—后悬架　4—驱动桥　5—后轮　6—前轮　7—从动桥

2. 拖拉机行驶系统的组成及特点

轮式拖拉机行驶系统一般由车架、前桥和车轮组成。

在四轮拖拉机上，装在后面左、右驱动半轴上的两个车轮称为驱动轮，用以传递发动机的转矩，驱动拖拉机行驶。装在前轴上的两个车轮称为导向轮，一般不传递动力，但可相对机体偏转一个角度，使拖拉机转向。如果前轮也传递发动机的动力，则这种拖拉机称为四轮驱动拖拉机。

由于拖拉机主要用于田间作业，因此，与汽车相比，其行驶系统具有以下几个特点：

1）田间土壤松软、潮湿，土壤产生附着力的条件较差，为了提高驱动轮的驱动力，增加车轮与土壤的接触面积，以减小车轮下陷所产生的滚动阻力，驱动轮一般采用直径较大的低压轮胎，且胎面上有凸起的花纹。

2）拖拉机在田间作业时需要经常掉头、转弯，为了减少在田间土壤条件下的转向困难，导向轮均采用小直径轮胎，且胎面具有一条或数条环状花纹，以增加防止侧滑的能力。

3）拖拉机经常要进行中耕作业，为了不伤害农作物，拖拉机不仅要有较高的道路离地间隙，而且还要有合适的农艺离地间隙（图12-3）。农艺离地间隙 h_n 是指跨在农作物上的机体的最低点离地面的距离，道路离地间隙 h_d 是指前轴或后桥半轴壳体最低点离地面的距离。有的拖拉机离地间隙是可以调节的。此外，为了适应各种作物的不同行距，防止压苗和伤苗，拖拉机前、后轮的轮距应该可以调节（参见图1-9）。

4）由于拖拉机的田间作业速度较慢，加之低压轮胎本身具有一定的减振和缓冲作用，所以拖拉机后桥上一般未安装弹性悬架和减振器，使后桥与机体刚性连接，而前轴与机体铰链连接。但随着拖拉机运输速度的提高，为了减少振动，改善驾驶人的劳动条件，有些拖拉机的前轴采用了弹性悬架。

5）水田土壤是一种特殊的土壤，对行驶系统提出了特殊的要求，为了使拖拉机能够顺利地爬越田埂，能够克服由于沉陷而增加的滚动阻力，同时又能发挥出足够的牵引力。为此，拖拉机的车轮有高花纹轮胎、镶齿水田轮、水田叶轮和间隔式履带板等多种型式。

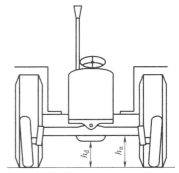

图 12-3　拖拉机的离地间隙
h_d—道路离地间隙　h_n—农艺离地间隙

第二节　车　　架

车架是汽车拖拉机的基础件，其功用是支承连接汽车拖拉机的各零部件，并承受来自车内、车外的各种载荷。

一、汽车车架

汽车车架的结构型式基本上有边梁式车架、中梁式车架和综合式车架3种，其中以边梁式车架应用最广。

1. 边梁式车架

边梁式车架由两根位于两边的纵梁和若干根横梁组成，用铆接法或焊接法将纵梁与横梁连接成坚固的刚性构架。

纵梁通常用低合金钢板冲压而成，断面形状一般为槽形，也有的做成Z字形或箱形。根据汽车不同型式和结构布置的要求，纵梁可以在水平面内或纵向平面内做成弯曲的，以及等断面或非等断面的。

横梁不仅用来保证车架的扭转刚度和承受纵向载荷，而且还可以支承汽车上的主要部件，通常货车有5~6根横梁，有时会更多。边梁式车架的结构特点是便于安装驾驶室、车厢及一些特种装备和布置其他总成，有利于改装变型车和发展多品种汽车。因此，被广泛应用在货车和大多数的特种汽车上。

轿车边梁式车架如图12-4a所示，其中部较低，可降低轿车重心，满足轿车高速行驶的稳定性和乘坐舒适性的要求。其前端较窄，可允许转向轮有较大的偏转角度；其后端向上弯曲，悬架变形时，可保证车轮有足够的跳动空间。为了提高车架的抗扭刚度，有的轿车采用"X"形车架（图12-4b）。

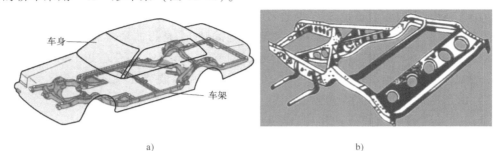

a)   b)

图 12-4   轿车边梁式车架和"X"形车架

a）轿车边梁式车架 b）轿车"X"形车架

图 12-5 所示为东风货车边梁式车架，它主要由两根纵梁和八根横梁铆接而成。

纵梁为槽形不等高断面梁，由于纵梁中部受到的弯曲力矩最大，故中部断面高度最大，由此向两端断面高度逐渐减小。这样，可使应力分布较均匀，同时又减小了质量。

在左右纵梁上各有多个安装用孔，用以安装转向器、钢板弹簧、燃油箱、储气罐和蓄电池等的支架。

横梁一般也用钢板冲压成槽形，为增强车架的抗扭强度，有时采用管形或箱形断面的横梁。

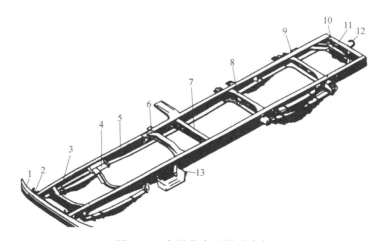

图 12-5   东风货车边梁式车架

1—保险杠   2—挂钩   3—发动机前悬置横梁   4—发动机后悬置右（左）支架和横梁   5—纵梁
6—驾驶室后悬置横梁   7—第四横梁   8—后钢板弹簧前支架横梁   9—后钢板弹簧后
支架横梁   10—角撑横梁组件   11—后横梁   12—拖钩部件   13—蓄电池托架

2. 中梁式车架

中梁式车架只有一根位于中央贯穿前后的纵梁，因此也称为脊骨式车架。中梁的断面可以做成管形或箱形。这种结构的车架有较大的扭转刚度。使车轮有较大的运动空

间，因此被应用在某些轿车和货车上。

图 12-6 所示为具有中梁式车架的轿车底盘。中梁是管式的，传动轴装在管内。主减速器壳通常固定在中梁的尾端，形成断开式驱动桥。中梁前端做成伸出的支架，以固定发动机。

中梁式车架的优点是：能使车轮有较大的运动空间，便于采用独立悬架，从而可提高汽车的越野性；与同吨位货车相比，其车架较轻，减小了整车质量；同时重心较低，因此行驶稳定性好；车架的强度和刚度较大；脊梁还能起封闭传动轴的防尘等作用。但这种车架的制造工艺复杂，精度要求高，给维护和修理造成诸多不便，应用较少。

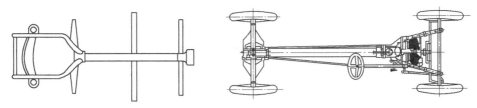

图 12-6　具有中梁式车架的轿车底盘

3. 综合式车架

如图 12-7 所示，车架前部是边梁式的，而后部是中梁式的，这种车架称为综合式车架（也称为复合式车架）。它同时具有中梁式和边梁式车架的特点。该车架的边梁用以安装发动机，悬伸出来的支架可以固定车身。这种车架实际上属于中梁式车架的变型。

随着汽车工业的发展，近年来车架结构型式也越发多样化和复杂化，如桁架式车架（图 12-8），主要用于竞赛汽车及特种汽车。它由钢管组合焊接而成，这种车架兼有车架和车身的作用。

平台式车架是一种将地板从车身中分出来，而与车架组成一个整体的结构，车身通过螺栓与车架相连接，如图 12-9 所示。

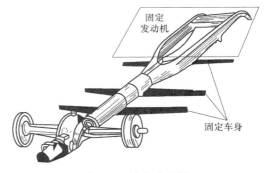

图 12-7　综合式车架

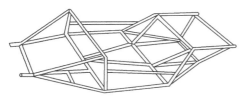

图 12-8　桁架式车架

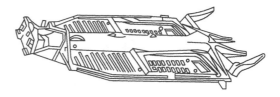

图 12-9　平台式车架

部分轿车和大型客车取消了车架，而以车身兼代车架的作用，即将所有部件固定在车身上，所有的力也由车身来承受，这种车身称为承载式车身，如图 12-10 所示。目前大多数轿车都采用承载式车身。

承载式车身由于无车架，可以减轻整车重量；可以使地板高度降低，使上、下车方便，但是传动系统和悬架的振动与噪声会直接传入车内，为此，应采取隔声和防振措施。

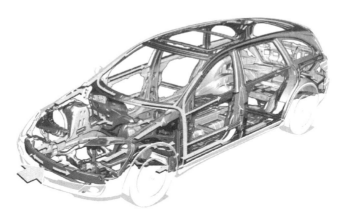

图 12-10　承载式轿车车身

二、拖拉机车架

拖拉机的车架有全梁架式、半梁架式和无梁架式 3 种。

1. 全梁架式车架

全梁架式车架是一个完整的框架，拖拉机的所有部件都安装在这个框架上。部件的拆装较为方便，但金属用量多。车架在工作中的变形会使各部件间的相对位置发生变动，影响零件的正常工作，零件容易损坏。一般履带式拖拉机采用这种车架。

全梁架式车架一般由纵梁、前梁及后轴等组成（图 12-11）。在纵梁的下方安装着两根横梁，发动机用三点支承在车架上，其前端用摇摆支座安装在前梁上，后端用两点安装在前横梁上。三点支承不会在车架变形时破坏连接螺栓的紧固。拖拉机的后桥和变速器连成一体，也用三个支承点安装在车架上，变速器前端用球形垫圈支承在后横梁上，后桥用两个支座安装在后轴上。

后轴的两端安装驱动轮，台车轴安装台车的平衡臂，纵梁的前端安装履带张紧装置。

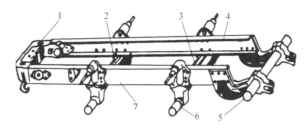

图 12-11　全梁架式车架

1—前梁　2—前横梁　3—后横梁　4、7—纵梁　5—后轴　6—台车轴

2. 半梁架式车架

半梁架式车架的前半部采用专门梁架，用来安装发动机和前轴等；后半部则由离合器、变速器和后桥 3 部分的壳体构成（图 12-12）。这种车架的主要优点是刚度较好，维修发动机比较方便。

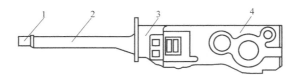

图 12-12　半梁架式车架

1—前梁　2—纵梁　3—离合器壳　4—变速器和后桥壳

3. 无梁架式车架

无梁架式车架没有梁架，而是由各部件的壳体连成的（图 12-13）。使用这种车架可以减轻拖拉机的重量，节省金属，简便结构，车架刚度很高，不易变形。但制造和装配的技术要求高，拆装某一部件时需要将拖拉机拆开。无梁架式车架在拖拉机中得到广泛应用。

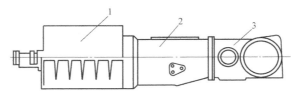

图 12-13　无梁架式车架

1—发动机壳　2—变速器壳　3—后桥壳

第三节　车　桥

用于连接和安装左、右车轮的车轴或车梁等零部件称为车桥，又称为车轴。其功用是传递车架（或承载式车身）与车轮之间的各种作用力及其力矩。

车桥可分为转向桥、转向驱动桥、驱动桥和支持桥 4 种类型，转向桥和支持桥为从动桥。汽车拖拉机通常以前桥为转向桥，后桥为驱动桥。支持桥除不能转向外，其他功能和结构与转向桥相同。有少数汽车拖拉机还采用四轮驱动，则前桥为转向驱动桥。

一、前桥

前桥的功用是：承受汽车拖拉机前部重量，将车架传来的推动力传给前轮，并利用转向装置使车轮偏转一定角度，实现汽车拖拉机转向。

1. 汽车前桥

对于后轮驱动的汽车，其前桥仅为转向桥，主要由前轴、转向节和轮毂等 3 部分组成（图 12-14）。

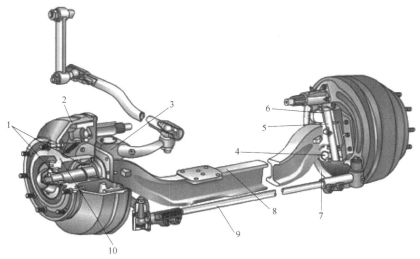

图 12-14　汽车前桥的组成

1—轮毂轴承　2—制动鼓　3—转向节　4—推力轴承　5—主销　6—衬套
7—梯形臂　8—前梁　9—转向横拉杆　10—轮毂

（1）**前轴**　前轴经锻压制成工字形断面，提高了抗弯强度，接近两端部分略成方形，提高了抗扭强度。中部为钢板弹簧座，且向下弯曲，以便安装发动机，并使重心下降，减小传动轴的倾斜角度。两端翘起各加工成拳形。拳部有主销孔，用以安装转向节主销。

（2）**转向节**　转向节用主销和前轴连接，可绕主销转动，以达到前轮偏转的目的。为了减少磨损，转向节上、下耳的主销孔内压装有铁基粉末冶金套，并通过装在转向节上的润滑脂嘴注入润滑脂进行润滑。为了使前轮偏转灵活轻便，在转向节下耳与前轴拳形部位之间装有推力轴承，转向节上耳与前轴拳形部位之间装有调整垫片，用以调整其轴向间隙。

两个转向节下耳均有锥形孔，可安装与转向横拉杆相连接的转向节下臂。左转向节上耳有锥形孔，用以安装与直拉杆相连接的转向节上臂。

前轮的最大偏转角由装在转向节凸缘上的转角限位螺栓加以限制，偏转角度可用转角限位螺栓进行调整。

（3）**轮毂**　轮毂用两套圆锥滚子轴承支承于转向节轴颈上，轴承的松紧度可用轴端的螺母调整。轮毂外端安装车轮，内端与制动鼓连接。轮毂内轴承的内侧装有油封，防止润滑油进入制动鼓。

2. 轮式拖拉机前桥

后轮驱动的轮式拖拉机前桥有双前轮分置式、双前轮并置式和单前轮式 3 种型式（图 12-15）。双前轮分置式前桥由于行驶稳定性好、轮距可调等特点，因此，一般拖拉机均采用这种前桥。双前轮并置式和单前轮式前桥由于前轮位于中间，转弯半径小，离地间隙因仅受后桥高度的限制而较大，故较适宜于高秆作物的行间作业，但稳定性较差，仅应用于少数中耕型拖拉机上。

轮式拖拉机的前桥一般由前轴，主套管总成，左、右副套管总成和转向节总成等

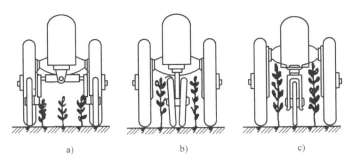

图 12-15　轮式拖拉机前桥的型式

a）双前轮分置式　b）双前轮并置式　c）单前轮式

组成。

前轴两端用来安装主销、前轮，前轴中间通过摇摆轴、连接座等与机体连接车架前部铰接形成拖拉机的前支承，承受拖拉机前部的重量。除少数专用的中耕拖拉机外，一般轮式拖拉机两前轮都分置于前轴的两侧。因此，当拖拉机在不平地面上行驶时，前轴可以摆动，保证两前轮都能同时着地，其摆动幅度一般为 10°～14°。

为了调节前轮轮距，前轴做成可伸缩的，常用的结构型式有伸缩套管式和伸缩板梁式。

图 12-16 所示为拖拉机伸缩套管式前轴。连接座与前轴套管焊接在一起，并用摇摆轴与下托架铰接。前轴套管两端装有左、右伸缩套管，伸缩套管上有调整前轮距用的多

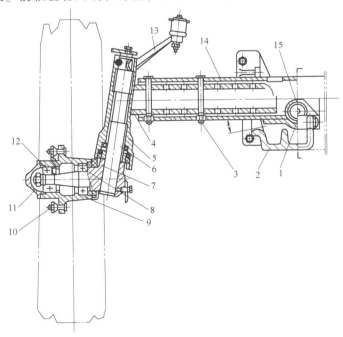

图 12-16　拖拉机伸缩套管式前轴

1—摇摆轴　2—托架　3—连接螺栓　4—伸缩套管　5—主套销　6—主销　7—转向节轴

8、12—圆锥滚子轴承　9—前轮毂　10—前轮螺栓　11—轴承盖　13—转向节臂　14—前轴套管　15—摆动支承管

排孔。下托架用螺钉与机体紧固在一起。摇摆轴与连接座间有滑动衬套，用润滑脂润滑。这样连接座同前轴套管一起，可以相对于机体摆动。安装发动机散热器用的上托架固定在下托架上，并用来限制前轴的摆动角度。

转向节主套销与伸缩套管焊在一起，其内装有转向节主销（转向节立轴），主销的下端连接着前轮轴，轴上装有前轮。左、右主销的上端分别与转向杠杆和转向摇臂相连，两者用横拉杆连接起来，并与前轴组成转向梯形机构。为了防止伸缩套管在前轴套管内转动，影响前轮定位参数的变化，目前套管断面变圆形为梯形或矩形，这种型式在大部分轮式拖拉机上采用。

二、转向驱动桥

四轮驱动的拖拉机和汽车，前桥既要转向又要驱动，因此，在结构上既要有驱动桥所具有的主减速器、差速器、最终传动和半轴，也要有转向桥所具有的转向节和主销等（图 12-17）。

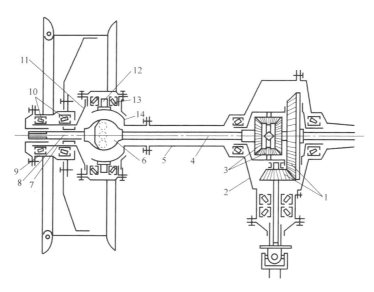

图 12-17　转向驱动桥

1—主减速器　2—主减速器壳体　3—差速器　4—内半轴　5—半轴套管　6—万向节　7—转向节轴　8—外半轴
9—轮毂　10—轮毂轴承　11—转向节壳体　12—主销　13—主销轴承　14—球形支座

转向驱动桥与单独的驱动桥和转向桥相比所不同的是，为了转向需要将半轴分成两段制造，称为内半轴和外半轴，两者用等角速万向节连接起来。于是，主销也被分成上下两段，分别固定在万向节的球形支座上；转向节制成空心的，以便外半轴从中穿过。转向节由转向节外壳和转向节轴组合而成。

等角速万向节的内外端有止动垫片，防止轴向窜动，以保证主销轴线通过节心，防止运动干涉。转向节壳体与上下盖之间有调整垫片，用来调整主销轴承的预紧度和保证两半轴的轴线重合。

三、前轮定位

为了保证汽车拖拉机直线行驶的稳定性、操纵轻便性以及减少轮胎和机件的磨损，要求前轮和转向主销安装在前轴上，保持一定的相对位置。这种具有一定相对位置的安装叫作前轮定位。前轮定位包括转向节主销后倾、转向节主销内倾、前轮外倾和前轮前束等4项。

1. 转向节主销后倾

转向节主销装在前轴上，其上端向后倾斜，这种现象叫作主销后倾。在纵向垂直平面内，垂线与主销轴线之间的夹角 γ 称为主销后倾角（图12-18）。

主销后倾的作用主要是为了保证汽车拖拉机直线行驶的稳定性，并使汽车拖拉机转向后，前轮有自动回正的作用。

当主销后倾后，主销轴线延长线与路面的交点 a 位于轮胎与地面接触点 b 的前面。当前轮偏转而汽车拖拉机绕转向轴线 O 转向时，在前轮上就作用有一个使汽车拖拉机转向的侧向力 F_P，此力作用在轮胎支承面的中心 b。如果转向节主销后倾，其轴线与地面的交点 a 将位于 b 点的前方，这样，侧向力 F_P 将对 a 点产生一个回正力矩 $M = F_P L$，其方向与车轮偏转方向相

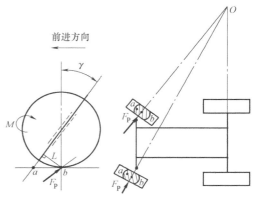

图12-18　转向节主销后倾

反，驱使前轮回到居中位置。前轮的这种自动回正作用有利于保持汽车拖拉机直线行驶的稳定性。因此，当汽车拖拉机在行驶中若遇到较小的侧向力，前轮会在回正力矩的作用下自动回正。

车速越高，则 F_P 值越大；后倾角越大，则 L 值越大，前轮的稳定效应也越强，特别是在高速和大转弯时，其作用尤为突出。

显然，主销后倾角越大，回正力矩也越大。但过大的回正力矩反而会使汽车拖拉机在行驶中产生"晃头"现象，并且会发生转向沉重或回正过猛打手现象，所以后倾角应该适当。试验表明，汽车拖拉机在行驶中，由于轮胎的变形，与地面接触处轮胎的支承面实际上将后移，其中点 b 也随之后移，回正力矩的力臂 L 加长。因此，为了不致造成过大的回正力矩，现在有不少汽车拖拉机的主销不后倾，甚至少数汽车拖拉机的主销还前倾，即为负值。

主销后倾角的获得一般是前轴、钢板弹簧和车架三者装配在一起时，由于钢板弹簧前高后低，使前轴向后倾斜而形成。由此可知，车架变形、钢板弹簧疲劳、转向节松旷和车桥扭转变形等均将使主销后倾角发生变化。

一般汽车的转向节主销后倾角为 $0° \sim 3°$，拖拉机为 $0° \sim 5°$。

2. 转向节主销内倾

主销装在前轴上时，其上端略向内倾斜，这种现象称为主销内倾。在横向平面内，

主销轴线与垂线之间的夹角 β 叫作主销内倾角（图 12-19）。

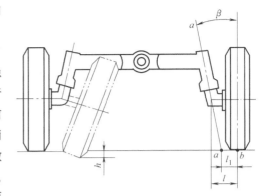

主销内倾的主要目的是使前轮具有自动回正作用，以提高其在居中位置时的稳定性，从而有利于保持汽车拖拉机直线行驶的稳定性。这是因为当主销内倾后，前轮偏转时会将机体抬高。假设前轮绕主销轴线转过 180°（仅仅是为了解释问题而做的假设，实际前轮最大偏转角不超过 50°），车轮将陷入路面 "h" 深，但车轮陷入路面是不可能的，实际情况是此时前轴被抬高

图 12-19　转向节主销内倾

了 "h"，被抬高了的前轴在汽车拖拉机重量的作用下，随时都有下落到最低位置的趋势，所以主销内倾后，前轮就可以在行驶中不因遭遇不大的侧向力而轻易发生偏转，以及在转向结束松开转向盘时，前轮能迅速回到行驶位置。

主销内倾后，由于转向时会将前轮抬起，从而转向费力沉重，但也有使操纵省力的一方面。当前轮偏转时，作用在轮胎支承面中点 b 上的纵向阻力将对主销的轴线另一方面 aa 产生一个阻止它偏转的阻力矩。如果轮胎中点 b 离主销轴线 aa 的距离越小，阻止前轮偏转的阻力矩就越小，转向操纵就越轻便。

主销内倾角是由前轴在制造时其主销孔轴线的上端向内倾斜而获得的。因此，前轴弯曲变形、主销与销孔磨损变形都将引起主销内倾角的改变。

一般汽车的转向节主销内倾角 β 不大于 8°，拖拉机的为 3°～9°。

综上所述，主销后倾和主销内倾均能使汽车拖拉机转向时自动回正，保证直线行驶的稳定性。所不同的是，主销后倾的回正作用与车速有关，而主销内倾的回正作用与车速无关。这样，在不同的车速时，二者各自发挥其稳定作用。

3. 前轮外倾

前轮安装在车桥上时，其旋转平面上方略向外倾斜，这种现象称为前轮外倾（图 12-20）。在通过车轮轴线的垂直面内，车轮轴线与水平线之间所夹的锐角 α（也等于垂线与车轮中心平面所构成的锐角）叫作前轮外倾角。

前轮外倾的作用是避免汽车拖拉机重载时车轮产生负外倾，以提高行驶的安全性。

前轮外倾后，可使轮胎支承面中点到转向节主销轴线的距离进一步由 l_1 缩小到 l_2，从而进一步减小阻止前轮偏转的阻力矩，使转向操纵轻便。

前轮外倾后，地面对车轮的垂直反力 F_y 的轴向分力 F 指向前轮轴的根部（图 12-21），使前轮始终压向内端大轴承。它可抵消前轮在转向或在横坡上作业时所承受向外的部分轴向力，从而减轻了外端小轴承的负荷，减少前轮松脱的危险。

如果空车时，车轮正好垂直于路面，则满载时车轮因承载变形后而可能出现车轮内倾。若车轮内倾，则地面对车轮的垂直反力的轴向分力指向前轮轮轴的外端，使车轮外轴承及锁紧螺母负荷增大，寿命缩短，严重时会使车轮脱出。

一般汽车的前轮外倾角 α 为 1°左右，拖拉机的为 1.5°～4°。

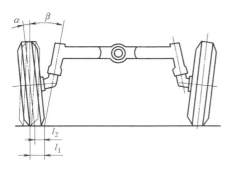

图 12-20　前轮外倾

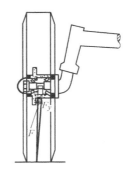

图 12-21　前轮外倾时受力情况

4. 前轮前束

前轮安装时，同一轴线上两侧车轮的旋转平面不平等，前端略向内束，这种现象称为前轮前束。

一方面，由于外倾，前轮就好似一个滚锥，在行驶中，就有绕轮轴轴线与地面的交点 O 而向外滚开的趋势（图 12-22）；另一方面，由于在转向梯形的球铰链等处不可避免地总会存在间隙，因此汽车拖拉机在行驶中，前轮也可能因外撇而产生向外滚开的趋势。但是由于前轴和横拉杆的约束，实际上前轮不可能向外滚开，而是由前轴强制着它向前做直线滚动，这势必增加轮胎的磨损，俗称"吃胎"，前轮前束的作用就是使锥体中心前移，消除前轮外倾带来的这种不良后果。由于前束，使前轮轴线与地面的交点 O 的位置略向前移，从而减小轮胎支承面上各点滚离直线行驶方向的倾向，有利于减少轮胎磨损。

在同一水平高度上，车轮前后端水平距离之差（$A-B$）称为前束值（图 12-23）。当 $A-B>0$ 时，前束值为正，反之为负。

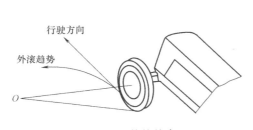

图 12-22　前轮前束

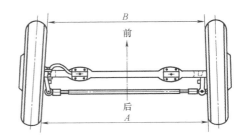

图 12-23　前轮外倾时受力情况

一般前轮前束值在 $A-B=2\sim12\text{mm}$ 范围内。

在使用过程中前束值要进行检查和调整。在有转向梯形的汽车拖拉机上，通过调整横拉杆的长度来调整前束值；而在双拉杆转向操纵机构中，则需通过调整左右拉杆的长度来实现。

四、后轮定位

随着道路条件的改善，现代轿车的行驶速度越来越高，现在有许多高档轿车都需要设置四轮定位，即不仅要求前轮定位，还需要有后轮定位。其原因是对前轮驱动汽车和

独立后悬架汽车，如果后轮定位不当，即使前轮定位良好，也会有不良的操纵性和轮胎早期磨损。后轮定位包括后轮外倾和后轮前束。

第四节　车　轮

一、车轮的功用与组成

1. 车轮的功用

车轮的主要功用是：①支承整车；②缓和由路面传来的冲击力；③通过轮胎同路面间存在的附着作用来产生驱动力和制动力；④汽车拖拉机转弯行驶时产生平衡离心力的侧抗力；⑤保证汽车拖拉机正常转向行驶的同时，通过车轮产生的自动回正力矩，使汽车拖拉机保持直线行驶方向；⑥承担越障、提高通过性的作用等。

2. 车轮的组成

车轮一般由轮胎、轮辋和辐板等组成（图 12-24）。辐板与轮辋有焊接、铆接和螺栓连接 3 种连接型式。汽车车轮或拖拉机前轮的辐板与轮辋一般是焊接的，而驱动轮的辐板多数用螺栓装配在轮辋的连接凸耳上，以便用来调整拖拉机驱动轮的距离。辐板一般用螺栓连接在车桥的轮毂上。

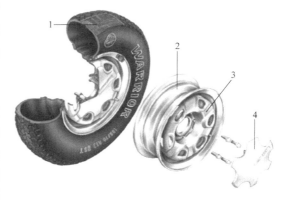

图 12-24　车轮的结构
1—轮胎　2—轮辋　3—辐板　4—装饰罩

二、轮辋

轮辋的作用是安装轮胎。按结构不同，轮辋可分为深式轮辋、平式轮辋和可拆式轮辋 3 种型式，如图 12-25 所示。

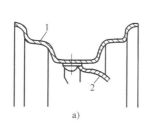 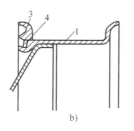 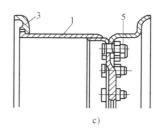

a)　　　　　　　　　b)　　　　　　　　　c)

图 12-25　轮辋断面型式
a）深式轮辋　b）平式轮辋　c）可拆式轮辋
1—轮辋　2—轮盘　3—挡圈　4—锁圈　5—螺栓

1. 深式轮辋

深式轮辋是一整体轮辋（图 12-25a），有带肩的凸缘，用以安放外胎的胎圈，断面中部的深凹槽是为了便于外胎的拆装。深式轮辋最适于小尺寸弹性较大的轮胎，对于尺寸较大、较硬的轮胎则很难装进。一般轮式拖拉机的前轮和汽车上的车轮采用这种轮辋。

2. 平式轮辋

平式轮辋（图 12-25b）是我国货车上用得较多的一种轮辋。它是一边制有凸缘，一边装有整体的挡圈，并用一个开口的弹性锁圈来防止挡圈脱出。装上轮胎后，要将挡圈向内推，越过轮辋上的环形锁槽，再将弹性锁圈嵌入环槽中。

3. 可拆式轮辋

可拆式轮辋由内外两部分组成（图 12-25c），其内外轮辋的宽度可以相等，也可以不相等，两者用螺栓连接成一体。拆装轮胎时拆卸螺栓上的螺母即可。可拆式轮辋安装轮胎可靠，拆卸方便，多用于越野汽车上。

三、轮胎

1. 轮胎的作用

汽车拖拉机几乎都采用充气轮胎。轮胎安装在轮辋上，直接与路面接触，它的作用如下：

1）与悬架共同来缓和汽车拖拉机行驶时所受到的冲击，并衰减由此而产生的振动，以保证汽车拖拉机有良好的乘坐舒适性和行驶平顺性。

2）保证车轮和路面有良好的附着性，以提高汽车拖拉机的牵引性、制动性和通过性。

3）承受汽车拖拉机的重力。

因此，轮胎必须具有适宜的弹性和承受载荷的能力。同时，在其与路面直接接触的胎面部分，应具有用以增强附着作用的花纹。

此外，车轮滚动时，轮胎在所承受的重力和由于道路不平而产生的冲击载荷作用下受到压缩。消耗于压缩的功，在载荷去除后并不能完全回收，有一部分消耗于橡胶的内摩擦，结果使得轮胎发热。温度过高将严重地影响橡胶的性能和轮胎的组织，从而大大增加轮胎的磨损而缩短轮胎的使用寿命。从试验和理论分析中可知，轮胎发热的程度随轮胎的结构、内部压力、载荷、速度和所传递转矩大小而改变。这些因素在轮胎设计、制造和使用时，必须充分考虑，以不断提高轮胎使用性能，延长其使用寿命。

2. 轮胎的分类

汽车拖拉机轮胎按胎体结构的不同可分为充气轮胎和实心轮胎。现代汽车拖拉机绝大多数采用充气轮胎。实心轮胎目前仅应用于在沥青混凝土路面的干线道路上行驶的低速汽车上。

充气轮胎按组成结构的不同，又分为有内胎轮胎和无内胎轮胎两种。有内胎轮胎已逐渐淘汰，无内胎轮胎得到广泛应用。

充气轮胎按胎体中帘线排列的方向不同，还可分为普通斜交轮胎、带束斜交轮胎和

子午线轮胎。

按胎内的空气压力大小，充气轮胎可分为高压胎、低压胎和超低压胎 3 种。一般气压在 0.5～0.7MPa 范围内的为高压胎，在 0.15～0.45MPa 范围内的为低压胎，在 0.15MPa 以下的为超低压胎。

（1）**有内胎的轮胎**　有内胎的充气轮胎由内胎、外胎和垫带等组成（图 12-26）。

内胎是一个环形粗橡胶管，上面装有气门嘴，以便充入或排出空气。为了使内胎在充气状态下不起皱，其尺寸应稍小于外胎内壁尺寸。

垫带是一个环形橡胶带，安装在内胎与轮辋之间，防止内胎被轮辋及外胎的胎圈擦伤和磨损。

外胎是保护内胎不受外来损害的高强度而且有一定弹性的外壳，它直接与地面接触。外胎可根据其胎体中帘线排列方向的不同，分为普通斜线轮胎和子午线轮胎。

1）普通斜线轮胎。普通斜线轮胎的外胎由胎圈、缓冲层、胎面和帘布层等组成，如图 12-27 所示。

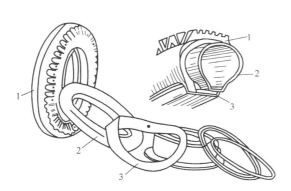

图 12-26　有内胎轮胎的组成

1—外胎　2—内胎　3—垫带

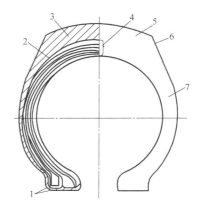

图 12-27　普通斜线轮胎的结构

1—胎圈　2—缓冲层　3—胎面　4—帘布层

5—胎冠　6—胎肩　7—胎侧

帘布层是轮胎的骨架，也称为胎体。其主要作用是承受负荷，保持轮胎的形状和尺寸。通常由多层挂胶帘线用橡胶粘合而成。帘布层的帘线按一定角度交叉排列（图 12-28）。普通斜线轮胎的帘线一般与轮胎横断面（子午断面）的交角为 52°～54°。帘线可以是棉线、人造丝、尼龙或钢丝等。

缓冲层位于胎面和帘布层之间，其作用是加强胎面和帘布层的结合，防止紧急制动时胎面从帘布层上脱离，缓和汽车行驶时路面对轮胎的冲击和振动。缓冲层一般由稀疏的帘线和富有弹性的橡胶制成。

胎面是轮胎的外表面，包括胎冠、胎肩和胎侧。胎冠与路面接触，直接承受冲击和磨损，保护帘布层和内胎免受机械损伤。为了使轮胎与路面之间有良好的附着性能，胎面上制有各种凹凸花纹（图 12-29）。

普通花纹的特点是花纹细而浅，花块接地面积大，适用于较好路面。普通花纹包括纵向花纹和横向花纹，其中纵向花纹轮胎的滚动阻力小，防侧滑和散热性好，噪声小，

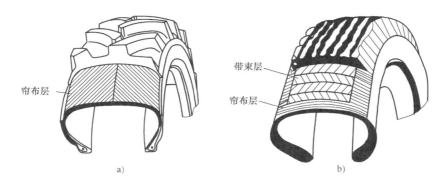

图 12-28 轮胎帘布层和缓冲层帘线的排列

a）普通斜线轮胎 b）子午线轮胎

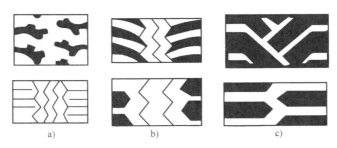

图 12-29 轮胎的花纹

a）普通花纹 b）混合花纹 c）越野花纹

高速行驶性能好，但甩石性和排水性较差。横向花纹轮胎的耐磨性能好，不易夹石子。

越野花纹的沟槽深而宽，花块接地面积小，防滑性好。花纹有八字形、人字形和马牙形等。安装八字形和人字形花纹轮胎时，花纹"八"字和"人"字尖端的指向要与汽车拖拉机前进时车轮旋转方向一致，以提高排泥性能。

混合花纹介于普通花纹和越野花纹之间。

胎圈的作用是使外胎牢固地装在轮辋上，有较大的刚度和强度，由钢丝圈、帘布层包边和胎圈包布组成。

2）子午线轮胎。子午线轮胎帘布层帘线排列方向与轮胎子午断面一致（即与胎面中心线成 90°）。各层帘线彼此不相交（图 12-28b）。帘线这种排列使其强度被充分利用，故它的帘布层数比普通轮胎可减少近一半。

带束层（类似缓冲层）通常用强度较高、拉伸变形很小的织物或钢丝作为帘线。帘线与子午断面交角较大（70°～75°）。

因为子午线轮胎帘线排列方式使其在圆周方向上只靠橡胶联系，行驶时，由于切向力的作用，周向变形势必较大。有的带束层，带束层帘线与帘布层帘线呈三向交叉，且层数较多，就形成一条刚性环带束在胎体上，使胎面的刚度和强度大为提高。所以，子午线外胎切向变形较小，但胎侧较软，易变形。

子午线轮胎与普通斜线轮胎相比具有更优越的使用性能：① 耐磨性好，使用寿命长，比普通胎长 30%~50%；② 滚动阻力小，节约燃料（滚动阻力可减小 25%~30%，油耗可降低 8%左右）；③ 附着性能好，承载能力大，缓冲能力强，不易被刺穿，并且重量较轻。

（2）**无内胎的轮胎** 无内胎轮胎在外观上与有内胎轮胎近似，所不同的是它没有内胎及垫带，压缩空气直接充入外胎内，由轮胎和轮辋保证密封，如图 12-30 所示。无内胎轮胎内壁上有一层硫化橡胶密封层，厚约 2~3mm，该层下面还黏附着一层由特殊混合物制成的自粘层，当轮胎穿孔时，自粘层能自行将孔粘合。在胎圈外侧有一层橡胶密封层，用以增加胎圈与轮辋贴合的气密性。气门嘴直接固定在轮辋上，其间用橡胶衬垫密封。

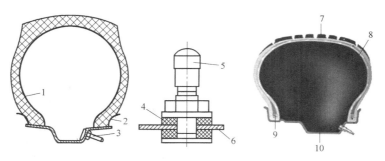

图 12-30 无内胎轮胎

1—硫化橡胶密封层 2—胎圈橡胶密封层 3—气门嘴 4—橡胶密封垫 5—气门嘴帽 6、10—轮辋
7—胎面 8—气密层 9—钢丝圈

无内胎轮胎只在爆破时才会失效，而穿孔时漏气缓慢，仍能继续安全行驶。由于没有内胎，故摩擦生热少，散热快，工作温度低，使用寿命长，适于高速行驶。此外，轮胎结构简单，重量轻，维修方便。

无内胎轮胎必须配用深式轮辋，其几何形状精度较高，在工程机械和拖拉机上应用较少，在轿车上得到广泛应用。

3. 轮胎规格的表示方法

一般用轮胎的外径 D、轮辋的直径 d、断面宽度 B 和断面高度 H 来表示轮胎的公称尺寸，如图 12-31 所示。公称尺寸的单位有英制、公制和公英制混合 3 种，轮胎的其他性能用字母表示。

高压胎一般用两个数字中间加"×"号表示，可写成 $D×B$。由于 B 约等于 H，故选取轮辋直径 d 时可按 $d=D-2B$ 来计算。例如，34×7，即表示轮胎外径 D 为 34in（864mm），断面尺寸为 7in（178mm），中间"×"表示为高压胎。

低压胎也用两个数字中间加"-"号表示，写成 $B-d$。例如：9.00-20，第一个数字表示轮

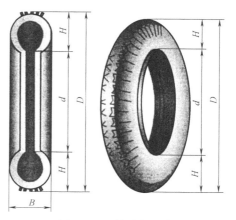

图 12-31 外胎的尺寸

胎断面宽为9in（229mm）；第二个数字表示轮辋直径为20in（508mm）；中间的 "-" 表示低压胎。而公制可写成228-508，混合制则为228-20。

轮胎的层级用 "PR" 表示。它不代表实际的层数，而是表示可承受的载荷。一般标在轮辋直径后，用 "-" 相连。例如：9.00-20.12PR，表示可承受相当12层棉帘线的负荷。有的在层级后面又标明帘线材料类型，我国的代号 为：M表示棉线，R表示人造丝，Ⅳ表示尼龙。

子午线轮胎采用 "名义断面宽度" / "高度比" "轮胎结构代号" "轮辋直径" 等项连贯起来表示，如185/60R14。

📖 【拓展阅读12-1】　子午线轮胎的国际标准方法

四、水田轮

水田土壤是多层结构，上层是稻根、杂草和稀泥；中层为流质层，机械强度低，承压能力差；下层为硬底层，有较高的机械强度和承压能力。装有水田轮的拖拉机在水田中作业，其轮齿或轮胎花纹抓着硬底层，才能发挥一定的驱动力。

一般旱地用的轮式拖拉机下水田时，下陷深度较大，滚动阻力大，附着力不足，轮胎压沟严重，影响作业质量。采用水田轮在一定程度上克服了上述缺点，改善了牵引性能。目前，我国使用的水田轮主要有高花纹轮胎和镶有塑料齿的铁轮。

图12-32a所示为高花纹轮胎。它与普通轮胎相比，胎纹的高度和间距都较大，其布置角较小。这种轮胎在泥脚较浅地区能抓着硬底层，可获得较大的驱动力；平顺性较好，冲击负荷较小，拖拉机可进行远距离转移。但轮胎压沟较严重，影响田面平整。

图12-32b所示为一种镶有塑料齿的铁轮。其特点是轮缘较窄，具有梯形断面的塑料齿用销钉安装在焊于轮缘的轮齿座上。这种镶齿铁轮抓土能力强，压沟不显著，附着性能好，但道路行驶平顺性差，塑料齿的寿命短。

以上两种水田轮在泥脚较浅的水田中适应性较好，但不适应深泥脚水田使用。深泥脚水田应采用图12-32c所示船式拖拉机所使用的楔形水田轮。

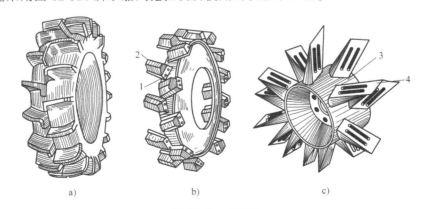

a)　　　　　　　　　　b)　　　　　　　　　　c)

图12-32　水田轮

a）高花纹轮胎　b）镶有塑料齿的铁轮　c）楔形水田轮

1—轮齿座　2—塑料齿　3—轮毂　4—叶片

第五节 悬 架

一、悬架的作用和分类

悬架是车架与车桥之间一切传力装置的总称。悬架的功能如下：

1）将车架与车桥（或车轮）弹性连接在一起。

2）传递两者之间的各种作用力和力矩。

3）抑制并减小由于路面不平而引起的振动。

4）保持车身和车轮之间正确的运动关系。

5）保证汽车拖拉机的行驶平顺性和操纵稳定性。

悬架有非独立悬架和独立悬架两大类。非独立悬架的特点是左、右车轮安装在一根整体式车桥两端，车桥则通过弹性元件与车架相连。当一侧车轮跳动时，要影响另一侧车轮，因此也称为相关悬架，如图12-33a所示。独立悬架则是每一侧车轮单独通过悬架与车架相连，每个车轮能独立上下运动而无相互影响，如图12-33b所示。采用独立悬架时，车桥做成断开的。

非独立悬架由于结构简单，成本低，车轮上下跳动时定位参数变化小，故在汽车上应用较广。而独立悬架车轮接地性好，行驶平顺性和操纵稳定性均优于非独立悬架，但成本较高，仅一些进口拖拉机的前轮采用了独立悬架。

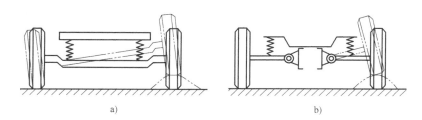

a)　　　　　　　　　　　　　　　　b)

图 12-33　悬架的类型

a）非独立悬架　b）独立悬架

二、汽车悬架

1. 独立悬架

汽车上独立悬架的种类很多，主要有双横臂式、单横臂式、纵臂式、单斜臂式、麦弗逊式、烛式和多连杆式等多种。

（1）双横臂式独立悬架

1）等长双横臂式。图12-34所示为采用钢板弹簧的等长双横臂式独立悬架。在车轮上下跳动时，可以保持主销内倾角不变，但轮距变化大，轮胎磨损严重，现已很少采用。

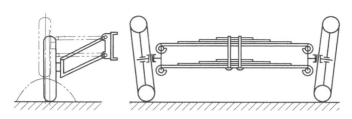

图 12-34　采用钢板弹簧的等长双横臂式独立悬架

2）不等长双横臂式。图 12-35 所示为采用钢板弹簧和螺旋弹簧的不等长双横臂式独立悬架。只要合理选择上下横臂长度和布置方案，就可以使轮距及前轮定位参数的变化均在理想范围内。这种悬架已经广泛用于中、高级轿车的前悬架。这种悬架的缺点是结构较复杂，受力点较集中，对承载式车身不利。

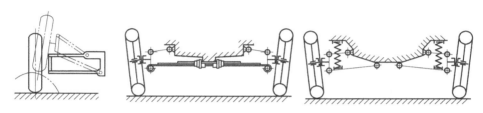

图 12-35　采用钢板弹簧和螺旋弹簧的不等长双横臂式独立悬架

（2）单横臂式独立悬架　单横臂式独立悬架的结构如图 12-36 所示。它不宜用在前轮上，因为前轮跳动会引起主销内倾角和车轮外倾角变化太大。这种悬架的主要优点是结构简单，抗侧倾能力较强。

（3）纵臂式独立悬架　纵臂式独立悬架可分为单纵臂式和双纵臂式两种。

1）单纵臂式独立悬架（图 12-37）。当车轮跳动时，单纵臂式独立悬架使主销后倾角变化较大，故不宜用于前悬架。但其结构简单，可用于后悬架。

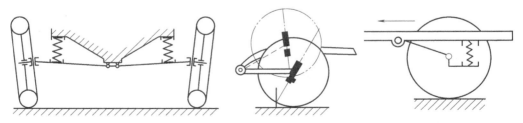

图 12-36　单横臂式独立悬架的结构　　　　图 12-37　单纵臂式独立悬架

2）双纵臂式独立悬架（图 12-38）。双纵臂式独立悬架通常上下摆臂等长。当车轮跳动时，可保持前轮定位参数不变，适用于转向轮。但是，如果横向刚度不足，则可能产生摆振现象。

（4）单斜臂式独立悬架　单斜臂式独立悬架的结构如图 12-39 所示，是单横臂式和单纵臂式独立悬架的折中方案。适当选择摆臂轴线与汽车纵轴线的夹角，可不同程度地获得单横臂式和单纵臂式的优点，以满足不同使用性能对悬架的要求。

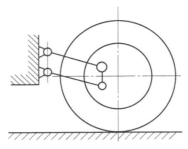

图 12-38　双纵臂式独立悬架

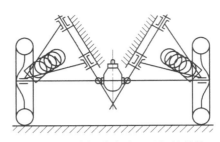

图 12-39　单斜臂式独立悬架的结构

（5）**麦弗逊式独立悬架**　麦弗逊式独立悬架又称为滑柱连杆式或滑柱摆臂式，其结构如图 12-40 所示。这种悬架结构较紧凑，便于在微型车上布置；车轮跳动时，前轮定位参数变化小，有良好的操纵稳定性。其缺点是减振器总成（滑柱）受侧向力大，对减振器寿命影响较大，不宜用在车轮承载较大的高级轿车上；隔声也较差；不便于调整悬架的运动学关系。

（6）**烛式独立悬架**　烛式独立悬架在固定于车身上的长套筒内往复运动，同时安装在长套筒内的弹簧支承在与主销相连的弹簧座上，与主销一起上下移动，以缓和冲击（图 12-41）。当悬架变形时，主销的定位角不会发生变化，仅轮距、轴距稍有改变，有利于汽车的转向操纵和行驶稳定性，常用在微型轿车上。其缺点是侧向力全部由套在主销上的长套筒和主销承受，长套筒与主销之间的摩擦阻力大，磨损严重。目前，烛式独立悬架的应用逐渐减少。

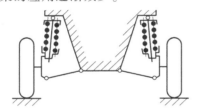

图 12-40　麦弗逊式独立悬架的结构

图 12-41　烛式独立悬架

（7）**多连杆式独立悬架**　多连杆式独立悬架就是由 3 根或 3 根以上连接连杆构成的，并且能提供多个方向的控制力，使轮胎具有更加可靠的行驶轨迹的悬架结构。由于三连杆结构已不能满足人们对于底盘操控性能的更高追求，所以，广泛采用四连杆式和五连杆式悬架，分别应用于前轮和后轮。

图 12-42 是用于后轮的五连杆式独立悬架，5 根连杆分别指主控制臂、前置定位臂、后置定位臂、上臂和下臂。其中，主控制臂可以起到调整后轮前束的作用，以提高车辆行驶稳定性，有效减小轮胎的摩擦。多连杆式独立悬架虽然结构复杂，但操控性和舒适性较其他悬架更高，所以得到广泛应用。

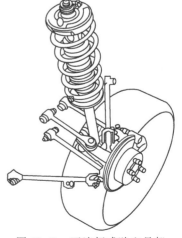

图 12-42　五连杆式独立悬架

2. 非独立悬架

汽车非独立悬架主要有平行钢板弹簧式和连杆螺旋弹簧式两种。

（1）平行钢板弹簧式非独立悬架 平行钢板弹簧式是非独立式悬架中最为普遍的方式，用 U 形螺栓将钢板弹簧固定在装有左右车轮车轴的桥壳上，如图 12-43 所示。

钢板弹簧兼起车轴定位的作用，结构简单，基本不需要悬臂。另外，它具有耐久性高，可降低高度，使驾驶室及车厢地板平坦，适用于货车及厢式车。

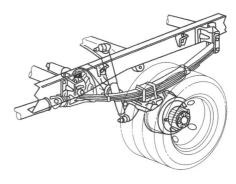

图 12-43　平行钢板弹簧式非独立悬架

借助钢板弹簧连接车轮与车身，若弹簧过软，会因驱动力和制动力大而引起钢板弹簧的卷曲（弹簧卷曲产生振动）现象，以及车轮的弹跳现象。此外，钢板弹簧还存在着板间摩擦的缺点，有时容易传播微振。

（2）螺旋弹簧式非独立悬架 螺旋弹簧代替钢板弹簧的悬架方式是为了改善乘坐舒适性而诞生的。它大多应用于前置后驱动（FR）车的后轮悬架装置，如图 12-44 所示。

螺旋弹簧式非独立悬架是一种复合式悬架。由于螺旋弹簧作为弹性元件，只能承受垂直载荷，所以其悬架系统要加设导向机构和减振器。在使用螺旋弹簧式非独立悬架的车上，左右两个螺旋弹簧的间距应尽可能大，以提高悬架的横向刚度，同时在非独立悬架中需要安装减振器，而减振器

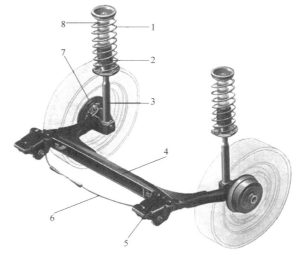

图 12-44　螺旋弹簧式非独立悬架
1—螺旋弹簧　2—橡胶护罩　3—减振器
4—后桥总成　5—支承座　6—驻车制动拉索
7—制动器　8—缓冲限位块

内安装缓冲块，当车辆上下跳动时，可减少车身冲击使车身振动衰减。

三、拖拉机悬架

拖拉机一般仅在前桥设置弹性悬架，但有的四轮驱动拖拉机的后桥也采用与汽车一样设置纵向安置的钢板弹簧的非独立悬架。轮式拖拉机前桥弹性悬架有螺旋弹簧式和钢板弹簧式两大类，如图 12-45 所示。

图 12-45a 是将螺旋弹簧放置在转向节支架内的一种独立悬架。转向节主销相对于转向节支架可以上下运动，由螺旋弹簧的变形来吸收冲击能量，缓和传到机体上的冲击。这种弹性悬架便于在一般的前轴基础上变形，但转向节内有相对运动，零件易磨损。

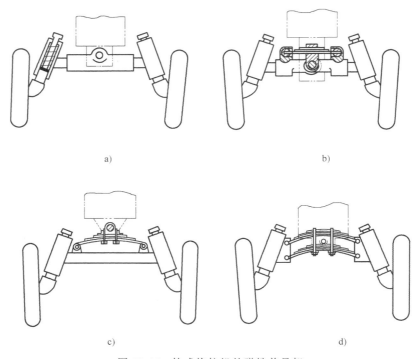

a)   b)

c)   d)

图 12-45　轮式拖拉机的弹性前悬架

a) 螺旋弹簧式　b) 机体铰接式钢板弹簧　c) 机体承载式钢板弹簧　d) 前轴式钢板弹簧

在图 12-45b 所示的类型中，前轴做成左右两半截。它们一方面各自与拖拉机机体铰接，另一方面又相互用钢板弹簧连接，钢板弹簧的中点也与机体铰接。地面对前轮的冲击通过钢板弹簧传到机体上，因而得到缓和。前轴还可连同弹簧一起绕铰接点摆动，以适应不平地形。

有的拖拉机的前轴不直接与机体铰接，而是通过钢板弹簧，如图 12-45c 所示。为了承受纵向平面内的转矩，钢板弹簧应该有前后平行的两组。或者一组钢板弹簧外还采用两根撑杆叉，其前端固定在前轴上，而后部与机体铰链连接。

有的拖拉机没有刚性前轴，机体的前部质量直接通过上下两组钢板弹簧传给前轮，如图 12-45d 所示。这种拖拉机的轮距只能靠翻转辐板来调节。

采用弹簧悬架可以改善驾驶人的劳动条件和延长机体的使用寿命。但对悬挂式机组采用弹性悬架后使拖拉机产生前后摆动，有时会影响机组的作业质量。

四、悬架的主要元件

悬架主要由减振器、弹性元件和横向稳定杆等组成。

1. 减振器

（1）减振器的工作原理　当汽车在不平的道路上行驶时，车身产生振动。为了使振动加速衰减，改善汽车行驶平顺性，汽车悬架系统均装有减振器。

减振器有多种类型，根据是否设置储液缸筒，分为双筒式和单筒式减振器。根据压缩行程是否工作，又可分为双向作用式和单向作用式减振器。目前，汽车多采用双筒双向作用式减振器。

双向作用式减振器的作用原理是利用缩小油路方式，以产生阻尼力来起减振效果。当车架和车桥相对运动时，减振器内的油液反复地经一些窄小的孔隙从一个腔室流入另一个腔室。此时，孔壁与油液间的摩擦及液体分子内摩擦等形成阻尼力，从而将车身振动的机械能转化为热能被油液和壳体吸收，并散入大气中。阻尼力的大小可通过油液通道的面积、阀门弹簧刚度及油液的黏度等来控制。

（2）减振器的作用　减振器阻尼力越大，振动消除得越快。但阻尼力过大将导致弹簧的缓冲作用不能充分发挥，甚至使某些连接件损坏。为了使减振器与弹性元件协调工作，减振器应满足如下要求：

1）在悬架压缩行程内（车架与车桥相互靠近），减振器的阻尼力应较小，以便充分利用弹性元件的弹性来缓和冲击。

2）在悬架伸张行程内（车架与车桥相互远离），减振器的阻尼力应较大（约为压缩行程的 2~5 倍），以求迅速减振。

3）当车桥与车架的相对运动速度过大时，减振器应能自动加大油液通道截面面积，使阻尼力始终保持在一定限度内，避免承受过大的冲击载荷。

（3）减振器的构造　减振器一般由几个同心缸筒、活塞和若干个阀门组成（图 12-46）。

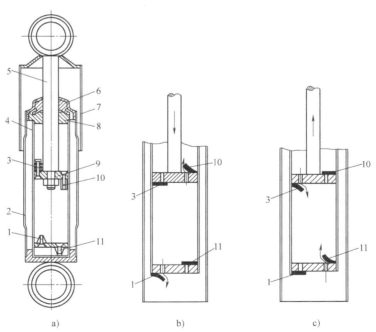

图 12-46　双向作用筒式减振器

a）结构　b）压缩行程　c）伸张行程

1—压缩阀　2—储油缸筒　3—伸张阀　4—工作缸筒　5—活塞杆
6—油封　7—防尘罩　8—导向座　9—活塞　10—流通阀　11—补偿阀

最外面的缸筒是防尘罩。中间缸筒为储油缸筒，内装油液，但不装满，其下端通过底座上焊接的吊耳与车桥相连。里面的缸筒叫作工作缸筒，其内装满油液，上端密封。活塞装在工作缸筒内，活塞杆穿过密封装置，上端与防尘罩和吊耳焊成一体，其下端用压紧螺母固定着活塞。活塞将工作缸分成上下两个腔。

活塞上装有伸张阀和流通阀。工作缸筒下端的支座上装有压缩阀和补偿阀。

流通阀和补偿阀弹簧较软，较低的油压即可使其关闭或开启；压缩阀和伸张阀弹簧较硬，需要较大的油压才能使其开启。只要油压稍降低，即可立刻关闭。

（4）减振器的工作过程

1）压缩行程。车桥靠近车架，减振器受压缩，活塞下移，工作缸下腔容积减小，上腔容积增大。下腔油压高于上腔，油液压开流通阀进入上腔。由于活塞杆占去上腔部分容积，因此，使上腔增加的容积小于下腔减小的容积，致使下腔油液不能全部流入上腔，而多余的油液从压缩阀进入储油缸筒。这些阀的流通面积不大，因而便造成一定的阻尼力。

2）伸张行程。车桥远离车架，减振器被拉长，活塞上移，使上腔容积减小，下腔容积增大，上腔油压高于下腔油压，油液推开伸张阀流入下腔。同样，由于活塞杆的存在致使下腔产生一定的真空度，这时，储油缸筒内的油液在真空吸力的作用下打开补偿阀流入下腔。油液流经这些阀时便产生了阻尼力。

由于伸张阀弹簧刚度和预紧力比压缩阀的大，且伸张行程油液通道截面也比压缩行程的小，所以，减振器在伸张行程所产生的最大阻尼力远远超过了压缩行程的最大阻尼力。这是因为，在压缩行程是弹性元件起主要作用，而在伸张行程是减振器起主要作用。

【拓展阅读12-2】 电磁减振器

2. 弹性元件

悬架中的弹性元件主要有钢板弹簧、螺旋弹簧、扭杆弹簧、气体弹簧、油气弹簧和橡胶弹簧等6种。

（1）钢板弹簧 由于钢板弹簧具有多种功能，结构简单，工作可靠，因此，在汽车拖拉机中得到广泛应用。

钢板弹簧由若干片宽度一致、厚度相等而长度不等的半椭圆形合金弹簧钢板组合而成，如图12-47所示。

钢板弹簧第一片最长称为主片，其两端弯成卷耳，内装衬套，以便用销子与车架连接。为了增加其强度，常将第二片两端做成能包卷主片卷耳的加强卷耳。各片弹簧钢片的组合除以中心螺栓固定外，还用多个钢板夹紧固，以防止当钢板弹簧反向变形时，各片因错位而互相分开，致使主片单独承载。

弹簧钢板用销与固定在车架上的支架或吊耳相连。中部用U形螺栓固定在车桥上。

钢板弹簧在载荷作用下各片之间因变形滑动而产生摩擦，摩擦可促使车架振动衰减。但是各片之间的干摩擦，将使车轮所受的冲击在很大程度上传给车架，既降低了悬架的缓冲能力，又加速了弹簧的磨损。为此，在装合钢板弹簧时，各片间需涂上较稠的石墨润滑脂或装上塑料垫片，并定期维护。

（2）螺旋弹簧 螺旋弹簧广泛应用于独立悬架中，特别是前轮独立悬架中。它与

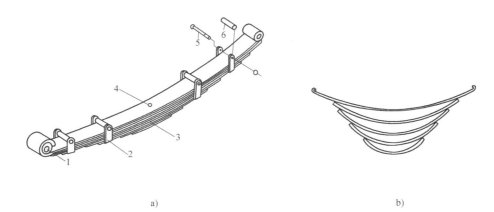

图 12-47　钢板弹簧

a）装配后的钢板弹簧　b）自由状态的钢板弹簧

1—卷耳　2—钢板夹　3—钢板弹簧　4—中心螺栓　5—螺栓　6—套管

钢板弹簧比较，具有无须润滑、不忌泥污、安装所需的纵向空间小、弹簧重量小等优点。螺旋弹簧本身没有减振作用，因此在螺旋弹簧悬架中必须另装减振器。此外，它只能承受垂直载荷，故必须装设导向机构，以传递垂直力以外的各种力和力矩。

螺旋弹簧用弹簧钢棒料卷制而成，可做成刚度不变的等螺距或变刚度、变螺距的弹簧。

（3）**扭杆弹簧**　扭杆弹簧本身是一根由弹簧钢制成的杆，如图 12-48 所示。扭杆断面通常为矩形、管形和片形，它的一端固定在车架上，另一端固定在悬架的摆臂上，摆臂则与车轮相连。当车轮跳动时，摆臂便绕着扭杆轴线摆动，使扭杆产生扭转弹性变形，借以保证车轮与车架的弹性联系。

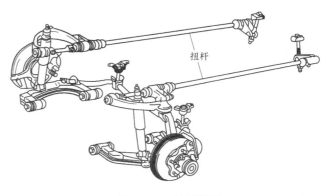

图 12-48　扭杆弹簧

扭杆本身的扭转刚度虽然是常数，但采用扭杆的悬架刚度却是可变的。

扭杆弹簧是用铬钒合金弹簧钢制成的，其表面经加工后很光滑，使用中必须对其表面进行很好地保护，以防碰撞、刮伤和腐蚀，从而延长扭杆弹簧使用寿命。

扭杆弹簧在制造时，经热处理后预先施加一定的扭转力矩载荷，使之产生一个永久的扭转变形，致使其具有一定的预应力。左、右扭杆预加扭转的方向都应与扭杆安装在车上后承受工作载荷时扭转方向相同，以便减少工作时的实际应力，延长扭杆弹簧的使用寿命。左、右扭杆刻有不同标记，不能互换。

扭杆弹簧与钢板弹簧相比，重量较小，不需润滑。

（4）**气体弹簧**　气体弹簧是在一个密封的容器中充入压缩气体（气压为 0.5～

1MPa），利用气体的可压缩性实现其弹簧作用的。这种弹簧的刚度是可变的，因为作用在弹簧上的载荷增加时，容器内的定量气体受压缩，气压升高，则弹簧的刚度增大；反之，当载荷减小时，弹簧内的气压下降，刚度减小，故它具有较理想的弹性特性。

气体弹簧有空气弹簧和油气弹簧两种。空气弹簧有囊式（图12-49a）和膜式（图12-49b）。

（5）**油气弹簧**　油气弹簧以气体（一般用惰性气体，如氮气）作为弹性介质，而用油液作为传力介质。它一般由气体弹簧和相当于液力减振器的液压缸所组成。油气弹簧有单气室、双气室及两级压力式等型式。

单气室油气弹簧示意图如图12-50所示，其又分为油气分隔式和油气不分隔式。

油气弹簧除了能减缓车轮的冲击振动外，还可利用油压作用使车身上下动作，是一种特殊的悬架装置。即使在路况差的路面上及载荷状态和坡道等状态下行驶，车身也能保持水平。

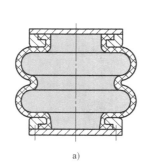

图 12-49　空气弹簧

a）囊式　b）膜式

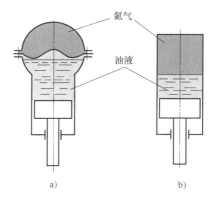

图 12-50　单气室油气弹簧示意图

a）油气分隔式　b）油气不分隔式

（6）**橡胶弹簧**　橡胶弹簧是利用橡胶本身的弹性来起弹性元件作用。它可以承受压缩和扭转载荷（图12-51）。其特点是单位质量的储能量较金属弹簧大，隔声性能好，橡胶弹簧多用作悬架副簧和缓冲块，也有在悬架中用作主簧的。

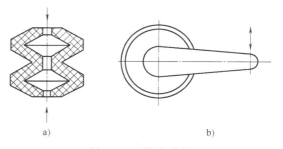

图 12-51　橡胶弹簧

a）受压缩载荷　b）受扭转载荷

3. 横向稳定杆

轿车的悬架一般都很软，在高速行驶中转向时，车身会产生很大的横向倾斜和横向角振动。为减小这种横向倾斜，往往在悬架中加设横向稳定器。用得最多的是杆式横向稳定杆。

杆式横向稳定杆在汽车上的安装如图12-52所示。弹簧钢制成的横向稳定杆呈扁平的 U 形，横向地安装在汽车的前端或后端（也有的轿车前后都有）。稳定杆中部的两端自由地支承在两个橡胶套筒内，而套筒固定在车架上。横向稳定杆的两侧纵向部分的末端通过支杆与悬架下摆臂上的弹簧支座相连。

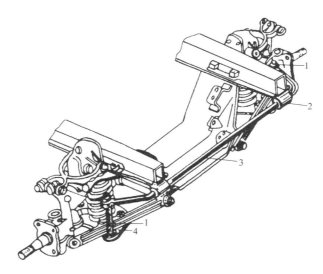

图 12-52　杆式横向稳定杆在汽车上的安装
1—支杆　2—套筒　3—横向稳定杆　4—弹簧支座

当车身只做垂直移动而两侧悬架变形相等时，横向稳定杆在套筒内自由转动，横向稳定杆不起作用。当两侧悬架变形不相等，而车身相对于路面横向倾斜时，车架一侧移近弹簧支座，稳定杆的同侧末端就随车架向上移动；而车架的另一侧远离弹簧支座，相应稳定杆的末端则相对于车架向下移。然而，在车身和车架倾斜时，横向稳定杆的中部对于车架并无相对运动。这样在车身倾斜时，稳定杆两边的纵向部分向不同方向偏转，于是稳定杆便被扭转。弹性的稳定杆所产生扭转的内力矩就妨碍了悬架弹簧的变形，起到了阻止车身倾斜的作用，因而减小了车身的横向倾斜和横向角振动。

五、电控悬架

电控悬架的目的是通过电子控制技术来调节悬架的刚度和减振器阻尼，突破传统被动悬架的局限区域，使汽车拖拉机的悬架特性与行驶的道路状况相适应，保证平顺性和操纵性两个相互排斥的性能要求都能得到满足。

电控悬架的基本功能有车高调整、衰减力控制、弹簧刚度控制和侧倾角刚度控制等。

根据有无力发生器，可将电控悬架分为半主动悬架和主动悬架两大类，如图 12-53 所示。

1. 半主动悬架

半主动悬架是根据路面冲击、车轮与车体的加速度、速度及位移信号仅实时调节悬架的阻尼系数，消耗来自不平路面的冲击能量，而不需要提供能量，以这种方式来改善

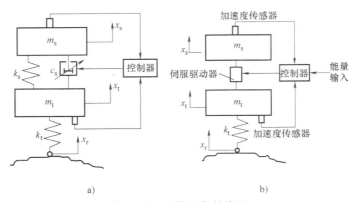

图 12-53　电控悬架的类型

a）半主动悬架　b）主动悬架

m_s—1/4 车体质量　m_t—非簧载质量　c_s—主动悬架阻尼系数　k_s—从动悬架刚度系数

k_t—轮胎刚度系数　x_r—地面的扰动输入　x_s—车体位移　x_t—非簧载质量位移

悬架缓冲性能。半主动悬架无力发生器，即为无源控制，结构简单，造价低，能量消耗小，是目前轿车上较为普遍采用的调节方式。半主动悬架通常是通过改变液压缸上下两腔节流口的过流面积，以调节悬架的阻尼系数，在结构上更接近传统的机械悬架。

2. 主动悬架

主动悬架是一种有源控制悬架。主动悬架是根据路面冲击、车轮与车体的加速度、速度及位移信号同时实时调节悬架的阻尼、刚度及车体高度。这种调节方式必须由外部提供能量。主动悬架实际是主动力发生器，可根据汽车的质量和地面的冲击载荷，自动产生相应的力与其平衡，保证汽车在各种路面条件下都具有较好的平顺性，相当于在不同工况下都能将悬架的刚度与阻尼系数自动调节到最佳值的调节装置。

根据悬架传递运动和能量介质的不同，主动悬架又可分为油气式主动悬架（液压式）和空气式主动悬架两种。

【拓展阅读 12-3】　电控悬架

第六节　履带拖拉机行驶系统

一、履带拖拉机行驶系统的特点

履带拖拉机行驶系统与轮式拖拉机行驶系统有较大区别，它具有以下特点：

1）履带拖拉机的驱动轮只卷绕履带而不在地面上滚动，由履带和地面接触，拖拉机的全部重量都通过履带作用在地面上。履带的接地面积大，接地比压小，因而在松软土壤上的下陷深度小。此外，由于履带支承面上同时与土壤作用的履刺较多，有较好的牵引附着性能，能适应在恶劣条件下工作。

2）履带拖拉机的导向轮是履带张紧装置的组成部分，它用来引导履带正确地卷绕，但不能相对机体偏转，不能起引导履带拖拉机转向的作用。

3）履带行驶系统均为刚性元件，没有轮式拖拉机轮胎那样的缓冲作用，因此它与机体的连接部分（悬架）应有适当的弹性，以缓和地面对机体的冲击。

4）履带拖拉机履带轨距不能调整。

二、履带拖拉机行驶系统的组成

履带拖拉机行驶系统由车架、履带驱动装置和悬架等组成，如图 12-54 所示。

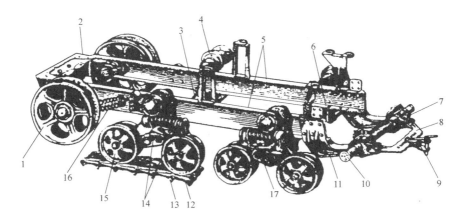

图 12-54　履带拖拉机的行驶系统

1—导向轮　2—车架前梁　3—前横梁　4—托轮　5—左、右大梁　6—后横梁
7—牵引板支座　8—牵引板　9—牵引叉　10—后轴　11—后托架　12—履带板
13—履带销　14—内、外平衡臂　15—支重轮　16—缓冲弹簧　17—悬架弹簧

1. 车架

采用全梁架式车架，是一个完整的框架，由纵梁、前梁及后轴等组成。

2. 履带驱动装置

履带驱动装置主要由履带、驱动轮、张紧装置、导向轮、支重轮和托轮等组成，如图 12-55 所示。

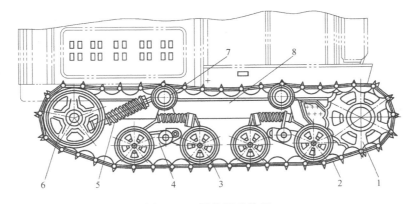

图 12-55　履带驱动装置

1—驱动轮　2—履带　3—支重轮　4—台车　5—张紧装置　6—导向轮　7—托轮　8—车架

（1）**履带** 履带用来将拖拉机的质量传给地面，并保证其与土壤的附着，以发挥足够的推进力。由于履带工作条件恶劣，所以除要求有良好的附着性能外，还要有足够的强度、刚度和耐磨性。

履带由若干块履带板通过履带销相互连接而成。履带板有整体式和组成式两种。

为了减少对田间土壤的压实，很多履带式拖拉机和自走式农业机械的行驶系统通常采用橡胶式履带。

（2）**驱动轮** 驱动轮安装在最终传动的从动轴后从动毂上，将驱动转矩转换成卷绕履带的作用力，以保证拖拉机行驶。

（3）**张紧装置** 张紧装置用来保持履带有合适的张紧力，以减少拖拉机在行驶时履带的振动和由此引起的额外功率损失；履带张紧后还可以防止它在工作时滑脱；张紧装置的缓冲弹簧可以使它兼有缓冲作用。

张紧装置可使履带保持合适的松紧度，减少履带在运动中的弹跳并缓和对导向轮的冲击，从而减轻履带销与销孔间的磨损，减轻因履带弹跳而引起的冲击载荷和额外的功率消耗；防止遇到障碍物时而使履带过载或工作过程中脱轨。当拖拉机行驶中遇到障碍物或在履带与驱动轮之间卡入石块等硬物而使履带张紧时，导向轮可通过拐轴迫使张紧弹簧压缩而后移，从而起缓冲作用（图 12-56）。越过障碍物后，导向轮在张紧弹簧的作用下又回到原位。

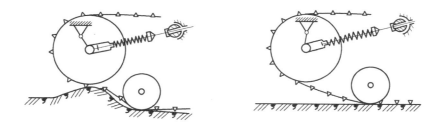

图 12-56　履带拖拉机张紧装置的缓冲原理

（4）**导向轮** 导向轮必须在履带运转平面内移动，它的移动方式分为摆动式和滑动式。

（5）**支重轮** 支重轮用来支承拖拉机的重量，并通过履带把它传给地面；支重轮在履带的导轨上滚动，并夹持履带，以防止其横向滑脱；在拖拉机转向时，迫使履带在地面上滑动。

支重轮经常与水泥、砂石接触，承受外界冲击，要求轮缘有较好的耐磨性，其转动部分密封可靠。农用拖拉机经常采用直径较小、数量较多的支重轮，使履带支承面的接地压力较均匀，减少拖拉机在松软土壤工作时的下陷深度。

（6）**托轮** 托轮用以托住上方履带，防止履带下垂过大，以减少拖拉机行驶时履带的跳动，并防止履带在上方横向滑脱。

3. 悬架

履带拖拉机的悬架是用以连接支重轮和机体的部件，机体的重量通过悬架作用在支重轮上，履带和支重轮在行驶过程中所受的冲击也经悬架传给机体。

悬架分为弹性悬架、半刚性悬架和刚性悬架3种类型，如图12-57所示。

履带拖拉机的全部重量都经弹性元件传给支重轮的悬架称为弹性悬架，履带拖拉机的部分重量经弹性元件、部分重量经刚性元件传给支重轮的悬架称为半刚性悬架，履带拖拉机的全部重量都经刚性元件传给支重轮的悬架称为刚性悬架。

一般农用履带拖拉机均采用弹性悬架，工程机械一般采用半刚性悬架，而刚性悬架在拖拉机中基本没有采用。

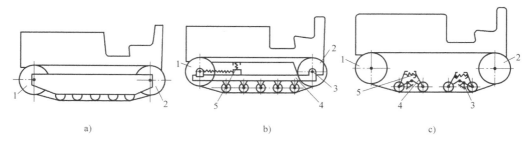

a)　　　　　　　　　　　　　b)　　　　　　　　　　　　　c)

图 12-57　履带拖拉机悬架示意图

a）刚性悬架　b）半刚性悬架　c）弹性悬架

1—张紧轮（导向轮）　2—驱动轮　3—台车架摆轴　4—台车架　5—弹性元件

对于采用弹性悬架的履带拖拉机，当拖拉机行驶在不平的地面上或遇到障碍物时，内或外平衡臂同支重轮一起分别绕摆动轴和台车轴向上摆动，进一步压缩平衡弹簧而升高，越过障碍物后平衡弹簧伸长，使平衡臂和支重轮恢复原位，如图12-58所示。由于弹簧的缓冲作用，台车轴的离地高度变动很小，缓和了地面对拖拉机的冲击，减小了拖拉机的振动。

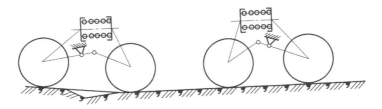

图 12-58　履带拖拉机弹性悬架的缓冲原理

思　考　题

1. 简述汽车拖拉机行驶系统的主要功用。

2. 与汽车相比，轮式拖拉机行驶系统具有什么特点？

3. 简述车架的功用以及对车架的要求。

4. 边梁式车架与中梁式车架有何区别？

5. 分析汽车、拖拉机转向驱动桥的区别。

6. 轮胎的作用是什么？

7. 子午线轮胎和普通斜交轮胎相比，有什么区别和特点？为什么子午线轮胎得到越来越广泛的应用？

8. 前轮定位参数有哪些？各起什么作用？

9. 轮胎型号 9.00-20 表示什么？

10. 无内胎轮胎在结构上是如何实现密封的？

11. 什么是悬架系统的固有频率？它与哪些因素有关？

12. 悬架中的减振器与弹性元件为什么要并联安装？

13. 为了使减振器与弹性元件协调工作，减振器应满足什么要求？

14. 双向作用式减振器的压缩阀、伸张阀、流通阀、补偿阀各起什么作用？压缩阀和伸张阀的弹簧为什么较强？预紧力为什么较大？

15. 何谓独立悬架、非独立悬架？钢板弹簧能否作为独立悬架的弹性元件？

16. 钢板弹簧的作用是什么？为什么钢板弹簧各片不等长？

17. 主动悬架与半主动悬架有何区别？

18. 履带拖拉机行驶系统有何结构特点？

第十三章

转 向 系 统

第一节　转向系统概述

一、转向系统的功用

汽车拖拉机在行驶过程中，需按驾驶人的意志经常改变其行驶方向，即所谓转向。就轮式车辆而言，实现转向的方法是，驾驶人通过一套专设的机构，使转向桥（一般是前桥）上的车轮（转向轮）相对于车辆纵向轴线偏转一定角度。在直线行驶时，转向轮也会受到路面侧向干扰力的作用，自动偏转而改变行驶方向。此时，驾驶人也可以利用这套机构使转向轮向相反的方向偏转，从而使车辆恢复原来的行驶方向。这一套用来改变或恢复车辆行驶方向的专设机构称为转向系统。因此，转向系统的功用是保证车辆能按驾驶人的意志而进行转向行驶。

二、转向方式

车辆之所以能够在转向机构的操纵下实现转向，是通过转向动作使地面与行走装置之间的相互作用产生了与转变方向一致的转向力矩，克服阻止车辆转向的阻力矩而实现的。转向方式有以下 3 种：

1）靠车辆的轮子相对车身偏转一个角度来实现。

2）靠改变行走装置两侧的驱动力来实现。

3）既改变两侧行走装置的驱动力又使轮子偏转。

汽车、大多数轮式拖拉机均采用第一种转向方式，履带拖拉机和无尾轮手扶拖拉机采用第二种转向方式，有尾轮手扶拖拉机、部分轮式拖拉机在某种情况下（如在田间作业时）采用第三种转向方式。

轮式车辆主要采用偏转车轮的方式实现转向。偏转车轮转向具体实现方式有 4 种：前轮偏转、后轮偏转、前后轮同时偏转（四轮转向）和折腰（图 13-1）。汽车、拖拉机一般采用偏转前轮的方式进行转向。

三、转向系统的类型

转向系统可按转向能源的不同分为机械转向和动力转向两大类。

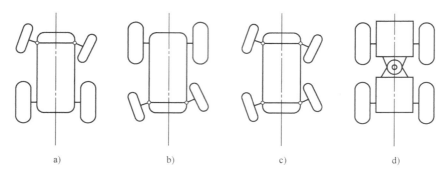

图 13-1　偏转车轮转向的几种型式

a）前轮偏转　b）后轮偏转　c）前后轮同时偏转（四轮转向）　d）折腰偏转

1. 机械转向

当转向时，驾驶人对转向盘施加一个转向力矩，该力矩通过转向轴、转向万向节和转向传动轴输入转向器，经转向器放大后的力矩和减速后的运动传到转向摇臂，再经过转向直拉杆传给固定于左转向节上的转向节臂，使左转向节和它所支承的左转向轮偏转。为了使右转向节及其支承的右转向轮随之偏转相应角度，还设置了转向梯形。转向梯形由固定在左、右转向节上的梯形臂和两端与梯形臂通过球铰链连接的转向横拉杆组成。

2. 助力转向

助力转向系统是兼用驾驶人体力和发动机动力为转向能源的转向系统。在正常情况下，汽车转向所需的能量，只有小部分由驾驶人提供，而大部分是由发动机通过转向加力装置提供的。但在转向加力装置失效时，一般还应当能由驾驶人独立承担汽车转向任务。因此，助力转向系统是在机械转向系统的基础上加设一套转向加力装置而形成的。

按所用助力的多少，助力转向又可分为助力式和全助力式两种。助力式有液压助力、电液助力和电动助力等方式，全助力式有全液压式和线控式等方式。

四、转向原理

为了避免在转向时产生路面对行驶的附加阻力和轮胎过快磨损，要求转向系统能保证在转向时，所有车轮均做纯滚动。显然，这只有在所有车轮的轴线都相交于一点时方能实现。此交点 O 称为转向中心（图 13-2）。由图可见，内转向轮偏转角 β 应大于外转向轮偏转角 α。在车轮为绝对刚体的假设条件下，角 α 与 β 的理想关系称为阿克曼原理，即

$$\cot\alpha = \cot\beta + B/L \qquad (13\text{-}1)$$

式中　B——两侧主销轴线与地面相交点之间的距离；

　　　L——汽车轴距。

为此，必须精心确定转向传动机构中转向梯形的几何参数。但是迄今为止，所有转向梯形实际上都只能设计成在一定的车轮偏转角范围内，使两侧车轮偏转角的关系大体上接近于理想关系。

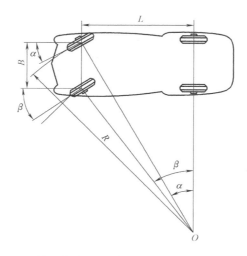

图 13-2 双轴汽车转向时理想的两侧转向轮偏转角的关系

【拓展阅读 13-1】 吸能防伤转向机构的机理和结构型式

五、转向性能的主要参数

1. 转向半径

由转向中心 O 到外转向轮与地面接触点的距离称为汽车转弯半径。转弯半径越小，则汽车转向所需场地就越小。由图可知，当外转向轮偏转角达到最大 α_{max} 时，转弯半径 R 最小。在图 13-2 的理想情况下，最小转弯半径 R_{min} 与 α_{max} 的关系为

$$R_{min} = \frac{L}{\sin\alpha_{max}} \tag{13-2}$$

2. 转向系统角传动比

转向盘的转角增量与转向摇臂转角的相应增量之比 i_{W1} 称为转向器角传动比。转向摇臂转角增量与转向盘所在一侧转向节的转角相应增量之比 i_{W2} 称为转向传动机构角传动比。转向盘转角增量与同侧转向节相应转角增量之比则为转向系统角传动比，用 i_{W} 表示。显然

$$i_{W} = i_{W1}i_{W2} \tag{13-3}$$

转向系统角传动比 i_{W} 越大，则为了克服一定的地面转向阻力矩所需的转向盘上的转向力矩便越小，从而在转向盘直径一定时，驾驶人加于转向盘的力也越小。但 i_{W} 过大，将导致转向操纵不够灵敏，即为了得到一定的转向节偏转角，所需的转向盘转角过大。所以，选取 i_{W} 时应适当兼顾转向省力和转向灵敏的要求。

3. 转向系统力传动比

转向轮受到的转向阻力之和与驾驶人作用在转向盘上的推力之比称为转向系统力传动比，它与角传动比传正比。

4. 转向器的传动效率

转向器的输出功率与输入功率之比称为转向器传动效率。在功率由转向轴输入、由转向摇臂输出的情况下求得的传动效率称为正效率；而传动方向与上述相反时求得的效率称为逆效率。逆效率很高的转向器很容易将经转向传动机构传来的路面反力传到转向轴和转向盘上，故称为可逆式转向器。可逆式转向器有利于汽车转向结束后转向轮和转向盘自动回正，但也能将坏路对车轮的冲击力传到转向盘，发生"打手"情况。

逆效率很低的转向器称为不可逆式转向器。不平道路对转向轮的冲击载荷输入到这种转向器，即由其中各传动零件（主要是传动副）承受，而不会传到转向盘上。路面作用于转向轮上的回正力矩同样也不能传到转向盘。这就使转向轮自动回正成为不可能。此外，道路的转向阻力矩也不能反馈到转向盘，使驾驶人不能得到路面反馈信息（所谓丧失"路感"），无法调节转向力矩。

逆效率略高于不可逆式的转向器称为极限可逆式转向器，其反向传力性能介于可逆式和不可逆式之间，而接近于不可逆式。采用这种转向器时，驾驶人能有一定的路感，转向轮自动回正也可实现，而且只有在路面冲击力很大时，才能部分地传到转向盘。现代汽车上一般不采用不可逆式转向器。经常在良好路面上行驶的汽车多采用可逆式转向器。极限可逆式转向器多用于中型以上越野汽车和自卸汽车。

5. 转向盘自由行程

转向盘自由行程是指用以消除转向系统中各传动件运动副间的间隙所对应的转向盘的角行程。它对于缓和路面冲击以及避免驾驶人过度紧张是有利的，但不宜过大，以免过分影响转向灵敏性。通常转向盘从汽车直线行驶中间位置向左或向右转动的自由行程为 10°~15°。当转向零件严重磨损，转向盘自由行程严重超过这一范围时，应进行调整。

6. 转弯通道圆

转弯通道圆是指转向盘转到极限位置行驶时，车辆上所有各点在车辆支承平面（一般就是地面）上的投影所形成两个圆（图 13-3）。

简单地说，可以看成是此时车辆的影子在地面上扫过的一个圆环。它的内圆叫作转弯通道内圆，外圆叫作转弯通道外圆。它的实际含义是车辆转弯时必须占用的通道。

值得注意的是，由于车辆转弯时，车辆外侧的前端伸突在前外轮的外面，所以转弯通道外圆的直径要大于以前外轮轨迹决定的转弯直径。也就是说，车辆转弯时所需的通道，实际上比转弯直径还

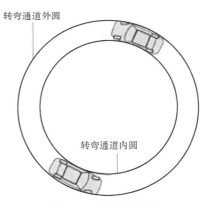

图 13-3　转弯通道圆

要大。转弯通道外圆与内圆半径的差值叫作通道宽度。显然，这个通道宽度越小，车辆的机动性就越好。

第二节　机械转向系统

机械转向系统主要由转向操纵机构、转向器和转向传动机构 3 大部分组成。

一、转向操纵机构

从转向盘到转向传动轴的一系列零部件都属于转向操纵机构（图 13-4），包括转向盘和转向轴等。一些车辆还安装有转向盘调节装置。

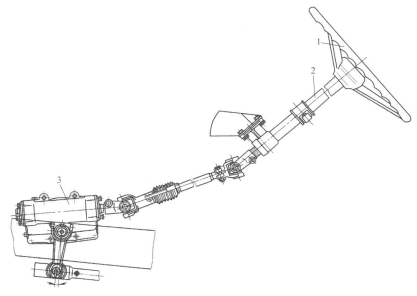

图 13-4　转向操纵机构
1—转向盘　2—转向管柱　3—转向器

1. 转向盘

转向盘由轮缘、轮辐和轮毂组成。轮辐一般为三根辐条或四根辐条，也有用两根辐条的。转向盘轮毂孔具有细牙内花键，借此与转向轴连接。转向盘内部由成形的金属骨架构成。骨架外面一般包有柔软的合成橡胶或树脂，也有包皮革的，这样可有良好的手感，而且还可防止手心出汗时握转向盘打滑。

转向盘上都装有喇叭按钮，有些轿车的转向盘上还装有车速控制开关和撞车时保护驾驶人的气囊装置。

2. 转向轴

转向轴是连接转向盘和转向器的传动件，并传递转矩。有些车辆由于结构限制，转向轴采用断开式，用万向节连接。用以将发动机输出的部分机械能转化为压力能（液压能或气压能），并在驾驶人控制下，对转向传动装置或转向器中某一传动件施加不同方向的液压或气压作用力。用以弥补驾驶人施力不足的一系列零部件总称为转向加力装置。

3. 转向盘调节装置

为了适应不同人驾驶同一辆车，一些车辆设置了转向盘调节装置，可进行上下调节以及前后调节。

【拓展阅读 13-2】　转向盘调节装置

二、转向器

转向器的功用是将转向盘的转动通过传动副变为转向摇臂的摆动，改变力的传递方向并增力，通过转向传动机构拉动转向轮偏转。转向器实质上是一个减速器，用来放大作用在转向盘上的操纵力矩。转向器应有合适的传动比和较高的传动效率，以便操纵省力，使转向盘的转动量合适；它还应具有合适的传动可逆性。这样，当导向轮受到地面冲击作用时，能将地面的作用力部分地反传至转向盘，使驾驶人具有路面感觉，并使导向轮自动回正。

曾经出现过的转向器结构型式很多，但有些已被淘汰。目前在汽车上广泛采用的有齿轮齿条式、循环球式、蜗杆滚轮式和蜗杆指销式等几种结构型式（图 13-5）。

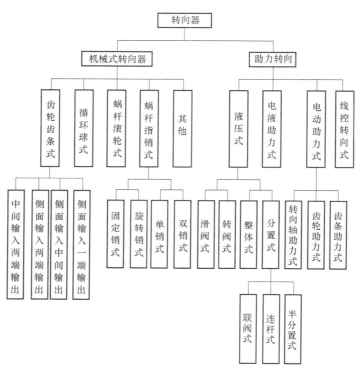

图 13-5　转向器的类型

1. 齿轮齿条式转向器

（1）齿轮齿条式转向器的结构　齿轮齿条式转向器一般由转向齿轮、转向齿条、壳体和预紧力调整装置等组成，如图 13-6 所示。转向齿轮通过轴承支承在壳体内，转向齿轮的一端与转向轴连接，将驾驶人的转向操纵力输入，另一端与转向齿条直接啮合，形成一对传动副，并通过转向齿条传动，带动横拉杆，使转向节转动。为了保证齿轮齿条无间隙啮合，补偿弹簧产生的压紧力通过压板将转向齿轮和转向齿条压靠在一起。弹簧的预紧力可以通过调整螺柱进行调整。为了衰减转向轮摆振，在带有齿轮齿条式转向器的转向系统中增设转向减振器。

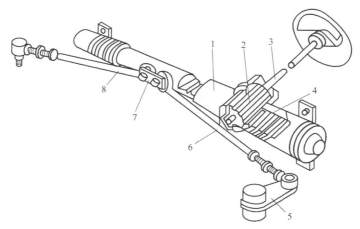

图 13-6 齿轮齿条式转向器

1—转向器壳体 2—转向齿轮 3—转向轴 4—转向齿条 5—转向节
6—左转向横拉杆 7—拉杆支架 8—右转向横拉杆

由于齿轮齿条式转向器属于可逆式转向器，其正效率与逆效率都很高，自动回正能力强。齿轮齿条式转向器结构简单，加工方便，工作可靠，使用寿命长，不需要调整齿轮齿条的间隙，因而得到了广泛的应用。

（2）齿轮齿条式转向器的布置型式 根据输入齿轮位置和输出特点的不同，齿轮齿条式转向器有 4 种布置型式：中间输入，两端输出（图 13-7a）；侧面输入，两端输出（图 13-7b）；侧面输入，中间输出（图 13-7c）；侧面输入，一端输出（图 13-7d）。

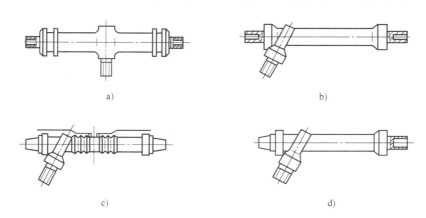

图 13-7 齿轮齿条式转向器的布置型式

a）中间输入，两端输出 b）侧面输入，两端输出 c）侧面输入，中间输出 d）侧面输入，一端输出

（3）齿轮齿条式转向器的性能特点 齿轮齿条式转向器结构简单、紧凑；壳体多采用铝合金或镁合金压铸而成，转向器质量比较小；采用齿轮齿条传动方式，传动效率较高；齿轮齿条之间因磨损产生间隙后，利用装在齿条背部、靠近主动小齿轮处的压紧力可以调节的弹簧，能自动消除齿间间隙，这不仅可以提高转向系统刚度，还可以防止工作时产生冲击和噪声；转向器占用体积较小；没有转向摇臂和直拉杆，所以转向轮转

角可以加大，制造成本较低。还可以直接带动横拉杆，简化转向传动机构。因此在轿车和微、轻型货车上得到广泛应用。

但其逆效率较高，汽车在不平路面上行驶时，发生在转向轮与路面之间冲击力的大部分能传至转向盘，容易造成驾驶人精神紧张，并难以准确控制汽车行驶方向，转向盘突然转动又会造成打手，同时对驾驶人造成伤害。

2. 循环球式转向器

（1）循环球式转向器的结构　循环球式转向器由两级传动副、壳体、钢球和间隙调整装置等组成（图 13-8）。第一级传动副是螺杆-螺母传动副，螺杆与转向轴连接；第二级是齿条-齿扇传动副，在螺母下平面上加工成齿条，齿扇与齿扇轴形成一体。

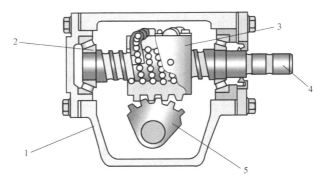

图 13-8　循环球式转向器
1—壳体　2—循环球　3—螺母　4—螺杆　5—摇臂轴

螺母既是第一级传动副的从动件，又是第二级传动副的主动件。为了减少螺杆与螺母之间的摩擦与磨损，两者的螺纹不直接接触，而是做成内外滚道，滚道中间装有许多钢球，以实现滚动摩擦。螺母上装有两个钢球导管，钢球导管内装满了钢球，钢球导管与滚道连通，形成两条独立的供钢球循环滚动的封闭通道。

所谓的循环球指的就是这些小钢球，它们被放置于螺母与螺杆之间的密闭管路内，起到将螺母、螺杆之间的滑动摩擦转变为阻力较小的滚动摩擦的作用，当与转向盘转向管柱固定到一起的螺杆转动起来后，螺杆推动螺母上下运动，螺母通过齿轮来驱动转向摇臂往复摇动从而实现转向。在这个过程中，那些小钢球就在密闭的管路内循环往复地滚动，所以这种转向器就被称为循环球式转向器。

（2）循环球式转向器的工作过程　当转向盘转动时，转向轴带动螺杆旋转，通过钢球将力传给螺母，使螺母沿轴向移动，钢球则在钢球导管与滚道通道内循环滚动；通过螺母上的齿条带动齿扇及轴转动，进而带动转向摇臂摆动，通过其他转向传动装置的传动，实现车轮的偏转。

如果将齿条的齿顶面制成鼓形弧面，齿扇上每一个齿的节圆半径也相应变化，使中间齿节圆半径小，两端齿节圆半径大，便可得到变传动比的转向器（图 13-9），这样操纵省力，转向轻便。

3. 蜗杆指销式转向器

蜗杆指销式转向器由球面蜗杆、指销、摇臂轴和转向器壳体及轴承等组成（图 13-10）。

驾驶人转动转向盘，经转向传动轴带动蜗杆轴及与它一体的球面蜗杆旋转。同时球

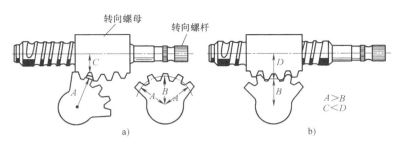

图 13-9　变传动比的循环球式转向器

a）转向盘最大转角时齿轮传动比大　b）车辆直线行驶时齿轮传动比小

面蜗杆上的螺旋齿要推指销绕摇臂轴转动，并使摇臂联动，然后推（拉）直拉杆等使转向轮偏转实现汽车转向。指销可以在支持轴上自转。指销磨损后通过旋转调整螺钉消除指销与蜗杆两者齿间的间隙。

根据指销的数量不同可分为单指销式、双指销式和三指销式等。

双指销式转向器在中间及其附近位置时，其两指销均与蜗杆啮合，故每个指销所受载荷较单指销式转向器小，因而其工作寿命较长。当摇臂轴转角相当大时，一个指销与蜗杆脱离啮合，另一个指销仍保持啮合，因此，双指销式的摇臂轴转角范围较单指销式大（图 13-11）。但双指销式结构较复杂，对蜗杆的加工精度要求也较高。

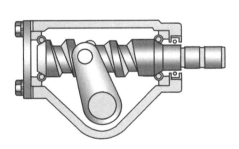

图 13-10　蜗杆指销式转向器

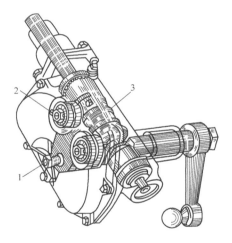

图 13-11　蜗杆双指销式转向器

1—摇臂轴　2—指销　3—蜗杆

三、转向传动机构

1. 转向传动机构的功用

转向传动机构的功用是将转向器输出的力和运动传到转向桥两侧的转向节，使两侧转向轮偏转，并使两转向轮偏转角按一定关系变化，以保证汽车转向时车轮与地面的相对滑动尽可能小。

2. 转向传动机构的类型

转向传动机构的组成和布置因转向器位置和转向轮悬架类型不同而异，通常采用转向梯形式和双拉杆式。

（1）转向梯形式转向传动机构 转向梯形就是由前桥、左右转向节臂和转向横拉杆组成的梯形。其作用就是保证转向时左右车轮按一定的比例转过一个角度。

为了适应汽车悬架和拖拉机前桥的结构，转向梯形有分别与非独立悬架和独立悬架配用的两大类转向传动机构。

1）非独立悬架转向传动机构。与非独立悬架配用的转向梯形传动机构如图13-12所示，包括转向摇臂、转向纵拉杆、转向节臂和梯形臂。在前桥仅为转向桥的情况下，由转向横拉杆、左、右梯形臂和前桥组成的转向梯形一般布置在前桥后（图13-12a），称为后置梯形。在内燃机位置较低或转向桥兼作驱动桥的情况下，有时为避免运动干涉，将转向梯形布置在前桥的前面（图13-12b），称为前置梯形。若转向摇臂不是前后摆动，而且在与前进方向垂直的平面内左右摆动，则可将纵拉杆横置，并借助球头销直接带动转向横拉杆，从而推动两侧转向节臂转动并带动车轮偏转（图13-12c）。

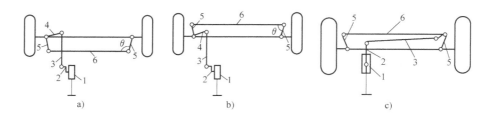

图13-12 与非独立悬架配用的转向梯形传动机构

a）后置梯形 b）前置梯形 c）纵拉杆横置

1—转向器 2—转向摇臂 3—转向纵拉杆 4—转向节臂 5—梯形臂 6—横拉杆

2）独立悬架转向传动机构。当采用转向轮独立悬架时，每个转向轮都需要相对于车架做独立运动，因而转向桥必须是断开式的。与此相应，转向传动机构中的转向梯形也必须分成两段或三段，如图13-13所示，并且由在平行于路面的平面中摆动的转向摇臂直接带动或通过转向直拉杆和转向节臂带动。

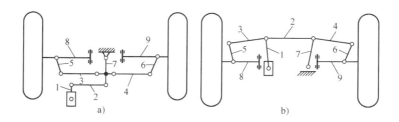

图13-13 独立悬架转向传动机构

a）两段式转向梯形（后置式） b）两段式转向梯形（前置式）

1—转向摇臂 2—转向直拉杆 3、4—左、右横拉杆 5、6—左、右梯形臂

7—摇杆 8、9—悬架左、右摆臂

（2）**双拉杆式转向传动机构** 双拉杆式转向传动机构由左、右两个转向摇臂，两侧纵拉杆和左、右两侧转向节臂组成（图13-14）。当转动转向盘时，转向器的左、右两个转向摇臂做相反方向的摆动，通过左、右两纵拉杆分别操纵左、右转向节臂使前轮发生偏转，依靠各传动件的合理长度和位置来满足无侧滑滚动的要求。与转向梯形相比，可使两转向轮偏转角更接近纯滚动的要求，同时可获得较大偏转角。其机构布置容易，但结构复杂。

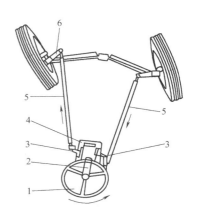

图13-14 双拉杆式转向传动机构
1—转向盘 2—转向轴 3—转向摇臂
4—转向器 5—纵拉杆 6—转向节臂

3. 转向传动机构的杆件

转向传动机构的传动杆件有转向摇臂、纵拉杆、横拉杆和转向节臂等。

（1）**转向摇臂** 转向摇臂与转向器摇臂轴之间通过锥面的三角形花键连接，并利用螺母在端面压紧。

（2）**纵拉杆**（又称为直拉杆） 转向纵拉杆与转向节臂及横拉杆之间都是通过球形铰链相连接的，从而使它们之间可以做相对的空间运动，以免发生运动干涉。纵拉杆结构上一般具有缓冲及磨损补偿功能。

（3）**横拉杆** 有转向梯形机构的转向传动机构中有横拉杆，它用来连接左、右梯形臂，它们之间也采用球铰接头连接，球铰接头的补偿弹簧垂直于横拉杆轴线方向安装，这样可以保证横拉杆在工作中长度不变，以保证转向梯形机构在工作中遵循正确的运动规律，并避免由于补偿弹簧变形而引起前轮的晃动。因此，横拉杆中的补偿弹簧只能消除磨损间隙，而不起缓冲作用。拖拉机上的横拉杆一般由3段组成，以便在前轮轮距调节时随之改变长度。转动横拉杆体即可改变转向横拉杆的总长度，从而可调整转向轮前束。

（4）**转向节臂** 转向节臂是转向传动装置的最后一级传力部件，转向节臂安装在左、右转向节上，通过梯形臂与横拉杆连接，以转动另一侧的转向轮。

当车辆在转向时，驾驶人对转向盘施加一个转向力矩，经转向器放大后，该力矩传入转向摇臂，再通过纵拉杆传给转向节臂，转动转向节，使车轮偏转。

第三节　助力转向系统

助力转向系统是在机械转向系统的基础上加装一套转向动力装置而成的，以减轻转向劳动强度。

一、助力式转向

助力式转向主要有液压助力、电液助力和电动助力三种。

1. 液压助力转向系统（HPS）

液压助力转向系统是在传统机械转向系统的基础上，增加转向控制阀、动力缸、液压泵、储油罐和进回油罐管路等液压动力装置组成。转向控制阀根据转向盘转动方向和力矩大小控制助力缸的油压大小，从而控制助力大小。

　　液压助力转向按液流型式分为常流式和常压式两种，按分配阀的型式又可分为滑阀式和转阀式两种。现以液压常流式转向为例介绍液压助力转向系统的工作原理。

　　如图13-15a所示，液压助力转向系统主要由液压泵、控制阀、转向器及助力缸等组成。

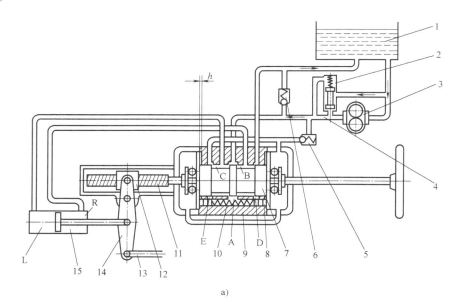

a)

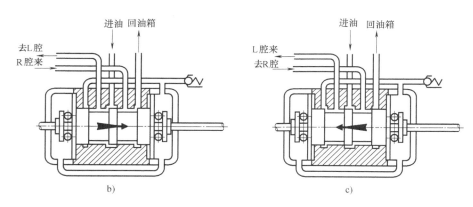

b)　　　　　　　　　　　　　　　　c)

图 13-15　汽车液压助力转向系统的工作原理图

a) 组成　b) 右转弯　c) 左转弯

1—油箱　2—溢流阀　3—齿轮液压泵　4—进油道量孔　5—单向阀　6—安全阀　7—滑阀　8—反作用阀
9—阀体　10—回位弹簧　11—转向螺杆　12—转向螺母　13—纵拉杆　14—转向垂臂　15—助力缸

　　当汽车直线行驶时，如图13-15a所示，滑阀在回位弹簧和反作用阀的作用下处于中间位置，动力缸两端均与回油孔道连通，液压泵输出的油液通过进油道量孔进入阀体的环槽 A，然后分成两路：一路流过环槽 B 和 D，另一路流过环槽 C 和 E。由于滑阀在中间位置，两路油液经回油孔道流回油箱，整个系统内油路相通，油压处于低压状态。

　　当汽车向右转弯时，转向螺杆顺时针方向转动，与转向轴制成一体的滑阀和转向螺杆克服回位弹簧及反作用阀一侧油压的作用力而向右移动。如图 13-15b 所示，环槽 A 与 C、B 与 D 分别连通，而环槽 C 与 E 使进油道与助力缸的 L 腔相通，形成高压回路；B 与 D 使回油道与 R 腔相通，形成低压回路。在油压差的作用下，活塞向右移动，而转向螺母向左移动。纵拉杆也向右移动，带动转向轮向右偏转。由于系统压力很高（一般为 6.9MPa 以上），汽车转向主要依靠推力。驾驶作用于转向盘的转向力基本上是打开滑阀所需的力，一般为 5~10N，最大不超过 10N，因而转向操纵十分轻便。

汽车左转弯时滑阀左移，如图 13-15c 所示，油路改变流通方向，助力缸加力方向相反。在转向过程中，助力缸的油压随转向阻力而变化，两者相互平衡。汽车转向时，助力缸只提供助力，而转向过程仍由驾驶人通过转向盘进行控制。

2. 电液助力转向系统

为了克服液压助力转向系统的不足（如液压泵能量消耗高、液压油泄漏、助力特性不能改变、低温助力性差等），在液压助力转向系统的基础上，增加了 ECU 和执行元件，将车速信号引入系统中，开发了车速感应型电液助力转向系统（EHPS）。

【拓展阅读 13-3】 电液助力转向系统

3. 电动助力转向系统

电动助力转向系统（EPS）是一种直接依靠电动机提供辅助转矩的助力转向系统，可以根据不同的使用工况控制电动机提供不同的辅助动力。在电动助力转向系统中没有液压元件，而且只在转向时提供助力，工作时间约占行驶时间的 5%，汽车燃油消耗率仅增加 0.5% 左右，能源消耗显著降低。

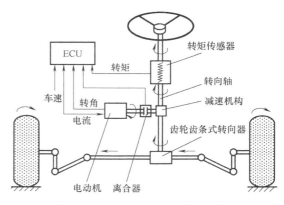

图 13-16 电动助力转向系统的结构

电动助力转向系统的结构如图 13-16 所示。转矩传感器通过扭杆连接在转向轴中间。当转向轴转动时，转矩传感器开始工作，把两段转向轴在扭杆作用下产生的相对转角转变成电信号传给 ECU，ECU 根据车速传感器和转矩传感器的信号决定电动机的旋转方向和助力电流的大小，并将指令传递给电动机，通过离合器和减速机构将辅助动力施加到转向系统中，从而完成实时控制的助力转向。它可以方便地在不同车速下提供不同的助力，保证汽车在低速转向行驶时转向灵活，高速时稳定可靠。

【拓展阅读 13-4】 电动助力转向系统

二、全助力式转向

1. 全液压转向

全液压助力转向是由液压转向器代替了机械式转向器，并由软管和转向液压缸连

接，常用于重型车辆，如工程上常用的轮式挖掘机、铲运机和大功率四轮驱动拖拉机。

全液压转向器主要有转阀式和滑阀式两类，本文主要介绍转阀式。

全液压助力转向液压系统原理图如图 13-17 所示，其由液压泵总成 1、转阀式全液压转向器总成 3 和转向液压缸 7 等组成。图示位置为控制阀处于中立位置，车辆以直线或以某一定偏转角行驶，这时液压缸两腔和计量泵 11 各齿腔均被封闭，液压泵来油经单向阀 2、阀体、阀套和控制阀上的油孔通道、滤清器 8 流回油箱 9。

左转弯时，控制阀 5 在转向盘带动下逆时针转到"左"油路位置，而阀套 6 在计量泵的控制下暂不转动，液压泵来油经单向阀 2、阀体、阀套和控制阀上相应油孔通道进入计量泵，使计量泵转动，迫使一部分油液经控制阀进入转向液压缸的下腔，推动活塞上移，实现向左转向。转向液压缸上腔的油液经控制阀上的油道排回油箱。计量泵转动工作时，通过连接轴带动阀套逆时针转动，消除阀套与控制阀之间的转角，使控制阀又处于中立位置。

右转弯时，控制阀处于"右"油路位置，工作过程与上述左转弯相反。在前、后车体铰链处的两侧各有一个转向液压缸，通过转向盘操纵全液压转向器时，一侧的液压缸进油，另一侧的液压缸排油，使前、后车架发生相对转动并实现车辆转向。

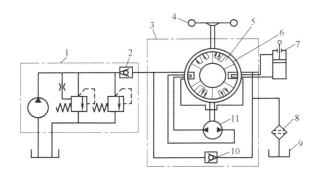

图 13-17　全液压助力转向液压系统原理图

1—液压泵总成　2—单向阀　3—转阀式全液压转向器总成　4—转向盘　5—控制阀　6—阀套
7—转向液压缸　8—滤清器　9—油箱　10—止回阀　11—计量泵

2. 线控转向

线控转向系统（SBW）取消了转向盘与转向轮之间的机械连接，完全摆脱了传统转向系统的各种限制，不但可以自由设计转向的力传递特性，而且可以设计转向的角传递特性，给转向特性的设计带来无限的空间，是转向系统的重大革新。线控转向系统是转向方面最为先进和最前沿的技术之一。

由于转向盘和转向车轮之间无机械连接，驾驶人"路感"通过模拟生成。在回正力矩控制方面可以从信号中提出最能够反映实际行驶状态和路面状况的信息，作为转向盘回正力矩的控制变量，使转向盘仅仅向驾驶人提供有用信息，从而为驾驶人提供更为真实的"路感"。

一般来说，线控转向系统由转向盘总成、转向执行总成和主控制器（ECU）3 个主要部分以及自动防故障系统、电源等辅助系统组成，系统结构如图 13-18 所示。

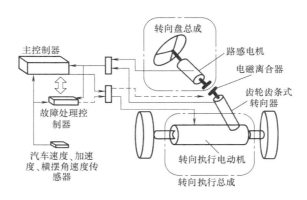

图 13-18　线控转向系统的结构

【拓展阅读 13-5】　汽车蛇行性能的测试

第四节　履带与手扶拖拉机的转向系统

一、履带拖拉机的转向系统

1. 履带拖拉机的转向条件

履带拖拉机的行走机构相对拖拉机的机体不能偏转，它是靠改变两侧驱动轮上的驱动转矩，使两侧履带获得不同的推进力，造成不同转向力矩，从而使两侧履带能以不同速度行驶，来实现拖拉机转向的（图13-19），即当减少一侧驱动轮上的驱动转向力矩，拖拉机以一定半径转向；如果完全切断该侧驱动轮上的驱动转矩，拖拉机以较小半径转向；若切断动力以后，再制动该侧驱动轮，则转弯半径更小；若切断动力以后，将该侧完全制动住，拖拉机就绕该侧履带某点转向，或称为原地转向。

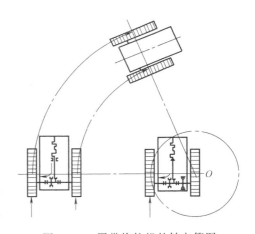

图 13-19　履带拖拉机的转向简图

这种用以改变驱动轮驱动转矩的机构称为履带拖拉机的转向机构。综上所述，它必须包括以下两个功能才能以任意半径转向：

第一，逐渐减小以至切断一侧驱动轮的转矩，使该侧履带所产生的推进力逐渐减小至零。

第二，逐渐地对驱动轮制动以至完全制动住，使该侧履带不仅没有推进力，而且产生与拖拉机行驶方向相反的制动力。

因此，履带拖拉机的制动系统也可看成是转向系统的组成部分。

2. 履带拖拉机的转向运动学分析

履带拖拉机两侧驱动轮的驱动力矩不相等时两侧履带所产生的驱动力也不同，这就会产生转向力矩 M_B。当其大于所有转向阻力矩，拖拉机便能绕转向瞬心轴线 O 转向，如图 13-20 所示。

当转向半径为 R，轨距为 B，拖拉机转向角速度为 ω，快、慢侧履带的线速度分别是 v_2、v_1，则

$$v_2 = (R+0.5B)\omega \qquad (13\text{-}4)$$

$$v_1 = (R-0.5B)\omega \qquad (13\text{-}5)$$

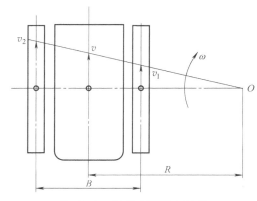

图 13-20 履带车辆转向过程

车辆纵向对称平面中心处的平均线速度 v 为

$$v = R\omega \qquad (13\text{-}6)$$

若两侧驱动轮的角速度分别是 ω_2、ω_1，驱动轮的节圆半径为 r，则线速度分别为

$$v_2 = r\omega_2 = (R+0.5B)\omega \qquad (13\text{-}7)$$

$$v_1 = r\omega_1 = (R-0.5B)\omega \qquad (13\text{-}8)$$

因此，履带车辆的转向角速度为

$$\omega = \frac{r\omega_2}{R+0.5B} = \frac{r\omega_1}{R-0.5B} = \frac{r(\omega_2-\omega_1)}{B} \qquad (13\text{-}9)$$

由式（13-9）看出，拖拉机两侧驱动轮的角速度差值（$\omega_2-\omega_1$）越大，拖拉机的转向角速度 ω 越大，转向半径 R 越小。

3. 履带拖拉机转向系统的组成

履带拖拉机转向系统由转向机构和转向操纵机构两部分组成。

（1）转向机构 履带拖拉机转向机构主要有转向离合器式、行星齿轮式、双差速器式等型式。其中，转向离合器式应用较多。

1）转向离合器式转向机构。转向离合器与主离合器的作用原理相同，只是由于动力经变速器和中央传动两级增矩后，转向离合器所传递的转矩比主离合器传递的大得多，所以它的摩擦片是多片的（图 13-21）。转向离合器有湿式和干式两种。目前我国农业拖拉机上多采用干式、多片、常接合式摩擦离合器。

干式转向离合器作用于摩擦片上的压力是弹簧产生的，而湿式转向离合器（用油冷却摩擦表面）作用于摩擦片上的压力是弹簧、液压或弹簧加液压产生的。

动力由中央传动大齿轮轴传给主动鼓，主动鼓外圆表面有许多轴向齿槽，套装多片带有内齿的主动片，相邻的主动片之间夹装带有外齿的从动片。从动片套装在内圆表面带有许多轴向齿槽的从动鼓上。主动片与从动片靠多个压紧弹簧压紧在压盘和主动鼓的凸缘之间。在主动片和从动片压紧的情况下，动力由主动鼓传给从动鼓，再经最终传动传到驱动轮。如果要分离离合器，操纵压盘克服压盘弹簧的预紧力右移即可。转向离合器在转向时不一定要全部切断动力，有时只要适当减轻压盘压力即可。

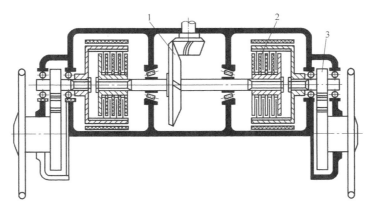

图 13-21　履带拖拉机后桥

1—中央传动大齿轮　2—转向离合器　3—最终传动

　　当拖拉机直线行驶时，两侧转向离合器都处于接合状态。若要拖拉机转向，如向左转弯时，扳动左侧操纵杆，使左侧离合器分离，因为左侧履带失去或减小了驱动力，右侧履带的驱动力不变，拖拉机便开始向左侧转弯。如果是拖拉机直行中的"纠偏"，则可适当地使转向离合器半联动。如果使拖拉机转小弯或原地转弯，除彻底分离转向离合器外，还要利用左侧制动器制动，这时左侧履带不但没有驱动力，而且产生了与前进方向相反的制动力，从而增大了拖拉机的转向力矩 M_b。

　　2）行星齿轮式转向机构。行星齿轮式转向机构的工作情况与转向离合器相似，如图 13-22 所示。传给中央传动大齿轮的转矩，经左、右两套单级行星机构，分别传给左、右驱动轮。

　　当直线行驶时，两侧行星机构制动器 2 抱紧，而半轴制动器 1 完全松开。这时主动的太阳轮带动行星轮沿着被制动的齿圈滚动，从而带动两侧的行星架和半轴，以低于太阳轮的转速同向旋转。转向时，应先将内侧的行星机构制动器逐渐放松，使该侧的齿圈渐渐转动，制动力矩渐渐减小。于是传到该侧

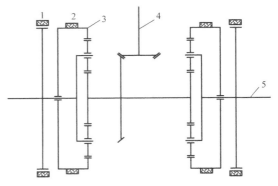

图 13-22　单级行星齿轮机构简图

1—半轴制动器　2—行星机构制动器　3—行星机构
4—中央传动轴　5—驱动半轴

驱动轮的转矩逐渐减小，发动机大部分动力传至快速侧履带，形成转向力矩，实现转向。但这时慢速侧履带的驱动力仍为正值。当慢速侧行星机构制动器完全松开时，使作用于行星架上的力矩为零，故慢速侧履带的驱动力也为零，该侧履带即成为被动的，被机架推向前进。如将行星机构制动器完全放松，然后又将半轴制动器加以制动，则该侧履带被机架推向前进时，还要克服制动器的摩擦力矩，拖拉机将以更小的半径转向。如半轴制动器完全制动住，则拖拉机将原地转弯。

3）双差速器式转向机构。履带拖拉机也可采用双差速器式转向机构。双差速器一般常用的结构有圆柱齿轮式和锥齿轮式两种。图13-23所示为双差速器的机构简图。

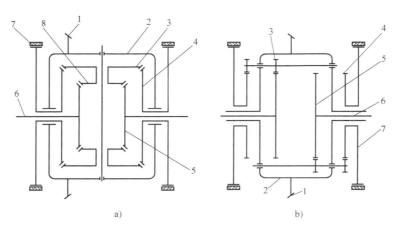

图 13-23　双差速器的机构简图

a）锥齿轮式　b）圆柱齿轮式

1—中央传动大锥齿轮　2—差速器壳体　3—外行星齿轮　4—制动齿轮

5—半轴齿轮　6—驱动半轴　7—制动器　8—内行星齿轮

锥齿轮式双差速器（图13-23a）有内、外两套行星齿轮。内行星齿轮与半轴齿轮啮合，与普通单差速器相同。外行星齿轮与制动齿轮啮合，制动齿轮与制动器的制动鼓是连成一体的。

当拖拉机直线行驶时，两边制动器放松，外行星齿轮带动制动齿轮空转，动力经内行星齿轮和半轴齿轮传给驱动轮。这时双差速器只起单差速器的作用。当制动一侧制动齿轮时，就向该侧转向。这时内、外行星齿轮除随差速器壳一起转动外，外行星齿轮还沿制动齿轮滚动而产生自转，并带着内行星齿轮一起自转，使该侧驱动轮的转速降低，另一侧驱动轮的转速增高。同时，外行星齿轮将一部分转矩传给制动齿轮而消耗在制动器上，这就使该侧履带的驱动力小于另一侧，从而实现转向。圆柱齿轮式双差速器的工作原理与锥齿轮式双差速器的相同。

双差速器的优点是结构紧凑，操纵方便，寿命长，转向时可以不降低拖拉机的平均速度。如果选择适当的传动比，减少制动器所消耗的动力，有助于减小转向时发动机的负荷。

但与上述另外两种转向机构相比，双差速器转向机构在使用性能上还有以下两个缺点：

1）拖拉机的"最小转弯半径"较大。这是因为当制动齿轮全制动时，半轴齿轮并没有停止转动，只是使它的转速减小到最小值，所以拖拉机不可能原地转向，且双差速器的传动比越大，最小转弯半径也越大。

2）拖拉机的直线行驶保持性较差。这是因为双差速器具有和单差速器相同的运动特性，即如果某一侧半轴齿轮的转速比差速器壳的转速减小了某一数值，必然会引起另一侧半轴齿轮的转速增加相应的数值，因此拖拉机容易自动走偏。

（2）转向操纵机构

1）对于转向离合器式，其转向操纵机构为两个操纵杆，分别操纵两个转向离合

器，以及左、右制动传动机构，以操纵两个制动器。

2）对于行星齿轮式，其转向操纵杆机构有两个，一个是左、右行星机构制动机构，另一个是左、右半轴制动机构。

3）对于双差速器式，其转向操纵机构为左、右制动传动机构。

二、手扶拖拉机的转向系统

1. 手扶拖拉机的转向原理

有尾轮的手扶拖拉机，尾轮除起支承作用外，还可以借助尾轮偏转后产生的侧向力协助转向。

如图 13-24 所示，手扶拖拉机直行时两侧驱动轮的土壤推力相等，即 $F_{q1} = F_{q2}$。转向时，内侧驱动轮动力被停止传递，驱动力矩为零，即 $F_{q1} = 0$，但驱动轮的滚动阻力仍为 $0.5F_f$。此时拖拉机的全部动力传递给外侧驱动轮，其驱动轮驱动力矩为 M_0，驱动半径为 r_q，其驱动力 F_{q2} 为

$$F_{q2} = \frac{M_0}{r_q} \tag{13-10}$$

转向力矩 M_B 为

$$M_B = 0.5B(F_{q2} - F_{q1}) \tag{13-11}$$

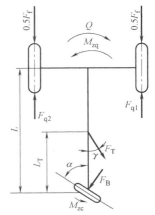

图 13-24　手扶拖拉机
带牵引负荷转向

当尾轮偏转 α 角时，土壤对尾轮作用一侧向力 F_B，该力对驱动桥中心的作用力臂为 $L\cos\alpha$，力矩为 $F_B L\cos\alpha$，该力矩有助于拖拉机转向。总转向力矩为

$$M_B = 0.5B\frac{M_0}{r_q} + F_B L\cos\alpha \tag{13-12}$$

总转向阻力矩 M_Σ 为

$$M_\Sigma = M_{zc} + M_{zq} + F_T(L - L_T)\sin\gamma \tag{13-13}$$

式中　M_{zc}、M_{zq}——尾轮和驱动轮转向阻力矩；

　　　　L、L_T——驱动桥和牵引点至尾轮轮轴中心的距离；

　　　　F_T——牵引阻力；

　　　　γ——转向时牵引阻力与拖拉机纵向轴线间的夹角。

2. 手扶拖拉机转向系统的组成

手扶拖拉机分有尾轮和无尾轮两种类型。无尾轮手扶拖拉机的转向方式主要是通过改变两侧驱动轮驱动力来实现转向的，在转向时驾驶人可通过对手扶架施加一定的转向力矩，以协助转向。有尾轮的手扶拖拉机，通过两侧驱动轮的驱动力差，同时偏转尾轮来协助转向。手扶拖拉机的转向机构常采用牙嵌式离合器，如图 13-25 所示。

转向离合器一般设在变速器内，由转向拨叉、转向齿轮、牙嵌式离合器转向轴以及中央传动从动齿轮和操纵部分的转向把手、转向拉杆、转向臂等组成。转向轴中间套装着中央传动从动齿轮，由弹性挡圈限位，该齿轮两端和左、右两个转向齿轮的内端都有

结合牙嵌，组成左、右两个牙嵌式转向离合器。

当拖拉机直线行驶时，左、右两个牙嵌式转向离合器接合，两转向齿轮与中央传动从动齿轮嵌合在一起，将动力传给最终传动，使两驱动轮得到相等的转矩而前进。当需要向左转向时，捏住左边转向把手，通过转向拉杆、转向臂拉动转向拨叉，使左侧的转向齿轮压缩弹簧向左移动，转向齿轮的结合爪与中央传动从动齿轮左侧结合爪脱离，左侧驱动轮的动力被切断，不产生驱动力，右侧驱动轮仍照常转动，于是拖拉机向左转弯。转弯后，松开转向把手，恢复动力传递，手扶拖拉机

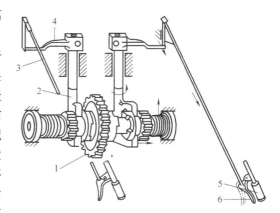

图 13-25 手扶拖拉机转向系统
1—中央传动从动齿轮 2—转向拨叉 3—转向拉杆
4—转向臂 5—把套 6—转向把手

下坡时，由于内燃机起到拖动即制动作用，所以下坡转向时应反向操作，即左转时操纵右侧转向离合器，右转时拉紧左转向手把。拖拉机又开始直行。

思　考　题

1. 汽车拖拉机的转向方式有哪些种？各自特点及适用场合是什么？

2. 汽车转向轴内外轮必须满足的理论转角关系式是什么？

3. 用机构简图绘出偏转车轮式转向系统的组成并加以说明。

4. 分析齿轮齿条式转向器的工作原理与特点。

5. 分析循环球式转向器的工作原理与特点。

6. 分析蜗杆指销式转向器的工作原理与特点。

7. 对汽车的转向梯形机构有哪些要求？常用的是哪种结构型式？在布置设计时应注意什么？

8. 简述液压助力转向系统的原理与特点。

9. 简述电动助力转向系统的原理与特点。

10. 简述全液压式转向原理与特点。

11. 简述线控转向系统的原理与特点。

12. 转向器的角传动比、传动装置的角传动比和转向系统的角传动比分别指的是什么？它们之间有什么关系？

13. 转向系统的力传动比指的是什么？力传动比和角传动比有何关系？

14. 转向器角传动比的变化特性是什么？在不装助力转向的车上采用什么措施来解决轻和灵的矛盾？

15. 转向系统传动副中的间隙随转向盘转角应如何变化？为什么？

16. 分析履带拖拉机的转向原理。

17. 分析有尾轮手扶拖拉机的转向原理。

第十四章

制 动 系 统

第一节　制动系统概述

一、制动系统的功用

拖拉机、汽车在行驶中经常需要减速甚至紧急停车，如在弯道、不平道路行驶时，必须及时降低车速，遇有障碍物或碰撞行人、其他车辆的事故时，更需要在尽可能短的距离内降低车速，甚至紧急停车；下坡行驶时需要控制车速，保持稳定行驶；使已停止的车辆不受坡路和风力等影响而保持静止不动等。上述情况均需要借助制动系统。对于拖拉机来说，在田间作业时还经常使用单边制动来协助转向，并经常需要配合离合器安全而可靠地挂接农机具。

由此可见，制动系统的功用如下：

1）根据道路条件与交通状况，使车辆减速或在最短距离内停车。

2）下坡行驶时限制车速，保持行驶的安全、稳定。

3）使车辆可靠地停放原地，保持不动。

4）协助或实现拖拉机转向。

二、制动系统的类型

1. 按制动系统的功用分类

（1）**行车制动系统**　行车制动系统是使行驶中的汽车减低速度甚至停车的一套专门装置。它是在行车过程中经常使用的。

（2）**驻车制动系统**　驻车制动系统是使已停驶的汽车驻留原地不动的一套装置。

（3）**第二制动系统**　在行车制动系统失效的情况下，保证汽车仍能实现减速或停车的一套装置称为第二制动系统。在许多国家的制动法规中规定，第二制动系统也是汽车必须具备的。

（4）**辅助制动系统**　辅助制动系统是在汽车下长坡时用以稳定车速的一套装置。例如，经常行驶在山区的汽车，若单靠行车制动系统来达到下长坡时稳定车速的目的，则可能导致行车制动系统的制动器过热而降低制动效能，甚至完全失效。因此，山区用汽车应具备此装置。

2. 按制动系统的制动能源分类

（1）**人力制动系统**　人力制动系统是以驾驶人的肌体作为唯一制动能源的制动系统。

（2）**动力制动系统**　动力制动系统是完全靠由发动机的动力转化而成的气压或液压形成的势能进行制动的制动系统。

（3）**伺服制动系统**　伺服制动系统是兼用人力和发动机动力进行制动的制动系统。

3. 按照制动能量的传输方式分类

按照制动能量的传输方式制动系统可分为机械式、液压式、气压式和电磁式等。同时采用两种以上传输方式的制动系统可称为组合式制动系统。

三、制动系统的组成与工作原理

1. 制动系统的组成

车辆制动系统主要由制动器和操纵传动机构组成（图 14-1）。现代拖拉机、汽车广泛采用机械摩擦制动器，通过摩擦作用力直接产生摩擦力矩迫使车轮减速或停转。

制动器由旋转部分、固定部分和张开机构组成。旋转部分是制动鼓，固定在轮毂上并随车轮一起旋转。固定部分主要包括制动蹄和制动底板等，制动蹄上铆有摩擦片，下端铰接在支承销上，上端用回位弹簧拉紧压靠在轮缸内的活塞上。支承销和轮缸分别固定在制动底板上。制动底板用螺钉与转向节凸缘（前桥）或桥壳凸缘（后桥）固定在一起。液压式传动机构主要由制动踏板、推杆、制动主缸、管路和制动轮缸等组成。

较为完善的制动系统还具有制动力调节装置以及报警装置、压力保护装置等附加装置。

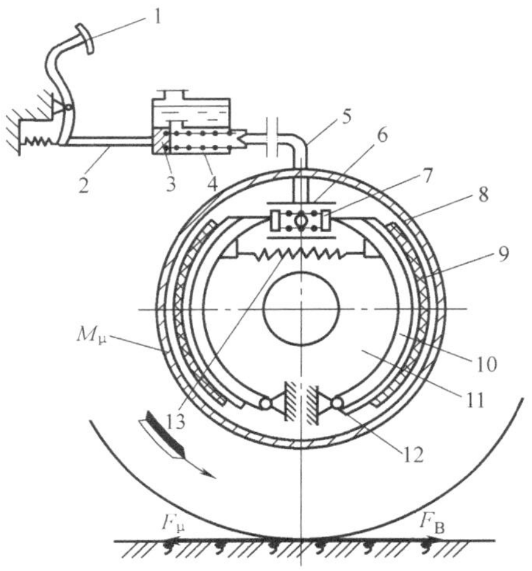

图 14-1　制动系统的工作原理示意图

1—制动踏板　2—推杆　3—主缸活塞
4—制动主缸　5—油管　6—制动轮缸
7—轮缸活塞　8—制动鼓　9—摩擦片
10—制动蹄　11—制动底板
12—支承销　13—制动蹄回位弹簧

2. 制动系统的工作原理

当操纵制动踏板进行制动时，推杆便推动主缸活塞，迫使制动油液经油管进入制动轮缸，制动油液推动轮缸活塞克服制动蹄回位弹簧的拉力，使制动蹄绕支承销转动而张开，消除制动蹄与制动鼓之间的间隙后压紧在制动鼓上。这样不旋转的制动蹄摩擦片对旋转着的制动鼓产生一个摩擦力矩 M_μ，其大小取决于轮缸的张开力、摩擦系数及制动鼓和制动器的尺寸。制动鼓将力矩 M_μ 传给车轮后，由于车轮与路面的附着作用，车轮即对路面作用一个向前的周缘力 F'_μ。同时，路面也会给车轮一个向后的反作用力，这个力就是车轮受到的制动力 F_B。在制动力作用下使拖拉机、汽车减速，直至停车。

当放松制动器踏板解除制动时，制动轮缸中的油液在制动蹄回位弹簧的作用下回到主缸，制动蹄与制动鼓的间隙又得以恢复，从而解除制动。

📖 **【拓展阅读 14-1】　制动力**

四、对制动系统的要求

为了保证拖拉机、汽车能在安全条件下充分发挥动力性，制动系统必须满足以下基本要求：

（1）**制动可靠** 评价拖拉机、汽车制动性能的指标一般有制动距离、制动速度、制动力和制动时间等指标以及制动的持久性，要求制动系统工作可靠。即便在系统的某些部件丧失能力时，也不至于完全丧失制动能力。为此，制动系统应装有必要的安全设备和警报装置。

（2）**操纵轻便** 车辆特别是汽车行驶过程中需要经常操纵制动系统，操纵作用力不应过大，否则驾驶人容易疲劳。因此，乘用车要求施于踏板上的最大力不大于 500N；其他汽车不超过 700N（GB 7258—2017）。拖拉机要求施于踏板上的力不大于 600N，施于手动制动装置上操纵力不大于 400N（GB/T 3871.6—2006）。

（3）**制动平顺** 汽车制动时制动力应逐渐、连续增加，解除制动时制动作用应迅速消失。在车轮跳动或拖拉机、汽车转向时，不应影响制动力。

（4）**制动稳定性好** 制动时，车轮上的制动力分配应合理，即左、右轮上的制动力应相等，以免汽车在制动时发生侧滑和跑偏。对挂车的制动作用略早于主车，挂车自行脱挂时能自动进行应急制动。

（5）**散热性好** 摩擦片的抗热衰退能力高，磨损后的间隙应能调整，并且防尘、防水、防油。

（6）**减少公害** 要求制动时制动系统产生的噪声尽可能小，并力求减少飞散在空气中对人体有害的石棉纤维。

第二节 制 动 器

一、制动器的类型

制动器主要有摩擦式、液力式和电磁式等几种型式。电磁式制动器虽有滞后性好、易于连接而且接头可靠等优点，但因成本高，只在一部分总质量较大的商用车上用作车轮制动器或缓速器；液力式制动器一般只用作缓速器。目前广泛使用的仍为摩擦式制动器。

摩擦式制动器按摩擦副结构型式不同，可分为鼓式、盘式和带式 3 种。带式制动器只用作中央制动器，鼓式和盘式制动器的结构型式有多种，如图 14-2 所示。

二、盘式制动器

盘式制动器是目前汽车、特别是轿车上广泛应用的一种制动器。盘式制动器摩擦副中的旋转元件是以端面为工作表面的金属圆盘，称为制动盘；固定元件是形似钳形的制动钳。

【拓展阅读 14-2】 盘式制动器的特点

根据制动盘接触面的大小，盘式制动器分为钳盘式制动器和全盘式制动器。

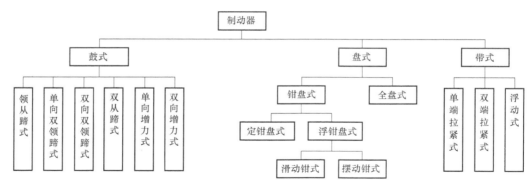

图 14-2　制动器的类型

1. 钳盘式制动器

钳盘式制动器分为定钳盘式和浮钳盘式两类。

（1）**定钳盘式制动器**　定钳盘式制动器的制动钳固定安装在车桥上，既不能旋转，也不能沿制动盘轴线方向移动，因而其中必须在制动盘两侧都装设制动块促动装置（如相当于制动轮缸的液压缸），以便分别将两侧的制动块压向制动盘。

图 14-3 所示为定钳盘式制动器的结构示意图。跨置在制动盘上的制动钳固定安装在车桥上，它既不能旋转也不能沿制动盘轴线方向移动，其内的两个活塞分别位于制动盘的两侧。制动时，制动油液由制动总泵（制动主缸）经进油口进入钳体中两个相通的液压腔中（相当于制动轮缸），将两侧的制动块压向与车轮固定连接的制动盘，从而产生制动力。

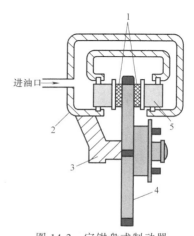

图 14-3　定钳盘式制动器
的结构示意图

1—制动块　2—制动钳体　3—车轿部分
4—制动盘　5—活塞

【拓展阅读 14-3】　定钳盘式制动器的分解图与特点

（2）**浮钳盘式制动器**　图 14-4 所示为浮钳盘式制动器示意图。制动钳体通过导向销与车桥相连，可以相对于制动盘轴向移动。制动钳体只在制动盘的内侧设置油缸，而外侧的制动块附装在钳体上。制动时，来自制动总泵的液压油通过进油口进入制动油缸，推动活塞及其上的制动块向右移动，并压到制动盘上，于是制动盘给活塞一个向左的反作用力，使活塞连同制动钳体整体沿销钉向左移动，直到制动盘右侧的制动块也压到制动盘上。此时，两侧的制动块都压在制动盘上，夹住制动盘使其制动。

（3）**钳盘式制动器的制动间隙自动调整装置**　在制动过程中，制动块与制动盘间存在着相对运动，两者均有不同程度的磨损，制动盘、制动块磨损后，制动器的间隙会增大，制动时活塞的行程增加，制动器开始起作用的时间滞后，制动效果下降。因此，制动器的间隙应随时调整。

钳盘式制动器的制动间隙为自动调整，工作过程如图 14-5 所示。

【拓展阅读 14-4】　制动间隙自动调节装置

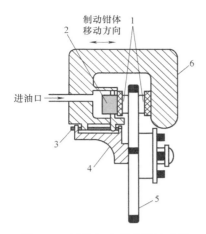

图 14-4　浮钳盘式制动器示意图

1—制动块　2—活塞　3—导向销

4—车桥　5—制动盘　6—制动钳体

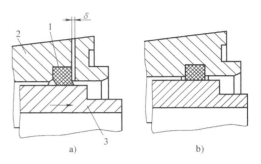

图 14-5　钳盘式制动器制动间隙的自动调整

a) 制动时　b) 解除制动

1—密封圈　2—制动钳　3—活塞

矩形密封圈嵌在制动轮缸的矩形槽内，密封圈内圆与活塞外圆配合较紧，制动时活塞被压向制动盘，密封圈发生了弹性变形；解除制动时，密封圈要恢复原状，于是将活塞拉回原位。当制动盘与制动块磨损后，制动器的制动间隙增大，若间隙大于活塞的设置行程 δ 时，活塞在制动液压力的作用下，克服密封圈的摩擦阻力而继续前移，直到实现完全制动为止。解除制动时，由于密封圈弹性变形量的限制，密封圈将活塞拉回的距离小于活塞前移的距离，则活塞与密封圈之间这一不可恢复的相对位移便补偿了过量的间隙。

2. 全盘式制动器

全盘式制动器摩擦副的固定元件和旋转元件皆是圆盘形，分别称为固定盘和旋转盘，其结构原理与摩擦离合器相似。

（1）**全盘式制动器的构造**　全盘式制动器装在差速器壳体轴承座 13 的箱壁与半轴壳体 7 之间（图 14-6）。在半轴上装有两组两面铆有石棉衬片的摩擦盘 8。它与半轴以花键连接和轴一起旋转，并能沿轴向移动。在两组摩擦盘 8 之间安装着压盘 10、12，它们以外圆支承在半轴壳体 7 内的三个凸肩上，并能在较小范围内转动。在压盘 10、12 相对的内表面上，各开有 5 个沿圆周均匀分布的球面斜槽。每个槽内有一钢球 11，5 根回位弹簧 9 将两块压盘 10、12 拉拢在一起，将钢球 11 夹紧在球面斜槽的深凹处。这样，压盘 10、12 与半轴壳体 7、轴承座 13 的箱壁共同组成制动器的不旋转部分。两块压盘 10、12 各通过一根斜拉杆 1 与内拉杆 2 相连，而内拉杆 2 再通过摇臂 5、外拉杆 6 等一些杆件与制动踏板相连。外拉杆 6 的长度可以调整，以保证在非制动状态下，摇臂 5 向后倾斜 6°左右。调整螺母 3 可改变内拉杆 2 的长度，以调整制动器踏板的自由行程。

（2）**全盘式制动器的工作过程与自动增力原理**　全盘式制动器的制动过程与自动增力的作用原理图如图 14-7 所示。当踩下踏板时，两压盘相对转过一个角度，相当于图上沿箭头方向相对移动一定距离。于是钢球由斜槽深凹处向浅处移动，迫使压盘产生轴向位移，直到和摩擦盘接触产生制动力矩（图 14-7b）。压盘在摩擦盘带动下，顺着

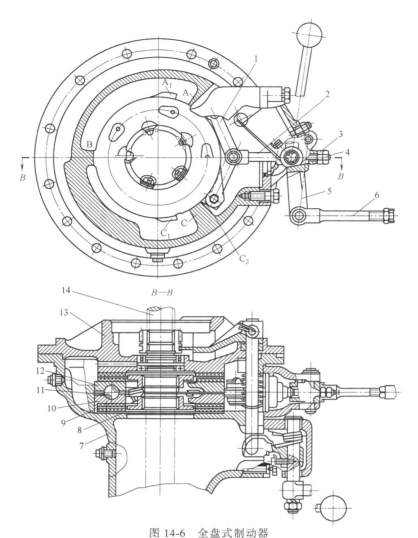

图 14-6 全盘式制动器

1—斜拉杆 2—内拉杆 3—调整螺母 4—锁紧螺母 5—摇臂 6—外拉杆 7—半轴壳体
8—摩擦盘 9—回位弹簧 10、12—压盘 11—钢球 13—差速器壳体轴承座 14—半轴

半轴旋转方向转动一个角度，相当于图上两块压盘一起沿箭头方向移动一个距离，直到一个压盘上的凸耳 A_1 靠到凸肩 A 为止。在这个过程中钢球和压盘的相对位置保持不变，因此制动力矩也未改变（图 14-7c）。当压盘的凸耳 A_1 靠住凸肩 A 后，它就不能继续转动，而另一压盘在摩擦盘的带动下继续转动。相当于图上压盘沿箭头方向继续移动，迫使钢球进一步向斜槽的更浅处移动，把压盘向外顶开，进一步压紧摩擦盘，从而增大了制动力矩（图 14-7d）。可见这种制动器是有自动增力作用的。当车辆倒退行驶时，其制动过程和自动增力的作用原理与上述分析相同。

📖 【拓展阅读14-5】 湿式全盘制动器

3. 盘式制动器的特点

盘式制动器的特点如下：

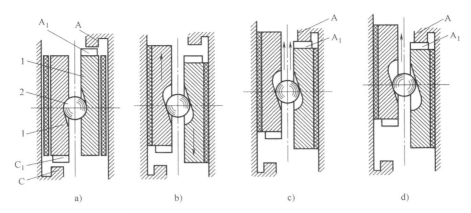

图 14-7　全盘式制动器的制动过程与自动增力的作用原理图
a）未制动时　b）踩下踏板时　c）制动开始时　d）增力状态
1—压盘　2—钢球　A、C—制动器壳体上的凸肩　A_1、C_1—压盘上的凸耳

1）摩擦表面为平面，不易发生较大变形，制动力矩较稳定。

2）热稳定性好，受热后制动盘只在径向膨胀，不影响制动间隙。

3）受水浸渍后，在离心力的作用下水很快被甩干，摩擦片上的剩水也由于压力高而较容易被挤出。

4）制动力矩与汽车行驶方向无关；制动间隙小，便于自动调节间隙。

5）摩擦片容易检查、维护和更换。

不足之处是摩擦副敞开在空气中，易受灰尘侵袭，磨损较大。

三、鼓式制动器

鼓式制动器又称为蹄式制动器，其制动元件是两块外圆表面铆有摩擦材料、形似马蹄的制动蹄，旋转元件是与车轮相连的制动鼓。制动原理是靠制动蹄张开与制动鼓的内圆表面压紧时的摩擦作用。与带式制动器相比，蹄式制动器结构紧凑，操纵力较小，散热性能较好，但制动蹄磨损不均匀。目前在轮式拖拉机、多数摩托车和部分汽车上采用。

鼓式制动器有领从蹄式、单向双领蹄式、双向双领蹄式、双从蹄式、单向增力式和双向增力式等多种结构型式（图 14-8）。

1. 领从蹄式

领从蹄式制动器的每块蹄片都有自己的固定支点，而且两固定支点位于两蹄的同一端（图 14-8a）。张开装置有两种型式，第一种用凸轮或楔块式张开装置（图 14-9），其中，平衡凸块式（图 14-9b）和楔块式（图 14-9c）张开装置中的制动凸轮和制动楔块是浮动的，故能保证作用在两蹄上的张开力相等。非平衡式制动凸轮（图 14-9a）的中心是固定的，所以不能保证作用在两蹄上的张开力相等。第二种用两个活塞直径相等的轮缸（液压驱动），可保证作用在两蹄上的张开力相等。

领从蹄式制动器的效能和效能稳定性在各式制动器中居中游；前进、倒退行驶的制

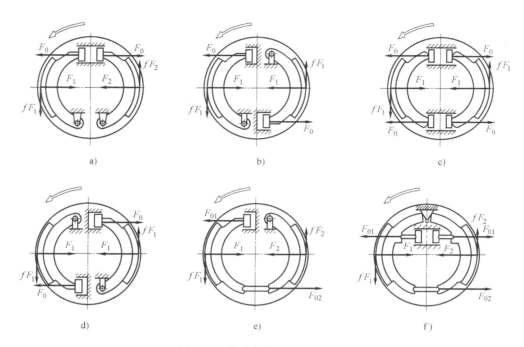

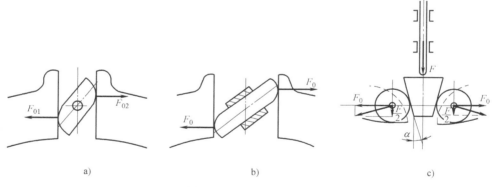

图 14-8　鼓式制动器的结构型式

a）领从蹄式　b）单向双领蹄式　c）双向双领蹄式　d）双从蹄式　e）单向增力式　f）双向增力式

图 14-9　机械式张开装置

a）非平衡凸轮式　b）平衡凸块式　c）楔块式

动效果不变；结构简单，成本低；便于附装驻车制动驱动机构；易于调整蹄片与制动鼓之间的间隙。但领从蹄式制动器两蹄片上的单位压力不等（在两蹄上摩擦衬片面积相同的条件下），因而，会产生两蹄衬片磨损不均匀、寿命不同的缺点。此外，因只有一个轮缸，两蹄必须在同一驱动回路作用下工作。

领从蹄式制动器得到广泛应用，特别是在乘用车和总质量较小商用车的后轮制动器上用得较多。

2. 单向双领蹄式

单向双领蹄式制动器的两块蹄片各有自己的固定支点，而且两固定支点位于两蹄的

不同端，如图 14-8b 所示，领蹄的固定端在下方，从蹄的固定端在上方。每块蹄片有各自独立的张开装置，且位于与固定支点相对应的一方。

汽车前进制动时，这种制动器的制动效能相当高。由于有两个轮缸，故可以用两个各自独立的回路分别驱动两蹄片。除此之外，这种制动器易于调整蹄片与制动鼓之间的间隙，使两蹄片上的单位压力相等，从而还有磨损程度相近、寿命相同等优点。单向双领蹄式制动器的制动效能稳定性仅强于增力式制动器。当倒车制动时，由于两蹄片皆为双从蹄，使制动效能明显下降。与领从蹄式制动器比较，由于多了一个轮缸，结构略显复杂。

单向双领蹄式制动器适用于前进制动时前轴动轴荷及附着力大于后轴，而倒车制动时前轴动轴荷及附着力小于后轴的汽车前轮上。它之所以不用于后轮，还因为两个互相成中心对称的轮缸难以附加驻车制动驱动机构。

3. 双向双领蹄式

双向双领蹄式制动器的结构特点是两蹄片浮动，用各有两个活塞的两轮缸张开蹄片（图 14-8c）。

无论是前进或者是倒退制动，双向双领蹄式制动器的两块蹄片始终为领蹄，所以制动效能相当高，而且不变。由于制动器内设有两个轮缸，所以适用于双回路驱动机构。当一套管路失效后，制动器转变为领从蹄式制动器。除此之外，双向双领蹄式制动器的两蹄片上单位压力相等，因而磨损程度相近，寿命相同。双向双领蹄式制动器因有两个轮缸，故结构复杂，且蹄片与制动鼓之间的间隙调整困难是它的缺点。

双向双领蹄式制动器得到比较广泛的应用。如用于后轮，则需另设中央驻车制动器。

4. 双从蹄式

双从蹄式制动器的两蹄片各有一个固定支点，而且两固定支点位于两蹄片的不同端，并用各有一个活塞的两轮缸张开蹄片（图 14-8d）。双从蹄式制动器的效能稳定性最好，但因制动器效能最低，所以很少采用。

5. 单向增力式

单向增力式制动器的两蹄片只有一个固定支点，两蹄下端经推杆相互连接成一体，制动器仅有一个轮缸用来产生推力张开蹄片（图 14-8e）。

汽车前进制动时，两蹄片皆为领蹄，次领蹄上不存在轮缸张开力，而且由于领蹄上的摩擦力经推杆作用到次领蹄，使制动器效能很高，居各式制动器之首。与双向增力式制动器比较，这种制动器的结构比较简单。因两块蹄片都是领蹄，所以制动器效能稳定性相当差。倒车制动时，两蹄又皆为从蹄，使制动器效能很低。又因两蹄片上单位压力不等，造成蹄片磨损不均匀，寿命不同。这种制动器只有一个轮缸，故不适合用于双回路驱动机构，另外由于两蹄片下部联动，使调整蹄片间隙变得困难。

少数总质量不大的商用车用其作为前轮制动器。

6. 双向增力式

双向增力式制动器的两蹄片端部有一个制动时不同时使用的共用支点，支点下方有一轮缸，内装两个活塞用来同时驱动张开两蹄片，两蹄片下方经推杆连接成一体（图

14-8f)。

与单向增力式不同的是，次领蹄上也作用有来自轮缸活塞推压的张开力，尽管这个张开力的作用效果较小，但因次领蹄下端受有来自主领蹄经推杆作用的张开力很大，结果次领蹄上的制动力矩能大到主领蹄制动力矩的 2～3 倍。因此，采用这种制动器以后，即使制动驱动机构中不用伺服装置，也可以借助很小的踏板力得到很大的制动力矩。这种制动器前进与倒车的制动效果不变。

双向增力式制动器因两蹄片均为领蹄，所以制动器效能稳定性比较差。除此之外，两蹄片上单位压力不等，故磨损不均匀，寿命不同。调整间隙工作与单向增力式一样比较困难。因只有一个轮缸，故制动器不适合用于有的双回路驱动机构。

四、带式制动器

带式制动器（也称为外束型鼓式制动器）的制动元件是一条环形、内圆表面铆有摩擦衬面的钢带，旋转元件是以外圆表面为工作面的制动鼓，钢带均匀地环包着制动鼓的外表面。带式制动器主要用在履带式拖拉机上。

根据制动时制动带拉紧方式的不同，带式制动器可分为单端拉紧式、双端拉紧式和浮动式 3 种型式（图 14-10），它们的制动效果不同。

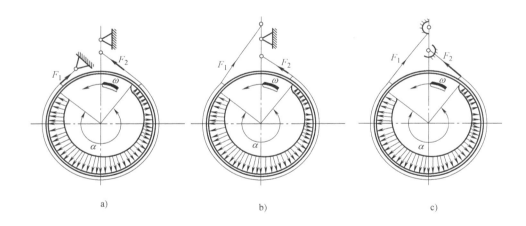

图 14-10　带式制动器的简图

a）单端拉紧式　b）双端拉紧式　c）浮动式

F_1—制动带紧端的拉力　F_2—制动带松端的拉力　α—摩擦衬带对制动鼓的包角

1. 单端拉紧带式制动器

单端拉紧带式制动器如图 14-10a 所示。当车辆前进过程中制动时，制动鼓逆时针旋转，由于制动带与制动鼓接触后，制动带所受摩擦力将使固定端进一步拉紧，故此端称为紧端，而操纵端的制动带有被放松的趋势，故称为松端。以 F_1 和 F_2 分别表示紧端和松端的拉力，根据欧拉公式可表示为

$$F_1 = F_2 e^{\mu\alpha} \tag{14-1}$$

式中 μ——制动带与制动鼓间的摩擦系数；

α——制动带的包角。

例如，某履带拖拉机的带式制动器，$\alpha = 275°$，$\mu = 0.3$，则 $F_1 \approx 4F_2$，即紧端的拉力约为松端拉力的 4.2 倍，起到自行助力的作用，使操纵省力，但制动过程不够平顺。同理，当拖拉机倒退行驶制动时，松紧端互换，这时所需的操纵力将增大数倍，致使操纵费力。

2. 双端拉紧带式制动器

如图 14-10b 所示，制动带的两端均与杠杆铰链连接。制动时，制动带的两端同时拉紧，不论拖拉机前进还是后退，可用两端的操纵力获得相同的制动效果，同时，为了消除制动带与制动鼓之间间隙所需的踏板行程可减小，因此有条件增大操纵机构的传动比。这样可使其实际的操纵力控制在单端拉紧带式制动器正反转时所需的操纵力之间。双端拉紧带式制动器的制动过程较单端拉紧带式制动器平顺。

3. 浮动带式制动器

如图 14-10c 所示，浮动带式制动器的作用原理与单端拉紧带式制动器相同，所不同的是，松、紧端随制动鼓旋转方向的改变而彼此互换，且始终使松端与踏板相连。因此，无论拖拉机前进还是倒车，制动时制动器均起自行助力作用，使操纵轻便。其缺点是构造较复杂，调整不便，制动过程也不够平顺。

第三节 制动传动装置

制动传动装置将驾驶人或其他动力源的作用力传到制动器，同时控制制动器工作，从而获得所需要的制动力矩。

制动传动装置主要有液压式、气压式和机械式 3 种型式。乘用车一般采用液压式，商用车一般采用气压式，拖拉机一般采用机械式。

一、液压制动传动装置

液压制动传动装置是利用特制油液作为传力介质，将驾驶人施于踏板上的力放大后传至制动器，推动制动蹄产生制动作用。

双管路液压制动传动装置是利用彼此独立的双腔制动主缸，通过两套独立管路，分别控制两桥或三桥的车轮制动器。其特点是若其中一套管路发生故障而失效时，另一套管路仍能继续起制动作用，从而提高了车辆制动的可靠性和行车安全性。

1. 双管路制动传动装置布置型式

双管路的布置力求当一套管路发生故障而失效时，只引起制动效能的降低，但其前、后桥制动力分配的比值最好不变，以保持汽车良好的操纵性和稳定性。双管路的布置方案在各型汽车上各不同，可归纳为如下几种：

（1）**一轴对一轴（Ⅱ）型** 如图 14-11a 所示，前轴制动器与后轴制动器各有一套管路。这种布置型式最为简单，可与单轮缸鼓式制动器配合使用。是发动机前置、后轮驱动式汽车广泛采用的一种布置型式。其缺点是当一套管路失效时，前后桥制动力分配的比值被破坏。

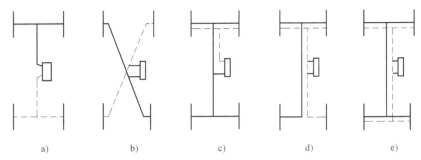

图 14-11　双管路液压制动传动装置布置型式
a）II 型　b）X 型　c）HI 型　d）LL 型　e）HH 型

（2）**交叉（X）型**　如图 14-11b 所示，一轴的一侧车轮制动器与另一轴对侧车轮制动器同属一个管路。在任一管路失效时，剩余总制动力都能保持正常值的 50%，且前后桥制动力分配比值保持不变，有利于提高制动稳定性，这种布置型式得到广泛应用。

（3）**一轴半对半轴（HI）型**　如图 14-11c 所示，每侧前轮制动器的半数轮缸和全部后轮制动器轮缸属于一套管路，其余的前轮轮缸属于另一套管路。

（4）**半轴一轮对半轴一轮（LL）型**　如图 14-11d 所示，两套管路分别对两侧前轮制动器的半数轮缸和一个后轮制动器起作用。

（5）**双半轴对双半轴（HH）型**　如图 14-11e 所示，每套管路均只对每个前、后轮制动器的半数轮缸起作用。

由于 HI、LL、HH 型布置型式复杂，应用较少。其中 HH 型和 LL 型在任一套回路失效时，前、后制动力比值均与正常情况相同，HH 型剩余总制动力可达正常值的 50% 左右，LL 型则为 80%。HI 型单用一轴半管路时剩余制动力较大。

2. 制动传动装置的组成

双管路液压制动系统由制动踏板、真空助力器、储液室、串联式双腔制动主缸、轮缸及油管和接头等组成（图 14-12）。踏板和制动主缸装在车架上，制动主缸与装在制动底板上的轮缸均装有活塞，用油管互相连通，由于车轮是通过弹性悬架与车架相连的，制动主缸与轮缸的相对位置经常变化，故制动主缸与轮缸的连接油管除用钢管外，部分有相对运动的区段还用高强度的橡胶软管连接。制动前整个系统充

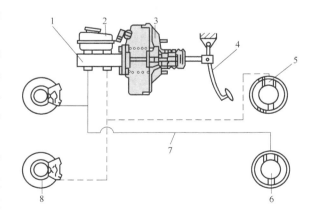

图 14-12　双管路液压制动系统
1—制动主缸　2—储液室　3—真空助力器　4—制动踏板　5—轮缸
6—后轮鼓式制动器　7—油管　8—前轮盘式制动器

满了制动油液。另外，串联式双腔制动主缸利用一个缸体，装入两个活塞，形成两个彼此独立的工作腔，一个制动主缸与左前轮、右后轮的制动管路连接，另一个制动主缸与右前轮、左后轮的制动管路连接。管路中还有各种管接头和制动灯开关等。

3. 制动传动装置的工作过程

制动时，驾驶人踩下制动踏板，先使制动主缸的后腔活塞工作，再使前腔活塞工作，将油液自制动主缸中压出并经油管同时分别进入前后各车轮缸内，使轮缸活塞向外移动，从而将制动蹄压靠到制动鼓（盘）上，使汽车产生制动。

在开始踩下制动踏板、制动蹄和制动鼓（盘）之间的间隙消除之前，系统中的油压并不高，只能克服制动蹄回位弹簧的张力以及油液在管路中流动的阻力。在制动器间隙消失并开始产生制动力矩时，油液压力才随踏板力继续增长，车轮制动器的制动力也随之与踏板力成正比例地增长，直到完全制动。

放开制动踏板，制动蹄和轮缸活塞在回位弹簧的作用下回位，将制动油液压回到制动主缸，制动作用即行解除。

显然，管路液压和制动器产生的制动力矩是与踏板力呈线性关系的。若轮胎与路面间的附着力足够，则汽车所受到的制动力也与踏板力呈线性关系。制动系统的这项性能称为制动踏板感（或称为路感），驾驶人可因此而直接感觉到汽车制动强度，以便及时加以必要的控制和调节。

4. 制动液

汽车制动液是液压制动系统采用的非矿油型传递压力的工作介质。制动液的质量是保证液压系统工作可靠的重要因素。对制动液的要求是：高温下不易汽化，否则将在管路中产生气阻现象，使制动系统失效；低温下有良好的流动性；不会使与之经常接触的金属（铸铁、钢、铝或铜）件腐蚀，不会使橡胶件发生膨胀、变硬和损坏；能对液压系统的运动件起良好的润滑作用；吸水性差而溶水性良好，即能使渗入其中的水汽形成微粒而与之均匀混合，否则将在制动液中形成水泡而大大降低汽化温度。

以前，我国使用的汽车制动液大部分是植物制动液，现在已逐步被合成制动液和矿物制动液所取代。

制动液应具有的特性如下：

1）在高温、严寒、高速和湿热等工况条件下保证灵活传递制动力。

2）对制动系统的金属和非金属材料没有腐蚀性。

3）能够有效润滑制动系统的运动部件，延长制动分泵和"皮碗"的使用寿命。

对制动液的性能要求如下：

1）黏温性好，凝固点低，低温流动性好。

2）沸点高，高温下不产生气阻。

3）使用过程中品质变化小，并不引起金属件和橡胶件的腐蚀和变质。

根据 GB 12981—2012《机动车辆制动液》，制动液分为 HZY3、HZY4、HZY5、HZY6 四种级别，其中，H、Z、Y 三个大写字母分别为"合成""制动""液体"三个汉语词组第一个汉字的汉语拼音首字母。级别越高，使用工况温度和黏度也越高。

HZY3、HZY4、HZY5、HZY6 分别对应国际标准 ISO 4925：2005《道路车辆——非

石油基制动液规范》中的 Class3、Class4、Class5.1、Class6。

HZY3、HZY4、HZY5 分别对应于美国交通运输部制动液类型的 DOT3、DOT4、DOT5.1。

5. 液压制动传动装置的主要部件

（1）**制动主缸** 制动主缸的作用是将由踏板输入的机械推力转换成液压力。图 14-13 所示为串联双腔式制动主缸的结构示意图。制动主缸的壳体内装有前活塞 9、后活塞 6 及前活塞弹簧 10。前、后活塞分别用皮碗密封，前活塞 9 用挡片 8 保证其正确位置。两个储液筒分别与主缸的前、后腔相通，前、后出油口分别与前、后制动轮缸相通，前活塞 9 靠后活塞 6 的液力推动，而后活塞 6 直接由推杆 3 推动。

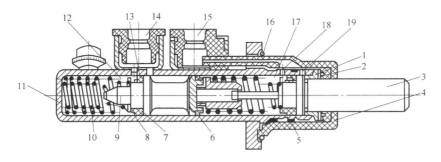

图 14-13 串联双腔式制动主缸的结构示意图

1—套 2、13—密封圈 3—推杆 4—盖 5—防动圈 6—后活塞
7—垫片 8—挡片 9—前活塞 10—弹簧 11—缸体 12—后腔
14、15—进油孔 16—定位圈 17—前腔 18—补偿孔 19—回油孔

踩下制动踏板，主缸中的推杆 3 向前移动，使皮碗掩盖住储液筒进油口后，后腔压力升高。在后腔液压和后活塞弹簧力的作用下，推动前活塞 9 向前移动，前腔压力也随之提高。当继续下踩制动踏板时，前、后腔的液压继续提高，使前、后制动器产生制动。

放松制动踏板，主缸中的活塞和推杆分别在前、后活塞弹簧的作用下回到初始位置，从而解除制动。

若前腔控制的回路发生故障时，前活塞不产生液压力，但在后活塞液力作用下，前活塞被推到最前端，后腔产生的液压力仍使后轮产生制动。

若后腔控制的回路发生故障时，后腔不产生液压力，但后活塞在推杆的作用下前移，并与前活塞接触而推动前活塞前移，前腔仍能产生液压力控制前轮产生制动。

前活塞回位弹簧的弹力大于后活塞回位弹簧的弹力，以保证两个活塞不工作时都处于正确的位置。

为了保证制动主缸活塞在解除制动后能退回到适当位置，在不工作时，推杆的头部与活塞背面之间应留有一定的间隙。为了消除这一间隙所需的踏板行程称为制动踏板自由行程。该行程过大将使制动失灵，过小则制动解除不彻底。双回路液压制动系统中任一回路失效，主缸仍能工作，只是所需踏板行程加大，导致汽车的制动距离增长，制动效能降低。

（2）**制动轮缸** 制动轮缸的作用是把油液压力转变为轮缸活塞的推力，推动制动蹄压靠在制动鼓上，产生制动作用。制动轮缸有双活塞式和单活塞式两种。

1) 双活塞式制动轮缸。图 14-14 所示为双活塞式制动轮缸。缸体用螺栓固定在制动底板上，缸内有两个活塞，两者之间的内腔由两个皮碗密封。制动时，制动液自油管接头和进油孔进入，活塞在液压作用下外移，通过顶块推动制动蹄。弹簧保证皮碗、活塞和制动蹄紧密接触，并保持两活塞之间的进油间隙。防护罩除防尘外，还可防止水分进入，以免活塞和轮缸生锈而卡住。在轮缸缸体上方还装有放气阀，以便放出液压系统中的空气。

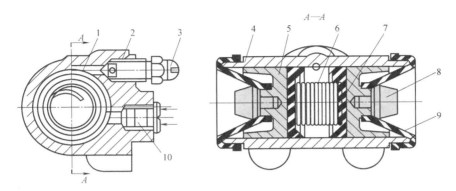

图 14-14　双活塞式制动轮缸

1—放气孔　2—放气阀　3—放气阀防护螺母　4—制动轮缸壳体　5—制动轮缸活塞　6—弹簧

7—皮碗　8—制动轮缸活塞顶杆　9—制动轮缸活塞防尘罩　10—进油孔

2) 单活塞式制动轮缸（图 14-15）。为了缩小轴向尺寸，活塞密封圆（皮碗）不用抵靠活塞端面，而是装在活塞导向面上切槽内。进油间隙靠活塞端面的凸台保持。放气阀的中部有螺纹，尾部有密封锥面，平时旋紧压靠在阀座上。与密封锥面相连的圆柱面两侧有径向孔，与阀中心的轴向孔道相通。需要放气时，先取下橡胶护罩，再连踩几下制动踏板，对缸内空气加压，然后踩住制动踏板不放，将放气阀旋出少许，空气即行排出。空气排尽后再将放气阀关闭。

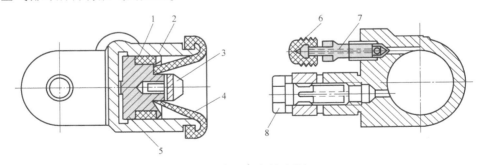

图 14-15　单活塞式制动轮缸

1—活塞密封圈（皮碗）　2—制动轮缸壳体　3—活塞顶杆　4—活塞防护罩

5—制动轮缸活塞　6—放气阀橡胶防护罩　7—放气阀　8—进油管接头

（3）**真空加力装置**　在普通的液压制动系统中，加装真空加力装置，可以减轻驾驶人施加于制动踏板上的力，增加车轮制动力，达到操纵轻便、制动可靠的目的。真空加力装置是利用发动机工作时在进气管中形成的真空度（或利用真空泵）为力源的动力制动传动装置。它可分为增压式和助力式两种型式。增压式是通过增压器将制动主缸

的液压进一步增加，增压器装在主缸之后；助力式是通过助力器来帮助制动踏板对制动主缸产生推力，助力器装在踏板与主缸之间。

【拓展阅读14-6】 真空加力装置

二、气压制动传动装置

气压制动传动装置是利用压缩空气作为动力源的动力制动装置。其气源部分包括空气压缩机、调压装置、双针气压表、储气筒、低压报警开关和安全阀等，控制装置包括制动踏板和制动控制阀等。它具有制动操纵省力、制动强度大、踏板行程小的优点；但需要消耗内燃机的动力，制动粗暴而且结构比较复杂。一般应用在大型货车和公共汽车上。目前，随着拖拉机运输速度的日益提高，牵引的拖车采用气压式机构已较普遍。

1. 气压制动传动装置的组成

图14-16所示为气压制动系统的双回路示意图。由发动机驱动的空气压缩机将压缩空气经单向阀3充入湿储气筒5，后者用来将压缩空气冷却并进行油、水分离，将清洁的压缩空气经单向阀8向汽车前桥及后桥储气筒充气，并经挂车制动阀9等向挂车储气筒充气。放气阀4可供外界使用压缩空气。当湿储气筒的气压达到 0.833～0.882MPa 时，安全阀7应打开放气。前、后桥储气筒分别与串列双腔气制动阀16相连，以控制前、后轮的制动，并分别经管路与双针气压表19和调压阀20相连。双针气压表19的上、下指针分别表示前、后桥储气筒气压。当气压达到 0.784～0.813MPa 时，调压阀20中的阀门被打开使空气压缩机1顶部的卸荷阀2工作，不再向储气筒充气。当气压降至 0.617～0.666MPa 时，调压阀20的阀门又关闭使空气压缩机又开始向储气筒充气。

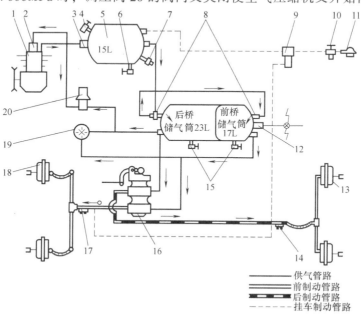

图 14-16　气压制动系统的双回路示意图

1—空气压缩机　2—卸荷阀　3、8—单向阀　4—放气阀　5—湿储气筒　6、15—油水放出阀　7—安全阀
9—挂车制动阀　10—接通开关　11—连接器　12—压力警告灯开关　13—后轮制动气室
14、17—制动灯开关　16—串列双腔气制动阀　18—前轮制动气室　19—双针气压表　20—调压阀

当气压低于 0.45MPa 时，压力警告灯开关 12 的触点闭合，接通电路，使警告灯点亮，同时蜂鸣器发出音响信号。单向阀 3、8 可防止倒充气。

气压系统各元件之间的连接管路由钢管、橡胶软管及各种管接头组成。根据管路的功能分为以下 3 种：

（1）供能管路 供能管路即供能装置各组成件（空气压缩机、储气筒）之间和供能装置与控制装置（如制动阀）之间的连接管路。

（2）促动管路 促动管路即控制装置与制动器促动装置（如制动气室）之间的连接管路。

（3）操纵管路 操纵管路即一个控制装置与另一个控制装置之间的连接管路。

当制动系统中只有一个气压控制装置——制动阀时，则省去操纵管路。

📖 【拓展阅读 14-7】 气压制动传动装置

2. 气压制动传动装置的工作过程

当驾驶人踩下制动踏板时，拉杆带动制动控制阀拉臂摆动，使制动控制阀工作。储气筒前腔的压缩空气经制动控制阀的上腔进入后制动气室，使后轮制动；同时储气筒后腔的压缩空气经制动控制阀的下腔进入前制动气室，使前轮制动。当放松制动踏板时，制动控制阀使各制动气室通大气，以解除制动。

3. 汽车拖拉机挂车气压制动

由汽车拖拉机同一辆或多辆拖车组成的汽车拖拉机拖车，如果没有可靠的制动系统，则行驶时造成安全事故的可能性和严重性远远超过单车。因此对拖车制动增加以下两项要求：

1）拖车制动应与主车制动同步，或略超前于主车制动。

2）当拖车自行脱挂时，拖车应能自行制动。

具有压缩空气气源的汽车拖拉机牵引的拖车一般都采用气压式制动机构。

有些总长不是很长的汽车拖拉机拖车将储气筒、制动阀等都装在主车上，而拖车仅在各车轮处装设制动气室和制动器。对于较长的汽车拖拉机拖车，为了减少拖车制动的滞后时间，则应在拖车上加设储气筒和分配阀，形成独立的拖车气压制动回路。拖车分配阀的控制压力来自装在主车上的拖车制动阀，而拖车制动阀可以通过主车制动阀间接操纵。根据拖车分配阀的控制方法，有放气（降压）制动和充气（升压）制动两种。

在拖车制动阀由主车制动阀来操纵的情况下，拖车制动总是滞后于主车制动，这样的制动效果不理想。因此目前已有很多拖拉机用复合阀，把主车制动阀和拖车制动阀并列组合在一起，两个制动阀均由驾驶人直接操纵。这样可减少拖车制动的滞后时间，甚至可使拖车先于主车制动。

三、机械制动传动装置

在汽车发展的早期，行车制动系统和驻车制动系统都是机械式的。20 世纪初，行车制动系统开始采用液压传动装置，但多数还仅用于前轮制动。在 20 世纪 30 年代末，美国汽车的人力行车制动系统已全部改成液压式，但就世界范围而言，直到 20 世纪 50

年代初，机械式行车制动才全部被淘汰。然而，机械传动装置还是保留至今，主要用于驻车制动、小型四轮拖拉机行车制动。

机械式驻车制动靠杆系（图 14-17）或钢丝绳传力，其结构简单，造价低廉，工作可靠，但机械效率低。

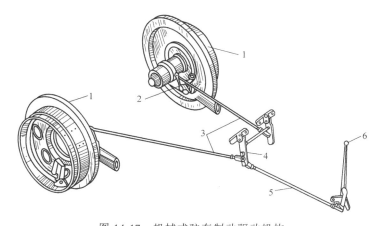

图 14-17　机械式驻车制动驱动机构

1—后轮制动器　2—蹄片张开装置　3—传动杆　4—传动臂　5—手柄拉杆　6—驻车制动手柄

思　考　题

1. 制动系统的作用是什么？它由哪些装置组成？

2. 鼓式制动器有几种型式？各有何特点？

3. 常见的盘式制动器有几种型式？各有何特点？

4. 气压式传动机构由哪些部件组成？

5. 液压式传动机构有几种型式？各有何特点？

6. 地面制动力、制动器制动力与附着力之间有何关系？

7. 如何合理分配前、后轮制动力？提高制动性能的措施有哪些？

8. 试述拖拉机、汽车对制动系统的要求。

9. 什么是非平衡式制动器？试分析领从蹄式制动器是否为非平衡式制动器。

10. 盘式制动器与鼓式制动器比较有哪些优缺点？

11. 钳盘式制动器分成哪几类？它们各自的特点是什么？

12. 拖拉机、汽车的制动传动机构有哪几种？

第十五章

拖拉机工作装置

拖拉机工作装置包括通过它们带动的农机具工作的牵引装置、动力输出装置和液压悬挂装置及液压举倾机构。

第一节　牵引装置

有些农机具（如牵引式收割机械、播种机等）都没有各自的行走装置，它们都由拖拉机牵引着进行工作。把拖拉机与农机具连接起来的装置叫作牵引装置。拖拉机牵引装置上连接农机具的铰接点称为牵引点。牵引点的位置可进行左、右调节或上、下调节。

牵引装置的主要尺寸及安装位置都应标准化，以适应与不同类型的牵引式农机具实现合理的连接并正常工作。

牵引装置可分为固定式牵引装置和摆杆式牵引装置两大类，如图 15-1 所示。

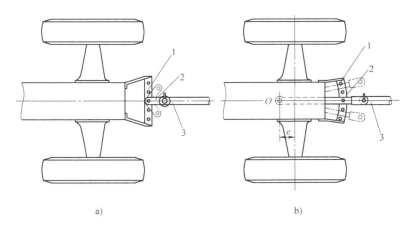

a)　　　　　　　　　　　　b)

图 15-1　牵引装置的种类

a）固定式　b）摆杆式

1—牵引板　2—牵引叉　3—辕杆

一、固定式牵引装置

固定式牵引装置的结构如图 15-2 所示，牵引板 5 用插销 2 与固定在后桥壳体两侧后下方的牵引支座 1 连接。牵引叉 4 把农机具的辕杆铰接在牵引板 5 上，此处为铰接

点，即固定式牵引装置的摆动中心。固定式牵引装置的摆动中心一般都位于驱动轮轴之后，由于牵引叉 4 是一个两端 U 形的挂钩，连接农机具以及倒车时，可以在一定范围内左右摆动。根据牵引板 5 上的 5 个孔和插销 2、牵引支座 1 的不同安装位置，可获得不同的牵引高度和横向牵引位置。

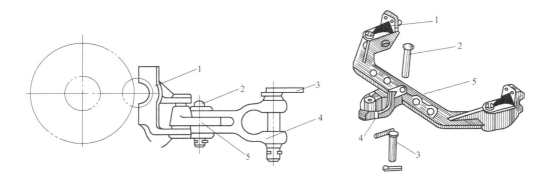

图 15-2　固定式牵引装置的结构

1—牵引支座　2—插销　3—牵引销　4—牵引叉　5—牵引板

当拖拉机需要配装悬挂式农机具时，将牵引板和牵引叉拆掉，换上与悬挂机构配套的连接零件即可。

在大多数轮式拖拉机上，常利用悬挂机构的左右下拉杆装上牵引板，并用斜撑板固定，构成固定式牵引装置。此种装置结构简单，但撑杆受力较大，容易弯曲。而且由于牵引点距离驱动轮轴线较远，工作中牵引点左右摆动较大。

有些拖拉机的牵引装置其牵引叉在水平方向和高度方向都不能调整，当拖拉机安装牵引装置进行运输作业时，必须拆下悬挂机构中的各杆件，否则可能发生相互干涉。

二、摆杆式牵引装置

摆杆式牵引装置的结构如图 15-3 所示，牵引杆 6 的前端用轴销 1 与拖拉机机身相铰链。此铰链点也就是牵引杆的摆动中心。摆杆式牵引装置的摆动中心一般都位于拖拉机驱动轮轴之前。牵引杆 6 的后端通过牵引销 5 与农机具辕杆连接。因为牵引杆 6 可以横向摆动，挂接农机具比较方便。工作中牵引杆 6 也可以左右摆动。但在拖拉机牵引农机具倒退时，必须将定位销 4 插入牵引杆 6 和牵引板 7 的孔中，牵引杆 6 便不能再摆动。

摆杆式牵引装置的摆动中心在驱动轮轴线之前，当农机具工作阻力的方向与拖拉机的行驶方向不一致时，迫使拖拉机转向的力矩较小，即拖拉机的直线行驶性较好。当拖拉机转向时，因农机具而产生转向阻力矩也较小，使拖拉机能比较容易地转向。但是，这种装置的结构比较复杂，一般都用在大功率的拖拉机上。

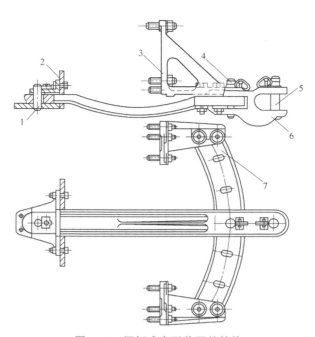

图 15-3　摆杆式牵引装置的结构

1—轴销　2—牵引叉销　3、7—牵引板　4—定位销　5—牵引销　6—牵引杆

第二节　动力输出装置

动力输出装置是将拖拉机发动机功率的一部分以至全部以旋转机械能的方式传递到农机具上的一种工作装置，主要包括动力输出轴和动力输出带轮。

一、动力输出轴

动力输出轴（简称 PTO）可将拖拉机发动机的部分功率传递给农机具，如旋耕机、收割机、播种机、喷药机械、收获机械以及带驱动桥的挂车等。动力输出轴经常在拖拉机行进中使用。

动力输出轴一般都布置在拖拉机的后面，但也有前置式的。国家标准后置式动力输出轴离地高度在 500～700mm 范围内，并在拖拉机纵向对称平面内，左、右偏差不得超过 500mm。轴端都采用八齿矩形花键。

根据转速数，动力输出轴可分为同步式动力输出轴和标准式动力输出轴。

1. 同步式动力输出轴

同步式动力输出轴的动力传动齿轮都位于变速器第二轴之后，如图 15-4 所示。无论变速器换入哪个档，动力输出轴的转速总是与驱动轮的转速"同步"。同步式动力输出轴用来驱动那些工作转速需适应拖拉机行驶速度的农机具，如播种机和施肥机等，以保证播量均匀。同步式动力输出轴以每米的转数来要求。但当拖拉机滑转时，会影响所配置农机具的工作质量。由于同步式动力输出轴都由变速器第二轴后引出动力，当主离合器接合，变速器以任何档位工作时，同步式动力输出轴便随之工作，即同步式动力输出轴的操纵仅由主离合器控制。

2. 标准式动力输出轴

与同步式动力输出轴不同，另有一种动力输出时变速器无须挂档，其动力由发动机或经离合器直接传递，也就是说动力输出转速只取决于拖拉机的发动机转速，与拖拉机的行驶速度无关，此种动力输出轴称为标准式动力输出轴。

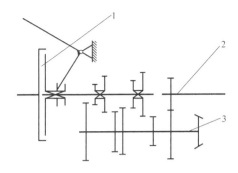

图 15-4　同步式动力输出轴
1—主离合器　2—动力输出轴　3—变速器第二轴

有些拖拉机上只设有标准式动力输出轴或同步式动力输出轴。有些拖拉机上的动力输出轴既可输出标准转速的动力，也可输出同步式转速的动力。

标准式动力输出轴按操纵方式不同，输出轴又可分为非独立式动力输出轴、半独立式动力输出轴和独立式动力输出轴 3 种。

（1）**非独立式动力输出轴**　非独立式动力输出轴没有单独的操纵机构，如图 15-5 所示。它的传动和操纵都通过主离合器。主离合器分离时，动力输出轴随之停止转动；主离合器接合时，动力输出轴同时旋转。这种型式的动力输出轴结构简单，但在拖拉机起步时，需同时克服拖拉机起步和农机具开始工作这两方面的工作阻力。发动机负荷较大，拖拉机停车换档时，农机具也需随之停止工作。

（2）**半独立式动力输出轴**　半独立式动力输出轴的传动和操纵由双作用离合器中的动力输出轴离合器控制，但操纵机构仍与主离合器共用，如图 15-6 所示。只是在操纵离合器踏板时动力输出轴离合器比主离合器后分离先接合。这样，即可达到分离主离合器时不停止动力输出轴的要求，又改善了拖拉机起步时发动机负荷过大的现象。但双作用离合器结构复杂，工作过程中仍不能单独停止动力输出轴的工作。

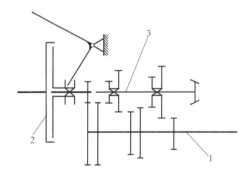

图 15-5　非独立式动力输出轴
1—动力输出轴　2—主离合器　3—变速器第二轴

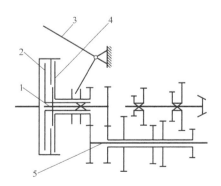

图 15-6　半独立式动力输出轴
1—变速器第一轴　2—变速器第一轴摩擦片
3—离合器踏板　4—输出轴摩擦片
5—动力输出轴

（3）**独立式动力输出轴** 独立式动力输出轴的传动和操纵都由单独的机构来完成，与主离合器的工作不发生关系，如图15-7所示。在采用独立式动力输出轴的拖拉机上装有一个主离合器和副离合器布置在一起的双联离合器，用两套操纵机构分别操纵主、副离合器。动力输出轴由副离合器控制，既可以改善拖拉机发动机因起步而导致的负荷过大，又能广泛满足不同农机具作业的要求，只是双联离合器的结构较为复杂。

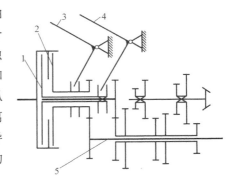

图 15-7 独立式动力输出轴
1—主离合器 2—副离合器摩擦片
3—副离合器踏板 4—主离合器踏板
5—动力输出轴

3. 注意事项

动力输出轴的广泛采用，大大地提高了拖拉机的综合利用性能，但也在结构和使用方面增添了复杂性。在使用各类拖拉机动力输出轴时应当注意以下几点：

1）结合或分离动力输出轴传动齿轮时，首先切断传向动力输出轴的动力。

2）拖拉机组倒车时，必须先使动力输出轴停止转动。

3）在选择配套农机具时，应注意功率的合理匹配。

二、动力输出带轮

1. 动力输出带轮的布置方式

拖拉机上安装带轮，用以进行各种固定作业，如抽水、脱粒和发电等。动力输出带轮是一个独立的部件，可根据需要安装，不用时就拆下保存，以免妨碍工作。多数拖拉机在其后面安装动力输出带轮，它套在动力输出轴后端的花键上，个别拖拉机布置在变速器左侧或右侧，由专门的传动齿轮驱动。动力输出带轮的轴线应与拖拉机驱动轮轴线平行，以便借助前后移动拖拉机来调整动力输出传动带的张紧力。所以，后置带轮一般由一对锥齿轮来传动。为了增大传动带传动的包角，减少传动带打滑，应保持紧边在下、松边在上，所以，传动带轮的放置方向应如图15-8所示。考虑到可能会有特殊情况，因此带轮的旋转方向应该是可变的。

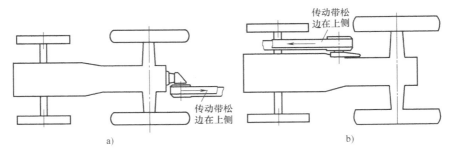

图 15-8 带轮的布置
a）后置带轮 b）右侧带轮

为了改变带轮的旋转方向，通常采用图 15-9 所示的结构。图 15-9a 所示为带轮总成的壳体安装位置不变，改变主动锥齿轮在轴上的安装位置（图中双点画线）。图 15-9b 所示为带轮总成壳体旋转 180°安装（图中双点画线）。两种方法都可改变带轮的转向，可根据总成的结构和安装位置的空间而定。

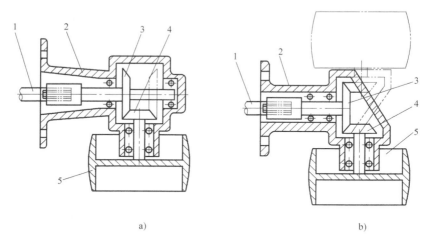

图 15-9　改变带轮旋转方向示意图

a）改变主动锥齿轮位置　b）旋转壳体 180°

1—动力输出轴　2—壳体　3—主动锥齿轮　4—从动锥齿轮　5—带轮

2. 注意事项

安装和使用带轮时应注意以下几点：

1）除注意带轮旋转方向、保证紧边在下外，还应使壳体上的通气孔螺塞在上方位置。

2）拖拉机带轮和农具带轮应对正，套上传动带后，应开动拖拉机慢慢张紧传动带。当紧度合适时停车摘档，将拖拉机制动并锁住。车轮前后要用三角木等楔好。

3）应定期检查壳体内的润滑油油面高度，必要时添加。

4）结合或分离传动带传动时，必须先分离离合器，以免损坏零件，造成事故。

第三节　液压悬挂装置

用液压提升和控制农机具的整套装置叫作液压悬挂装置。其功用是：连接和牵引农机具；操纵农机具的升降；控制农机具的耕作深度或提升高度；给拖拉机驱动轮增重，以改善拖拉机的附着性能；把液压能输出到作业机械上进行其他操作。液压悬挂装置由悬挂机构和液压系统等组成。

一、悬挂机构

1. 悬挂方式

根据农机具悬挂在拖拉机上的位置不同，悬挂方式可分为后悬挂、前悬挂、轴间悬

挂和侧悬挂4种，如图15-10所示。

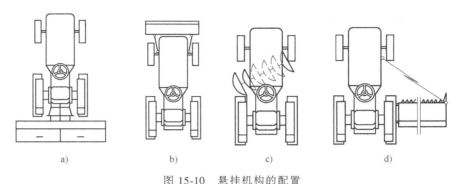

图15-10　悬挂机构的配置
a）后悬挂　b）前悬挂　c）轴间悬挂　d）侧悬挂

（1）**后悬挂**　后悬挂是将农机具悬挂在拖拉机的后面，如图15-10a所示。这种悬挂能满足大多数农田作业（耕地、耙地、播种和中耕等）的要求，是目前拖拉机上广泛采用的一种悬挂方式。其主要优点是：拖拉机可在未作业的地面上行驶，同时可增大拖拉机后驱动轮的附着重量，改善牵引附着性能。

（2）**前悬挂**　前悬挂是将农机具悬挂在拖拉机的前面，如图15-10b所示，这时前负荷加重。推土、收获等作业常采用这种悬挂方式。

（3）**轴间悬挂**　轴间悬挂是将农机具悬挂在拖拉机前、后轴之间，如图15-10c所示。这种悬挂方式多见于自动底盘拖拉机上。

（4）**侧悬挂**　侧悬挂是将农机具悬挂在拖拉机的侧面，如图15-10d所示。割草、收获等作业常采用这种悬挂方式，由于这类作业工作阻力不大，所以不致引起拖拉机自行转向。

2. 悬挂机构的类型

根据悬挂机构杆件与拖拉机机体连接点数，悬挂方式可分为三点悬挂和两点悬挂。下面以常用的后悬挂为例介绍。

（1）**三点悬挂**　悬挂机构杆件以3个铰接点与拖拉机机体连接，如图15-11所示。上拉杆前端的铰接点 A 称为上铰链点，下拉杆前端的铰接点 B 和 C 称为 F 铰链点。当采用三点悬挂时，农机具在作业过程中相对于拖拉机不可能有太大的偏摆，因此农机具随拖拉机直线行驶的稳定性较好，但作业中要矫正拖拉机机组的行驶方向比较困难。所以三点悬挂的悬挂机构在中、小功率拖拉机上应用较普遍。

（2）**两点悬挂**　悬挂机构仅以上、下拉杆前端 A 和 B 两铰接点与拖拉机机体连接，如图15-12所示。在作业过程中农机具相对于拖拉机可进行较大的偏摆，这样在大功率拖拉机上悬挂重型或宽幅农机具作业时，就能较轻便地矫正行驶方向。因此，在大功率拖拉机上采用两点悬挂的悬挂机构，以便与重型或宽幅农机具匹配作业。

悬挂机构总是以上拉杆后端铰接点 D 和下拉杆后端铰接点 E、F 与农机具连接。D 点称为上悬挂点，E、F 点称为下悬挂点。

3. 快速挂接装置

拖拉机的悬挂装置与农机具的连接，一般都采用上述传统的锁孔式结构。这种结构制

造简便，使用可靠，但挂接过程比较困难、费时，常需要辅助人员帮助挂接，且不安全。为了使农机具的挂接或卸下迅速、简便、安全，在不少拖拉机上已采用快速挂接装置。

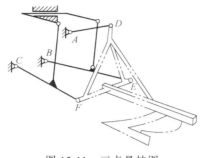
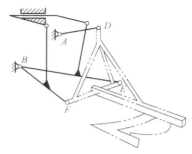

图 15-11　三点悬挂图　　　　　　　　　图 15-12　两点悬挂图

（1）下拉杆快速挂接装置　下拉杆快速挂接装置的结构方案很多，但其基本工作原理是类似的，都具有自动定位和自锁作用。

下拉杆快速挂接装置的结构如图 15-13 所示，拉耳 2 用弹簧销 1 铰接在钩体 9 上，卡铁 6 用销轴 3 铰接在拉耳上。钩衬 8 用较好的材料制成，磨损后可更换。

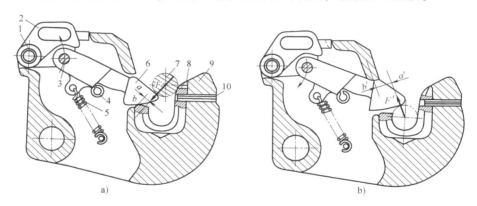

图 15-13　下拉杆快速挂接装置的结构

a）挂接开始　b）自锁作用

1—弹簧销　2—拉耳　3—销轴　4—限位销　5—回位弹簧　6—卡铁

7—农机具悬挂轴　8—钩衬　9—钩体　10—定位锁

当挂接农机具时，下拉杆抬起，农机具悬挂轴 7 两端分别压在左、右挂接钩上，对卡铁 6 产生压力 P，如图 15-13a 所示。这时，卡铁以 b 点为支点，在力矩 F 的作用下，其铰接端与销轴 3 一起按箭头所示方向运动，同时卡铁头部缩进钩体 9 中，于是农机具悬挂轴滑入挂接钩中，并自动定位，继而卡铁在回位弹簧 5 的拉力作用下弹出钩体，锁住悬挂轴。

在工作过程中，当悬挂轴因某种原因而上跳时，对卡铁产生冲击力 F'（图 15-13b）。这时卡铁以 b' 为支点，在脱出力矩 $F'a'$ 的作用下，按图 15-13b 中箭头所示方向运动，同时卡铁头部反而越向外伸，使悬挂轴更不易脱出，即实现了自锁作用。当需要摘卸农机具时，只要通过拉绳或拉杆拉动拉耳 2，使它逆时针方向转动，带动卡铁缩回。这时，降下下拉杆，悬挂轴便可脱离挂接钩。

（2）**上拉杆快速挂接装置** 图 15-14 所示为压入式上拉杆快速挂接钩。挂接时，农机具上支承销 2 压开卡铁 3，便可自行滑入挂接钩。挂接后卡铁 3 在弹簧 4 的作用下复位，并锁住上支承销。

由于脱出力 F 的作用线偏向 OK_1 线的左上方，脱出力矩试图使卡铁按图

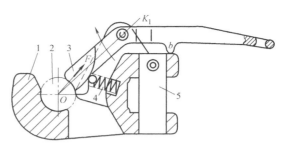

图 15-14 压入式上拉杆快速挂接钩
1—钩体 2—农机具上支承销 3—卡铁
4—弹簧 5—摆动轴

15-14 中箭头所示方向转动，但受支点 b 限制，因此不能脱开，实现了自锁作用。

应该指出，对图 15-14 所示具有"II"字形刚性框架的快速挂接装置，只要悬挂轴定位锁紧后，农机具便不会脱出，因此其上挂接钩不带锁定机构。

二、液压系统

液压悬挂装置的液压系统有多种型式。

1. 按主要液压元件分布位置分

按照液压泵、液压缸和分配器等主要液压元件在拖拉机上的布置情况，液压系统可分为分置式、半分置式和整体式 3 种（图 15-15）。

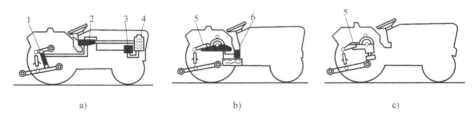

图 15-15 液压系统的型式
a）分置式液压系统 b）半分置式液压系统 c）整体式液压系统
1—液压缸 2—分配器 3、6—液压泵 4—油箱 5—提升器

（1）**分置式液压系统** 分置式液压系统的液压泵、液压缸和分配器分别布置在拖拉机的不同部位，相互间用油管连接，如图 15-15a 所示。该类型液压系统液压元件的"三化"（标准化、系列化、通用化）程度较高，拆装比较方便，可根据不同情况和要求，将液压缸布置在拖拉机的有关部位，组成后悬挂、前悬挂和侧悬挂等型式。但是，由于布置分散，管路较长，会使防尘、防漏、防损坏较困难，且力调节和位调节的传感机构不好布置。

（2）**半分置式液压系统** 半分置式液压系统的元件，除液压泵单独安装在拖拉机的适当部位外，其余元件（液压缸、分配器、操纵机构等）都布置在一个叫作提升器的总成内，如图 15-15b 所示。半分置式液压系统的液压缸、分配器、力调节和位调节传感机构等布置集中、紧凑，油路短，密封性好，液压泵易实现"三化"和实现独立

驱动；但拆装较麻烦，在总体布置上，除液压泵外，受到拖拉机结构的限制。

（3）**整体式液压系统**　在整体式液压系统中，全部液压元件组成一个整体提升器，每个元件均不能独立使用，如图 15-15c 所示。整体式液压系统结构紧凑，油路短，密封性好，力调节、位调节传感机构布置方便，但液压元件不易做到"三化"，拆装不方便，布置受拖拉机总体结构的限制。

2．按中立时液压泵是否输出油液分

根据主控制阀在中立位置时液压泵输出的油液是否通过主控制阀，液压系统又可分为开心式和闭心式两种类型。

（1）**开心式液压系统**　如图 15-16 所示，简单液压悬挂系统是一种开心式液压系统。该系统要求分配器的主控制阀在中立位置时打开，使液压泵输出的油液可以通过该阀返回油箱。该系统的液压泵是定量泵，当不需要操作功能时，系统必须有一条回油通道，使液压泵处于卸荷状态。

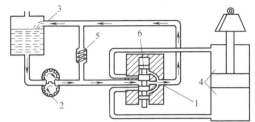

图 15-16　开心式液压系统简图（中立位置）

1—通过主控制阀的油流　2—液压泵　3—油箱

4—液压缸　5—安全阀　6—主控制阀

由于油路中的液压泵 2 是定量泵，油液的流量是定值，而系统的压力随负荷的大小而变，所以又称为定量变压系统。安全阀 5 用来限定系统的最高压力，如果提升载荷所需的压力过高，则该阀打开，油液释放回油箱，实现减压，起到保护系统的作用。

开心式液压系统的优点是结构简单，价格便宜，且在中立状态时液压泵处于卸荷状态，功率损失小。但由于在中立状态时液压泵卸荷，所以换位时要使很低的油压上升需要有个过程，因此反应不够灵敏。靠主控制阀来使液压缸换向，在换向过程中就不可避免地会出现闭死油路瞬间，从而引起液压冲击。当出现液压缸或阀漏油时，农机具会出现沉降或大流量节流损失，使油温升高，影响系统工作的可靠性。此外，该系统不适宜用于同时操纵几个执行元件，以满足多功能使用要求的多油路系统。因此，开心式液压系统常用于功能要求比较单一的拖拉机上。拖拉机的液压系统都属于这种类型。

（2）**闭心式液压系统**　闭心式液压系统的主控制阀在中立位置时，液压泵输出的油液不经过主控制阀，如图 15-17 所示。

这种油路中的动力元件（液压泵）是一个限压变量径向柱塞泵，其流量可根据需要自动改变，而油路中的压力维持在一定范围内，所以又称为变量恒压系统。由图 15-17 可见，在中立位置时，由于主控制阀关闭，截断从液压泵输出的油流，液压泵泵出的液压油被封闭，油压就迅速升高，当压力升至某一预定值（储备压力值）后，通过液压泵的行程控制阀等元件的控制（图中未表示），使液压泵自行断开，即液压泵的柱塞被抬起并与驱动偏心轴脱开。此

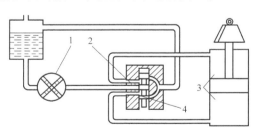

图 15-17　闭心式液压系统简图（中立位置）

1—液压泵（停止泵油状态）　2—阀截断油流

3—液压缸　4—主控制阀

时，液压泵基本上不泵油，而液压泵出油口与主控制阀之间的封闭仍保持着预定的储备压力，处于备用状态。同时，为了使活塞和农机具保持一定的位置，液压缸活塞两边的油液也被主控制阀封闭。当负荷超过预定的储备压力时，该系统会使液压泵自行脱开，所以理论上没有必要设置保护系统的安全阀。

闭心式液压系统的优点是：在中立位置时，液压泵处于备用状态，液压油路中保持着系统最高压力（储备压力），所以换位时反应灵敏；系统中液压缸、阀等部件的泄漏能得到及时补偿，不致引起农机具的沉降，不会造成大的油流损失；系统没有必要设安全阀，因为当达到储备压力时，泵可自行断开，这样在卸荷压力频繁出现的系统中，可防止油温升高；在液压泵流量范围内，可设置多油路系统，能满足多功能使用要求。但闭心式液压系统采用变量泵，结构比较复杂；液压泵输出高压油，当系统中要求较低压力时需经过节流减压，因此，在流量大、压力低的情况下使用时，功率损失较大。

闭心式液压系统常用于功能要求比较多的中、大功率拖拉机上。

【拓展阅读15-1】 电控液压悬挂系统发展概况

三、悬挂农具的作业耕深控制

1. 按控制原理分

悬挂农具的作业耕深按控制原理可分为高度调节、位调节、力调节和综合调节。

（1）**作业深度的高度调节方法** 农机具靠地轮对地面的仿形来维持一定的耕深。只有改变地轮与农机具工作部件底平面之间的相对位置才可改变耕深。当土壤比阻一致时，用高度调节法可得到均匀的耕深。如果土质不均匀，则地轮在松软土壤上下陷较深，使耕深增加。高度调节时，液压缸活塞处于浮动状态，不受液压油的作用，悬挂机构各杆件可以在机组纵向垂直平面内自由摆动。农机具的重量大部分由地轮承受，增大了农机具的阻力，如图15-18所示。

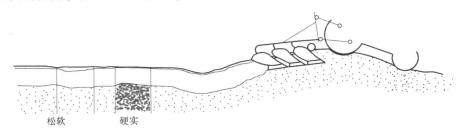

松软　硬实

图15-18 高度调节时耕深变化情况

（2）**作业深度的位调节方法** 位调节时，液压缸中有压力。如图15-19所示，农机具靠液压作用悬吊在一定位置。这个位置可由驾驶人移动操纵手柄任意选定。在工作过程中，农机具相对于拖拉机的位置是固定不变的。如液压缸有泄漏，农机具位置发生变动，则通过提升轴的转动，凸轮升程的变化，使农机具提升，自动恢复到原来位置。也就是说，位调节是以提升轴转角（凸轮升程变化）为传感信号，使农机具与拖拉机的相对位置保持不变。而力调节是以农机具的牵引阻力变化为传感信号，使牵引阻力保持不变。位调节时，如地面平坦，而土质变化较大，同时耕深还是均匀一致的，只是牵引阻力变化大，使发动机负荷波动。如地面起伏不平，则随着拖拉机的倾斜起伏，会使耕深很不均匀。位调节一般用于要求保持一定离地高度的农机具，不太适宜于耕地。采用位调节时，也有减小农机具阻力和使拖拉机驱动轮增重的作用。

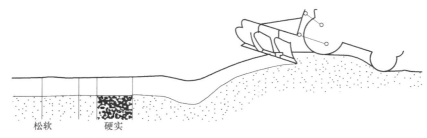

图 15-19　位调节时耕深变化情况

（3）作业深度的力调节方法　力调节时，液压缸中有油压。如图 15-20 所示，农机具靠液压维持在某一工作状态，并有相应的牵引阻力。牵引阻力的变化可通过力调节传感机构，适时升、降农机具，使牵引阻力基本保持一定，因而使发动机负荷波动不大。当阻力变化主要是由地面起伏而引起时，力调节法可使耕深比较均匀，发动机负荷也比较均匀。当阻力变化主要是由于土壤比阻变化而引起时，采用力调节法仅使发动机负荷波动不大，但耕深不均匀。力调节时，农机具不用地轮，减小了农机具的阻力，并对拖拉机驱动轮有增重作用，提高拖拉机的牵引附着性能。

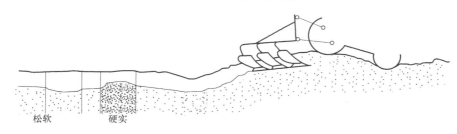

图 15-20　力调节时耕深变化情况

（4）作业深度的综合调节方法　除单独使用某种耕深控制方法外，还可把高度调节、力调节或位调节综合起来使用，成为综合调节。具有力、位控制液压系统的拖拉机在土质软硬不均的旱田上耕地时，在采用阻力控制方法耕作时，可在悬挂犁上加装限深轮。限深轮的位置调整到稍大于所要求的耕深，耕作过程中，如土壤阻力大时，阻力控制液压系统起到作用；土壤阻力小时，限深轮可起限深作用，以免耕地过深。力位综合控制是将力控制弹簧或负荷控制轴的变形量和位置控制凸轮转角的变化量，同时作为自动控制的输入信号，以达到力位综合控制耕深的目的。显然，负荷选择臂的位置不同，使两种输入信号按照不同的比例，各自对操纵机构起作用。根据实际情况合理选择负荷选择臂的位置，可使耕深自动控制的适应性提高，作业质量得到保证，这是该种控制法的最大优点，目前得到广泛应用。采用力位控制法时，耕深变化情况介于力调节方法和位调节方法之间。

4 种耕深控制法的特点见表 15-1。

表 15-1　4 种耕深控制法的特点

项目	高度调节	力调节	位调节	力位综合调节
农机具有无限深装置	有	无	无	无
耕作时液压缸压力	无	有	有	有
农机具能否上下摆动	能	液压控制	不能	液压控制
耕深自动控制原理	限深装置的仿形作用	耕作阻力变化自动反馈	农机具位置变化自动反馈	阻力和位置变化综合自动反馈
土质不同时的耕深均匀性	较好	差	较好	较阻力控制好
地表不平时的耕深均匀性	好	较好	差	较位置控制好
发动机负荷的稳定性	差	好	差	较好
对驱动轮的增重作用	差	好	较好	好
适用范围	一般用于旱地	水田、旱田，耕作阻力较大的作业	水田、旱田，主要适用于平整地面上的轻负荷作业	水田、旱田的大多数作业

2. 按自动化程度分

作业深度控制方法按自动化程度可分为手动控制、自动控制和综合控制等。

（1）**作业深度的手动控制方法**　根据拖拉机机组作业过程、工艺需要与质量要求，操作人员通过操纵杆（也称为分配器）调整与控制机组的工作状态，这种控制方式称为手动控制。

手动控制方式应用比较广泛，当机组作业过程中需要改变工况时，通常需要手动操作，以控制机具的状态。

1）地头转弯前将悬挂的农具提升或让牵引农具的工作部件离开地面，转弯后开始作业时再将农具降下。

2）机组行进中手动调整农机割台高度、犁耕深度等。

3）翻转犁作业时犁的翻转、运输机组运输作业时的自卸等。

手动控制系统比较简单，工作可靠，操作方便，但通常不能实现工作过程中的连续控制，多用于间歇式控制。

（2）**作业深度的自动控制方法**　自动控制拖拉机机组作业过程中，通过传感器采集牵引阻力、农具与拖拉机相对位置或农具与地面高度等信号，自动控制机组的工作状态，这种控制方式称为自动控制。

机组工作状态的自动控制应用越来越广泛，目前主要用于机组作业过程中的连续、自动控制，如自动调整犁耕机组工作深度或相对地面高度、农机割台高度等。

自动控制能实现机组作业过程中工况信号的自动、连续采集并实现机组的自动控制，从而克服了手动控制频繁操作、间歇性和控制不精等不足。但是，自动控制系统比较复杂，维修保养不便，通用性较差，所以多用于单一作业的控制，如悬挂犁牵引力的控制、联合收获机割台高度控制等。

（3）**作业深度的综合控制**　手动控制与自动控制各有利弊，而且单一的控制方式应用受到限制，所以目前普遍将手动控制与自动控制结合起来形成联合控制。

四、液压悬挂系统的工作过程分析

大部分拖拉机一般采用力、位调节法来控制工作深度，液压缸一般为单作用液压缸，也有采用双作用液压缸。

1. 采用力、位调节法液压系统的组成

力、位调节法液压系统由油箱、滤清器、液压泵、分配器和液压缸等组成，如图15-21所示。除液压泵、滤清器作为单独的部件装在后桥壳体的前壁上外，分配器与液压缸连成一体，连同其操纵机构等统一构成一个提升器总成，兼作后桥壳体上盖。

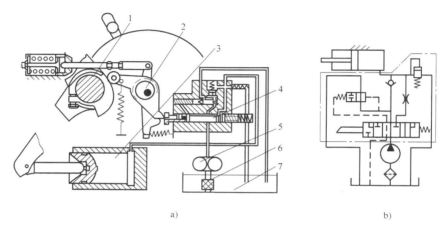

a)   b)

图 15-21　力、位调节法液压系统

a）液压系统组成　b）液压系统原理图

1—举升机构　2—力、位调节装置　3—液压缸　4—分配器　5—液压泵　6—滤清器　7—油箱

（1）提升器　如图15-22所示，提升器由液压缸-分配器4、操纵机构、举升机构2以及力调节和位调节机构3等组成，统一装在提升器壳体5内，兼作传动箱上盖。

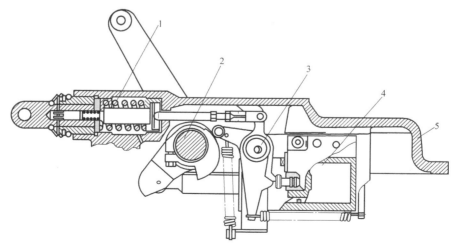

图 15-22　提升器

1—力调节弹簧　2—举升机构　3—力调节和位调节机构　4—液压缸-分配器　5—提升器壳体

单作用液压缸和分配器用螺栓连成一体，紧固在提升器壳体内顶部。液压缸前部还有一个支承螺钉顶住提升器壳体，以分担液压缸分配器固定螺栓的负荷。

（2）操纵机构 操纵机构由位调节操纵机构和力调节操纵机构两部分组成，共同操纵同一个主控制阀，其构造如图15-23所示。其功用是根据工作需要操纵主控制阀，升、降农机具或自动控制农机具的耕深以及提升高度。

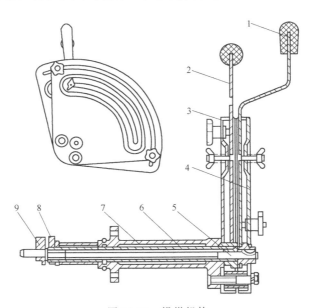

图15-23　操纵机构

1—力调节手柄　2—位调节手柄　3—位调节扇形板　4—力调节扇形板　5—力调节中心轴
6—位调节空心轴　7—扇形板支座　8—位调节偏心轮　9—力调节偏心轮

操纵机构用螺栓固定在提升器壳体的右侧。力调节和位调节各有一套操纵机构。力调节扇形板4和位调节扇形板3用双头螺柱紧固在扇形板支座7上。位调节偏心轮8焊接在位调节空心轴6上，通过半月键，由位调节手柄2带动。力调节偏心轮9焊接在力调节中心轴5上，用半月键由力调节手柄1带动。力调节偏心轮9和位调节偏心轮8分别驱动力调节机构和位调节机构。

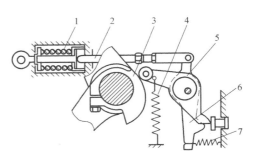

图15-24　力、位调节机构

1—力调节弹簧　2—力调节推杆　3—位调节凸轮
4—位调节杠杆弹簧　5—位调节杠杆
6—力调节杠杆　7—力调节杠杆弹簧

力、位调节机构如图15-24所示，力调节机构由力调节杠杆6、力调节杠杆弹簧7、力调节推杆2和力调节弹簧1等组成。用外边的力调节手柄操纵农机具的升降及阻力调节。位调节机构由位调节杠杆5、位调节杠杆弹簧4、位调节凸轮3等组成。用位调节手柄操纵农机具的升降、位置的调节及液压的输出。

如图 15-25 所示，力调节弹簧总成由力调节弹簧杆 8、力调节弹簧座 7、力调节弹簧压板 5 等构成，装在提升器后端。装配力调节弹簧总成时，应在力调节弹簧杆 8 上依次装上力调节弹簧座 7、力调节弹簧 6、力调节弹簧压板 5，再拧入套着防尘罩 3 大螺母 4 上的上拉杆接头 1。转动力调节弹簧杆 8，直到消除零件之间的间隙之后，再装入插销 2。将力调节弹簧总成装入提升器壳体后端时可转动大螺母 4，直到消除其在壳体内的轴向间隙，再

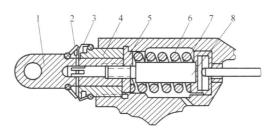

图 15-25　力调节弹簧总成

1—上拉杆接头　2—插销　3—防尘罩
4—大螺母　5—力调节弹簧压板
6—力调节弹簧　7—力调节弹簧座　8—力调节弹簧杆

将插销 2 放入大螺母 4 上的孔内，以防止大螺母松动而产生轴向间隙。

2. 采用力、位调节法液压系统的工作原理

采用力、位调节法液压系统具有中立、位调节、力调节和液压输出等功能。

（1）**中立状态**　如图 15-26 所示，当力调节手柄 B 和位调节手柄 A 都放在扇形板上的提升位置时，主控制阀 8 处在中立位置，即液压缸通道 H 被封闭，农机具被悬吊在最高提升位置。回油阀背腔 E 经主控制阀背腔 F 与油箱相通。液压泵来油仅穿过回油阀前腔 D，压缩回油阀弹簧，使回油阀 6 开放，油液经回油孔 C 流回油箱。

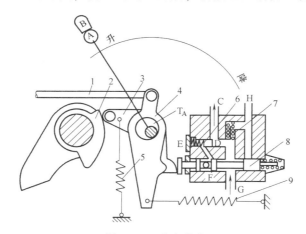

图 15-26　中立状态

A—位调节手柄　T_A—位调节偏心轮　B—力调节手柄　C—回油孔　D—回油阀前腔
E—回油阀背腔　F—主控制阀背腔（通油箱）　G—液压泵通道　H—液压缸通道
1—力调节推杆　2—位调节凸轮　3—位调节杠杆　4—力调节杠杆　5—位调节杠杆弹簧
6—回油阀　7—单向阀　8—主控制阀　9—力调节杠杆弹簧

（2）**位调节**

1）下降。若将位调节手柄 A 向下降方向推移，如图 15-27 所示，由于位调节杠杆弹簧 5 拉住位调节杠杆 3 的回位端，使回位端紧贴在位调节凸轮 2 上，所以当位调节偏心轮 T_A 顺时针转动时，位调节杠杆 3 便以靠在位调节凸轮 2 上的回位端为支点，使位

调节杠杆 3 控制端向前移动，推动主控制阀 8 到下降位置。此时，液压缸通道 H 打开，而回油阀背腔 E 仍经主控制阀背腔 F 与油箱相通。故液压泵来油仅经回油阀前腔 D，推开回油阀 6，与液压缸中排出的油液一道流回油箱，农机具便靠其自身重量下沉。

随着农机具的下降，夹固在提升轴上的位调节凸轮 2 便与提升轴一起转动，凸轮升程逐渐增大，推动位调节杠杆 3 的回位端，绕偏心轮外圆顺时针转动，拉伸位调节杠杆弹簧 5，如图 15-28 所示，主控制阀 8 便由控制阀弹簧推回到中立位置。如此，农机具便停止下降，而悬吊在某一高度位置。

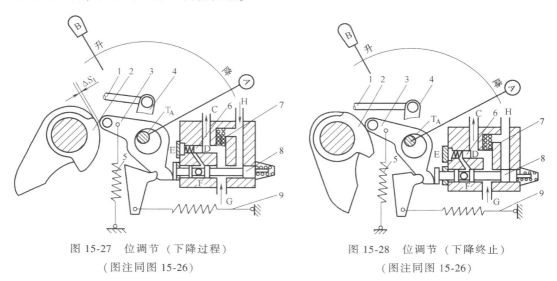

图 15-27 位调节（下降过程） 图 15-28 位调节（下降终止）
（图注同图 15-26） （图注同图 15-26）

2）自动控制过程。位调节手柄 A 向下降方向移动越多，则位调节偏心轮顺时针转动角度越大。由于位调节杠杆弹簧拉住位调节杠杆的回位端，则位调节杠杆弹簧先以回位端为支点，使位调节杠杆的控制端向前移动，推动主控制阀到下降位置，继之，以位调节杠杆的控制端为支点，使位调节杠杆的回位端逐渐离开调节凸轮，则位调节杠杆的回位端与位调节凸轮之间逐渐形成间隙 ΔS_1。由于主控制阀在下降位置，农机具便靠其自重下沉。随着农机具下降过程的进行，位调节凸轮的升程必须先导致间隙 ΔS_1 的消失，进而推动位调节杠杆绕偏心轮旋转，主控制阀便在主控制阀弹簧的作用下回到中立位置，农机具便停止继续下降。也就是说，农机具下降更多的程度后，才停下来不再下降，并保持在该悬吊高度。

由此可见，不同位调节手柄 A 的位置，可得到不同的悬挂高度。

3）提升。若将位调节手柄向提升方向移动，如图 15-29 所示，位调节杠杆便以回位端为支点顺时针转动。控制端向后，主控

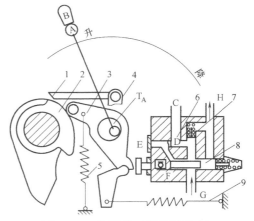

图 15-29 位调节（提升过程中）
（图注同图 15-26）

制阀 8 便由弹簧推出至提升位置。此时，液压缸通道 H 被封闭。液压泵来油充入回油阀前腔 D 和回油阀背腔 E，回油阀 6 便在回油阀弹簧的作用下将通往油箱的回油孔 C 堵死。液压泵来油便顶开单向阀 7，充入液压缸，使农机具提升。

随着农机具的提升，位调节凸轮 2 的升程减小。在位调节杠杆弹簧 5 的拉力下，位调节杠杆 3 的控制端便推进主控制阀 8 至中立位置，农机具便停止上升，并保持在该悬吊高度工作。位调节手柄越向提升方向移动，则农机具需提升到更高的位置后，主控制阀才能被推到中立位置。所以，相同的位调节手柄位置可得不同的悬吊高度位置的农机具工作状态。直到位调节手柄移至扇形板上最高提升位置，农机具便被举升到最高提升状态。

（3）力调节

1）下降。如图 15-30 所示，若将力调节手柄 B 向下降方向移动，则力调节偏心轮 T_B 顺时针转动，使力调节杠杆以力调节推杆 1 为支点，其控制端便将主控制阀 8 推到下降位置，控制端不能再动。力调节杠杆便以其控制端为支点顺时针摆动，结果使力调节推杆 1 与力调节弹簧杆 11 之间便出现间隙 ΔS_2。在这种情况下，力调节弹簧 10 的变形量必须足够大才能推动力调节杠杆，让主控制阀弹出至中立位置。因为，在推动力调节推杆之前必须克服间隙 ΔS_2。

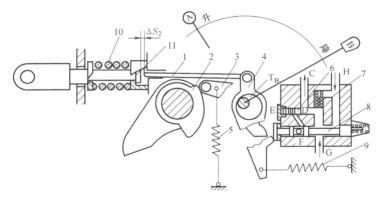

图 15-30　力调节（下降过程中）

T_B—力调节偏心轮

10—力调节弹簧　11—力调节弹簧杆（其他图注同图 15-26）

2）自动调节过程。在工作过程中，若工作阻力因故增大，通过上拉杆传至力调节弹簧杆 11 的推力也变大，力调节弹簧 10 微压缩得更多。力调节推杆 1 将继续推动力调节杠杆 4 绕力调节偏心轮 T_B 外圆顺时针转动。力调节杠杆弹簧 9 进一步被拉伸，主控制阀 8 即由主控制阀弹簧推出到提升位置，农机具被稍提起，工作阻力便减小，则通过拉杆作用在力调节弹簧 10 上的压力也稍减，力调节杠杆弹簧 9 便拉回力调节杠杆 4，顶进主控制阀 8 回到中立位置，以获得与预选工作阻力相当的新的耕作深度；若工作阻力因故减小，其作用情况与上述相反，这就是根据不同的工作阻力情况，通过力调节机构，自动调节工作深度。

3）提升。如图 15-31 所示，将力调节手柄 B 移到提升位置时，力调节偏心轮 T_B 逆时针转动，力调节杠杆 4 使以力调节推杆 1 为支点顺时针转动的控制端后移，主控制阀

8 被弹簧弹出至提升位置，农机具升起，直到最高提升位置。注意，此时位调节凸轮的升程减小，位调节杠杆弹簧 5 拉动位调节杠杆 3，推进主控制阀 8 回到中立位置，农机具便悬吊在最高位置。使用力调节手柄时，若下降，则必须待农机具入土产生阻力后，才能使主控制阀回到中立位置。若提升，则必须到最高位置才能依靠位调节凸轮作用，使主控制阀回到中立位置。如无工作阻力，也不在最高提升位置，则主控制阀回到中立位置，所以农机具不能悬挂在空中任意位置。由于力调节弹簧是双向作用的，当上拉杆承受拉力作用时（如配带重型农机具进行浅耕作业），力调节机构也能实现阻力自动调节。

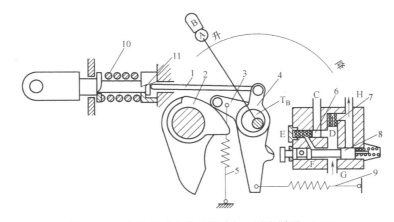

图 15-31　力调节（上升过程中）（图注同图 15-30）

（4）**液压输出**　当位调节手柄 A 后移越过扇形板上的最高提升位置，到达"液压输出"位置可以获得液压输出，如图 15-32 所示。这时，位调节偏心轮 T_A 逆时针转动，位调节杠杆 3 以靠在位调节凸轮 2 的回位端为支点，拉伸位调节杠杆弹簧 5，使位调节杠杆 3 的控制端后移，主控制阀 8 便被弹簧弹出到提升位置。如此，液压泵来油便充满液压缸，经过液压缸的出油孔分流到分置液压缸；当供油量达到液压缸的要求后，应及时将位调节手柄 A

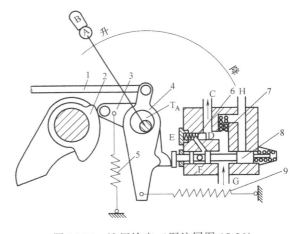

图 15-32　液压输出（图注同图 15-26）

移回到最高提升位置，即让主控制阀回到中立位置，以便停止提供高压油。不然，主控制阀 8 将持续开启供油，迫使安全阀长时间工作，使液压油经过安全阀流回油箱。

一些拖拉机的液压系统在使用中应注意两套操纵手柄的协调，不能同时使用两个手柄。不使用的手柄应紧固在最高提升位置上。当使用位调节手柄 A 时，力调节手柄 B 应放在扇形板上的提升位置；反之，使用力调节手柄时，位调节手柄 A 也应放在扇形

板上的提升位置。这样调节杠杆不会压着主控制阀端面。

在使用力调节手柄降落农机具时应根据农机具的轻重和地面的软硬，选择合适的下降速度，以免碰坏农机具。为此，要预先调节好下降速度控制阀。在运输时，应将两个手柄用定位手轮锁定在提升位置，并用锁紧轴将提升轴挡住，以防止农机具自行降落。使用液压输出时，当满足输出油液要求后，应及时将位调节手柄移回提升位置。

此外，上拉杆连接板上有 3 个连接孔。使用力调节时，上拉杆前端一般都连接在中间的连接孔上。只有进行轻负荷作业时可用下孔连接。若进行特重负荷作业时，上拉杆前端应连接在下孔上。使用位调节或高度调节时，上拉杆前端应连接在下孔上，切勿将上拉杆连接板孔当作牵引挂接板使用。

五、拖拉机耕深自动控制系统

拖拉机耕深自动控制系统主要由电子控制部分、液压部分和机械部分组成，如图15-33 所示。

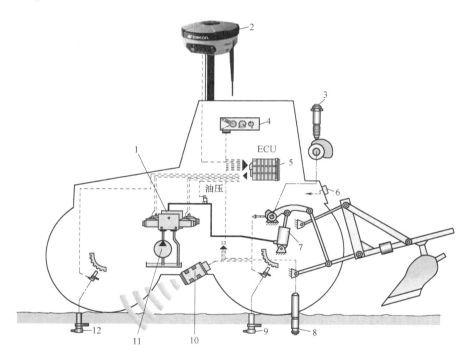

图 15-33 拖拉机耕深自动控制系统的组成

1—控制阀 2—北斗（或 GPS） 3—耕深传感器 4—控制操纵面板 5—耕深 ECU 6—后端按钮 7—液压缸
8—力传感器 9—后轮转速传感器 10—雷达车速传感器 11—液压泵 12—前轮转速传感器

拖拉机耕深自动控制系统的基本原理是：耕深 ECU 通过采集犁耕阻力传感器、耕深传感器、油压传感器、北斗（或 GPS）、轮速传感器和陀螺仪等信号，得出拖拉机的实时犁耕作业阻力和耕深，以及滑转率信号，计算出耕深目标控制值；将控制面板上的设定信号送入耕深 ECU，得出驾驶人的操作信息，包括耕深目标信号、调节方法等；

耕深 ECU 将得到的目标信号和测得的实际信号进行比较得出耕深控制量，输出控制信号后经放大器放大后控制比例阀，比例阀的开口和油液流动方向发生变化以后就可以控制液压缸的运动速度和运动方向，从而控制悬挂农具的升降和运动速度，即可控制耕深及耕深的变化率。

 【拓展阅读 15-2】 拖拉机耕深自动控制系统

思　考　题

1. 说明拖拉机动力输出方式及各自特点。

2. 说明耕深调节方法及调节原理，分析各种调节方法对耕作质量的影响和特点。

3. 什么是标准式动力输出轴与同步式动力输出轴，举例说明其应用。

4. 什么是非独立式动力输出轴、半独立式动力输出轴和独立式动力输出轴？它们各有何特点？

5. 固定式牵引装置有何特点？牵引点的垂直和水平位置是如何调节的？

6. 试述悬挂机构的组成及两点悬挂、三点悬挂的特点。

7. 说明液压悬挂装置中液压系统的分类及各自特点。

8. 论述高压调节法液压系统的工作原理。

9. 论述力、位调节法液压系统的工作原理。

10. 电子液压悬挂系统是如何自动控制作业深度的？

第十六章

电 气 设 备

电气设备主要包括电源、用电设备和配电装置3大部分，详细如下。

电气设备
- 电源
  - 蓄电池：6V、12V、24V
  - 发电机
- 用电设备
  - 起动机
  - 点火装置：点火线圈、点火模块、分电器、火花塞等
  - 照明装置
    - 外部照明装置：前照灯、雾灯、倒车灯、牌照灯等
    - 内部照明装置：仪表灯、顶灯、车厢灯、踏步灯、行李舱灯等
  - 信号装置
    - 灯光信号装置
      - 转向信号装置：转向灯、闪光器、转向灯开关、转向指示灯等
      - 制动信号装置：制动信号灯、制动灯开关等
      - 其他灯光信号：危险警告灯、位灯、示廓灯及倒车信号灯等
    - 声响信号装置：喇叭、倒车蜂鸣器、语音倒车报警器等
  - 仪表装置：发动机转速表、车速表、电流表、燃油表、冷却液温度表、机油压力表、里程表等
  - 指示装置：机油压力、制动液面、发电机、冷却液温度、燃油箱存量、制动片厚度、发动机、防抱死制动系统(ABS)、变速器、SRS等警告灯
  - 车身附属装置：空调、电动刮水器、电动门窗、电动天窗、中央门锁、电动后视镜、电动座椅、车载音响等
- 配电装置：中央配电盒、电路开关、保险装置、插接件、导线等

第一节 电 源

电源主要包括蓄电池和发电机。

一、蓄电池

1. 蓄电池的功用

蓄电池为一可逆直流电源，在汽车拖拉机上与发电机并联，它的主要功用有以下几个方面：

1）当发动机起动时，蓄电池向起动机和点火装置供电。起动发动机时，蓄电池必须在短时间内（5~10s）给起动机提供强大的起动电流（汽油机为200~600A，柴油机有的高达1000A）。

2）在发电机不发电或因发动机处于低速而使发电机电压较低时，蓄电池向点火系

统及其他用电设备供电,同时向交流发电机供给他励励磁电流。

3)当用电设备同时接入较多,发电机超负荷时,蓄电池协助发电机共同向用电设备供电。

4)当蓄电池存电不足,而发电机负载又较小时,可将发电机的电能转变为化学能储存起来。

5)蓄电池还有稳定电路网络电压的作用。当发动机运转时,交流发电机向整个系统提供电流,而蓄电池起稳定电气系统电压的作用。蓄电池相当于一个较大的电容器,可吸收发电机的瞬时过电压,保护电子元器件不被损坏,延长其使用寿命。

2. 蓄电池的构造

蓄电池的构造如图 16-1 所示,车用 12V 蓄电池均由 6 个单格电池串联而成,每个单格的标称电压为 2V,串联成 12V 的电源,向汽车拖拉机用电设备供电。

蓄电池主要由极板、隔板、壳体、连条、加液孔盖和电解液等部分组成。

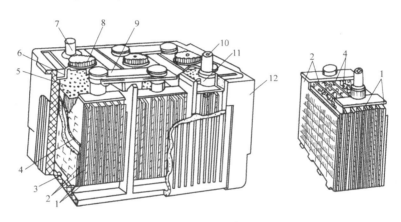

图 16-1 蓄电池的构造

1—正极板 2—负极板 3—肋条 4—隔板 5—护板 6—封料 7—负极接线柱
8—加液孔盖 9—连条 10—正极接线柱 11—电极衬套 12—蓄电池外壳

3. 蓄电池的类型

普通的铅酸蓄电池也称为干封蓄电池,此种蓄电池启用时需加电解液再经初充电后才能使用。

通过对蓄电池的结构、工艺和材料等方面的改进,使其使用性能和维护性能等均有所提高,因此产生了多种新型蓄电池,主要有干荷电铅蓄电池、湿荷电蓄电池、胶体电解质铅蓄电池、免维护蓄电池、碱性蓄电池、钠硫电池、燃料电池、锌空气电池和镉镍电池等。

二、发电机

1. 发电机的功用

车用交流发电机有下述 3 大功能:

(1) **发电** 用多槽 V 带把发动机的旋转传输到带轮,转动电磁化的转子,在定子

线圈（电枢绕组）中产生交流电流。

（2）**整流**　因为电枢绕组中产生的电是交流电，不能直接用于汽车拖拉机上安装的直流电气设备。为了利用交流电，用整流器将交流电变为直流电。

（3）**调节电压**　电压调节器对整流器输出的直流电压进行调节，使之在发电机转速或流到各用电设备的电流发生变化时，也能保持电压稳定。

2．发电机的类型

车用交流发电机是一个三相同步交流发电机，通过硅二极管组成的三相桥式整流电路将电枢绕组所产生的交流感应电流变为直流电流输出，所以也称为硅整流发电机。

按总体结构的不同发电机分为普通式、整体式、带泵式、无刷式和永磁式等多种型式。

按磁场绕组搭铁型式不同发电机分为内搭铁式和外搭铁式两种。

3．发电机的构造

普通硅整流交流发电机由转子、定子、整流器、端盖和电刷组件等组成。图 16-2 所示为交流发电机的结构。

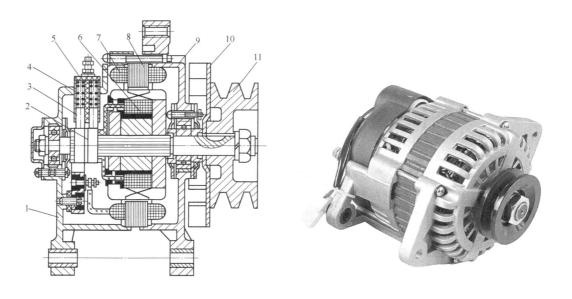

图 16-2　交流发电机的结构

1—后端盖　2—集电环　3—电刷　4—电刷弹簧　5—电刷架　6—磁场绕组
7—电枢绕组　8—电枢铁心　9—前端盖　10—风扇　11—V 带轮

发电机的定子又称为电枢。发电机定子的功用是产生感应电动势。

整流器的功用是将发电机电枢绕组产生的交流电变换为直流电。整流器一般由 6 只整流硅二极管和安装二极管的散热板组成。

电刷组件的功能是给转子绕组提供励磁电流。电刷组件由电刷、电刷弹簧和电刷架组成。

第二节 仪表与指示灯系统

一、仪表

车辆仪表的作用主要是使驾驶人实时掌控车辆主要部件的工作状况，以便正确使用车辆，提高行车、工作的安全性，及时发现和排除可能出现的故障。

车辆上常用的仪表有电流表、燃油表、机油压力表、发动机冷却液温度表和车速里程表等。在一些采用气压制动的车辆上，还装有气压表，许多车辆上还装有发动机转速表。

1. 电流表

电流表串联在充电电路中，用来指示蓄电池充电或放电的电流值，驾驶人据此可判断电源系统工作是否正常。它的量程以安培（A）为单位，所以也叫作安培表。目前车辆电流表的量程范围有 $-20 \sim 20A$、$-30 \sim 30A$、$-35 \sim 35A$、$-40 \sim 40A$、$-50 \sim 50A$ 等几种。电流表的种类有很多，在车辆上广泛使用的是结构简单、耐振性好和经久耐用的电磁式电流表。

2. 燃油表

燃油表用来指示车辆燃油箱中燃油的存储量，驾驶人可根据燃油表的示值估计车辆可继续行驶的里程，判断是否需要加油。燃油表由装在仪表板上的燃油指示表和装在燃油箱上的油面传感器组成，传统的燃油表有电磁式和电热式，现代车辆上使用电子式的逐渐增多。

3. 机油压力表

机油压力表简称为油压表，用于指示发动机机油压力的大小，驾驶人可根据机油压力表的示值判断发动机润滑系统工作是否正常。

车辆上使用的机油压力表按其工作原理可分为机械式、电热式和电磁式等。目前使用较多的是电热式，电磁式也有少量使用，还有一些车辆上只装有机油压力报警装置，没有机油压力表。

4. 发动机冷却液温度表

发动机冷却液温度表俗称为水温表，用于指示发动机冷却液的工作温度，由装在仪表板上的温度指示表和安装在发动机冷却系统中的冷却液温度传感器组成。发动机冷却液温度表分为电热式和电磁式两类，电热式的使用较多。

5. 车速里程表

车速里程表用于指示车辆的行驶速度和记录车辆的行驶里程数。车速里程表分为磁感应式车速里程表和电子式车速里程表。

6. 发动机转速表

在很多车辆上装有发动机转速表，用于显示发动机的转速，驾驶人可以根据发动机转速表的示值监视发动机的工作状况，更好地利用发动机的工作特性。在检查与调整发动机时，也经常需要通过车辆上的发动机转速表获得发动机转速参数。

发动机转速表主要由传感器、电子电路和发动机转速指示表组成。

发动机转速传感器有磁感应式、光电式和霍尔效应式等多种类型。

7. 组合仪表

在现代车辆上通常将上述仪表组合在一起,组成组合式仪表,并采用新型的电子显示装置和驱动电路发展而成电子式组合仪表。它具有信息量大、反应快、精度高、显示清晰、体积小、占用面积小和便于布置等优点。

图 16-3 所示为轿车用的组合仪表。

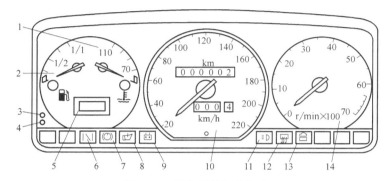

图 16-3 轿车用的组合仪表

1—发动机冷却液温度表 2—燃油表 3—电子钟分调整钮 4—电子钟时调整钮 5—液晶电子钟

6—阻风门拉起指示灯 7—制动装置警告灯 8—机油压力警告灯 9—充电指示灯 10—电子车速里程表

11—远光指示灯 12—后窗加热指示灯 13—冷却液液面警告灯 14—发动机转速表

一些大型拖拉机也逐渐采用了组合仪表,如上海纽荷兰拖拉机的组合仪表如图 16-4 所示,主要由燃油表、发动机转速表、车速里程表、作业时间表、冷却液温度表和功能指示器等组成,其中功能指示器又由若干个指示灯组成。

液晶式虚拟仪表发展很快,已在汽车和拖拉机上得到应用。

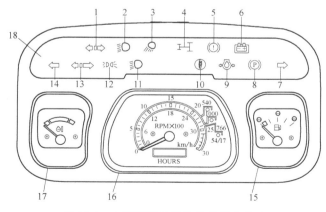

图 16-4 上海纽荷兰拖拉机的组合仪表

1—第一节拖车转向指示灯 2—远光灯指示灯 3—工作灯指示灯 4—四轮驱动指示灯 5—制动液过低警告灯

6—充电指示灯 7—右转向指示灯 8—驻车制动指示灯 9—机油过低指示灯 10—预热器指示灯

11—近光灯指示灯 12—侧灯指示灯 13—第二节拖车转向指示灯 14—左转向指示灯 15—燃油表

16—发动机转速表、车速表与作业时间表 17—冷却液温度表 18—功能指示器

二、指示灯和警告灯

现代车辆为了保证行车的安全和提高车辆的可靠性，除了各种仪表外还装备有许多指示灯和警告灯，如机油压力过低、制动系统气压过低、制动液液面高度不足、发电机不充电、发动机冷却液温度过高、燃油箱存油量过少等的警告灯，以及车辆电子控制系统（如发动机控制系统、制动防抱死控制系统、电子控制变速器、空调系统、安全气囊系统等）警告灯。这些系统只要在正常工作范围内，指示灯一直不亮，一旦达到临界状态或发生故障时，报警装置将及时点亮设在组合仪表板（或电子仪表板）上相应的指示灯，发出信号，提醒驾驶人注意或停车检修。

这些指示灯和警告灯一般均由传感器及安装在组合仪表面板上标有代表不同监测部位符号的红色、黄色或蓝色的警告灯组成。这些指示灯系统一般具有自检测装置，当点火开关转到"接通"或"起动"位置时，若灯泡完好，指示灯就会发亮，当系统达到正常工作状态后自动熄灭。

1. 系统压力类警告灯

系统压力类警告灯（如机油压力警告灯、制动系统气压过低警告灯、真空增压制动系统真空度不足警告灯等）的工作原理类似，都是由压力传感器、警告灯及相应电路组成的，不同点是传感器的结构差异。

2. 液量不足类警告灯

发动机工作中的各种运行材料不足警告灯系统（如燃油箱液面警告灯、制动液液面警告灯、清洗液液量警告灯、冷却液液面警告灯等）的工作原理类同，它们是由液位传感器、指示灯及相应电路组成的。液位传感器的类型有热敏电阻式（热线式）和浮子开关式等。

第三节　照　明　系　统

为了保证汽车拖拉机在夜间和视线不良条件下的行驶安全和工作可靠，提高平均行驶速度，在汽车拖拉机上装有照明装置。而汽车由于其保证行驶的安全性需要，对照明系统的要求比拖拉机要复杂得多。

车辆照明装置按其安装位置和用途的不同，可分为外部照明装置和内部照明装置。

一、外部照明装置

外部照明装置简称为外照明，由前照灯、雾灯、倒车灯和牌照灯等组成。各个国家对汽车和拖拉机的外部灯光数量、部位和技术要求都做了明文规定。

1. 前照灯

前照灯也称为大灯或头灯，装在车辆头部的两侧，用来照亮车前的道路。它是应用光学原理特制的一组照明系统，有 2 灯制和 4 灯制两种配置，光色为白色。

现代车辆的车速较高，前照灯的照明效果直接影响着行车的安全，所以世界各国多

以法律的形式规定了前照灯的照明标准，对其灯光强度和配光性能等提出了具体的要求。其基本要求如下：

1）前照灯能提供车前100m以上明亮均匀的道路照明，使驾驶人能看清路面上的障碍物。随着车辆行驶速度的不断提高，对前照灯的照明距离要求也越来越远，现代高速车辆的前照灯照明距离可达到200~250m。

2）前照灯不应对迎面而来的车辆驾驶人造成眩目，以免造成交通事故。

3）装备的前照灯应有远光和近光变换功能；当远光变为近光时，所有远光应能同时熄灭。同一辆机动车上的前照灯不得左侧和右侧的远光灯和近光灯交叉开亮。

2. 雾灯

雾灯分为前雾灯和后雾灯。

（1）前雾灯　前雾灯的灯光颜色为白色或黄色，这种光的光波较长，穿透能力强，在雾中能传播较远的距离。在有雾、下雪、暴雨或尘埃弥漫等有碍可见度的情况下，前雾灯用来改善车辆前部道路的照明情况，为对面来车提供信号使其易于发现本车辆。前雾灯一般装在前照灯的下方离地面较低的位置，可使其光束射向靠近地面较淡的雾层里，配光性能符合标准要求，使眩目减至最低限度。

（2）后雾灯　后雾灯的颜色为红色，在大雾的情况下，便于车辆的后方观察，使车辆更为易见。后雾灯只有在远光灯、近光灯或前雾灯打开时才能打开。

3. 倒车灯

倒车灯用于夜晚倒车时照明车后方的道路及警告其他道路的使用者，在车辆正在或即将倒车时使用。当变速器挂倒档时，倒车灯自动点亮，照明车后侧。倒车灯的光色为白色，通常采用发光亮度为32cd/m^{2}左右、标称功率为21W的照明灯泡。

4. 牌照灯

牌照灯用于照明车辆的后车牌号码，光色为白色，要求能照清整个牌照表面，夜间正常天气时，距车后不小于20m处能容易地认清牌照上的号码。采用至少1个发白色光的小型灯泡，功率一般为5~10W，灯光对牌照板面的入射角不大于82°，不能直接向后照。

目前多数车辆的后部尾灯、后转向信号灯、制动灯和倒车灯等组合成组合尾灯，而将前照灯、雾灯和前转向信号灯等组合成组合前灯。

二、内部照明装置

内部照明装置主要是为驾驶人在夜间驾驶车辆时观察仪表、操纵车辆提供照明，为乘员上下车、阅读等车内活动提供方便。内部照明装置主要有仪表灯、顶灯、车厢灯、踏步灯和行李舱灯等，分别用于夜间行车的仪表板、驾驶室、车厢、车厢乘员的上下车及打开行李舱时的照明。有的车辆上还装有工作灯及工作灯插座，用于夜间车辆的维修及其他工作的照明。

第四节　信　号　系　统

车辆信号系统的作用是通过灯光和声响向其他车辆的驾驶人及行人发出警示，以引

起注意，确保车辆行驶的安全。信号系统主要由灯光信号装置和声响信号装置两大类组成。此外，在一些大型货车的车身和后尾部还需要粘贴反光标志。

一、灯光信号装置

灯光信号装置包括转向信号装置、制动信号装置、危险警告信号装置和示廓信号装置等。

1. 转向信号装置

转向信号装置用于在车辆转弯时使左侧或右侧转向灯发出明暗交替的闪光信号，以示车辆转向。转向信号装置主要由转向灯、闪光器、转向灯开关和装在仪表板上的指示信号灯等组成。

转向灯是转向信号的光源，由前转向灯、侧转向灯和后转向灯组成，要求颜色为琥珀色。照明强度要求前转向灯和后转向灯在白天距其 100m 处能够观察到其工作状况，侧转向信号灯在距其 30m 处能够观察到其工作状况。

2. 制动信号装置

车辆制动时，其尾部的制动信号灯应发出较强的红光，白天距其 100m 处能够观察到其工作状况，且其亮度应明显大于后位灯，以向车辆后方其他道路使用者表明车辆正在制动，警告他们保持安全距离。除了在车尾处的制动灯外，有的车辆还装有高位制动灯，以使制动信号更加醒目。

制动信号装置由制动信号灯、制动灯开关及连接电路组成。制动灯开关控制信号灯的亮灭。开关的型式有气压式、液压式和机械式等。

3. 危险警告信号装置

在车辆行驶中，如遇到危险情况或车辆发生故障不能正常行驶或需紧急停车时，使所有转向灯同时闪烁作为警告信号，向其他车辆及行人报警。危险警告信号由独立的开关控制，与转向信号共用一套灯光、闪光器，也有个别车辆单独安装危险警告用闪光器的。危险警告开关将闪光器直接与蓄电池相连，所以其在点火开关切断（停车）时也可使用。危险警告灯和转向信号灯的闪光频率应为（1.5±0.5）Hz，起动时间小于或等于 1.5s。且能在某一转向灯发生故障（短路除外）时，其他转向灯可继续工作，但闪光频率可以不同于上述规定的频率。

4. 其他灯光信号装置

除上述灯光信号装置外，还有位灯、示廓灯和倒车信号灯等信号装置。

二、声响信号装置

1. 喇叭

喇叭按发声动力有气喇叭和电喇叭两种。气喇叭是利用气流使金属膜片振动发声，用在有压缩空气源的中型和重型货车或大型客车上。但气喇叭的音量过高，在市区道路上禁止使用，所以车辆上必须装用电喇叭。电喇叭具有能源方便、结构简单、维修简便、容易调整、音质悦耳和声音洪亮等优点，所以现代车辆应用较多。

目前车辆上使用的电喇叭又有触点式和电子式两类。

2. 倒车蜂鸣器及语音倒车报警器

车辆倒车时除了有倒车警告灯信号外，在有些车上还有倒车蜂鸣器及语音倒车报警装置，在车辆倒车时，在倒车信号灯亮的同时向行人和其他车辆提供声响警告。

第五节　空气调节系统

一、空气调节系统的作用

现代车用空气调节系统是耗用发动机的动力，为驾驶人或乘员提供最适宜的空气环境条件。车用空气调节系统的主要作用是通风、净化、加热、降温、流速变化和自动控制等。

1. 通风与空气净化功能

由于车内空间小，乘员密度大，容易出现缺氧和二氧化碳浓度过高的情况，从而影响乘员的健康，通风系统可将车外新鲜空气引进车内，实现车内外通风、换气的目的。空气净化装置可除去车内空气中的异味和尘埃等，实现对车内空气的过滤和净化。

2. 调节车内的温度

在冬季，空气调节系统中的采暖系统对循环空气进行加热、除湿，使车内达到"温暖"的舒适程度。在夏季，通过制冷系统对空气进行冷却降温，使车内保持"凉爽"的舒适程度。

3. 调节车内的气流速度

空气的流速和方向对乘员的舒适性影响很大。冬季，风速大会影响人体保温，一般舒适的气流速度为 $0.15\sim0.20\text{m/s}$。夏季，气流速度大有利于人体散热降温，但过大的风速直接吹到人体上，也会使人感到不舒服，因此舒适的气流速度一般为 0.25m/s。

4. 自动控制功能

现代车辆自动空气调节系统利用电控系统可以实现车内制冷、采暖和换气的自动调节，向车内提供冷暖适宜、风量与风向适当的空气，具有自动对车内环境进行综合控制的功能。

二、空气调节系统的分类

车用空气调节系统主要包括通风装置、暖风装置、冷气装置、空气净化装置和控制系统5大部分。这些装置全部或部分地组合在一起，安装到车辆上，便组成了不同种类的车用空气调节系统。车用空气调节系统的分类方法有以下多种：

1）按功能可将车用空气调节系统分为单一功能型和冷暖一体式。

2）按驱动方式可将车用空气调节系统分为主机驱动式和辅机驱动式。

3）按调节方式可将车用空气调节系统分为手动式和自动控制式。

4）按制冷机结构型式可将车用调节系统分为独立整体式、组合式和分散式。

三、制冷装置的组成原理

车用空气调节系统的制冷装置主要由压缩机、冷凝器、储液干燥器、膨胀阀、蒸发器、高压软管、低压软管、鼓风机和发动机冷却风扇等组成，并在装置内部充有一定量的制冷剂，如图 16-5 所示。

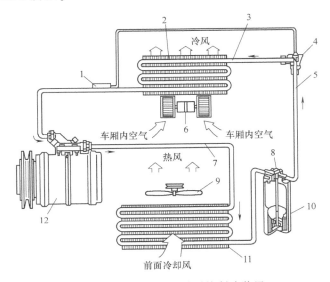

图 16-5 车辆空气调节系统制冷装置

1—感热包 2—蒸发器 3—低温低压雾状制冷剂 4—膨胀阀 5—液状制冷剂 6—鼓风机
7—高温高压气状制冷剂 8—玻璃检查窗 9—发动机冷却风扇 10—储液干燥器 11—冷凝器 12—压缩机

一般冷凝器、冷却风扇、压缩机和储液干燥器设置在驾驶室外侧，而蒸发器、膨胀阀、鼓风机常设置在驾驶室内侧，均分散安装在车辆不同部位。

车辆空调制冷系统通过制冷剂的循环流动实现制冷功能。

压缩机吸入蒸发器中的中温低压制冷剂气体，并将其压缩成高温高压气体后送入冷凝器。高温高压的气态制冷剂在冷凝器中与车外空气进行热交换（散热），变成中温高压液态制冷剂。从冷凝器流出的中温高压液态制冷剂，经储液干燥器除湿、过滤后输入膨胀阀。经膨胀阀节流降压后，其温度和压力降低，并送入蒸发器。低温低压的液态制冷剂在蒸发器中与车内空气进行热交换（吸热），变成中温低压气态制冷剂。蒸发器周围的冷空气被鼓风机吹入车内，降低了车内空气的温度。同时，蒸发器中制冷剂蒸气又被压缩机吸走。如此循环，将车内空气中的热量散发到车外空气中，从而降低了车内的温度和湿度。

第六节 附属电气

汽车拖拉机上有许多附属电气设备，其主要用于满足汽车拖拉机的各种需要，以提高其安全性、舒适性和实用性。

附属电气主要有电动刮水器、风窗玻璃清洗装置、电动车窗、电动后视镜、电动座椅、车载音响设备和安全气囊系统等。

一、电动刮水器

刮水器的作用是用来清除风窗玻璃上的雨水、雪或尘土，以保证驾驶人能很好地观察车外道路及其他物体。刮水器有前窗刮水器和后窗刮水器之分。因驱动装置不同，刮水器有真空式、气动式和电动式 3 种。目前车辆上广泛使用的是电动刮水器。电动刮水器由直流电动机和传动机构组成。电动机旋转经蜗轮蜗杆减速和连动机构的作用变成刮水器臂的摆动。

为了保证刮水器的正常工作和正确复位，在进行曲柄和刮水器装配时应注意正确装配位置。

二、风窗玻璃清洗装置

为了更好地消除附在风窗玻璃上的污物，在车辆上设置了风窗玻璃洗涤器，与刮水器配合工作，保证驾驶人有良好的视野。同时，刮水器应具备间歇控制功能。电动刮水器间歇控制的功能，一是与洗涤器配合使用时，可以达到先洗涤后刮的循环刮洗工序，以提高刮洗效果；二是在雨量很小的环境下，如果刮水器仍按原来那样不断地工作，不仅会引起刮水片的颤动，而且也会对玻璃有损伤。

风窗玻璃洗涤器由储液罐、微型永磁直流电动机、洗涤液泵、软管、三通、喷嘴及刮水器开关组成。

永磁直流电动机和洗涤液泵构成一个小总成，安装在储液灌上，喷射压力为 70～88kPa。喷嘴安装在风窗玻璃下面，一般有两个，其喷射方向可以调整，使洗涤液喷射到风窗玻璃的合适位置。

三、电动车窗

电动车窗是指以电为动力使车窗玻璃自动升降的车窗。它是由驾驶人或乘员操纵开关接通车窗升降电动机的电路，电动机产生动力，通过一系列的机械传动，使车窗玻璃按要求进行升降。其优点是操作简便，有利于行车安全。

电动车窗主要由车窗、车窗升降器、电动机、继电器和开关等组成。

四、电动后视镜

车辆上后视镜的位置直接关系到驾驶人能否观察到车后的情况，与行车安全性有着密切的关系。而后视镜的调整一般来说比较麻烦，采用电动后视镜，可通过开关进行调整，操作起来十分方便。

电动后视镜由调整开关、电动机、传动和执行机构等组成。电动后视镜的背后装有两套电动机和驱动器，可操纵后视镜上下及左右转动。通常上下方向的转动用一个电动机控制，左右方向的转动由另一个电动机控制。通过改变电动机的电流方向，即可完成

后视镜的上下及左右调整。有的电动后视镜还具有伸缩功能，由伸缩开关控制伸缩电动机工作，使整个后视镜回转伸出或缩回。

五、电动座椅

车辆座椅的主要功能是为驾驶人提供便于操作、舒适而安全的驾驶位置。此外，通过调节座椅还可以改变坐姿，减少长时间乘车的疲劳。

座椅调节正向多功能方向发展，其种类很多，还可以有不同的组合方式，如具有 8 种调节功能的电动座椅，其动作方式有座椅前后调节、上下调节，座椅前部的上下调节，靠背的倾斜调节，侧背支承调节，腰椎支承调节以及靠枕上下、前后调节。

电动座椅前后方向的调节量一般为 100~160mm，座位前部与后部的调节量为 30~50mm。全程移动所需时间为 8~10s。

电动座椅一般由双向电动机、传动机构和座椅调节机构等组成。

六、车载音响设备

车载音响系统由天线、接收装置、声场修正、可听频率增幅和扬声器 5 部分组成。

天线接收广播电台发射的电波，通过高频电缆向无线电调频器传送。

接收装置，即音源和主机，主要有无线电调频器、CD、VCD 和 DVD 等。

车载音响系统可按照车厢内声场特性及听者喜好，增强或减弱频率宽带，实现修正声场的功能。通过设有只允许通过特定频率域的滤波器和增幅控制电路，提高车内音质。可听频率增幅旨在增强可听频率的模拟电压，加大扬声器音量。

扬声器是最终决定车厢内音响性能的重要部件。扬声器口径大小和在车上安装方法、位置是决定音响性能的重要因素。为了欣赏立体声音响，车上最少要装两个扬声器。

七、安全气囊系统

安全气囊系统简称 SRS，它对驾驶人和乘员的头部、颈部安全有十分明显的保护作用。特别是在车辆发生正面碰撞和侧面碰撞时，其保护作用尤为明显。

1. 安全气囊系统的组成

各型车辆安全气囊系统采用控制部件的结构、数量和安装位置各有不同，但其基本组成大致相同，主要的组成有碰撞传感器、电控单元（SRS ECU）、气囊组件（包括气囊、气体发生器、点火器）、安全气囊系统指示灯和游丝等。

2. 安全气囊系统的工作原理

当车辆受到前方一定角度范围内的高速碰撞时，安装在车辆前端的碰撞传感器和与 SRS ECU 安装在一起的防护传感器就会检测到车辆突然减速的信号，碰撞传感器和防护传感器触点闭合，将车辆减速信号传送到 SRS ECU。

SRS ECU 按预先设置的程序经过数学计算和逻辑判断后，立即向气囊组件内的电热点火器（电雷管）发出点火指令，引爆电雷管，点火剂受热爆炸（即电热丝通电发

热引爆点火剂）。

当点火剂引爆时，迅速产生大量热量，气体发生剂（叠氮化钠固体药片）受热分解释放大量氮气充入安全气囊；安全气囊便冲开安全气囊组件的装饰盖板鼓向驾驶人，使驾驶人头部和脑部压在充满气体的安全气囊上。在人体与车内构件之间铺垫一个气垫，将人体与车内构件之间的碰撞变为弹性碰撞，通过安全气囊产生变形来吸收人体碰撞产生的能量，达到保护人体的目的。

思　考　题

1. 汽车拖拉机上有哪些主要用电设备？
2. 简述蓄电池的构造与工作原理。
3. 简述车用发电机的发电原理。
4. 车用发电机为何需要进行整流？
5. 汽车上主要仪表有哪些？
6. 拖拉机上主要仪表有哪些？
7. 简述汽车、拖拉机前照灯亮度的国家标准。
8. 简述车用空调的制冷原理。
9. 简述电动刮水器的工作原理。
10. 简述安全气囊的工作原理。

第十七章

电动与无人驾驶汽车拖拉机

电动汽车（BEV）是指以车载电源为动力，用电机驱动车轮行驶，符合道路交通、安全法规各项要求的汽车。电动汽车有多种类型，本书主要介绍纯电动汽车、燃料电池汽车和混合动力汽车3种。

一、纯电动汽车

1. 纯电动汽车的类型与特点

纯电动汽车是指以动力蓄电池或增加辅助动力源为动力，用电机驱动车轮行驶的汽车，可分为用单一蓄电池作为动力源的纯电动汽车和装有辅助动力源的纯电动汽车两种类型。

用单一蓄电池作为动力源的纯电动汽车，只装配了蓄电池组，它的电力和动力传输系统如图 17-1 所示。

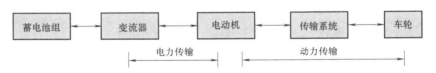

图 17-1　用单一蓄电池作为动力源的纯电动汽车

用单一蓄电池作为动力源的纯电动汽车，蓄电池的比能量和比功率较低，蓄电池组的质量和体积较大。因此，可在某些纯电动汽车上增加辅助动力源，如超级电容器、发电机组和太阳能等，由此来改善纯电动汽车的起动性能并增加续驶里程。装有辅助动力源的纯电动汽车如图 17-2 所示。

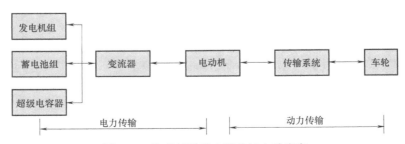

图 17-2　装有辅助动力源的纯电动汽车

2. 纯电动汽车的工作原理

纯电动汽车的工作原理是通过蓄电池产生电流，经过电力调节器（逆变器）将电能输送到电机，再通过动力传动系统驱动汽车行驶。纯电动汽车主要由底盘、车身、蓄电池组、电机、控制器和辅助设施6部分组成。由于电机具有良好的驱动特性，纯电动汽车的传动系统可以不需设置离合器和变速器。车速控制由控制器通过电机调速系统改变电机的转速实现。

当汽车行驶时，由蓄电池输出电能（电流）通过控制器驱动电机运转，电机输出的转矩经传动系统带动驱动轮转动。电动汽车续驶里程与蓄电池容量有关，而蓄电池容量受诸多因素限制。要提高一次充电续驶里程，必须尽可能地节省蓄电池的能量。

纯电动汽车的电力驱动控制系统主要由电力驱动主模块、车载电源及控制模块、辅助模块3大部分组成（图17-3）。

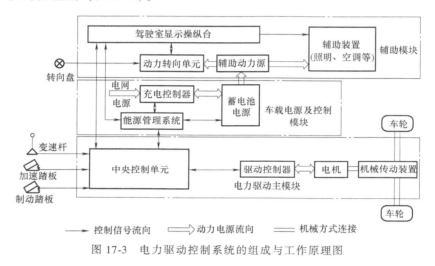

图 17-3　电力驱动控制系统的组成与工作原理图

（1）**电力驱动主模块**　电力驱动主模块主要包括中央控制单元、驱动控制器、电机和机械传动装置等。其作用是将储存在蓄电池中的电能高效地转化为驱动车轮的动能，并能够在汽车减速制动时，将车轮的动能转化为电能充入蓄电池。

（2）**车载电源及控制模块**　车载电源及控制模块主要包括蓄电池电源、能量管理系统和充电控制器等。其作用是向电机提供驱动电能，监测电源使用情况以及控制充电机向蓄电池充电。

（3）**辅助模块**　辅助模块主要包括辅助动力源、动力转向单元、驾驶室显示操纵台和辅助装置等。辅助模块除辅助动力源外，依据不同车型而不同。

3. 纯电动汽车驱动系统的布置型式

纯电动汽车的驱动系统是它的核心部分，其性能决定着它运行性能的好坏。电动汽车的驱动系统布置取决于电机驱动系统的型式。常见的纯电动汽车驱动系统布置型式如图17-4所示。

（1）**传统的驱动模式**　这种模式与传统汽车驱动系统的布置方式一致，带有变速器和离合器，只是将发动机换成电机，属于改造型电动汽车（图17-4a）。这种布置可以提高电动汽车的起动转矩,增加低速时电动汽车的后备功率。

(2)**电机-驱动桥组合式驱动模式** 电机-驱动桥组合式驱动模式取消了离合器和变速器,但具有减速差速机构,由1台电机驱动两车轮旋转(图17-4b和图17-4c)。其优点是可以继续沿用燃油发动机汽车中的动力传动装置,只需要一组电机和逆变器。这种模式对电机的要求较高,不仅要求电机具有较高的起动转矩,还要求其具有较大的后备功率,以保证电动汽车的起动、爬坡、加速和超车等动力性。

(3)**电机-驱动桥整体式驱动模式** 这种模式是将电机装到驱动轴上,直接由电机实现变速和差速转换(图17-4d)。这种传动方式同样对电机有较高的要求,要求其有大起动转矩和后备功率,同时还要求控制系统有较高的控制精度,且要具备良好的可靠性,从而保证电动汽车行驶的安全和平稳。

(4)**轮毂电机驱动模式** 同电机-驱动桥整体式驱动模式布置方式比较接近,轮毂电机驱动模式将电机直接装到了驱动轮上,由电机直接驱动车轮行驶(图17-4e和图17-4f)。

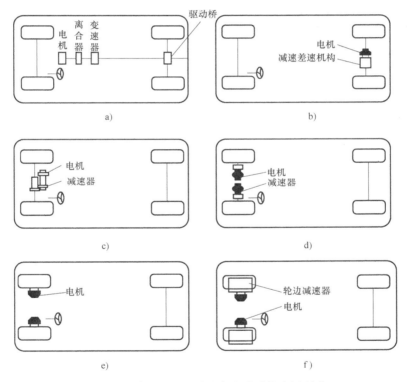

图17-4 常见的纯电动汽车驱动系统布置型式

a)传统的驱动模式 b)电机-驱动桥组合式驱动模式(后驱) c)电机-驱动桥组合式驱动模式(前驱)
d)电机-驱动桥整体式驱动模式 e)轮毂电机驱动模式(无轮边减速器) f)轮毂电机驱动模式(有轮边减速器)

二、燃料电池汽车

1. 燃料电池汽车的类型

采用燃料电池(发动机)作为电源的电动汽车称为燃料电池汽车。燃料电池汽车

一般以质子交换膜燃料电池作为车载能量源。

（1）**按燃料特点不同分类**　燃料电池汽车按燃料特点不同可分为直接燃料电池汽车和重整燃料电池汽车。直接燃料电池汽车的燃料主要是氢气。直接燃料电池汽车排放无污染，被认为是最理想的汽车，但存在氢的制取和储存困难等问题。重整燃料电池汽车的燃料主要有汽油、天然气、甲醇、甲烷和液化石油气等，其结构比氢燃料电池汽车复杂得多。

（2）**按燃料氢的储存方式不同分类**　燃料电池汽车按燃料氢的储存方式不同可分为压缩氢燃料电池汽车、液氢燃料电池汽车和合金（碳纳米管）吸附氢燃料电池汽车。

（3）**按"多电源"的配置不同分类**　燃料电池汽车按"多电源"的配置不同可分为纯燃料电池驱动（FC）的燃料电池汽车、燃料电池与辅助蓄电池联合驱动（FC+B）的燃料电池汽车、燃料电池与超级电容联合驱动（FC+C）的燃料电池汽车，以及燃料电池与辅助蓄电池和超级电容联合驱动（FC+B+C）的燃料电池汽车。

2. 燃料电池汽车的驱动动力系统

（1）**纯燃料电池驱动的燃料电池汽车**　纯燃料电池驱动的燃料电池汽车只有燃料电池一个动力源，汽车的所有功率负荷都由燃料电池承担。纯燃料电池驱动的燃料电池汽车的动力系统结构如图 17-5 所示。

图 17-5　纯燃料电池驱动的燃料电池汽车的动力系统结构

纯燃料电池驱动系统将氢气与氧气反应产生的电能通过总线传给驱动电机，驱动电机将电能转化为机械能再传给传动系统，从而驱动汽车行驶。

（2）**燃料电池与辅助蓄电池联合驱动的燃料电池汽车**　燃料电池与辅助蓄电池联合驱动的燃料电池汽车的动力系统结构如图 17-6 所示，该结构是一个典型的串联式混合动力结构。在该动力系统中，燃料电池和蓄电池一起为驱动电机提供能量，驱动电机将电能转化成机械能传给传动系统，

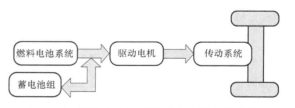

图 17-6　燃料电池与辅助蓄电池联合驱动的燃料电池汽车的动力系统结构

从而驱动汽车行驶；在汽车制动时，驱动电机变成发电机，蓄电池用来储存回馈的能量。在燃料电池和蓄电池联合供能时，燃料电池的能量输出变化较为平缓，随时间变化波动较小，而能量需求变化的高频部分由蓄电池分担。

（3）**燃料电池与超级电容联合驱动的燃料电池汽车**　燃料电池+超级电容的结构与燃料电池+辅助蓄电池的结构相似，只是把蓄电池换成超级电容，如图 17-7 所示。相对于蓄电池，超级电容充放电效率高，能量损失小，功率密度大，在回收制动能量方面比

蓄电池有优势，循环寿命长，但是超级电容的能量密度较小。随着超级电容技术的不断进步，这种结构有巨大潜力。

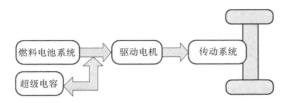

图 17-7　燃料电池与超级电容联合驱动的燃料电池汽车的动力系统结构

（4）燃料电池与辅助蓄电池和超级电容联合驱动的燃料电池汽车　燃料电池与辅助蓄电池和超级电容联合驱动的燃料电池汽车的动力系统结构如图 17-8 所示，该结构也为串联式混合动力结构。在该动力系统结构中，燃料电池、辅助蓄电池和超级电容一起为驱动电机提供能量，驱动电机将电能转化成机械能传给传动系统，从而驱动汽车行驶；在汽车制动时，驱动电机变成发电机，辅助蓄电池和超级电容用来储存回馈的能量。

在燃料电池、辅助蓄电池和超级电容联合供能时，燃料电池的能量输出较为平缓，随时间变化波动较小，而能量需求变化的低频部分由辅助蓄电池承担，能量需求变化的高频部分由超级电容承担。在这种结构中，各动力源的分工更加明确，各自的优势也得到更好的发挥。

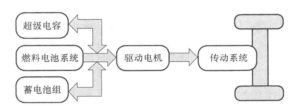

图 17-8　燃料电池与辅助蓄电池和超级电容联合驱动的燃料电池汽车的动力系统结构

3. 燃料电池汽车动力系统的结构原理

燃料电池汽车的动力系统主要由燃料电池（发动机）、辅助动力源、DC/DC 变流器、DC/AC 逆变器、驱动电机和动力电控系统等组成（图 17-9）。

（1）燃料电池　在燃料电池汽车所采用的燃料电池中，为保证质子交换膜燃料电池组的正常工作。除以质子交换膜燃料电池组为核心外，还装有氢气供给系统、氧气供给系统、气体加湿系统、反应生成物处理系统、冷却系统和电能转换系统等。只有这些辅助系统匹配恰当和正常运转，才能保证燃料电池发动机正常运转。

图 17-9　燃料电池汽车的结构

（2）**辅助动力源**　在燃料电池汽车上，燃料电池是主要电源，另外还配备有辅助动力源。根据燃料电池汽车的设计方案不同，其所采用的辅助动力源也有所不同，可以用辅助蓄电池组、飞轮储能器或超级电容等共同组成双电源或多电源系统。

（3）**DC/DC变流器**　燃料电池汽车采用的电源有各自的特性，燃料电池只提供直流电，电压和电流随输出电流的变化而变化。燃料电池不能接受外部电源的充电，电流的方向只是单向的。燃料电池汽车采用的辅助电源（蓄电池和超级电容）在充电和放电时，也是以直流电的形式流动，但电流的方向是可逆性流动。燃料电池汽车上各种电源的电压和电流受工况变化的影响呈不稳定状态。

为了满足驱动电机对电压和电流的要求及对多电源电力系统的控制，在电源与驱动电机之间，用单片机控制，以实现对燃料电池汽车的多电源综合控制，保证燃料电池汽车的正常运行。燃料电池汽车的燃料电池需要装配单向DC/DC变流器，蓄电池和超级电容需要装配双向DC/DC变流器。

（4）**驱动电机**　燃料电池汽车用的驱动电机主要有直流电机、交流电机、永磁电机和开关磁阻电机等。驱动电机必须与整车进行匹配。

（5）**动力电控系统**　燃料电池汽车的动力电控系统主要由燃料电池发动机管理系统、蓄电池管理系统、动力控制系统及整车控制系统组成。

三、混合动力汽车

1. 混合动力汽车的定义

混合动力汽车作为电动汽车的一种，国际电工委员会（IEC）电动车技术委员会对混合动力电动车的定义为：有多于一种能量转换器能提供驱动动力的混合型电动车。

也有学者对混合动力汽车做如下定义：驱动系统由两个或多个能同时运转的驱动系统联合组成的，行驶功率需求由单个驱动系统单独或多个驱动系统共同提供的汽车。

一般来讲，混合动力汽车是指同时装备两种动力源——热动力源（由传统的汽油机或者柴油机产生）与电动力源（蓄电池与电机）的汽车。

2. 混合动力汽车的类型

混合动力汽车的分类方法有很多，主要分类见表17-1。

表17-1　混合动力汽车的不同分类

分类方法	种类	说　明
按照动力系统的结构型式（混合动力汽车零部件的种类、数量和连接关系）划分	串联式混合动力汽车（SHEV）	指行驶系统的驱动力只来源于电机的混合动力汽车。其结构特点是发动机带动发电机发电，电能通过电机控制器输送给电机，由电机驱动汽车行驶。另外，动力电池也可以单独向电机提供电能驱动汽车行驶
	并联式混合动力汽车（PHEV）	指行驶系统的驱动力由电机及发动机同时或单独供给的混合动力汽车。其结构特点是并联式驱动系统可以单独使用发动机或电机作为动力源，也可以同时使用电机和发动机作为动力源驱动汽车行驶
	混联式混合动力汽车（PSHEV）	指具备串联式和并联式两种混合动力系统结构的混合动力汽车。其结构特点是可以在串联混合模式下工作，也可以在并联混合模式下工作，同时兼顾了串联式和并联式的特点

（续）

分类方法	种类	说　　明
按照混合度划分（按照电机相对于燃油发动机的功率大小）	重度混合（强混合）型混合动力汽车	指以发动机或电机为动力源，且电机可以独立驱动车辆行驶的混合动力汽车。一般情况下，电机的峰值功率和发动机的额定功率比大于40%
	中度混合型混合动力汽车	指以发动机或电机为动力源的混合动力汽车。一般情况下，电机的峰值功率和发动机的额定功率比为15%～40%
	轻度混合（弱混合）型混合动力汽车	指以发动机为主要动力源，电机作为辅助动力，在车辆加速和爬坡时，电机可向车辆行驶系统提供辅助驱动力矩，但不能单独驱动车辆行驶的混合动力汽车。一般情况下，电机的峰值功率和发动机的额定功率比为5%～15%
	微混合型混合动力汽车	指以发动机为主要动力源，不具备纯电动行驶模式的混合动力汽车，只具备停车急速停机功能的汽车，是一种典型的微混合模式混合动力汽车。一般情况下，电机的峰值功率和发动机的额定功率比小于或等于5%
按照外接充电能力划分（按照是否能够外接充电）	可外接充电型混合动力汽车	是一种被设计成可以在正常使用情况下从非车载装置中获取能量的混合动力汽车
	不可外接充电型混合动力汽车	是一种被设计成在正常使用情况下从车载燃料中获取全部能量的混合动力汽车
按照行驶模式的选择方式划分	有手动选择功能的混合动力汽车	指具备行驶模式手动选择功能的混合动力汽车，车辆可选择的行驶模式包括热机模式、纯电动模式和混合动力模式3种
	无手动选择功能的混合动力汽车	指不具备行驶模式手动选择功能的混合动力汽车，车辆的行驶模式根据不同工况自动切换
按照车辆用途划分	混合动力电动乘用车	是指发动机、电机为双动力的乘用车
	混合动力电动客车	是指发动机、电机为双动力的客车
	混合动力电动货车	是指发动机、电机为双动力的货车
按照与发动机混合的可再充电能量储存系统划分	动力电池式混合动力汽车	是指以动力电池为电源的混合动力汽车
	超级电容式混合动力汽车	是指以超级电容为电源的混合动力汽车
	机电飞轮式混合动力汽车	是指以机电飞轮为电源的混合动力汽车
	动力电池与超级电容组合式混合动力汽车	是指以动力电池、超级电容器为双电源的混合动力汽车

3. 混合动力汽车的结构及工作原理

（1）**串联式混合动力汽车**　串联式混合动力汽车是由两个能源向电机供电，以产生驱动力的汽车。串联式混合动力汽车系统的结构如图17-10所示，其主要由发动机、发电机、电机3大动力总成和蓄电池组等部件组成。

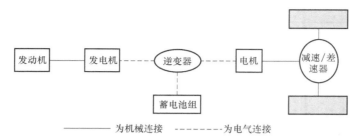

图 17-10　串联式混合动力汽车系统的结构

发动机、发电机和驱动电机采用串联的方式组成驱动系统。发动机仅仅用于发电，发电机发出的电能通过电机控制直接输送到电机，由电机产生的电磁力矩驱动汽车行驶。

（2）**并联式混合动力汽车**　并联式混合动力汽车的驱动系统由发动机、电机/发电机或驱动电机两大动力总成组成。发动机、电机/发电机或驱动电机采用并联的方式组成驱动系统。

并联式混合动力汽车系统的结构如图 17-11 所示，其主要由发动机、电机/发电机和蓄电池等部件组成。并联式混合动力汽车系统有多种组合型式，可以根据使用要求选用。并联式混合动力系统采用发动机和电机两套独立的驱动系统驱动汽车。发动机和电机通常通过不同的离合器来驱动汽车，可以采用发动机单独驱动、电机单独驱动或者发动机和电机混合驱动 3 种工作模式。当发动机提供的功率大于汽车所需驱动功率时，或者当汽车制动时，电机工作于发电机状态，给蓄电池充电。发动机和电机的功率可以互相叠加，发动机功率和电机/发电机功率约为电动汽车所需最大驱动功率的 0.5~1 倍。

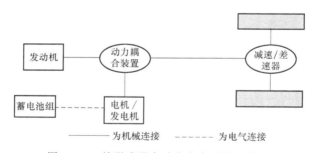

图 17-11　并联式混合动力汽车系统的结构

（3）**混联式混合动力汽车**　混联式驱动系统是串联式和并联式的综合，其系统的结构如图 17-12 所示，它主要由发动机、发电机、电机、行星齿轮机构和蓄电池等部件组成。发动机发出的功率一部分通过机械传动输送给驱动桥，另一部分则驱动发电机发电。发电机发出的电能输送给电机或蓄电池，电机产生的驱动力矩通

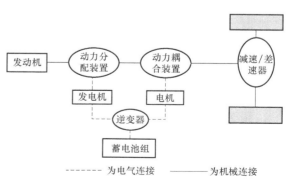

图 17-12　混联式混合动力汽车系统的结构

过动力复合装置传送给驱动桥。

混联式驱动系统的控制策略是：在汽车低速行驶时，驱动系统主要以串联方式工作；当汽车高速稳定行驶时，则以并联方式工作。

（4）**插电式混合动力汽车**　插电式混合动力汽车又称为外接充电式混合动力汽车。插电式（含增程式）混合动力汽车是指车辆的驱动力由驱动电机及发动机同时或单独供给，并且可由外部提供电能进行充电，纯电动模式下续驶里程符合我国相关标准规定的汽车。

插电式混合动力汽车从结构上可分为串联式、并联式和混联式3种类型（图17-13）。

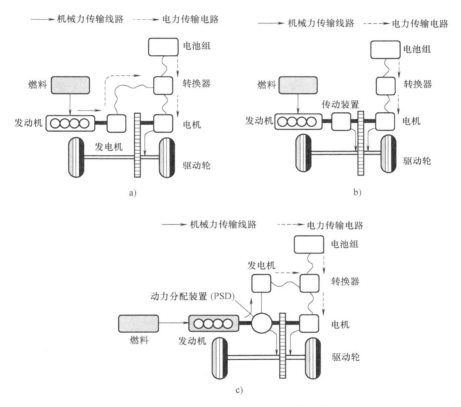

图17-13　插电式混合动力汽车系统的结构
a）串联式　b）并联式　c）混联式

4. 混合动力汽车的关键技术

混合动力汽车是集汽车、电力拖动、自动控制、新能源及新材料等高新技术于一体的高新集成产物。它的研究涉及多个领域，其关键技术主要有电池及电池管理、电机、发电机、动力耦合装置和整车能量管理等。

第二节　电动拖拉机

电动拖拉机一般可以分为纯电动拖拉机和混合动力拖拉机两类。

一、纯电动拖拉机

1. 纯电动拖拉机的结构类型及原理

根据拖拉机工况的需求，纯电动拖拉机通常具有 6 种类型，如图 17-14 所示。

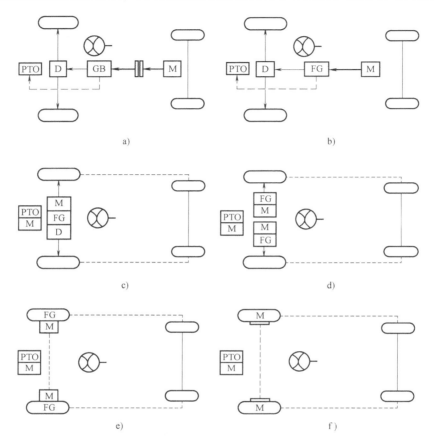

图 17-14　纯电动拖拉机驱动系统 6 种可能的结构型式

a）传统方式　b）无离合器　c）电机、固定档齿轮传动装置和差速器一体式

d）双电机结构式　e）驱动电机和行星齿轮组组合式　f）轮毂驱动电机式

D—差速器　GB—变速器　M—电机　FG—固定档齿轮传动装置

　　图 17-14a 所示的纯电动拖拉机驱动系统用电驱动装置替代传统拖拉机的内燃机，而传动系统沿用传统的机械器件进行动力传递。该驱动结构可以通过对传统类型的拖拉机进行简单改装而获取，同时由于大量继承了传统拖拉机的机械部件，其整体结构布置变动较小。

　　图 17-14b 所示的纯电动拖拉机驱动系统在图 17-14a 所示驱动系统结构的基础上进行了简化，取消了离合器。同时利用电机在高转速范围具有的恒功率特性，将多档变速器转换为固定速比的齿轮传动装置，能够简化驱动系统的控制复杂程度，还可以减小整套机械传动装置的尺寸和质量，促进电动拖拉机整机的轻量化。

图 17-14c 所示的纯电动拖拉机驱动系统进行了进一步的简化，其将电机、固定档齿轮传动装置和差速器结合为一体形成一个组合件，驱动轮连接在组合件两侧的半轴上。整个驱动系统的布置更加紧凑，传动部件的尺寸进一步减小，占据的空间也更小，为纯电动拖拉机整机结构的布置提供了方便，增强了整机布置的灵活性。

图 17-14d 所示的纯电动拖拉机驱动系统采用了双电机结构，其利用两个电机的共同作用取代了传统传动结构中的差速器。每一个驱动轮通过一个固定档的齿轮传动装置连接一个驱动电机。两侧的驱动轮在转弯过程中需要的速度差通过控制系统对两个驱动电机的转速控制来实现。整机的机械传动装置进一步减少，轻量化程度有所提高，整机的布置也更加灵活、方便。但是双电机结构布置型式对驱动电机控制技术的精确性和可靠性提出了更高的要求，其整机控制系统的复杂程度较高。

图 17-14e 所示的纯电动拖拉机驱动系统通过驱动电机和行星齿轮组的组合作用实现对驱动电机的降速增矩，从而提供纯电动拖拉机正常行驶所需的驱动力和行驶速度。此外，该电驱动系统采用行星齿轮组实现了动力输入轴和动力输出轴在同一个方向上的纵向布置，进一步缩小了驱动系统所占的空间比例，为拖拉机整机结构的灵活布置提供了便利。

图 17-14f 所示的纯电动拖拉机驱动系统采用轮毂驱动电机直接内置于驱动轮中的结构型式。其驱动电机和驱动轮直接连接在一起，它们之间没有任何的机械调速部件，完全通过电机和控制器来实现对车速的控制。上述驱动系统的结构尺寸减小到了极致，节省了大量的机械传动部件，为整机的结构布置提供了大量的空间，整机的轻量化程度可以得到进一步的提高。

然而，图 17-14f 所示的电驱动系统对驱动电机的要求非常高，驱动电机不仅需要具备较宽的恒功率区域，以方便拖拉机进行速度的调节，还必须具备较高的转矩，以满足纯电动拖拉机起步和加速时的动力性需求。除此之外，图 17-14f 所示的电驱动系统要求整机的控制系统具有非常高的灵敏性和可靠性，从而方便驾驶人对整机的运行状态进行实时调节，保证纯电动拖拉机按照驾驶人的意图安全稳定地行驶。

上述 6 种型式中，对于动力输出轴（PTO）的动力传递，图 17-14a 和图 17-14b 可采用机械传递方式，也可增加一台驱动电机，采用电力传动方式。其他 4 种型式均采用电力传动方式。

2. 纯电动拖拉机的关键技术

（1）动力电池及能量管理技术　动力电池为电动拖拉机提供动力源，一直是制约电动拖拉机发展的技术瓶颈。动力电池主要的性能指标包括比能量、比功率、能量密度、使用寿命和成本等。如何开发高比能量、大比功率、低成本和长寿命的动力电池是关系到电动拖拉机能否实用的关键所在。

（2）电机驱动及其控制技术　电机驱动及其控制技术是电动拖拉机的核心，由于电动拖拉机特殊的工作环境，对电机性能要求比较高。需要研发新型电机，利用多电机控制技术，简化电动拖拉机机械传动和联动机构，减轻拖拉机整体重量。因此，电动拖拉机用电机必须具有以下特点：

1）起动转矩大，过载能力强（过载系数应达到 3~4），以满足工作载荷突变对动力的要求。

2）大的调速范围，既能适应缓慢的犁耕作业，又能进行快速运输。

3）具有再生制动能力，以延长一次充电作业时间。

4）具有较强的防尘、防水能力，以适应田间复杂、恶劣的作业环境。

（3）**系统仿真技术**　电动拖拉机动力驱动系统是一个庞大而复杂的动力系统，各部件的物理特性和动力特性各不同，存在大量的非线性环节和时变特性，而且作业工况也复杂多变，使普通的设计计算方法难以奏效，而借助于系统仿真技术，可以在设计初始阶段快速分析系统动力性能和能量消耗，提供动力系统仿真分析结果，优化匹配各部件之间的参数，分析能量管理策略的有效性，为拖拉机的后续设计和开发提供有力的参考和依据。

（4）**传动技术**　动力传动装置是电动拖拉机底盘的重要组成部分，其作用是根据电动拖拉机作业需求的不同，将电动拖拉机的动力转变为一定的转速和相应的转矩，其性能将直接影响电动拖拉机整机的动力性、舒适性和经济性。由于电动拖拉机需要与农机具配套完成田间作业，因此电动拖拉机需要在传动快速性、换档性能、平顺性和传动效率等方面进行传动特性综合分析。无级变速传动可以精确实现电动拖拉机自动驾驶、定速巡航和自动全功率控制等技术需求。无级变速传动技术应用于电动拖拉机并对其进行技术突破将是电动拖拉机的主要发展趋势之一。

二、混合动力拖拉机

混合动力拖拉机分为串联式、并联式和混联式 3 种类型。

1. 混合动力拖拉机的结构及工作原理

（1）**串联式混合动力拖拉机**　串联式混合动力拖拉机由发动机、发电机、电机、蓄电池、控制系统及驱动系统（变速装置、后桥至后轮）等组成，结构如图 17-15 所示。发动机-发电机组和电机之间采用"串联"的方式构成串联式混合动力系统。发动机与传动系统没有直接机械连接，仅直接驱动发电机发电，电能储存在蓄电池中；蓄电池为电机提供驱动电能，电机与传动系统直接机械连接，将动力传至车轮。由于发动机

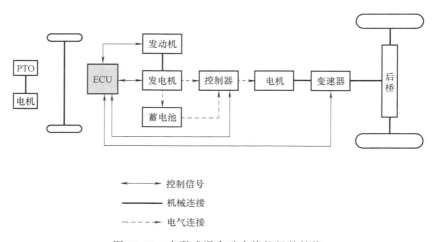

图 17-15　串联式混合动力拖拉机的结构

与传动系统之间没有机械连接，可在很大程度上减少发动机瞬态响应，使发动机长期平稳工作在高效区而很少受拖拉机工况变化的影响。其后 PTO 可采用机械连接或单独用电机驱动。

（2）**并联式混合动力拖拉机**　并联式混合动力拖拉机由发动机、电机、动力耦合机构、蓄电池、控制系统及驱动系统（变速装置、后桥至后轮）等组成，如图 17-16 所示。并联式混合动力系统的发动机和电机之间为"并联"方式连接，发动机、电机各自的输出动力经过动力耦合机构的耦合叠加后经传动系统传递至车轮；发动机和电机为相互独立的两套驱动系统，可分别独立地给拖拉机提供动力，也可同时为拖拉机提供动力；在不同工况下，电机可以作为电动机或作为发电机使用。由于发动机提供动力驱动拖拉机，又没有单独的发电机，因此该动力系统更接近传统动力系统，应用比较广泛。其后 PTO 可采用机械连接或单独用电机驱动。

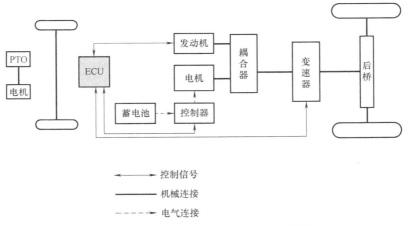

图 17-16　并联式混合动力拖拉机的结构

并联式混合动力拖拉机传动系统较传统动力系统增加了电机、动力耦合机构及蓄电池；通常发动机工作在满负荷（中等转速）下燃油经济性较好，电机可以通过平衡发动机负载，使其工作在高效区。当拖拉机负载较小时，传统动力系统发动机的燃油经济性较差，而并联式混合动力拖拉机传动系统可关闭发动机，仅用电机驱动拖拉机或者控制发动机工作在一定功率的高效区，其输出动力一边驱动拖拉机，一边给蓄电池充电。当拖拉机载荷较大时，需求功率较大，可以协调控制电机和发动机工作，控制电机输出，使发动机工作在高负荷率、稳定、高效区。

（3）**混联式混合动力拖拉机**　混联式混合动力拖拉机主要由发动机、发电机、电机、动力耦合机构、蓄电池、控制系统及驱动系统等组成，如图 17-17 所示。混联式混合动力系统兼顾了串联式和并联式混合动力系统的优点，也克服了两动力系统的不足。与串联式相比，它增加了发动机直接驱动拖拉机的"并联式"机械驱动模式；与并联式相比，增加了"串联式"的发动机-发电机组的发电模式。混联式混合动力系统有多种混合驱动模式，可以根据不同工况工作在并联驱动模式、串联驱动模式或并联及串联联合驱动模式。该系统可通过合理的控制策略使各动力源负荷率较高，部件效率较高，能量的综合利用率较高；但同时混联式的多能源动力系统结构复杂，布置难度大；要实现串联、并联模式间的合理切换，就需要复杂精确的控制系统和控制策略。其后 PTO 可采用机械连接或单独用电动机驱动。

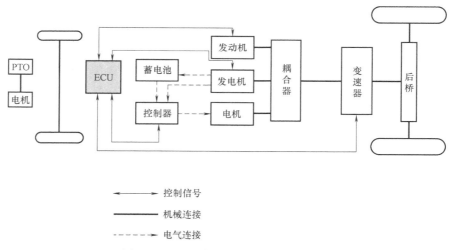

图 17-17　混联式混合动力拖拉机的结构

2. 混合动力拖拉机的关键技术

混合动力拖拉机涉及机械、电力、电子和计算机控制等多种学科，对混合动力驱动系统的研究也处于研究探索阶段，要想使其成熟地应用在拖拉机上，还需要走很长的路。很多技术问题亟待解决，包括动力传动系统参数的匹配设计、控制策略的制定、蓄电池及能量管理技术、车身底盘技术以及系统试验仿真技术等。以下初步分析几项关键技术在混合动力系统中的应用问题。

（1）**动力传动系统参数匹配**　根据拖拉机运行工况的要求，对柴油发动机与驱动电机进行优化耦合后，可以获得良好的动力性、燃油经济性和排放性能等指标，为此，要对混合动力系统各部件参数进行合理匹配。主要包括合理计算选择发动机功率、电机功率以及动力电池容量和数量、变速器的档位数及传动比大小等，确定混合动力拖拉机的混合度，组成效率最高的混合驱动系统。传动系统的布置以及动力耦合方式有多种，各个传动部件参数设计具有很大的自由度，目前大多是基于电动汽车仿真软件，借用各种优化算法进行仿真来对混合动力系统参数进行匹配。

（2）**整机控制系统**　整机控制系统的主要目标是实现整机工作模式切换和动力分配，以及确定采用何种驱动方式（全驱、前驱或者后驱）。整机控制系统作为拖拉机的"大脑"，统筹协调车辆的各部件协同工作，优化提高车辆的性能。从整机控制角度来说，控制策略的制定依据是整机的工作效率和部件的传动效率以及动力电池的使用寿命。整机控制技术包括换档控制技术、工作模式切换技术以及能量管理技术等。重点是能量管理控制策略，实现全局最优，保证各个系统高效率工作。

（3）**电机及其控制技术**　电机驱动系统是把电能转化为机械能，然后经过传动装置驱动车轮。驱动电机转速高，调速范围较宽，起动转矩大，因而电机可以起到"削

峰填谷"的作用。控制技术也由基于转速和功率的控制策略转变到模糊控制、神经网络及专家系统等各种智能控制策略上来，从而实现整机对电机的控制。

（4）**蓄电池及其充放电管理系统**　蓄电池是混合动力拖拉机的电能储存单元，其充放电特性会影响整机性能及价格。蓄电池的发展已经经历了三代：第一代为铅酸蓄电池，技术比较成熟，价格便宜，其缺点是能量密度低，循环寿命短及比能量低；第二代为高能电池，以锂电池为代表，锂电池容易发生炸裂等隐患，但是随着锂电池性能的进一步发展，锂电池的成本在逐年降低，安全性提高，所以未来混合动力拖拉机乃至纯电动拖拉机的动力电池将会被锂电池取代；第三代为燃料电池，作为最先进的电池，燃料电池的技术还不够成熟。混合动力拖拉机上的蓄电池在工作时经常处在充放电循环状态，因而要求蓄电池做到充放电速率和效率高。蓄电池放电深度、充放电电流的大小及具体的拖拉机工况等诸多因素会影响混合动力拖拉机蓄电池的寿命、充放电效率和内阻等。电池管理系统可以对动力电池组的状态进行管理，是混合动力拖拉机的重要研究内容之一。

第三节　无人驾驶汽车

无人驾驶汽车（Self-driving Car）是一种主要依靠车内的以计算机系统为主的智能驾驶仪来实现无人驾驶的智能汽车，又称为自动驾驶汽车、计算机驾驶汽车等。

无人驾驶汽车能够在道路上安全可靠地行驶，主要通过车载传感器对行驶车辆的周围环境进行感知与识别，对获取的车辆位置、交通信号、道路以及障碍物等信息进行分析处理，从而控制汽车的速度和转向。

无人驾驶技术是一门建立在信息感知、信息控制以及信息执行等环节基础上的多学科、跨行业的综合性技术。汽车智能化的基础包括信息感知、处理控制和动作执行，汽车智能将经由高级驾驶辅助系统（ADAS）向整车自动驾驶发展。无人驾驶技术一般分为6个等级，依次为完全手动驾驶、辅助驾驶、部分模块自动化、特定条件下自动化、高度自动化以及全自动化的无人驾驶。

一、无人驾驶汽车的结构及工作原理

无人驾驶汽车的组成包括车载雷达、计算机处理系统、激光测距仪、微型传感器、视频摄像头、计算机资料库等，如图17-18所示。

无人驾驶汽车需要感知汽车和周围物体间的距离，激光射线可以满足这一技术要求，车顶安装能够发射激光射线的激光测距仪，通过从发射到接触物体反射回来的时间，车载计算机便可计算出和物体间的距离。汽车为了能够避开道路路障和提前做出处理，需要车载雷达探测行驶中汽车周围的固定路障。安装在车后方的雷达探测在汽车变换车道时左右后方是否有车，由于车顶的激光测距仪激光反射具有盲点区域，车后雷达可弥补这一不足，以防止汽车发生侧面撞击，同时在汽车倒车时，判断汽车的倒车距离，防止发生倒车碰撞。安装在车前的3个车载雷达，能够探知车前方是否有路口以及是否有车制动动作，雷达把探测信息传递给车载计算机，系统对探测信息进行判断和处

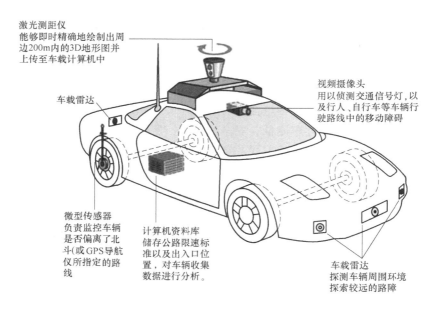

激光测距仪
能够即时精确地绘制出周边200m内的3D地形图并上传至车载计算机中

车载雷达

视频摄像头
用以侦测交通信号灯,以及行人、自行车等车辆行驶路线中的移动障碍

微型传感器
负责监控车辆是否偏离了北斗(或GPS导航仪所指定的路线

计算机资料库
储存公路限速标准以及出入口位置,对车辆收集数据进行分析。

车载雷达
探测车辆周围环境探索较远的路障

图 17-18　无人驾驶汽车的结构及工作原理图

理,并做出相应指示操作。

在汽车底部装有雷达、超声波和摄像头等设备,如图 17-19 所示,能够检测出汽车行驶方向上的角速度、加速度等一些重要数据,再利用卫星定位系统(如北斗或 GPS)传输的数据进行整合处理,能够精确计算出行驶汽车的具体位置。安装在汽车上的微型传感器能够监控汽车是否偏离导航仪指定的行驶路线,而道路的宽度、交通信号灯以及汽车行驶的道路信息是通过车载摄像机捕获的图像进行判断分析处理的。

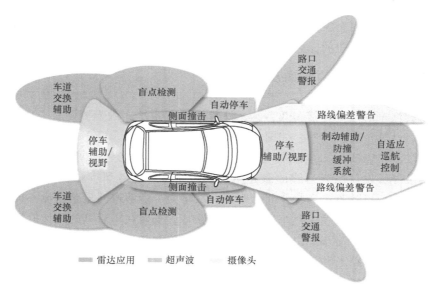

车道交换辅助

盲点检测

路口交通警报

自动停车

侧面撞击

路线偏差警告

停车辅助/视野

停车辅助/视野

制动辅助/防撞缓冲系统

自适应巡航控制

车道交换辅助

盲点检测

自动停车

侧面撞击

路线偏差警告

路口交通警报

■ 雷达应用　　■ 超声波　　■ 摄像头

图 17-19　无人驾驶汽车中雷达、超声波、摄像头的范围及应用

无人驾驶汽车为保障汽车在道路上正常行驶，符合交通法规，必须在汽车车头安装摄像头进行对道路地面分析判断，避免发生占道、偏离路线以及行驶错道，如图 17-20 所示。汽车在通过交通岗时，要利用车载雷达进行对人、车、物的分析判断，避免发生交通事故。汽车对交通信号的判断是通过车载摄像机捕获的实时图像，再结合雷达测量的路口距离，分析处理后对汽车做出停车、行驶、加速和减速等指示，提高交通效率，达到无人驾驶的目的。

图 17-20　无人驾驶汽车在道路口的判断

二、无人驾驶汽车的关键技术

无人驾驶汽车是指通过车载传感系统感知汽车行驶过程中周围的道路环境状况，同时对获取的信息进行分析处理，具有自动规划行车路线并对汽车进行导航，从而到达预定目的地的智能汽车。能够保障无人驾驶汽车行驶安全可靠的核心技术主要有环境感知技术、高精度地图技术以及路径规划与决策技术 3 个方面。

1. 环境感知技术

作为无人驾驶汽车系统中最基础的模块，环境感知技术的功能如同人类的眼和耳一样，其主要由激光雷达、视觉摄像头和毫米波雷达等设备组成，用来获取无人驾驶汽车周围详细的环境信息，为汽车正确行为决策提供必要的信息支持，从而达到无人驾驶。

（1）**激光雷达**　利用激光技术、北斗（或 GPS）系统以及惯性测量装置获得相关数据，并自动生成高精确的数字高程模型，输送给车载计算机。无人驾驶汽车中的激光雷达有两个核心功能：其一是 3D 建模进行环境感知，通过激光扫描得到汽车周围环境的 3D 模型，运用相关算法比对上一帧和下一帧环境的变化，探测出周围的车辆和行人；其二是同步建图加强定位，实时得到的全局地图，通过和高精度地图中特征物的比对，加强汽车导航与定位的精准度。

（2）**视觉摄像头**　视觉摄像头具有人工智能中的图像识别功能，实现对驾驶人状态、障碍物以及行人的检测和交通标志、路标的识别等功能。

（3）**毫米波雷达**　毫米波雷达是无人驾驶汽车系统里极其重要的传感器，是智能汽车高级驾驶辅助系统的标配传感器。雷达采用毫米波的波长为 1～10mm，其频率为 30～300GHz，具有非常强的穿透力。毫米波雷达与超声波雷达以及激光、红外等光学传

感器相比，具有体积小、重量轻以及全天候、全天时的特点，而且其空间分辨率高，穿透障碍物的能力强，极大提高了信息感知的准确性。

2. 高精度地图技术

高精度地图和动态交通信息是无人驾驶汽车的重要组件，在辅助感知、路径规划和辅助决策中起到了重要作用。高精度地图技术是无人驾驶汽车的重要辅助技术，能够提前使汽车获知汽车行驶前方的方向和路况。动态交通信息通过互联网和 GPS 系统能够获取实时的交通信息状况，并传递给行驶汽车，同时车载计算机对信息进行分析处理，来判断道路拥堵的程度，并选择最佳行驶路径对汽车进行导航。

3. 路径规划与决策技术

路径规划是决策技术的初级环节，其中涉及路径搜索算法，并结合提供的实时动态交通信息，在传统静态路径规划基础上，实时动态调整及修改车载计算机最初对汽车所规划好的行驶路径，最终寻找出到达目的地的最优路径。决策技术的高级环节便是机器学习中的深度学习。在前两个核心技术对无人驾驶汽车提供的实时环境数据和交通大数据的基础上，深度学习能够不断对无人驾驶系统进行改进完善，使无人驾驶汽车在面对复杂交通状况和交通环境的时候，系统可以做出智能、合理的判断，并进行最优处理。这也是目前整个无人驾驶环节中最核心的技术，受益于诸多科技巨头的潜心研究，算法已加速成熟。

第四节　无人驾驶拖拉机

一、无人驾驶拖拉机的导航定位方法

在无人驾驶拖拉机中，采用了多种导航定位方法，其中，北斗（或 GPS）导航定位应用最广。北斗（或 GPS）导航主要由 RTK 基站和拖拉机车载两部分组成。

1. RTK 基站

为了实现拖拉机自动驾驶，RTK 基站连续发送高精度的差分数据给拖拉机，以保证耕地、整地、起垄、播种、喷药等作业的精度要求，通过 RTK 基站的差分纠错后，作业精度可达 2.5cm 的千米直线度和行距精度。

RTK 基站由接收部分和通信部分组成。接收部分接收卫星信号，并实时输出高精度差分数据。通信部分采取电台或者网络模式将差分数据传输给拖拉机终端设备。

2. 车载部分

车载部分主要由卫星定位、通信模块、控制器、转向控制和角度传感器等组成。这5 部分是导航自动驾驶系统所有技术共有和不可或缺的组成部分。液压组件为液压模式独有，转向盘组件为转向盘式独有，转向控制部分其意义包含多种实现模式。

（1）**卫星定位**　由卫星接收机接收卫星信号不进行结算得出粗略的单点定位信息，并传输至控制器。

（2）**通信模块**　通过电台或者网络模式接收基站发送的差分数据，传输至控制器。

（3）**控制器**　控制器为人机交互和数据计算的综合系统，首先，接收拖拉机卫星定位数据和基站差分数据并进行计算得出精确定位坐标，提高拖拉机定位精度；其次，控制器作为车辆设置、行进轨迹规划和操控设置等实际操作终端。

（4）**转向控制**　针对不同的导航自动驾驶技术实现方式，转向控制通过调节转向盘的转动或者调节液压油的流向和流速等实现对拖拉机方向的调节。

（5）**角度传感器**　角度传感器可测量拖拉机当前位置下车轮的转向角度，用于计算定位坐标的延续和车轮转向角度的调整。

二、无人驾驶拖拉机的构造原理

无人驾驶拖拉机的导航系统主要由信息感知及采集系统、设备控制系统和导航控制系统 3 大部分构成，如下所示。

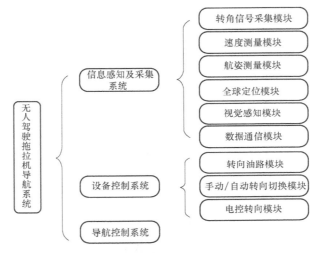

信息感知及采集系统包括转角信号采集模块、速度测量模块、航姿测量模块、全球定位模块、视觉感知模块和数据通信模块等。

转角信号采集模块主要负责实时监测转向信号，为实现在规定区域内车辆自动转向提供信息；速度测量模块主要负责实时监测拖拉机行驶速度，以便形成闭环反馈，控制拖拉机按照作业工况控制行驶速度；航姿测量模块主要负责实时监测拖拉机的加速度、角速度和磁场强度等信息，并通过实时计算获得所需的导航参数，确定拖拉机行驶方向和姿态；全球定位模块主要负责拖拉机在田间作业时，实时获取田间路径，使拖拉机能够在田间按照规定路径行驶；视觉感知模块主要负责通过 CCD 摄像机对周围环境进行实时探测，并对获得的图像信息进行分析处理，做出行动路径规划，在无人干涉的情况下，自动移动到预定的目标；数据通信模块主要负责各传感器、控制器和执行器之间的信息传递和控制。

设备控制系统包括转向油路模块、手动/自动转向切换模块和电控转向模块，可根据信息感知及采集系统所获取的信息，从而实现田间自动转向。

无人驾驶拖拉机的实现依赖于连续高效、高精度以及高质量地提供导航定位信息的各类传感器，目前无人驾驶拖拉机在导航定位系统中所用传感器及其安装位置如

图 17-21 所示。

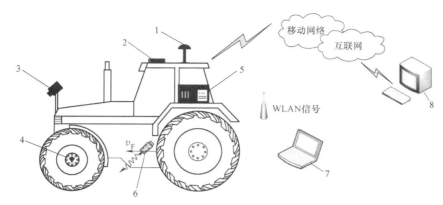

图 17-21　无人驾驶拖拉机传感器的安装位置
1—北斗（或 GPS）　2—航姿传感器　3—立体摄像机　4—轮速传感器
5—工控机　6—测速雷达　7—现场监控终端　8—远程监控终端

我国已经实现无人驾驶拖拉机的实际运行，图 17-22 所示为东方红 LF1104S-C 无人驾驶拖拉机，整机配备了共轨柴油机、动力换向变速器、电控悬架系统、信息与控制系统等技术。

图 17-22　东方红 LF1104S-C 无人驾驶拖拉机

信息与控制系统包括北斗自动转向系统、整机控制系统、雷达及视觉测量系统、远程视频传输系统监测显示系统以及远程遥控系统等。其中，自动转向系统实现规定区域内拖拉机自动转向；整机控制系统实现对发动机转速、行驶方向、制动以及电控悬架的自动控制；雷达及视觉测量系统实现对地理环境信息的识别及测量；远程视频传输系统能够将车载摄像机采集到的图像信号，通过运营商移动网络发送至终端并进行显示；监测显示系统用于显示车辆工作信息，并对车辆工作模式进行设置；远程遥控系统可实现对拖拉机的远程操作。

东方红 LF1104S-C 无人驾驶拖拉机可实现拖拉机在规定区域内的自动路径规划及导

航、自动换向、自动制动、自动后动力输出、发动机转速的自动控制、农具的自动控制、障碍物的主动避让和远程控制等功能，是一款可以适用于犁耕、旋耕、平地、耙地、起垄、播种以及喷洒农药等全作业过程的无人驾驶拖拉机。

三、无人驾驶拖拉机的关键技术

无人驾驶拖拉机的关键技术包括两方面，一是利用导航定位传感器进行精确定位；二是选择合适的算法进行导航控制。

1. 导航定位传感器

（1）**机器视觉**　机器视觉是指通过安装在拖拉机上的图像传感器测量相对于行间作物的位置和方位信息。自从机器视觉导航用于探测作物特征后，其主要目标是实现（如耕作、施肥、喷药和收割等）自动化田间细节工作。它的主要优点是开发成本与高精度地图相比较低，缺点是受杂草密度、光线影响较大。

（2）**北斗（或 GPS）定位系统**　在移动导航中，北斗（或 GPS）定位精度受到卫星信号状况和道路环境的影响，如温室大棚、树冠对信号的阻挡等，同时还受到时钟误差、传播误差和接收机噪声等诸多因素的影响。所以在拖拉机导航中通常还辅以磁罗盘、FOG（光纤陀螺仪）等传感器，或者与其他导航方式相结合来提高定位精度。

（3）**航位推算传感器**　航位推算是在知道当前时刻位置的条件下，通过测量移动的距离和方位，推算下一时刻位置的方法。航位推算传感器价格低廉，使用可靠，适用于短距离导航。航位推算传感器一般是基于积分运算来工作的，若长时间工作容易造成累积误差，所以它一般和其他类型传感器组合导航。

（4）**惯性导航系统**　惯性传感器用于测量拖拉机的惯性状态。它主要的优点是工作时不依赖于外界信息，也不向外界辐射能量，因此可以工作在极为恶劣的环境下。它隐蔽性好且不受外界电磁场的干扰；它产生的导航信息连续性好，而且噪声也小；它的数据更新率高，短期的导航精度比较好。但是由于它的导航信息是经过积分得到的，所以存在累积误差，长期的精度低。所以这种导航方式很少单独使用，它一般配合其他的导航方式一起使用，则可以达到很好的精度。

（5）**激光导航**　激光传感器能精确测试被激光束反射的物体位置，在自动导航中，用光束以平面角或立体角扫描，通过对反射光束的测量计算角度和距离。激光扫描仪发射激光束对田边的固定标志点按一定频率进行扫描。这种低频信号使用了卡尔曼滤波器，能有效控制离散的噪声信号，便于线性定位，还能把距离数据转换为三维图像替代视觉导航。除了用光束发出和返回的时间测试距离，还可用激光信号的振幅轴向移动调整数据计算距离。此方法在测试距离和分辨率上有很大提高，但价格昂贵，对灰尘、雨雪的敏感性也很高，影响对田间位置的测量。

（6）**其他传感器**　另外，还有超声波传感器、无线电传感器、红外传感器、倾角计（倾角罗盘、倾斜计）、地磁传感器等可用于拖拉机的自动导航。

（7）**多传感器融合**　多传感器融合技术是指利用多个传感器共同工作，得到描述同一环境特征的冗余或互补信息，再运用一定的算法进行分析、综合和平衡，最后取得环境特征较为准确可靠的描述信息。综合分析各种导航传感器的特性，将不同种的传感

器相融合是拖拉机导航的发展研究趋势。

2. 拖拉机导航控制方法

实现拖拉机自动驾驶，要首先使用定位系统提供的定位信息确定前轮期望转角，然后转向控制器根据期望转角大小控制转向系统产生相应的前轮转角。拖拉机的运动是一个多输入、多输出、非线性和强耦合的多变量系统，因此，拖拉机自动驾驶导航控制包括横向控制、转向控制与纵向控制、速度控制，拖拉机作为一种农用机械在作业时一般以较低的恒定速度运行，且行驶的地面环境复杂，所以横向控制是研究的核心。

拖拉机导航控制包括转向操纵控制和路径跟踪控制两部分内容，转向操纵控制多用PID 控制。常见的路径跟踪控制方法有线性模型、PID 控制、最优控制、模糊逻辑、神经网络以及纯追踪模型等。

思　考　题

1. 电动汽车分为几类？分别简述其定义。

2. 混合动力电动汽车有几种分类方法？请简述其分类。

3. 分别说明各类型混合动力电动汽车的工作过程。

4. 混合动力电动汽车的耦合方式有哪些？

5. 纯电动汽车由哪些部分构成？其驱动型式有哪些？

6. 纯电动汽车的动力蓄电池有哪几种？各有何优缺点？

7. 简述纯电动汽车驱动电机的优缺点。

8. 简述燃料电池的工作原理。

9. 燃料电池有哪些类型？

10. 燃料电池电动汽车由哪几部分构成？

11. 纯电动拖拉机的关键技术是什么？

12. 试比较串联式、并联式和混联式 3 种混合动力拖拉机的特点。

13. 简述无人驾驶汽车的结构及工作原理。

14. 无人驾驶汽车的关键技术是什么？

15. 无人驾驶拖拉机是如何实现精准导航定位的？

16. 简述无人驾驶拖拉机的构造原理。

17. 简述无人驾驶拖拉机的关键技术。

参 考 文 献

［1］ 蔡兴旺. 汽车构造与原理：上册 发动机 ［M］. 3 版. 北京：机械工业出版社，2015.

［2］ 冯崇毅，鲁植雄，何丹娅. 汽车电子控制技术 ［M］. 2 版. 北京：人民交通出版社，2011.

［3］ 高连兴，师帅兵. 拖拉机汽车学：下册 ［M］. 北京：中国农业出版社，2009.

［4］ 高连兴，吴明. 拖拉机汽车学：上册 ［M］. 北京：中国农业出版社，2009.

［5］ 关文达. 汽车构造 ［M］. 4 版. 北京：机械工业出版社，2016.

［6］ 李文哲，刘宏新. 汽车拖拉机学：第二册 ［M］. 2 版. 北京：中国农业出版社，2013.

［7］ 刘仁鑫，蔡兴旺. 汽车构造与原理：中册 ［M］. 3 版. 北京：机械工业出版社，2014.

［8］ 鲁植雄，李文哲. 汽车拖拉机学：第三册 ［M］. 2 版. 北京：中国农业出版社，2013.

［9］ 鲁植雄. 汽车电子控制基础 ［M］. 2 版. 北京：清华大学出版社，2017.

［10］ 鲁植雄. 车辆工程专业导论 ［M］. 2 版. 北京：机械工业出版社，2017.

［11］ 鲁植雄. 汽车拖拉机学实验指导 ［M］. 2 版. 北京：中国农业出版社，2017.

［12］ 聂佳梅，施爱平. 汽车拖拉机构造与理论 ［M］. 镇江：江苏大学出版社，2016.

［13］ 彭樟林，蔡兴旺. 汽车构造与原理：下册 ［M］. 3 版. 北京：机械工业出版社，2013.

［14］ 辛喆. 汽车拖拉机发动机原理 ［M］. 2 版. 北京：中国农业大学出版社，2015.

［15］ 许绮川，樊啟洲. 汽车拖拉机学：第一册 ［M］. 2 版. 北京：中国农业出版社，2011.

［16］ 赵建柱，张学敏. 拖拉机构造 ［M］. 北京：中国农业大学出版社，2016.